KB047729

여성의전화 25년 여성인권운동 이야기

# 여자, 길을 내다

한국여성의전화연합 기획 ― 민경자 엮음

이 도서의 국립중앙도서관 출판시도서목록(CIP)은 e-CIP 홈페이지(http://www.nl.go.kr/ecip)
에서 이용하실 수 있습니다.(CIP제어번호: CIP2009000151)

## 한국여성의전화연합 25주년 맞이 축하의 글

축하! 축하! 합니다. 한국여성의전화연합이 창립 15주년을 기념하여 펴낸 『한국여성인권운동사』에서 「성폭력여성운동사」와 「아내구타추방운동사」를 감격스럽게 읽었습니다. 여성과 국가사회를 위해 바닥에서부터 혁명적 변화를 일으킨 여성들의 힘에 희망과 자랑스러움을 느끼지 않을 수 없었습니다. 그 이후 한국여성의전화연합은 창립 20주년을 기념하여 『성폭력을 다시 쓴다: 객관성, 여성운동, 인권』을 출간하고 그 힘을 우리 사회와 여성들의 삶의 모든 분야에서 계속 발휘해오고 있지요. 이제 25주년을 맞아 폭력과 차별에 시달리는 여성과 노인 및 장애인의 인권을 위해 노력하는 여성들의 이야기와 삶의 변화를 책으로 묶어 펴낸다니 감동스러운 읽을거리가 기대됩니다.

1970~1980년대 뿌리 깊은 가부장제문화를 미화한 독재권력의 폭력이 난무했던 시대에 여성들은 가정과 노동현장에서 잔인한 차별과 폭력에 시달리고 있었습니다. 민주화운동의 열기 속에서 성차별과 성폭력에 대항하며 인권을 억압하는 법 제도와 공권력의 개혁을 요구하는 여성운동의 절규와 노력이 다양하게 일어났습니다. 소수 깨어 있는 여성들이 가정 속에서 오랫동안 폭력과 학대로 고통받는 여성의 인권문제를 폭로하며 공론화하기 시작한 조직적 활동이 한국여성의전화연합이 벌인 여성인권운동의 시작이었지요. 이러한 선구적 노력으로 가부장제권력에 압살당한 우리 여성의 인권의식과 주체성을 깨우치게 되었습니다. 이로써 여성들의 힘은 공권력과 국가권력의 인권탄압적인 폭력성에 대항하

며 여성의 성적 자기결정권과 신체의 자유를 보호하는 법과 가정폭력을 방지하는 법 등을 제정하기에 이르렀습니다. 그리고 이 힘은 여성을 모아 국가인권법 제정과 국가인권위원회를 설치하는 놀라운 승리도 거두었습니다. 이러한 우리들의 경험과 저력으로 지난 11월 25일~27일에는 세계여성인권대회를 경남에서 개최하기도 했습니다. 앞으로 한국여성의전화연합이 그동안의 여성인권운동경험을 세계여성인권운동가들과 나누는 한편 우리들의 인권의식을 다문화, 다인종사회로 더욱 넓게 심화시켜 국제적 인권운동의 진정한 파트너로 성장할 수 있기를 기대합니다.

여성학자 이이효재

.....................................................................................................

『여자, 길을 내다』 출판을 축하하며

한국여성의전화연합 창립 25주년을 진심으로 축하합니다. 창립 초기 마포 어느 곳으로 기억되는 여성의전화 사무실을 드나들던 때가 오래전의 일 같지 않은데 어느새 사반세기의 역사를 자부하는 성년기를 맞이하여 그동안 씨름하며 축적한 여성인권 이야기를 한데 묶어서 책을 펴내게 된 것을 자랑스럽게 생각하며 크게 환영합니다.

1980년대 진보적인 여성지식인들에 의해 변혁적 이념에 입각한 여성운동이 전개·발전되는 과정에서 1983년 어느 여성집단보다도 먼저 조직체로 출범한 것이 한국여성의전화연합이었습니다. 여성의 천부적인 인권을 짓밟는 성폭력과 가정폭력추방을 표방하며 창립된 한국여성의전화연합은 지난 25년 동안 쉽지 않은 상황 속에서 끈질기게 여성이 겪고 있는 고통을 어루만지며 여성에게 가해지고 있는 폭력을 사회문제로 부각시켜 범죄로 인식하게 했고, 3대여성인권법인 「성폭력특별법」, 「가정폭력방지법」, 「성매매방지법」을 제정하는 데 견인차 역할을 했다고 여성사는 기록하고 있습니다. 그리고 사회적으로 구조화된 성폭력과 가정폭력을 국가의 적극적인 개입으로 근절시켜야 한다는 사회적 합의를 이끌어내는 데에도 앞장섰던 일을 높이 평가합니다.

한국여성의전화연합이 담지하고 있는 잠재력은 여성의 인권보호에만 한정된 것이 아니라 1987년 진보적인 여성진영의 21개 단체가 민족 민주 민중을 기치로 여성운동의 연합전선을 형성하는 일에도 함께하여 오늘의 우리 사회가 누리고 있는 민주화와 성주류화(gender mainstreaming)를 일궈내는 일에도 큰 힘이 된 것을 기억합니다.

오늘 우리 사회는 어느 시기보다 힘찬 변혁의 바람을 요구하고 있습니다. 시민사회운동, 여성운동을 하는 우리들이 새롭게 자세를 가다듬어 결단을 해야 하는 처지에 서게 되었습니다. 이런 때에 그동안 한국여성의전화연합과 함께해온 30인의 필자가 엮어낸 주옥같은 여성인권 이야기는 또 하나의 사반세기의 여성인권운동을 이끌어나가는 데 용기와 열정의 밑거름이 될 것으로 확신하며 많은 독자들이 읽어줄 것을 기대합니다.

한국여성의전화연합 창립 25주년을 기념하며 햇빛을 보게 된 『여자, 길을 내다』는 한국여성의전화연합이 1998년에 펴낸 『한국여성인권운동사』, 2003년 『성폭력을 다시 쓴다: 객관성, 여성운동, 인권』에 이은 기록물로서 우리나라 여성운동사의 내용을 알차게 하는 데 한몫을 담당하리라 믿으며 다시 한 번 창립 25주년과 출판을 축하합니다.


한국여성재단 이사장 박영숙

여성의전화 25년 이야기를 내며


1년 넘게 준비한 여성의전화 25년 여성인권운동 이야기를 세상에 내놓
습니다. 마치 시험을 치른 학생이 결과 발표를 기다리는 것처럼 긴장되고
걱정이 됩니다. 그러나 뿌듯하고 자랑스러운 마음도 숨길 수가 없군요.

이 책은 우리가 오랫동안 소망하고 기다렸던 책입니다. 마침내 한국여
성의전화연합 창립 25주년을 맞이하여 기념사업의 일환으로 우리의 이
야기를 써보자고 용기를 낸 것입니다.

이 책은 현장에서 활동하던, 그리고 지금도 활동하고 있는 우리 회원들
과 활동가들이 직접 쓴 것입니다. 한국여성의전화연합은 우리들에게는
새로운 경험이고, 인생을 바꾼 사건이며, 첫사랑이요, 영원한 사랑입니다.
힘들 때 달려가 위로를 얻는 친정이며, 마음껏 속내와 욕망을 드러내며
수다 떨 수 있는 자매들이지요. 이런 우리의 경험을 오롯이 이 책에 담았습
니다.

여성의전화, 폭력을 당한 여성들이 쉴 곳을 얻고 자신을 찾아 스스로
폭력에서 이겨낼 수 있는 곳, 피해여성만이 아니라 그들을 돕는 여성들도
함께 발전하고 성장하는 곳, 우리 각자가 얼마나 소중하고 무한한 잠재력
을 가지고 있는지 알게 해주고 그것을 꽃피울 수 있도록 서로 돕는 곳,
그래서 서로서로 존중하며 받아들이며 북돋아주는 것을 참된 가치로

알고 사는 여성들의 공동체, 그 여성들과 함께 사는 가족들, 동네, 마을이 덩달아 행복해지는 곳. 이런 여성의전화를 만들기 위해 수천, 수만의 여성들이 모여 25년을 활동했으니 얼마나 할 이야기가 많겠습니까? 그러니 이렇게 두툼할 수밖에요. 드디어 우리 손으로 해냈습니다. 이제 우리가 직접 쓴 우리의 이야기, 우리의 기록을 갖게 되었습니다. 정말 신납니다.

이제 이 책을 만드는 데 함께하신 많은 분들께 감사의 인사를 드립니다. 먼저 25년 역사를 함께한 후원자와 자원봉사자 여러분과 피해여성들, 그리고 회원들, 활동가들께 감사드립니다. 우리 혼자서 이룬 일은 하나도 없습니다. 많은 사람들과 함께했기에 한국여성의전화연합의 존재 의미가 생긴 것이라고 생각합니다. 또한 이 책에 귀한 글을 써주신 회원과 활동가들께 감사드립니다. 그리고 기획을 위해 수고하신 편집위원회의 이현숙 님, 한우섭 님, 박명숙 님, 장덕자 님, 최박미란 님, 기획의 방향을 잡고, 원고를 다듬어주신 민경자 편집위원장 님, 고맙습니다. 1년 넘게 편집 실무를 맡아 수고한 활동가 허난영 님, 수고하셨습니다. 어려운 출판사정에도 불구하고 선뜻 출판을 허락하신 도서출판 한울의 김종수 사장님께도 깊은 감사를 드립니다.

25년 전 자갈밭에 뿌려진 작은 씨앗이 지금 이렇게 많은 사람을 품을 수 있는 큰 나무로 자랐습니다. 몇 사람의 소박한 꿈이 이렇게 큰 열매를 맺으리라곤 아무도 상상하지 못했던 일이지요 이제 오늘 이 책을 시작으로 여러분과 함께 평화롭고 아름다운 새 세상에 대한 희망을 다시 세우고자 합니다.


상임대표 박인혜

여성운동 대중화의 선봉에서

최근 우리 사회의 급격한 변화 중의 하나는 여성 지위, 가족, 여성과 남성 간의 관계 등에서의 변화이다. 「성폭력특별법」, 「가정폭력방지법」, 「성매매방지법」 제정 및 호주제 폐지 등으로 성차별적이고 여성인권유린적인 다양한 형태의 폭력이 법적으로 제재를 받게 되고 무제한 허용되던 남성의 성적 자유와 남성의 권한이 일정 부분 제한을 받게 되었다. 물론 상대적으로 여성의 지위와 인권이 향상되었다. 그래서 혹자는 성평등이 다 이루어졌다고 오해를 하는가 하면 이에 위협을 느낀 보수적인 남성들과 일부 여성들은 '여성의 기가 너무 세, 남성이 기를 펴지 못하고 살고 있다'는 둥, '헌법의 평등정신을 위배하는 역차별' 운운하며 무척이나 괴로워하고(?) 세상을 걱정하고 있다. 물론 엄살이고 위협이다. 추상적인 통계치가 아니더라도 우리는 주위에 만연된 여성에 대한 차별과 폭력을 보고 있다. 아직도 가야 할 길이 멀다. 아직도 개선되어야 할 부분이 많고 성평등이 이루어지기에는 많은 시간이 필요하다.

그래도 여기까지 온 것, 결코 간과할 수 없는 큰 성과이다. 이 모든 변화의 중심에 여성운동이 있었고 여성운동단체와 여성운동가가 있었다는 것 역시 간과할 수 없는 역사적 사실이다. 그리고 바로 이런 사회변화의 중심에 여성의전화가 있었고 전국에서 헌신적으로 일한 활동가와 회원들이 있었다.

여성의전화는 1983년 의식 있는 여성 몇몇에 의해 만들어져 헌신적인 전국의 활동가 회원들과 함께 상담을 통해 여성들을 만나며 우리나라의 여성인권지킴이로 지난 25년간 그 역할을 다해왔다. 여성의 권리는 인간의 권리, 즉 인권이라는 당연한 것 같으면서도 매우 과격한 명제를 내걸고 여성이 인간으로 대접받고 인간답게 살 수 있는 사회를 향해 25년을 달려왔다.

1980년대에는 그 치열했던 반독재 투쟁에 앞장섰고 1990년대에는 민주화운동과 함께 반(反)가부장제 투쟁의 선봉에 서서 군사독재보다 더 뿌리가 깊고 반인륜적이며 반인권적인 남성중심주의, 혹은 성차별주의 (sexism)와 정면으로 맞서 싸우며 성폭력추방 및 아내폭력추방운동을 주도하였다. 2000년대 들어서는 이러한 운동을 풀뿌리 차원으로 확산하기 위해 지방으로, 마을로, 그리고 생활 현장으로 침투하였다. '일상'에 녹아 있는 성차별 의식과 관행에 도전하며 성을 이야기하기 시작했고 여성의 이혼할 권리를 주장했으며 여성의 재산권확보를 요구하고 사람들의 의식을 지배하는 문화를 바꾸기 위해 브라운관의 폭력을 문제 삼았다. 또한 결혼이주여성 및 아시아여성과 손잡고 인권운동의 범주와 영역을 확장하고 있다.

여성의전화는 전국의 25개 지부와 1개 지회를 통해 지역현안과 싸우면서 지역의 영향력 있는 단체로 자리를 공고히 했으며 지역여성들과 함께 지역에서 요구되는 여성인권운동을 다양하게 전개하고 있다. 이 과정에서 소외되고 차별받는 다른 집단과도 소통, 연대하면서 인권, 평화의 가치를 유포하고 이것이 실현되는 세상을 만들고 있다.

또한 가정과 직장, 그리고 사랑과 성관계에서 차별받고 소외당하며 힘들어하는 여성들을 상담전화를 통해 만나 그들의 친구가 되어 함께 아파하며 그들에게 힘을 주고 있다. 또한 여성인권지킴이로서 상담을 통해 접수된 사건은 물론 매스컴을 통해 알게 된 사건에까지도 달려가 어찌된 일인지, 혹시 폭력에서 생존한 여성과 아이들이 검찰, 경찰, 혹은 법정에서 가해자로, 혹은 살인자로 몰리는 것은 아닌지, 화간이라고 억울하게 당하지는 않는지, 여성에 대한 폭력이 사소화되고 왜곡되고 있지는 않은지, 두 눈을 치켜뜨고 살펴보고 감시하고 있다. 나아가 전쟁 같은 폭력상황에서 살아남은 여성이 얼마나 두려워하고 있는지, 혼자서는 살 수 있는지 살피고 있다. 이런 과정에서 가해자로부터 명예를 훼손했다고 고소당하는 어이없는 일을 당하기도 했다. 여성의전화의 역사는 바로 여성인권수호의 역사이다.

이렇게 활동한 지 벌써 25년이 되었다. 그동안 무수히 많은 여성들이 여성의전화 활동에 동참하여 열정적으로 여성인권수호에 헌신하며 자신도 성장했다. 그들 중에는 폭력피해여성으로 여성의전화에 상담하러 왔다 활동가가 된 여성도 있고 상담원교육을 받으러 왔다가 여성주의 세례를 받고 열혈 운동가가 된 여성도 있다. 가방끈이 긴 것도 아니고 유난히 의식이 투철한 것도 아니었다. 다만 관점 하나 바꾸었을 뿐이었는데 그녀들에게 비친 세상은 전과 무척 달랐고 여성에 대한 폭력은 도저히 간과할 수 없을 정도였다. 돈을 받기는커녕 자기 돈 들여가며 여기저기 뛰어다니며 단지 여자라는 이유만으로 차별과 억압을 하는 이 잘못된 세상을 그냥 지나치지 못했다. 그러면서 이 열혈 여성들은 세상을 분명히 보는 눈과 의식을 갖게 되고 나아가 자기 자신과 가족을 바꾸어나갔다. 자신의 성장을 위해 다양한 교육을 받고 사회의 다양한 분야에 진출하게 되었으며 드디어 전문 강사, 사회복지사, 지방의원 등 지역의 지도자로 성장해나갔다. 여성의전화 역사는 바로 활동가 여성들의 성장의 역사이다.

이 모든 운동과 여성의 성장은 여성의전화 조직의 발전과 맞물려 이루어졌다. 여성의전화는 여성들의 헌신과 열정으로 운동을 만들어내었고 운동을 하면서 조직을 발전시켰다. 조직은 운동과 여성들의 참여에 큰 영향을 주었다. 조직의 정체성은 사업의 방향과 참여 여성들의 성향을 좌우했으며 조직의 안정성은 사업의 규모와 내용, 그리고 참여 여성들의 헌신과 열정을 좌우했다. 운동은 여성들의 의식을 고양시켰고 조직은 많은 여성들에게 자신의 꿈을 이룰 공간이 되었다.

우리는 안다. 세상이 변하고 여성도 변하고 따라서 우리 운동도 변해야 한다는 것을. 그래서 모이면 어떻게 우리를 바꿀 것인지를 고민하고 토론하고 있다. 과연 지금의 '진보'는 무엇인지, 여성운동방식을 어떻게 바꿀 것인지, 우리는 어떻게 변신할 것인지, 고민하고 토론하고 있다.

이렇게 우리는 길을 내고 있다. 차별과 폭력 없는 평화로운 길을, 소외되고 상처받은 영혼들을 위로하고 치유하는 길을, 그리고 여자들이 걸어야 할 길을 여성의전화 '여자'들이 25년이라는 긴 세월동안 만들어오고 있다.

올해 25주년이다. 우리는 15주년을 기념하며 『한국여성인권운동사』를 만들었고 20주년을 맞이해서는 『성폭력을 다시 쓴다: 객관성, 여성운동, 인권』을 출판했다. 첫 번째 책은 여성인권의 영역을, 두 번째 책은 여성인권의 쟁점을 중심으로 쓴 여성인권운동의 역사서이다. 우리는 이렇게 두 권의 아주 중요한 여성인권운동사를 출판했다. 25주년을 맞이해서 어떤 기념집을 낼까 고민하던 중 누군가 '이야기하자'고 했다. 이야기하자고? '치열한 논쟁', '무자비한 폭력'에 익숙한 우리에게 '이야기'는 어딘지 생소했고 좀 가볍게도 들렸다. 그러나 그런 느낌도 잠시, 우리 모두는 그 아이디어에 박수를 쳤다. 이번 책은 논하지 않고, 분석하지 않는 이야기 형식을 취하자는 데 모두가 동의했다.

나아가 그 이야기를 당사자에게 맡기자는 것도 합의했다. 운동은 운동가와 유리될 수 없기 때문이다. 운동을 하면서 운동가가 되고 또 누가 하느냐에 따라 운동이 달라지므로 운동 당사자는 운동의 성격과 성과를 결정하는 데 매우 중요하다. 운동을 통해서 개인이 변화, 성장하고 그런 개인의 변화를 통해서 운동도 변화·발전하는 것이며 이렇게 될 때 비로소 '삶의 운동'이고 '운동적 삶'이 가능한 것이라고 할 수 있다. 이런 생각에서 당사자로 하여금 자신이 한 운동의 의미를 부여하는 이야기 방식을 선택했다. 시민사회운동이 당사자운동으로 가고 있고 여성운동에서도 당사자운동을 강조하고 있기 때문에 운동에 대한 이야기를 운동 당사자가 하는 것은 시대정신에 부합되는 것이다. 또한 분석 논문이나 역사 논문이 대중이 다가가기 힘든 반면 당사자들의 진솔한 이야기는 대중에게 친숙하게 다가갈 수 있다는 점에서 이런 글쓰기는 운동적 의미도 있다고 본다. 당사자들의 이야기를 통해 대중과 소통하고 운동이 일상적인 생활과 연결되어 있음을 알리는 것은 운동의 대중화에 매우 의미 있는 일이라고 생각한다.

이러한 결정에는 그동안의 운동사에서 운동한 사람의 목소리가 빠졌다는 점, 운동에 참여한 수많은 여성들의 이야기가 빠졌다는 점, 활동가들의 역사가 기록되지 않았다는 점, 생생한 운동 현장이 포착되지 않았다는 점 등에 대한 각성이 크게 작용했다. 그래서 이번 25주년 기념집은 운동가들의 삶이 묻어나는 현장의 이야기를 수록하기로 하였다.

이런 이야기를 개인, 운동, 조직 차원으로 나누어 집필하였다. 여성의 전화의 역사는 여성활동가들의 성장의 역사이고 여성인권운동의 역사이다. 이 역사를 이루어내기 위한 개인, 운동, 그리고 조직 간의 역동적 관계가 오늘의 여성의전화를 만들어낸 것이다. 그래서 우리는 여성의전화 이야기를 활동가에 초점을 맞춘 개인의 변화와 성장 이야기, 우리가 개입했던 다양한 운동 이야기, 그리고 조직의 변화와 성장 이야기로 나누어 하기로 하였다.

　1부에서는 여성의전화 활동가 9인의 운동 이야기를 수록했다. 활동가가 된 배경과 운동을 통해 자신이 어떤 변화와 성장을 했는지, 자신의 인생에서 여성의전화운동은 어떤 의미가 있는지에 초점을 맞추어 운동의 의미가 개인사를 통해 구체적으로 구현되는 과정을 보여주고 있다. 9편의 이야기는 '나'를 중심에 둔 주관적이고 개인사적인 글쓰기로 사적인 본인만의 특수한 경험을 보여주고 있다.

　필자 중에는 어려서부터 차별에 민감했던 여성, 룰루랄라 하고 싶은 것 하고 살려 했던 여성, 후끈거리는 '끼'를 주체할 수 없었던 주부가 있는가 하면 폭력피해주부, 피해여성이면서 사건의 당사자였던 주부, 출산하고 경험 있던 주부, 가부장 가족에 치여 마음의 문을 닫고 살던 주부도 있고, 숫기가 없어 인사도 제대로 못 했던 여성, 여성폭력을 개인 문제로 보고 남성의 관점으로 세상을 살았던 주부도 있다. 이렇듯 다양한 배경과 성격을 지닌 여성들이 다양한 통로로 여성의전화를 만나면서 경험한 운동 이야기를 하고 있다.

　황경숙은 자신의 의식의 뿌리를 외할머니, 어머니, 그리고 자신의 삶에서 찾으며 가족 내 여성의 역사를 여성주의적 관점에서 조명하고 있다. 이러한 가족사를 통해 '정신분열적인 삶을 강요하는 사회에서 취약한 자존감을 갖고 있는 여성이 미치지 않고 살기 위해 지지집단이 필요하다'고 차분하고도 숙연하게 말한다. 또 여성주의 상담을 통해 자신이 성장하고 여성주의 상담교육을 통해 여성들이 '개인적'이라는 한계를 뛰어넘는 즐거운 경험을 하고 있음을 전한다. 은희주는 평범한 주부가 '열혈 민주투사'가 되고 '행동하는 양심'이 되어 사회에 대한 고민이 깊어지고, 세상을 보는 눈도 넓어진 사례를 잘 보여주고 있다. 그리고 여성의전화 일을 하지 않았다면 '고부갈등에 머리를 쥐어뜯으며 인생을 허비'할 뻔했다며 '무지하게 서글프면서도 두려움도 느끼며 좀 더 살기 좋은 자유로운 세상을 위한다는 사명감으로 일했다'고 자신의 사례를 진솔하면서도 유쾌하게 이야기한다. 김계환 사례는 여성들이 당하는 일을 대수롭지 않게 여기다가 본인이 당하고 나서야 그러한 현실에 눈뜨는 여성들의 현주소를 잘 보여주며 '여성운동가들이 핏줄 세우며 하는 이야기가 틀린 말이 하나 없다'는 것을 증언하고 있다. 이 사례는 폭력피해여성의 고통과 피해자의 눈에 비친 여성운동(가)의 모습, 그리고 여성주의 상담을 통해 피해여성들의 역량이 강화되고 있는 모습 등을 현실감 있게 잘 보여준다. 이두옥은 출산했다는 이유로 직장에서 쫓겨난 경험, 분노와 외로움이 여성주의 상담교육을 통해 여성운동으로 승화된 경험, 그리고 성폭력 가해자로부터 고소당한 기막힌 경험을 이야기하고 있다. '작은 여자아이'인 중년의 평범한 주부(현모양처)가 여성의전화운동을 통해 자신을 차별한 '어머니' 여성을 용서하고 자유롭게 세상을 날며 자신을 사랑하는 모습이 잘 나타나는 사례이다. 강혜련은 타고난 차별감수성을 바탕으로 지역에서 여성의전화를 만들어 운동하며 성장한 이야기를 하고 있다. 청년운동조직 여성분과에서 시작해 여성운동가로, 여성학 학도로, 그리고 지방의원으로 변신을 계속하며 조직의 쓴맛도 보고, 개인적으로 슬럼프에 빠지기도 했지만 '생애 처음 만난 자유'를 놓치지 않고 '끼'와 열정을 쏟는 모습을 보여주고 있다. 신재남은 우연히 여성의전화 상담원교육을 받고 '이 나이가 되도록 한 번도 생각해보지도 못한 것들, 여성으로 살면서 감지하지 못했던 것들'에 충격을 받고 '머리에 쥐가 날 정도로 어려운 말들을 듣고 또 듣고' 했던 경험을 솔직하게 이야기한다. 그래도 포기하지 않고 계속 교육을 받은 것은 '어렴풋하게나마 내가 살아온 날을 설명하는 것 같았고 또 내 미래를 바로잡아줄 것 같았기 때문'이라고 말한다. 관점 하나 바꾸었을 뿐인데 세상이 달리 보이고 자신은 물론 남편까지도 변하는 경험을 한 이야기를 하며 '내 인생, 이보다 더 잘나갈 수는 없다'는 즐거운 고백을 하고 있다. 최정희는 폭력적인 남편과 이혼하기 위해 이혼상담하러 여성의전화에 갔다가 여성주의의 세례를 받게 된 사례이다. 여성주의 상담원교육을 받고 상담원으로 또 회원으로 활동하면서 이혼녀로서 자신감을 갖게 되고 밝아지고 멋진 엄마가 되는 모습을 보여준다. 자신의 삶을 통해 이혼녀들에게 용기를 주고 고단한 삶을 사는 여성들에게 힘을 주고 싶어 한다. 이숙애는 일자리를 찾다가 여성의전화 구인광고를 보고 활동가가 된 사례로, 숫기가 없어 인사도 제대로 못 했던 여성, 시어머니로부터 도망치고 싶었던 여성이 열혈 여성운동가로, 지역의 리더로 성장하는 모습을 보여준 사례이다. 본인의 경험이 주부들에게 작은 등대가 되기를 희망하고 있다. 김경희는 어머니의 억압된 삶을 이해하지 못하던 딸이 결혼 후 가부장적 가족에 치여 10여 년을 마음의 문을 닫고 살다 여성의전화를 만나 변화를 경험한 사례를 이야기하고 있다. 시어머니로서 가부장적 가족의 잘못된 관습을 아들과 후손에게 물려주지 않으려 가족을 변화시킨 용기와 결단을 보여준 사례이다.

1부의 필자들은 대부분 성역할 과잉으로 지쳐 있고 위로받고 싶은 자신을 발견하며 여성의전화 활동을 통해 거듭나는 경험을 하고 있다.

2부에는 25년간 여성의전화가 여성의 인권향상을 위해 일해온 10개

분야의 활동 사례를 수록했다. 여성주의 상담과 지원, 쉼터활동, 성교육, 성폭력, 가정폭력추방운동, 지역운동(서울, 농촌, 중소도시 등)의 이야기를 수록했고 인권운동의 새로운 지평을 개척한 이야기와 사건 대처를 통해 사회변화를 이루어낸 이야기도 수록하였다. 16명의 활동가가 자신의 경험을 바탕으로 운동의 현장을 증언하며 한국 여성운동의 현장을 재현하고 있다. 필자들은 특정주제별 사업을 사실에 근거해서 사업의 시대적 필요성, 의의, 고민, 갈등, 희망, 좌절 등을 운동적 관점에서 회고식으로 기술하고 있다. 사업 진행 과정(계획, 추진, 평가 등)과 그 과정에서 나타난 주체 간(지도자, 회원, 내담자, 수강자, 지역민, 관계 공무원, 타 기관 등) 갈등, 의사소통의 문제, 따뜻한 협력관계 등이 이야기되고 있다. 특히 사회를 바꾼 사건 이야기는 사건의 의미와 외부(경찰, 관, 타 단체, 기관, 지역인사 등)와의 관계, 사건과 당사자(가해자, 피해자)를 보는 사회의 시선과 사회지도층의 인식 등에 초점을 맞추었다.

여성주의 상담과 지원 이야기는 성매매 피해여성들을 지지하며 그들에게 힘을 주는 활동을 전개한 인천여성의전화 활동 사례 이야기이다. 배임숙일은 인천여성의전화 활동가들과 함께 여성주의 상담을 통해 집결지 성매매여성들의 자존감을 회복하고 스스로 자신의 삶을 살아낼 용기를 갖게 지원한 이야기를 드라마틱하게 하고 있다. 쉼터 이야기는 광주에서 쉼터운동을 한 염미봉이 하고 있다. 염미봉은 여성들이 당하는 문제를 개인의 문제로 치부하고 세상을 남성의 눈으로 보던 주부가 상담원교육을 통해 변해가면서 광주에서 피해여성들의 쉼터를 만들고 운영하는 이야기를 하고 있다. 여성의 지위만큼 열악한 여성시설을 운영하는 어려움과 피해여성이 쉼터를 통해 의식화되어가는 과정을 잘 보여주고 있다. 성교육 이야기는 광명에서 주부들과 함께 일상적인 성, 남성중심적 성교육에 딴지를 걸며 성교육운동을 한 강은숙이 하고 있다. 성교육의 내용을 풍부하게 하고 새로운 방식을 실험하면서 급기야 '쾌락이 어때서?'라는 발칙한(?) 말을 하며 이제 무서울 것이 없다고 당당하게 성을 밝히는 주부 성교육강사들의 듬직한 모습이 보인다. 성폭력 추방운동 이야기는 미국에서 배운 여성폭력추방운동을 여성의전화에 소개하고 접목한 신혜수가 하고 있다. 신혜수는 「성폭력특별법」 제정운동에 참여하여 법을 만드는 과정에서 경험한 개념 논쟁, 타 단체와의 갈등관계 등을 실감나게 이야기하며 법제정의 효과, 부족한 점, 그리고 향후 과제 등을 정리해내고 있다. 아내폭력추방운동 이야기는 구타당한 여성들의 인권을 위해 '17년 동안 지치지도 않고' 일하고 있는 정춘숙이 하고 있다. 그녀는 아내가 남편에게 맞는 것이 정말 '집안일'인지, 폭력생존자가 가해남편, 혹은 아버지를 죽인 것이 정말 '패륜'인지 질문하며 아내폭력을 법으로 막기 위해 여성의전화가 무엇을 했는지 이야기하고 있다. 법을 통과시키려는 활동가들의 피나는 노력, 법제정을 촉구하는 아내폭력 피해자들의 죽음과 호소, 반대하지는 않아도 노력도 하지 않는 정치권의 행태 등을 이야기하며 부족하지만 그래도 매우 중요한 법제정의 의미와 향후 개정방향을 제시하고 있다.

여성의전화가 풀뿌리운동으로 전개한 지역운동 이야기는 세 가지 사례를 소개한다. 10여 년의 중앙무대(?)를 버리고 지역으로 들어간 박신연숙이 서울지역운동 이야기를 통해 폭력을 근절하고 폭력 피해자가 생존하기 위해서는 온 마을이 필요함을 이야기하고 있으며, 낯선 땅 영광에서 여성주의운동의 싹을 띄우면서 고군분투한 이태옥이 농촌지역운동 사례를 통해 지역여성이 주체가 되고 여성운동을 지역에 뿌리내기기 위한 다양한 사업들을 이야기하며 지역의 현안 및 여성문제 등과 싸우는 촌

여전사들의 열정과 좌절을 전한다. 또 친구의 권유로 호기심에 여성의전화 회원에 가입했다 목포여성의전화 창립 주역이 된 최유란이 상담소를 분리시킨 후 열악한 재정과 인력에도 불구하고 마을로, 당사자로 지역운동을 진화시켜나간 중소도시 지역운동 이야기를 한다.

여성의전화가 인권운동의 지평을 확장하기 위해 새로이 전개한 운동에 대해서는 실무를 담당한 활동가 5인이 이야기하고 있다. 김홍미리는 이혼에 대한 사회적 편견과 왜곡에 저항하며 시작된 이혼당사자운동을 이야기한다. 당사자들의 모임 속에서 고민이 공유되고, 문제로 공식화하는 과정을 거치면서 개인의 사적인 문제에서 정치적인 문제, 즉 사회적인 문제로 재구조화되는 과정을 그리고 있다. 김은경은 '아무도 보고 싶어 하지 않는' 결혼이주여성의 인권문제를 여성주의 관점으로 접근한 운동을 이야기한다. '우리는 상품이 아니다'라고 절규하는 여성들의 목소리를 전하며 이들과 함께 살 수 있는 다양성과 평등이 공존하는 사회를 꿈꾸는 이야기를 한다. 김은경은 또한 여성의전화 여성인권운동이 국경과 경계를 넘어 확장되는, 네트워킹과 아시아여성과의 연대를 통한 국제연대활동 이야기를 한다. 지향은 여성에 대한 일상의 폭력을 잡기 위해 여성의전화가 어떻게 미디어운동을 전개하고 있는지 이야기한다. 전국 지부의 회원들과 브라운관에서의 여성에 대한 다양한 폭력을 감시, 고발하고 여성후보 및 여성연예인에 대한 차별적이고 폭력적인 방송에 딴지 걸었던 이야기를 하고 있다. 마지막으로 박명숙과 고미경은 폭력, 이혼 등으로 '기가 막히고 살길도 막막한' 여성들의 상황과 일은 했으나 경제력은 없는 여성의 삶에 분노하며 전개한 여성의 경제권 권리확보운동을 이야기한다. '여성에게 경제는 폭력과 모멸로부터의 해방의 문제'라는 관점으로 전개한 지난 10년간의 재산권운동의 의미와 과정, 그리고 좌절과 과제를 이야기한다.

여성의전화가 사건에 관여해 사회를 바꾼 이야기는 네 명의 활동가가
하고 있다. 이화영은, 자신이 직접 개입한 사건은 아니지만, 일찍이 1988
년에 일어난 강간미수사건과 남편에 의한 아내강간사건, 그리고 폭력아
버지를 죽인 존속살해사건을 이야기한다. 특히 이 사건들에 대한 사회의
반응 및 사법부의 판단의 가부장성을 성토하고 이에 맞서 '정당방위'
투쟁을 전개한 활동, 그리고 피해자의 용기와 선처를 구걸하지 않겠다는
우리의 결기를 이야기한다. 김복자는 지적장애여성 성폭력사건의 사례
를 통해 '항거 여부'에 따라 성폭력판단을 하는 재판부 판결의 장애차별
성과 반여성성에 저항하며 투쟁한 강릉여성의전화 활동가들의 이야기를
하고 있다. 배임숙일은 무자비하게 아내를 폭행한 사건에 맞서 싸우면서
종래 사건의 이름을 피해자의 이름으로 명명한 관행을 깨고 가해자 이름
으로 사건을 명명한 쾌거를 이루어낸 인천여성의전화 활동가들의 이야
기를 하고 있다. 조윤숙은 조교와 학생을 성폭력한 교수가 피해자 편에서
운동한 단체의 대표를 오히려 역고소한 '기막힌 사건'에 대구여성의전화
가 어떻게 대처했는지 이야기한다. 피해자의 인권을 지키기 위한 과정에
서 가해자의 이름을 거론한 것이 과연 '명예훼손'인지, 이 사회는 누구의
명예를 더 중요시하는지를 질문하며 우리 사회의 판단 잣대를 시험대에
올린 여성의전화 활동가들의 이야기를 한다.

3부에서는 조직 관점에서 여성의전화운동을 이야기했다. 조직의 생
성, 변화, 발전 과정을 시대상황과 그에 따른 조직의 고민과 요구, 조직과
회원 간의 이해관계 등을 중심으로 이야기하였다. 첫 번째 이야기는 1983
년 창립기부터 1993년 전국조직으로 확대되기 전까지의 조직 이야기이

며 한우섭이 초창기 멤버로서 창립에 관련된 이야기를 생생하게 풀어놓고 있다. 여성의전화가 여성인권운동으로 출발하여 상담원교육을 시작하고 성폭력문제를 처음으로 제기하며 동시에 민주화운동에도 깊이 동참했음을 증언하고 있다. 또한 회원운동체로 조직을 개편하면서 여성운동단체로 정착한 이야기와 그 과정에서 있었던 운동단체로서의 정체성 논쟁과 이로 인한 조직의 와해와 재조직을 회고한다. 두 번째 이야기는 1993년 전국조직화되는 시기부터 현재까지의 15년 동안의 조직 이야기로 이 시기 운동을 했고 조직화에 깊이 개입했던 박인혜가 조직화의 전통을 만들고 여성인권단체로서의 정체성을 강화하며 여성주의 조직을 추구하며 전국조직으로 정착되는 과정 그리고 리더십을 구축하고 조직을 강화한 이야기를 한다. 또한 구타남편을 살해한 폭력피해여성 석방운동을 비롯하여 「성폭력특별법」 제정 및 「가정폭력방지법」 제정을 통한 여성에 대한 폭력방지의 제도화, 제도화의 그늘과 극복 과정, 나아가 여성인권운동의 영역을 확대하여 새로운 지평을 열어가는 운동 현황 등을 이야기한다.

이 모든 이야기가 끝난 후 우리는 다시 모였다. 이제 필자들이 모여 얼굴을 맞대고 이제까지 한 여성운동을 점검하고 앞으로 어떻게 운동을 할 것인지, 어떤 전망을 가질 것인지 이야기했고 이것을 민경자가 정리하여 책 맨 뒤에 수록하였다. 촛불집회에 나타난 국민들의 욕구와 행동을 이야기하며 여성의전화운동이 어떻게 진화해야 하는지 함께 고민하였다. 특히 운동 주체의 다양성과 수평화, 상담과 제도화의 문제, 조직화의 문제, 활동가의 위치에 대해 허심탄회한 이야기를 주고받았다.

이런 이야기들을 했다. 이야기를 함에 있어 '운동사'와는 달리 과정의 상세함보다 운동의 필요성에 대한 공감과 운동의 치열성(운동의 의미, 정치적 효과 등)을 전달하는 데 초점을 맞추었다. 또한 역사 기술이 아닌 역사 이야기이므로 분석에 입각한 논리적 기술이 아니고 쉽게 따라갈 수 있고 현장에 대한 상상을 가능하게 하며 읽는 이들이 공감할 수 있는 정서적인 글이 되도록 하였다. 사실에 근거하되 경험한 사업 내용, 고민, 갈등, 희망, 좌절 등을 정직하게 이야기 식으로 풀어내었고 소위 '자질구레한 것'에 의미를 부여하였다.

1부의 이야기는 평범한 주부들의 운동가로서의 일종의 '커밍아웃'의 의미가 있고 여성운동의 일상성을 드러내는 의미도 지닌다. 즉, 우리 사회의 '운동'에 대한 검열적 시선으로 인해 의식화에 대한 경험과 이 경험을 바탕으로 한 사회활동은 하기도 어렵거니와 했어도 '운동'으로 말하여지기 힘들다. 여성운동의 경우에 특히 여성운동을 하는 여성의 경우에는 이런 검열이 특히 심하다. 이런 의미에서 1부의 필자들이 자신의 변화와 활동을 이야기한다는 것은 '위험'한 일이다. 이들의 이야기는 여성운동의 일상적 성격, 즉 여성운동은 누구든지 할 수 있는 일이라는 것을 보여주고 더불어 '운동'에 대한 사회적 편견의 문제를 다시 생각하게 한다. 2부의 이야기는 위에서 말한 여성운동의 일상성에도 불구하고 얼마나 하기가 어려운지, 반여성적인 사회구조와 인식체계가 얼마나 강고한지, 특히 지방에서 운동하기가 얼마나 어려운지를 보여주고 있다. 동시에 이 어려움을 이겨내며 변화를 이끌어내는 여성의전화 활동가들의 여성인권수호에 대한 열정, 투지, 지혜, 그리고 좌절을 보여준다. 3부는 가부장제가 강고한 사회에서 여성운동을 조직한다는 것의 어려움과 '여성'의 힘없음을 잘 보여준다. 또한 그럼에도 불구하고 여성의전화가 이런 어려움을 극복하고 전국적인 조직, 여성인권운동을 주도하는 단체로 성장한 모습을 보여준다. 여성의전화 조직 이야기는 한국 NGO 및 한국여성운동의 형성과 변화의 일단을 보여주고 있다는 점에서 의미를 찾을 수 있다. 그리고 전체적으로 이 책은 여성의전화 '여자'들이 어떻게 여성이 갈 길과 이 사회가 갈 길을 만들고 있는지를 보여주고 있다. 여성의전화 25주년 이야기는 이 길에서 만난 수많은 여성들과 그들의 고통, 그리고 이 고통과 함께하며 소외되고 상처받은 영혼들을 위로하고 치유하는 길을, 또 차별과 폭력 없는 평화로운 길을 만드는 여자들의 열정과 고뇌 그리고 성취를 보여준다는 점에 의미가 있다고 하겠다.

필자 선정에 많은 고심을 했다. 기획한 분야에서의 활동 경험이 최우선 기준이었다. 특히 2부는 기획회의에서 주제를 정하고 이 사업을 담당했던 필자를 전국 지부에 문의하여 정했다. 3부 역시 여성의전화 초창기부터 활동하여 조직에 대해 그 누구보다 잘 알고 있는 한우섭 전 공동대표와 조직의 전환기에 그 변화를 주도했던 박인혜 현 공동대표가 맡았다. 그러나 1부의 필자는 전국에서 열심히 활동한 분들이 많은 관계로 지역 안배를 하였다. 우선 지부에 필자 선정을 의뢰했고 지부에서 올라온 분들 중에서 편집회의에서 지역을 안배하여 선정하였다. 비록 아홉 명의 활동가만이 자신의 성장과 변화 경험을 이야기했지만 사실 더 많은 분들의 이야기를 수록하고 싶었다. 그러나 지면 관계로 하지 못했음이 아쉬움으로 남는다.

여성의전화운동 이야기를 함에 있어 단체 명칭에 대한 혼란이 야기되었다. 여성의전화는 1983년에 창립한 후 25년 동안 많은 조직적 변화를 겪었고 따라서 단체 명칭에도 변화가 있었다. 즉 1983~1990년까지는

'여성의전화', 1991~1997년까지는 '한국여성의전화', 1998년부터 현재까지는 '한국여성의전화연합'이다. 따라서 시기에 따라 달리 지칭해야 마땅하다. 그러나 필자에 따라 이를 준수하기도 했고 또 통칭하여 '여성의전화'로 부르기도 했다.

책을 만들면서 독자들이 이해하는 언어로 여성의전화의 운동을 이야기하고자 했다. 독자들로 하여금 여성운동이 사회변화는 물론 개인의 변화의 견인차 역할을 했다는 것을 공감케 하고 싶었다. 또 시민들이 갖고 있는 운동에 대한 왜곡된 인식을 바꾸고, 운동이 일상적 문제와 깊이 연결되어 있다는 것, 운동이 곧 생활이라는 것을 보여주고 싶었다.

힘들게 만들었다. 현장에서 이리 뛰고 저리 뛰는 활동가들이 피곤한 몸을 달래가며 쓴 글이다. 그래서 많은 사람들이 읽었으면 좋겠다. 특히 '평범한' 주부들이 읽기를 바란다. 이제는 여성인권운동이 젊은 운동가들이 하는 '운동권'운동이 아닌 유모차를 끌고 촛불문화제에 참석하는 시민여성들이 하는 '생활'운동이 되었으면 한다.

그리고 누구보다도 전국 여성의전화 활동가들과 회원들에게 힘을 주고 자긍심을 갖게 하고 싶었다. 이 책을 보며 전국에서 25년간 활동해온 여성의전화 동지들이 자신들이 흘린 피와 땀의 의미를 되새겨보았으면 한다. 이 두꺼운 우리의 이야기가 지난 25년을 기념하는 동시에 새로운 운동의 시발점이 되기를 바란다.

이 책 어딘가에 있는 '촌 여전사' 이태옥의 말을 떠올리며 서문을 달고자 한다.

"좀 더 신나고 재미있는 일이 없을까? 눈을 번뜩이고 역동적인 대한민

국에서 싱글맘으로 살아가는 길에 더 많은 여성과, 더 넓은 지역에서,
더 깊은 사고를 나누고 싶다."


2008년 12월
편집위원장 민경자

# 차례

3부 **여성의전화 조직을 만들다**

 4부 **회고와 전망** — 25년 이야기를 마치며 민경자 ● 477

1부 변신은 계속된다

# 할머니, 엄마 그리고
# 나를 만나다

황경숙

2007년 11월 3일 여느 주말과 마찬가지로 홀로 되신 시아버님을 뵈러 가는 차 안, 모 방송에서 한 장신구박물관장의 이야기가 흘러나왔다. 에티오피아의 어느 시장에서 마주친 여인의 장신구를 본 순간 그분은 전율을 느끼고 그 후로 장신구를 수집하기 시작했다. 수십 년 동안 새로운 장신구를 만나기 위해서라면 세계 어느 오지도 마다 않고 찾아다니면서 수집한 장신구가 이제 3,000점이 넘어 박물관을 하게 되었다고 했다. 그때 그분의 마음에 전율을 불러일으켰던 열정과 혼이 내게는 무엇이었을까? 무엇이 나의 불을 지피게 해주었는가? 그것이 무엇일까, 여성주의일까……?

## 여성주의 상담이라……

내 삶 속에서 여성주의 상담이 어떻게 태어나고 자라났는가, 무엇이 내 속의 여성주의 의식에 불을 지폈는가를 생각해본다. 내 마음에 불을 지피게 해주었던 것은 내 마음속의 분노였다. 내가 '나'이지 못하게 하는 많은 것이 내 속에 켜켜이 쌓여 분노가 되어 있었다. 그것은 꼭 타인에 대한 분노만은 아니었다. 그것을 알기 쉽게 표현해내지 못하는 나 자신에 대한 분노도 있었다. 그럼 또 '나'란 누구인지…….

아직도 가야 할 길이 멀고, 만분의 일이라도 그것을 알았는지 회의도 들지만 여성주의란 이러한 분노의 긍정화 작업이라 해야 할까. 그렇게만 본다면 분노를 너무 부정적인 것으로만 볼 위험도 있다. 분노를 있는 그대로 볼 수 있는 힘을 갖게 된다는 것이라고 해야 할까. 그렇다면 여성주의는 궁극적으로 '힘'이라고 할 수 있다.

나를 받아들이고 타자를 받아들일 수 있는 그런 힘. 그런 온전한 '힘'. 그 힘으로 상담자는 상담을 하고, 상담자인 내가 공감하며 내담자의 그 힘을 찾아내서 내담자에게 주고, 또 내담자는 그것을 느끼고 발휘하여 삶의 주체자가 되는 것[empowerment], 그것이 여성주의 상담이 아닌가.

위의 이야기에는 여성주의 상담의 네 가지 원리가 살아 숨 쉬고 있다.

'개인적인 것은 정치적인 것이다'

'상담자와 내담자는 평등하다'

'역량강화'

'여성의 시각으로 재조명한다'

## 내 의식의 뿌리

11월 4일 일요일 아침 6시, 나는 항상 잠에서 깰 때쯤이면 많은 생각을 한다. 그 시간은 신이 내게 '임하는 시간'이다. 그때 내게는 삶 속의 해야만 하는 일, 정리해야 할 일, 생각해야 할 사람, 하고 싶은 일들이 떠오르고 방법도 떠오른다. 정말로 내가 살아가면서 감사해야 할 영감의 시간이다.

그런데 이날도 어김없이 신이 내게 임하셔서 내가 앞으로 해야 할 일을 알려주셨다. '네가 갖고 있는 자타의 많은 삶의 경험을 낱낱이 쓰거라.' 글쓰기라는 것은 쓰고 싶은 마음이 차고 넘치면 쓰게 되어 있다. 그러면 나는 무엇을 쓰고 싶은가. '네게 주어진 사명은 여성주의 글쓰기다.' 아, 그렇지. 내게 속한 나의 여성의 역사…….

할머니가 떠올랐고, 지금 요양원에서 삶의 마지막을 보내고 있는 내 어머니가 떠올랐다. 어머니는 거기서 그냥 그렇게 죽음만을 기다리며 계신 것이 아니다. 분명히 어머니의 굳어진 얼굴 표정 속 눈빛은 나를 향해 '네가 하거라. 네가 나를 여기 이 세상에 존재했다고 증명하거라' 하신다.

청와대 뒤 인왕산 길을 구비구비 올라가다 내려가고 외길로 접어들면 절이 보인다. 지금은 이렇게 차로 편하게 다닐 수 있지만 할머니의 시절, 유일하게 정당성이 부여된 내 할머니의 성대한 외출인 절에 가는 날의 발걸음은 얼마나 힘이 드셨을까. 이 굴곡 많은 길을 보면 가히 상상할 수 있다. 할머니는 공양물을 바리바리 싸들고 힘겹게 걸어 올라가셨겠지만, 그 마음은 자손들에 대한 간절한 바람으로 오히려 가벼웠으리라. 나는 '입에 거품을 문다'는 말을 들으면 우리 할머니가 이 길을 오르시던 모습이 생각난다. 그곳에서 지금 나와 아버지는 썰렁하게 식은 삼색나물과 맹탕인 국에 할머니를 기억하며 젯밥을 먹고 있다. 엄마가 정신을 놓은 후 사촌 이모는 "그 자식인 딸이 살아 있는데 어떻게 어머니를 절에 모실 수가 있느냐"고 반대했지만 아버지는 용단을 내리셨다. 그런지 벌써 2년째…….

나의 할머니. 1979년 가을, 신은 내게 아들을 주시고 할머니의 삶을 거둬 가셨다. 마음 아리게 떠오르는 할머니. 글을 쓰는 이 순간에도 눈물이 앞을 가린다. 이 세상에서 나에게 절대적인 신뢰를 보내주셨던 나의 할머니, 나의 멘토여!

### 할머니……

나는 남동생이 한 명 있습니다. 그 남동생은 삼대독자로 내 어머니가 산에 들어가서 백일기도하여 낳은 귀한 남동생이랍니다. 그 남동생은 결혼하여 남매를 낳고 6·25 때 인민군의 총에 맞아 내가 보는 앞에서 무참하게 죽었답니다. 어머니의 아들에 대한 그 사무친 정성을 알고, 나 또한 내 어머니를 너무나 사랑하기에 남동생에 대한 내 마음은 어머니의 분신이었지요. 그래서 이제는 사대독자가 된 남동생의 아들과 딸을 나는 내 자식 이상으로 정성 들여 마음을 쏟고 있지요.

나는 장성한 자식이 있는 상처한 나이 든 남자와 결혼을 했고, 거기서 딸, 아들, 딸 삼남매를 낳았답니다. 남편은 아이들이 어렸을 때 세상을 떠났고, 나는 물려받은 농토를 건사하면서 혼신의 힘을 다하여 세 아이를 키웠답니다. 연년생인 큰딸과 큰아들이 11살, 10살이 되던 어느 여름날, 큰딸이 시름시름 앓더니 세상을 등졌습니다. 나중에 알고 보니 그해 여름에 창궐한 이질이라고 합디다. 그러나 그때는 뭔지도 모르고 죽은 딸을 가슴에 묻고 서러워할 참도 없이 또 큰아들이 시름시름 아프기 시작했습니다. 나는 온갖 용하다는 데는 다 찾아다니면서 좋다는 것, 약초 등을 먹였으나 체력이 다한 아들은 덧없이 어미 곁을 또 떠나버렸습니다. 오, 내 귀한, 하나밖에 없는 내 아들아. 차라리 나를 데려가지, 나를. 아들을 빼앗기자 하늘이 무너져 내린 것 같았고, 한 해에 두 아이를 잃은 나는 넋을 놓아버렸습니다.

7살 막내딸을 놔두고 이리저리 마음 붙이지 못한 채 돌아다니며 집안일도 아랑곳하지 않고 미친 듯 헤매는 나를 아무도 말리지 못했습니다. 그렇게 몇 해가 간 어느 날, 동네 할머니가 나를 도와 일하고 있는 내 곁의 막내딸을 보더니 "하이고, 그 막내딸이 자네 말년 삶을 건사하겠네 그려"라고 했습니다. 그 말에 저는 정신이 퍼뜩 들었습니다. 그제야 내 막내딸의 존재가 느껴졌습니다. 그때부터 두 아이를 보낸 후 미쳐 있었던 내 마음을 하나밖에 남지 않은 내 막내딸에게 쏟아부었습니다. 그렇게 그 딸을 있는 정성, 없는 정성을 다 바쳐 곱게 가르치고 키웠습니다.

내 딸은 아들 넷에 딸 하나 있는 집안의 막내아들과 결혼하게 됐습니다. 명주이불에 명주솜에, 비단실로 베개마다 새, 작약, 목단 수를 손수 놓아 한껏 혼수를 마련해주었고, 농토와 재산을 정리하여 도시에서 생활하게 된 딸네와 합쳤습니다.

결혼한 딸의 집에서 같이 사는 동안 세상은 나를 '사위집에 얹혀사는 장모'로 보았고, '장모까지 먹여 살리는 내 아들이 얼마나 힘들까' 하는 사돈의 시선이 나를 너무나 화나게 했습니다. 거기다가 더욱 가슴 아픈 것은 내 딸이 사위와 사돈과 나 사이에서 힘들어하는 것을 보는 것이었습니다. 그런데다 워낙 깔끔하고 적당히 넘어가는 것을 견디지 못하는 타고난 성격에 딸과도 마찰이 많이 생겼습니다. 나는 내 성격을 죽이고 산다고 생각했지만 중간에 끼어 있는 딸이 보기에는 그렇지가 않았던 모양입니다. 내 딸은 내가 살아온 세월을 아는지라 제 어미의 속마음을 모르는 바는 아니겠지만 우선 어미가 임의로울 것이고 속내를 말하기 힘든 것은 남편과 시댁이겠지요. 참아라 할 것은 나한테 말하기가 쉬웠을 것이고, 그러다 보면 자기 가슴도 아프고. 그걸 왜 전들 몰랐겠습니까. 구십이 넘은 내가 장독을 건사하다가 넘어져 몸져누운 후 나를 간병하면서 고집

센 이 어미를 야단도 쳤다가, 눈에 눈물이 그렁그렁한 것을 본 적이 한두 번이 아닌데. 정말 나는 내 막내딸한테 고맙습니다. 그 동네 할머니 말대로 나의 노년을 돌봐주고, 무엇보다 고마운 것은 손자를 셋이나 낳고, 고명딸 손녀를 내 품에 안겨주어 가슴에 한이 된 생명에 대한 갈증을 적셔주었던 것입니다. 외손자, 외손녀를 본 내 마음은 너무나 기뻐서 행여 닳을세라, 남에게 절대 맡기지 않고 내 몸이 휘어져라 부서져라, 내 등이 소변으로 마를 날이 없이 그렇게 기쁨으로 키워서 출가를 시켰답니다.

**어머니……**

"내 나이가 몇인 줄 아요? 나이가 오십이 다 되었는디 어째서 엄니는 내게 아직도 늦게 들어오네 마네 하는 거요?"

"어째 저렇게 자기 성질대로 살려고만 하실까. 조금만 성깔을 죽이면 온 동네가 편할 텐데."

"제발, 간섭 좀 그만하고 들어가서 모른 척하고 계셔봐요. 그래도 다 잘 할 테니까."

"마음에 안 들어도 그러려니 하고 좀 계셔봐요."

"다른 사람들도 다 잘해요. 어째 그리 못 믿어요? 이 딸 말도 못 믿겠소?"

"엄니가 그러면 내가 너무너무 힘들어요. 이 딸 편한 것을 보는 것이 그렇게 힘드요?"

어머니가 할머니에게 편치 않은 마음으로 하시던 말씀들이다.

## 다시 나……

어린 시절 우리 집에는 도우미가 상주했다. 어머니는 내가 초등학교때 자궁 외 임신으로, 또 40대 후반에 자궁암으로 개복수술을 두 번 하셨다. 지금 생각해보면 어머니가 수술실에 실려가실 때마다 할머니가 집에 계셨을 텐데 할머니는 내 기억에 없다. 나의 고통이 너무나 컸기 때문에 할머니가 안 들어온 것이리라. 이제야 글을 쓰면서 할머니의 고통을 느낀다. 자식이 아플 때 자식을 둔 어미의 마음이 얼마나 힘든 것인가를 아는 지금, 자식을 잃는 엄청난 경험을 했던 할머니가 그 상황을 어떻게 받아들이셨을지가 그냥 마음에 들어온다. 아무튼 어머니의 회복 때문에 우리는 도우미를 쓸 수밖에 없는 상황이었고, 도우미가 있을 때라야 어머니의 상태가 훨씬 양호해진다. 어머니는 집안일을 한다고 허리가 굽은 파파할머니가 이리저리 돌아다니는 것을 보기 마음 편치 않고, 정작 자신은 몸이 아파 할 수도 없는 상태이고 하니 차라리 도우미가 해주는 것이 정신적으로 편했을 것이다. 아버지도 그것을 강력히 주장하셨다. 그런데 문제는 그 도우미가 할머니 마음에 들지 않게 일을 한다는 것이었다. 그래서 이래저래 잔소리를 하다 보면 그런 잔소리를 듣고 집에 붙어 있을 사람이 없게 되는 것이다. 그 당시, 내가 학교 갔다 왔을 때 집안 분위기가 음울하면 도우미가 집을 나간 것이다. 아버지, 어머니는 할머니한테 몹시 화를 냈고, 오히려 할머니는 도우미가 일을 제대로 하지 못해서 나간 것이며 저렇게 자신을 탓하는 딸과 사위의 태도가 못마땅할 뿐이다. 할머니는 여전히 당신이 하던 일 이상의 일을 딸을 위하여 자신이 하신다. 어머니가 54세 때 할머니가 돌아가셨으니, 할머니와 일상의 희비를 항상 함께 겪으며 모녀로, 친구로 거의 평생을 같이하신 셈이다. 나의 어머니는 모진 고초를 겪은 친정어머니를 곁에서 어린 시절부터 보아왔고, 누구보다도 자기 어머니의 안녕과 평화를 바라던 하나밖에 없는 딸이었을 것이다.

　중매로 결혼한 후 출산과 양육을 했던 10년간, 항상 할머니가 그 곁에서 그림자처럼 어머니를 돌보셨을 것이다. 그러면서도 시댁 어른들이 집에 오실 때면 아버지, 어머니는 신경이 엄청나게 곤두섰을 것이고, 할머니는 할머니대로 내면으로는 당당하셨기 때문에 기죽을 일이 없었을 것이다. 그런 모습이 시댁 어른들에게는 고깝게 보이고, 아버지에게 좋은 말씀을 하지 않았을 것이다. 그리고 자신의 부모님이 모처럼 아들집에 와서 겪은 서운함을 다른 가족에게 들은 아버지는 어머니에게 서운한 말이든 어떤 행동을 보였을 거고, 때문에 어머니의 심정은 참으로 착잡했을 것이다. 그러나 해결할 방법은 없고, 그런 입장에 처해버린 할머니가 가여우면서도 가슴 아프고, 또 아무 눈치 없이(?) 여전히 당당한 할머니가 때로는 밉기도 하고, 한편으로 불쌍한 자신의 어머니에게 그런 마음과 불손한 행동을 한 죄책감과 자책감에 시달렸을 거고 늘 감정적으로 그렇게 긴장한 채 살아온 어머니는 우울함과 세상에 염세함을 가지게 되었으리라. 할머니가 돌아가셨을 때 "엄니, 엄니, 불쌍한 우리 엄니" 하며 섧게 우셨지만 그 서러움을 다 풀어내지 못하셨으리라.


　"아버지, 오늘 시간 되세요?"
　"오늘 엄마한테 가게요. 네, 그럼 이따 11시에 뉴타운 앞에서 만나요."
　주말마다 요양원에 계신 엄마를 찾아뵙는 것은 나와 아버지의 일과가 되었다. 아침 일찍 일어나 정화수 세 잔 떠놓고 마음으로 기원한 후, 죽 쑬 재료를 준비해서 불 위에 얹어놓고, 지난밤에 여러 가지를 넣어서 끓여놓은 음료를 담고, 과일, 고구마 등을 챙기고, 엄마 죽과 아버지

잡수실 것을 따로 담은 쇼핑백을 들고는 아버지를 모시고 하남으로 간다.

3층으로 올라가 엘리베이터 문이 열리면 저기 앞 거실에 약간 구부정한 자세로 휠체어에 앉아 계신 깡말랐지만 깔끔하게 짧게 자른 흰머리의 우리 엄마 뒷모습이 보인다. 첫 해, 두 해 때는 우리가 들어가면 어린아이처럼 뛰어나오시며 우리를 반겼는데…….

이곳에 들어오신 지 벌써 다섯 해가 되어간다. 생사의 고비를 몇 번이나 겪고 지날 때마다 엄마의 모습은 세상 육신의 무게를 조금씩 내려놓는다. 눈빛만 형형하신 채, 아무 표정 없는 얼굴에 눈으로만 말씀하신다.

그렇게 엄마를 만나러 가던 어느 날, 아버지가 "이제 이것들을 네 엄마가 쓸 날이 있겠느냐, 네가 쓰거라" 하시면서 보따리를 주셨다. 집에 가서 풀어보니 엄마가 아끼며 쓰시던 스카프, 목도리, 옷가지 등이었다. 순간 엄마의 젊었던 날이 파노라마가 되어 스치면서 내 눈을 흐리게 적셨다. 가슴이 미어져서 그 옷을 붙잡고 꺼이꺼이 울었다. 현실적이고 그래서 본인이 원하는 것을 선명하게 표현하며 그것을 구할 수 있는 능력까지 있었던 풍채 좋은 우리 엄마는 딸인 나에게 '여자'라는 한계선을 그어놓지 않았다. 하지만 그런 엄마도 그 시대에 '홀로 된 친정어머니를 모시고 사는 여자'라는 그늘은 벗어나지 못하셨다.

나는 5~6세 이전의 기억이 없다(왜 그런지 늘 의문이긴 하다). 그 후의 기억이라면 나보다 드세서 내가 비굴하게 고개를 숙일 수밖에 없었던 동네의 어떤 여자아이에게 나보다 우위임을 인정하고 싶지 않은 마음에 많은 아이들 앞에서 끝까지 대항하던 내 모습이 생각난다. 집 앞 계단에서 머리를 풀고 귀신 같은 모습으로 두려움을 불러일으켜서 그들을 굴복시키려 했던 나. 다들 장난으로 생각했지만 나는 진지했다. 그러나 정작 나는 앞이 안 보여 계단으로 굴러떨어졌다.

재봉틀 바늘에 손을 박히기도 하고, 얇은 철사로 목을 묶었다가 풀리지 않아 죽을 뻔하기도 했다. 속치마가 망사로 좍 퍼지는 것이 예쁜 원피스의 속치마를 자랑하고 싶어서 시장 골목을 돌아 나오면서 겉치마를 일부로 모른 척 드리우고 걸어 다니던 내 모습도 있다.

초등학교 시절 우리 집은 시장 가까이에 있어서 새벽이면 과일, 야채 도매상이 대문 앞까지 올라오고 낮에는 원래의 시장으로 흡수되곤 했는데, 밤이면 애들과 함께 상인들이 잔뜩 쌓아놓은 부대에서 몰래 고구마, 참외, 오이 등을 빼서 먹기도 했다.

부모는 시장으로 장사 나가 애들만 온종일 집을 지키고 있는 옆집 셋방에 가서 막내를 업어주고, 하루 종일 방해받지 않고 소꿉놀이를 하면서 놀았다. 그러다 보면 어둠이 깔리고 그때서야 화들짝 놀라 집에 들어가면 "왜 이렇게 옷에서 지린내가 나냐"라고 엄마한테 야단도 많이 맞았다. 또 동네 뒷산에 올라가 애들하고 불장난하며 시간 가는 줄도 모르고 놀다가 어두워져 깜짝 놀라 집으로 뛰어와서는 위험한 불장난을 했다고 엄마에게 혼날까 봐 그을음 냄새가 잔뜩 밴 옷을 털면서 마치 오빠를 찾다가 늦은 것처럼 문 앞에서 동네를 향하여 오빠를 불러대던 일(엄마 눈에는 내 속이 얼마나 보였을까)도 있었다. 명절이면 엄마는 새 옷을 입히고 미장원에 데리고 가서 머리를 뒤로 묶어주었는데, 특이하게도 고무줄 대신 내 머리로 묶어주셨다. 고데기가 약간 들어간 그 머리 스타일은 항상 명절을 생각나게 하고 기분 좋게 만든다. 그날만은 엄마도 나에게 마음대로 놀 수 있는 자유를 주셔서 그런 것 같다.

기본적으로 깔린 감정은 인정받고 싶었고, 잘나고 싶었지만 잘되지 않았던 '나'. 그것이 나의 전부일까? 이렇게 어린 시절은 남자, 여자라는 구분 없이 그냥 놀며 자랐다. 그런데 언제부터 여성스러움이 알게 모르게 키워졌을까.

아들 셋에 딸 하나, 조용하고 모나지 않게 순종하며 살아온 착한 딸이 되었다. 하나밖에 없는 딸로서, 여자로서 어느 때인가부터 아버지로 상징되는 나의 친가와 할머니로 상징되던 외가 사이에서 엄마가 겪었던 고충을 보고 살았기에, 엄마에게 기뻐할 일을 못 만들어줄망정 속 썩이는 일은 하지 말아야 한다는 무거움이 내 속의 아이스러움을 잠재운 것 같다. 중·고등학교와 대학교를 마치고 마치 정해진 절차처럼 직장생활을 했다. K그룹 무역회사에서 6개월, Y여고에서의 교직생활 3년 동안 소위 직장에서 여성들이 느끼는 답답함과 분노를 느꼈다. 그러나 그것이 무엇인지 몰랐다. 또 한편으로는 어른이 되었음에도 나 스스로를 아이 취급하며 어른이 되고 싶지 않았다. 그러한 감정적인 정체를 나의 무능함으로 알았고, 그냥 거기만 벗어나면 되는 것으로 알았을 뿐이다. 그때의 '나'는 무엇을 생각하며 살았을까?

직장생활을 하다가 적당한 나이에 결혼을 했고, 곧 결혼생활은 나의 전부가 되었다. 삼남매를 낳았다. 아이를 낳을 때마다 산후우울증을 겪었지만 그것이 왜 그런지 몰랐고 아무에게도 나의 이야기를 할 수 없었다. 뭔가 있었지만 그것이 무엇인지 정의할 수 없었고, 그냥 그렇게 사는 것인 줄 알았다.

## 개인적인 것은 정치적인 것이다

1985년 3월부터 7주간 진행된 1차 과정, 7월까지 진행된 5주 과정 동안의 140여 시간, 친구의 권유로 여성의전화 5기 상담원교육을 받았다.

합정동의 어느 마당이 넓은 주택에서. 그렇게 나와 여성의전화와의 첫 만남이 이루어졌다.

여성과 자기개발, 여성문제의 본질, 세계여성운동의 흐름, 여성심리, 현대사회와 가족, 가족심리, 부부갈등, 성격심리, 상담원리, 법과 여성, 위기상담, 성장상담, 학대받는 여성의 정신과적 문제 등의 과정을 듣는 동안 말 그대로 잔잔한 호수에 끊임없는 파문이 일기 시작했다. 그리고 상담모의실습과 3주간 상담을 참관한 후 9월부터 상담전화를 받았다.

지금 그때를 생각해보면 뭔가 다른 문화를 만난 기분이 들었고, 호기심이 촉발된 듯한 느낌을 받았다. 당시 나는 늘 겉으로는 근원을 알 수 없는 자신감이 있었지만 속으로는 챙기고 다독거려야 겨우 유지되는, 그래서 쉽게 위축되고 두려움에 사로잡히곤 하는 취약한 자아의 소유자였다.

무엇이 나를 여성의전화 상담원교육으로 이끌었을까 궁금하다. 다만 기억에 남는 것은 교육을 받으면서 가슴 속이 일렁이기 시작했다는 것, '숙박교육'이라는 단어의 생소함과 그 교육으로 인한 외박의 경험이었다. 그 당시 다락방에서 김희선 원장이 모든 교육생의 몸을 명상과 함께 정성껏 주물러주는 프로그램이 있었다. 그때 나는 태어나서 처음으로 나의 몸을 타인에게 미안함 없이 맡길 수 있는 경험을 했다. 그리고 같은 기 교육생이면 연령이 높고 낮음을 막론하고 그냥 친구가 될 수 있었던 확장된 경험도 했다. 알 수 없는 의욕과 생기 또한 새로운 경험이었다. 이렇게 나는 여성으로서, 아니 인간으로서 눈을 뜨기 시작했다. 당시 나와 함께 교육을 받은 제5기 교육생들은 각각의 다양한 삶의 흐름 속에서 흘러가다가 여기 여성의전화에 모인 자매들인데, 이들과 많은 이야기를 하고 부딪침과 감싸줌을 경험하는 사이 나의 의식은 잠에서 깨어나기 시작했다. 뭐가 무엇인지 몰랐던 감정의 정체가 밝혀지는 '눈 뜸'의 경험이었고 그것은 분노, 혼란스러움, 두려움이었다.

그 당시 교육생이었던 변정숙은 "나보다 어린 사람부터 연세 많으신 분들과 함께 어울려 동등한 입장에서 일정한 주제에 대해 토론하면서 내 생각의 울타리에서 벗어날 수 있었다. 상대의 말을 잘 이해하기 위해 긴장하며 듣고 새로운 것을 알게 되는 것도 좋았다. 더욱더 내게 신선하게 다가온 것은 생활하면서 느꼈지만 곧 스스로 잊고 싶었던 여성들이 겪는 부당한 처우와 억울함, 조금 알고 있었으나 무관심으로 외면했던 우리 과거의 참모습과 현실의 문제점을 명료하게 내 앞에 내 문제로 느끼게 되었다는 것이다. 내 주변의 여러 가지를 그냥 나와의 관계에서만 보고 처리하는 것이 얼마나 편협한 것인가에 대해 깨닫게 되었다. 그래서 적극적인 삶에 대한 나의 모호한 생각에 구체적인 설계가 서게 되었고 주어지는 삶이 아니라 만들어가는 삶에 대한 인식이 싹트기 시작했다"라고 쓰고 있다.

여성의전화 활동과 함께 나의 바깥 시간이 늘어나기 시작했다. 일주일에 하루는 상담을 하고, 또 하루는 상담원모임을 하면서 의식을 향상시키고, 또 하루는 공부모임과 그 밖의 활동을 하며 보냈다. 아이들이 8살, 6살, 3살이었던 1985년이 그렇게 저물어갔다.

나는 생각한다. 내가 잘 사는 것, 내가 공부하는 모습을 보이는 것, 아이들과 대화를 하는 것, 내가 온전한 정신을 갖고 내 아이들에게 임하는 것, 이런 것들이 중요하다고. 그리고 그 아이들이 이제 31살, 29살, 26살이 되었다. 나의 '눈뜸'의 시기는 아이들에게 돌봄의 손길이 너무나도 많이 필요한 시기였다. 지금 또 다시 나를 힘들게 하는 것 중의 하나는

'이제는 지나가 버린 어린 시절의 내 아이들에게 나는 엄마로서 잘 살아왔는가'이다.

'어머니', 그들은 누구인가. 그들은 날 때부터 수용적이며 온정적이며 전인적인 인격과 능력을 갖춘 사람들인가.

지금도 이 글을 쓰면서 생각해보면 슈퍼우먼 신드롬이 과거의 낡은 단어로만 느껴지지 않는 것은 내가 지금 살고 있는 방식이 여전히 아무도 알아주지 않는 슈퍼우먼의 삶이기 때문이다. 나는 슈퍼우먼으로 살고 있는데 밖에서 볼 때는 그냥 '보통' 혹은 '당연한' 여자의 삶으로 보인다는 것이다. '슈퍼우먼'이 여성의 현실이라는 것을 심신이 지치도록 일을 하면서 알게 되었고, 또 그것이 내게 내재화되어 있다는 것을 알았다. 그리고 그것으로부터 벗어난다는 것은 '보통 여자'인 내게는 엄청난 용기가 필요한 일이었다.

사회의 전반적인 정치적, 경제적, 사회적 관습에 익숙해진 나는 너무나도 자주 그 그늘이 주는 편안함의 유혹에 빠져 '모르쇠'로 살아갈 때도 많다. 시간이 흐를수록 분노가 일어나면 느끼고 행동하고 그로 인한 여파를 몸으로 감당해낸 후, 다시 전략을 세우고 긴장의 정도를 적당히 조절해가면서 산다. 그것이 내가 하고 싶은 일을 하며 살 수 있는 방법이라 자위도 하지만, 때로는 스스로의 비겁함에 가슴이 아프고 자존감이 상처를 입는다. 때로는 내 앞을 가로막는 엄청난 큰 벽이 이미 내 속에 있어 그 못남과 부끄러움의 무력감이 나를 우울의 심연으로 끌어내린다. 그래서 그 우울함은 늘 내 주변을 맴돈다. 아직도 내게는 그러한 나의 선택이 나에 대한 이해보다는 나의 용기 없음으로 인식되고, 그 결과 나의 자존감은 끊임없이 흔들리고 있다.

정신분열적인 삶을 강요하는 이 사회에서 취약한 자존감을 갖고 있는 내가 미치지 않고, 이렇게 느끼는 것이 정당하다는 것을 나눌 수 있고, 그래서 다시 힘을 받을 수 있는 나의 지지집단이 필요하다.

개인적인 대응은 박살 날 수밖에 없다. 모든 여성 개인에게 그런 힘든 과정을 해야만 한다고 요구할 수 있는 이는 아무도 없다. 이미 충분히 힘들었고, 힘들고 있고, 힘듦으로. 그러니 여성들이여, "개인적인 것은 정치적인 것이라고 하지 않는가!"

나는 여성의전화의 작은 소모임 속에서 한껏 잘난 척을 할 수 있었다. 참여한 자매들은 나를 잘난 대로 놔두었다. 물방울이 바위 깰 날을 기대하며.

여성의전화 20여 년의 세월동안 결과는 없다. 다만 과정만이 있을 뿐이다. 아직도 우리가 미치지 않고 건재하고 있다는 것이 그것을 증명하고 있다. 그러나 언제 미쳐버릴지는 모른다.

## 여성주의 상담은 내담자를 대상화하지 않는다

대학 4학년 때였다. 그녀는 성적이 우수하고 활달해서 과대표를 맡았고, 그는 군 복무를 마치고 막 복학했다. 그는 지지리도 시험운수가 없어서 대학은 물론, 중학교와 고등학교까지 재수한 경험이 있었기 때문에 열등감으로 의기소침한 성격이었다. 아무튼 그 1년 동안 그는 그녀에게 접근, 마침내 친한 사이가 되었고 졸업 후 모 신문사에 나란히 입사시험까지 치르게 되었다. 그런데 여기서도 여성은 좋은 성적으로 합격했으나 남성은 불행히도 떨어지고 말았다. 남성은 몹시 절망했다. 여성은 시험성적으로 사람의 능력을 어떻게 측정할 수 있겠느냐고 남성을 위로한 뒤 조그만 회사에 취직하는 데 협력했다. 그리고 그들은 결혼했다. 신혼 초에는 별문제 없이 그럭저럭 지나갔다. 한데 결혼 6개월 쯤 지나자 남편은 걸핏하면 친구들을 데려와 술상을 요구했고, 취하면 친구들 앞에서 터무니없이 으스대며 '제까짓 게 그래봐야 여잔데'라거나 심하면 '내 마누라, 기사깨나 쓰는 기자라고 제법 뽐내긴 하지만 말이야, 그래 봐야 잘 땐 내 밑에 깔리거든, 안 그래?' 해놓고 혼자 킬킬대며 아내의 인격을 여지없이 짓밟는 것이었다. 그래도 아내는 참았다. 아니, 남편의 열등의식이 오히려 안타까웠다. 한데 첫 아이를 낳은 뒤부터 바지나 셔츠를 입고 출근하면 '천박하게 차림이 그게 뭐냐'고 간섭하기 시작하더니 급기야는 '여자는 여성다워야 한다. 매니큐어를 칠하라, 화장을 해라, 머리를 좀 더 곱게 손질할 수 없느냐, 웃을 땐 소리를 내지 마라, 여자의 목소리가 자고로 담을 넘게 되면 그 집안은 망조다, 애교를 부려라' 등등으로 강요했다. 아내는 그것도 복종했다. 자신의 복종으로 인해 남편의 성격이 바로잡히기만 한다면 그보다 더한 일도 할 것만 같았다. 그러다 아이 둘을 낳은 뒤 그녀는 이윽고 반기를 들었다. 먼저 손톱과 머리를 짧게 자르고, 편한 바지와 셔츠를 입기 시작했다. 그런 며칠 후 만취해서 돌아온 남편은 대뜸 '야, 이년아, 니가 그래 서방 있고, 자식 있는 유부녀란 말이냐?' 하고 트집을 잡았고 화가 난 아내는 '비겁한 양반, 상놈만 보면 큰소리라더니……' 하고 말대꾸를 했다. 대뜸 주먹이 날라왔다. 어디 그뿐인가. 발로 차고, 목을 조르고 정말이지 이젠 죽는구나 싶었다. 그래서 그녀는 112에 신고를 했고 경찰이 왔다. 그런데 이번엔 큰아이가 나서서 경찰에게 매달렸다. '아저씨 우리 아빠 잡아가면 안 돼요.' 아이는 빌고 또 빌었다. 그녀는 입안 가득 괴어오는 피를 삼키며 이미 깊은 함정에 빠져버린 자신을 보았다.*

* 여성의전화 회보 ≪베틀≫에 실린 소설가 윤정모 씨의 글.

위의 이야기는 한 여성이 폭력에 물든 삶을 살게 되는 과정을 픽션으로 구성한 것이다. 희생자가 되어가는 전형적인 흐름이 아주 잘 드러나고 있다.

능력 있고, 성격적 소양도 훌륭한 한 여성이 상처받은(?) 남편을 돌본 다는 마음으로 서서히 남편의 폭력에 길들여져 어느덧 빠져나올 수 없는 덫에 걸린 자신을 알아차리게 되는 과정이다. 분명히 주인공 여성은 폭력 상황에서 빠져나올 것이란 믿음이 든다. 자신의 상태를 객관적인 시각으 로 통찰할 수 있는 눈을 가지고 있기 때문이다. 남편 속에 자리 잡고 있는 가부장적인 사고방식과 거기에서 나오는 정서나 행동, 성차별의식, 성격적인 부적절함은 여성 자신의 힘으로는 어찌할 수 없고 남편만이 그 상황을 조절할 수 있다는 것을 알게 될 것이다. 다만 그렇게 알게 되기까지 외부의 개입이 필요할 것이다. 개입자로서 상담자는 이 여성 에게 '당신이 상황을 이해하는 데에 제일인 자'라는 것을 인정해주면 되는 것이다. 겉으로는 이 여성이 피해자처럼 보일 것이다. 그러나 내면 의 성찰과 타인에 대한 이해와 인내의 폭은 이 여성을 생존자로서 풍요롭 게 만들 것이다.

여성의전화 교육은 '스스로를 도울 수 없는 사람은 타인을 도울 수 없음을 느끼게 한다'고 규정하여 내담자를 대상화하지 않는다. 이를 위 해 상담원교육 시 '여성의전화 교육을 받는 목적과 목표는 무엇입니까?' 라는 질문을 한다. 1990년대에는 대부분 '폭력을 당하는 여성을 위하여 내가 해줄 수 있는 것이 무엇일까를 생각했다'고 하는 답변이 주종을 이뤘다면 2000년대에 들어와서는 대부분 '자신을 위하여 교육을 받게 되었다'고 한다. 교육을 받으며 변화되는 여성들, 상담의 시간이 쌓이면 서 분노하고, 힘이 생겨서 자신이 할 바를 알게 되며, 자기 존재의 가치를 재정립하는 내담자들을 보면 '개인적'이라는 한계를 뛰어넘는 즐거운 경험을 한다.

여성의전화 상담원들은 '저기 있는 상처받고 피 흘리는 어떤 여성에게 힘을 줌과 동시에 내 안에 숨어 있는 위축된 인간, 즉 여성을 돕는 것'이다. 여성의전화에서 내담자, 상담자, 활동가 등 수많은 여성들과 나와의 만남은 항상 내 속의 여성주의와의 만남이었다. 살아가면서 부딪치는 질문도 내 속의 여성주의를 다시 찾아가는 길이 되기도 했다.

## 여성주의 상담의 체계화, 구체화를 위한 작업들

이렇게 1980년대 중반부터 시작된 여성의전화 활동은 이미 회원들 속에 내재되어 있는 여성주의 의식의 발현이 자연스럽게 상담활동으로 이어지는 과정이었다. 그러나 다른 전통적인 상담이론처럼 구조화되고 가시적인 그 무엇에 대한 목마름이 늘 있었다. 이렇게 하여 시작된 것이 여성주의 상담의 체계화를 위한 작업이었다. 나를 비롯해 이문자, 배인숙, 정춘숙, 이미혜, 김혜경, 김민예숙 7인이 『왜 여성주의 상담인가』라는 책을 발간하기 위해 2003년부터 2005년까지 2년간 수십여 차례에 걸쳐 모였다. 이 과정은 여성주의 상담에서의 지지집단, 의식향상집단의 역할을 했다. 이 책의 큰 의의는 여성의전화에서 10년 이상 상담을 해온 여성주의 상담 슈퍼바이저의 생생한 현장 경험을 바탕으로 우리의 언어로 한국의 여성주의 상담을 체계적으로 정리해냈다는 데 있다.

여성주의 상담의 구체화를 위한 두 번째 작업은 '여성주의 상담전문가 양성과정'이다. 2005년부터 2007년 12월까지 3년여의 기간 동안 초급, 초급 실습, 중급, 중급 실습, 고급의 과정으로 이루어졌는데, 50여 명으로 시작하였으나 마지막 고급까지 수료한 사람은 13명에 불과하였다. 각 단계의 과정을 수료하는 동안 50~60여 회 이상의 논의 과정과 연구 과정을 가졌다. 이 과정의 의의는 교육을 진행하면서 동시에 각 교육의 실제 진행자들인 나, 이문자, 배인숙, 정춘숙, 이미혜, 고미경, 김민예숙, 이명숙 등이 여성주의 상담을 실질적으로 적용하면서 타 이론과 여성주의 상담과의 접목, 기법의 실습을 정리하는 과정이었다고 볼 수 있다. 권력분석, 성역할분석이란 여성주의 상담 기법은 여성주의 상담에서 '권력'과 '성'이라는 두 가지 핵심 내용을 아우르는 것이라 대단히 중요하다. 이 기법을 어떻게 접근하여 용이하게 우리 삶 속에서 녹여내는가에 대한 연구가 앞으로 우리의 과제이다.

마지막으로 상담 슈퍼비전의 중요성을 말하고 싶다. 상기한 여성주의 상담의 원리, 정체성의 단계, 기법, 철학 등이 제대로 적용되고 있는가를 총체적으로 점검하면서 상담자를 늘 깨어 있게 하는 과정이 슈퍼비전이다. 슈퍼비전의 현장은 여성주의 상담의 모든 원리의 실현장이다. 슈퍼비전을 하고 난 후의 느낌은 자매애이다. 슈퍼비전은 슈퍼바이저, 슈퍼바이지 모두의 성장을 촉진한다.

여성주의 상담은 유기체처럼 계속 성장하고 변화할 것이다. 상담을 하고 상담을 받는 사람의 삶의 연륜과 경험만큼 말이다. 우리가 해야 할 일은 늘 깨어 있고, 내 안의 분노를 들여다 보며 나와 타인을 성찰할 수 있는 마음가짐과 예의를 지니는 것이다.

### 이제, 나의 딸······

엄마의 전화를 받고 이메일을 무심코 펼쳐 읽기 시작했을 때는 금요일 새벽 1시였다. 나는 뉴욕 링컨센터에서 발레

공연을 보고 센트럴파크가 한눈에 내려다 보이는 라운지에서 샴페인을 마시면서 최근 유명 컨설팅 회사에서 오퍼를 받은 친구와 함께 목이 쉬도록 커리어에 대한 고민을 주고받다가 막 귀가한 참이었다. 내가 진정으로 원하는 것은 무엇인가. 내가 이루고 싶은 것은 무엇인가. 이런 고민을 하는 나에게는 '여성'이라는 단어는 떠올릴 필요조차 없다. 적어도 현재는.

외증조 할머니에서부터 엄마까지 이르는 세월이 담긴 엄마의 글이 내 앞에 있다. 30년 동안 엄마의 딸이었는데도 몰랐던 엄마의 생소한 이야기와 감정들을 세 번에 걸쳐 일 초도 쉬지 않고 읽어 내려갔다. 그리고 그 이야기들은 잠시 한국에 놓고 온, 뭔지 모르지만 익숙한 슬픔과 약간의 분노, 무력감 그리고 죄책감이 깃든 현실의 일부를 정신이 번쩍 날 정도로 각성시켜주었다.

엄마의 어깨 너머로 본 온갖 종류의 책, 상담록, 여성의전화 수첩 등을 통해 나는 꽤 어렸을 때부터 여성문제에 눈을 떴다. 그리고 그것은 어린 나에게 경쟁심과 내 안의 여성성에 대한 거부감으로 다가왔던 것 같다. 특히 여자라는 이유 때문에 남자한테 지는 게 싫었다. 초등학교 3학년 때 5학년이던 동네 남자아이와 남자아이들이나 벌일 법한 격투를 하던 중 발길로 얻어맞고 나동그라지던 기억이 생생하다. 힘으로 두 남동생을 당하기 어려워질 무렵부터는 가끔 심할 정도로 구박에 면박을 주기도 했다. 남자아이한테 신발주머니로 얻어맞고 우는 여자아이가 싫었고 남동생 친구가 온다고 떡볶이를 내오는 누나가 되기 싫었다.

그러다가 여자대학교에 진학했다. 그 대학만은 안 간다고 수없이 공언하던 대학이었는데 막상 수능을 보고 나니 재수는 더욱 싫었다. 1학년 때 친구들과 부산에 놀러갔다. 아침에 일어나자마자 마치 전날 짜고 잔

듯이 우르르 부산스럽게 부엌으로 몰려가 아침밥을 해대는 친구들과 달리 혼자 마루에 떡하니 앉아 신문을 펼쳐드는 나를 보고 친구들은 누구는 나중에 장가가야겠다며 그 후로 족히 4년을 놀렸다.

놀랍게도 장가를 갔어야 할 내가 그 여성스럽던 친구들을 거의 다 따돌리고 심지어 그중 몇에게서는 배반감과 부러움의 눈물까지 받아가며 27살이란 비교적 빠른 나이에 시집을 갔다. 햇살 가득한 아담한 집에서 레이스 앞치마를 두르고 찌개를 보글보글 끓이며 장미꽃이라도 사들고 들어올 남편을 기다리는 등의 결혼에 대한 환상은 가진 기억조차 없는데 왜 결혼을 그리 일찍 했을까. 답은 간단하다. '노처녀'가 되기 싫었다.

당시 내가 다니던 회사에 노처녀 트로이카가 있었다. 당시 세 분 모두 35살의 과장급이셨다. 한 분은 비교적 미인 소리를 많이 듣는 편이셨는데 매번 나에게 여자는 남자 멘토를 잘 만나야 사회생활에서 성공할 수 있다는 말씀을 반복하곤 하셨다. 본인은 그래서 성공하는 중이라는 어투였으나 주위에서는 그분이 멘토로 모시는 이사님과 그분 사이를 의심하는 눈초리가 만만찮았다. 다른 한 분은 별명이 불도저였다. 48시간 연속 근무도 마다하지 않는 불도저였으나 태어나서부터 남자 친구가 딱 한 명밖에 없었다는 전설과 함께 '그럼 그렇지'라는 수군거림이 항상 따랐다. 마지막 한 분은 깐깐하게 일하기로 유명한 분이셨다. 그러나 그 깐깐함은 노처녀 히스테리로 직결되곤 했다. 나마저도 어느 정도는 동참할 수밖에 없었던 그 수군거림들, 나는 싫었다.

결혼을 하니 좋은 점은 비로소 제대로 성인 대접을 받는다는 것이다. 늘 '엄마랑 얘기해라'고 하셨던 아빠와의 대화 폭이 매우 넓어졌다. 안 좋은 점은 캥거루족이 되지 않을 바에는 내 발로 서야 한다는 것이다.

때론 된장녀인 내가 사고 싶은 것을 포기해야 하거나 뭐가 됐든 때론 양보하고 희생하면서 나 혼자 힘으로 결정을 내리면서 살아야 한다는 것이다. 엄마처럼.

성인이 되어 바라보는 엄마는 지금까지의 엄마와는 사뭇 다르다. 지금의 나보다 어린 나이에 벌써 세 아이의 엄마가 되어버린 엄마. 나이 서른에도 엄마가 될 준비가 안 된 나에게는 상상만으로도 어지러울 노릇이다. 그 젊었을, 그리고 어렸을 우리 엄마가 애틋하다.

지금도 엄마의 어깨에 무겁게 걸린 짐을 본다. 그런데 내가 내려줄 수 있는 게 얼마 없어서, 그 덕분에 내가 편해서, 그 짐을 이제는 내가 짊어져야 돼서, 그래서 무력감이 들고 죄책감이 들고 답답하기도 한가 보다.

그러나 나의 결혼생활은 내가 보아온 엄마 세대의 결혼생활과는 사뭇 다르다. 내 남편은 국 없이도 밥을 잘 먹으며 심지어 내가 없이도 밥을 잘 먹는다. 가끔은 새로 밥을 해놓기도 한다. 그러면 나는 국은 왜 안 끓여놨냐고 한소리를 덧붙인다. 신혼 때 부부공동재산에 관한 서약서를 내밀었는데 남편은 당연한 내용을 사인까지 시킨다고 도리어 기분 나빠했다. 아기를 갖는 것은 내 몸으로 내가 할 일이기에 전적으로 내 권한이라고 본다. 남편이 장손이라 해도 아들에 대한 외압은 없고 개인적으로 똑똑한 딸이 하나 있어도 나쁘지 않을 것 같다. 다만 유부녀로서 한국에서의 직장생활과 그 안에서의 성공 여부가 나에게 새로운 도전이다.

### 후기

이 글을 쓰고 있던 중인 2007년 12월 21일 새벽 3시에 나의 어머니가 영면하셨다.

이 글을, 정신이 오락가락 할 때에도 몸을 잘 가누지 못하실 때에도 병원복보다는 굳이 치마를 고집하면서 '바지는 여자답지 못해'라고 말씀하시던, 차라리 사랑스러운 여인이셨던 나의 어머니 고 김종봉 여사의 영전에 바친다.

🍎 황경숙

1985년 여성의전화 5기 상담원교육을 받으면서부터 인간으로서 의식의 눈을 뜨고 잠에서 깨어나 여성의전화 활동을 시작했다. 한국여성의전화연합 상담사업위원장, 서울여성의전화 가정폭력센터 소장, 회장을 역임했고 현재는 이사로 활동 중이다. 여성의전화 20여 년의 세월 동안 결과는 없다. 다만 과정만이 있을 뿐이다.

# 한 판 연극 같은 내 인생

은희주

## 후끈거리는 '끼'를 어쩌지 못해

봄, 여름, 가을, 겨울을 보내면서 수도 없이 생각하고 지우고 했다.

한 집안에 같은 기능을 하는 여자가 둘이 있는 '고부간'이라는 특수한 인간관계로 몹시 힘들었던 시절, 기운이 넘쳐나는 어른의 혈기에 눌려 어찌 해볼 도리가 없이 깨지는 것은 항상 나였던 시절이었다. 신촌성결교회의 집사로 드보라 찬양대에 일주일에 한 번 참여하는 정도만으로는 나의 가슴에 일고 있는 불끈, 화끈, 따끈, 질끈, 후끈거리는 '끼'를 다스릴 수가 없었던 시절이었다. 친정아버지로부터 물려받은 이 열정으로 딸 하나와 아들 둘을 키우는 것만으로는 부족하여 뭔가 해야 할 일이 더 있을 것이라는 막연한 생각에 골몰하던 때였다.

때가 왔다. 1985년 서울여성의전화 5기 상담원 회장 김수금, 상담원 홍명숙 씨의 소개와 권면으로 한국여성의전화 상담원교육을 받게 된 것이다. 당시 '2만 원'의 회비가 아까워 몇 날, 며칠, 열두 번도 더 생각하고 생각하다가 홍대입구에서 합정동 뽀빠이 어린이 회관까지 걸어가면

서 '그래! 시작이 절반이야. 이제 시작이니까 뭔가 해보자'며 각오를 다졌
던 기억이 난다.

그때 '2만 원'에 집착했다면 오늘의 은희주는 없었을 것이다. 그래서
부처님 말씀이 맞는 것 같다. '집착하지 말라……'

## "주동자만 되지 말고……"

서울여성의전화 6기 상담원교육생으로 여성단체에 발을 들여놓게 되
면서 단체활동을 하다 보니 그동안 까맣게 잊고 살았던 나의 중학생
시절로 되돌아간 듯했다. 남녀공학인 중학교 3학년 때 한일회담 반대운
동에 참여하여 나는 혈서까지 쓰면서 앞장섰는데, 오래전에 소천하신
나의 아버지가 "주동자만 되지 말고 해라. 여고는 진학해야지" 하시며
걱정하시곤 했다. 그랬는데 정작 일이 벌어졌을 때는 이렇다 할 데모
한 번 하지 못 하고 딱 걸려서 한 달간 반성문을 쓰고 방과 후의 특별수업
도 받지 못하여 가장 친하게 지냈던 친구와 둘이서만 독학을 하듯 여고
입학시험 공부를 해야 했다. 여성의전화에서 바로 그 시절이 '확' 와닿는
분위기가 재연되고 있었던 것이다.

다섯 식구만 보고 살다가 사무실에서 이 선생님, 저 선생님, 분주히
오고 가는 상근자들을 보노라니 '와! 저렇게 국가와 민족을 위하며 사는
수도 있구나!' 하는 감탄사가 절로 나왔다. 열정이 넘쳐서 일하는 게
무서워 보이기도 했다. 이런 감정, 저런 감정, 오락가락하는 감정의 기복
을 다스리고 가닥을 잡으며 용케도 6기 상담원교육을 마쳤다.

그 후부터는 일주일에 하루(오후 2시에서 6시까지)는 전화상담원으로,
나머지는 여성문화운동을 위해 거의 매일 공부하고 사물놀이 같은 전통
문화 익히기 실습을 했다. 또한 문화운동의 일환인 시대상황 연극을 꾸미

고 연기 연습을 해서 무대에 올리는 일도 했다. 그 시절이 너무나 가슴 아파서 출연자들은 서로 마주보며 눈물을 뿌리곤 했다. 가정에서는 현모양처, 나와서는 눈에 불을 켠 상담원, 연극·영화배우, 인생은 그야말로 연극의 한 판 같았다.

여성의전화 입문 초기에 내가 좋아했던 일은 연극이나 영화 만들기였다. 시대상황극 <우리 동네 어머니>를 올리기 위해서 그리도 추웠던 겨울에 아현동 '민요연구회'의 난방도 되지 않던 반지하방에서 추위를 온몸으로 견디며 연습했다. 우리가 무대에 올리는 시대상황극의 표를 팔 때는 도움을 줄 수 있는 사람을 직접 찾아가 만나 은밀하게 전하곤 했다. 공개적으로 하다가 발각되는 날에는 연극은 말할 것도 없이 참여자 모두가 잡혀 들어가는 상황이 될지도 모르던 때였기 때문이다. 그런 시절에도 내가 다니는 교회에서는 많은 사람이 자기들이 직접 나서지는 못하지만 은밀하게 많은 힘을 보태주었다. 모두가 다 도우려 하지는 않았지만 그들을 야속하다고 할 수는 없었다. 시대가 그렇게 만들었을 뿐이다.

'세계 3·8 여성대회'의 기념행사로 준비했던 연극을 올리고는 서로 뽐내던 회원들, 그때 그처럼 열정을 불태우던 여러 선생님은 지금 다 어디에 가서 있는지 여성의전화 6기 상담원으로는 이제 나 혼자만 남아 있다. 그때의 우렁찼던 함성과 열정을 씨앗으로 한국 여성의 지위가 그나마 여기까지 오를 수 있었던 것이리라.

1986년에는 군사정권의 막을 내리기 위한 호헌철폐 서명운동도 했는데, 아주 은밀한 가운데 서명을 받아야 했다. 이때는 우리 6기 상담원 본인의 안위보다는 밥줄인 남편의 공직생활에 누가 될까 봐 소수만이 남아서 주도하고 나머지는 그야말로 물밑작업으로 잠수를 타며 운동에 참여했다. 무지하게 서글프면서도 두려움을 느끼며 좀 더 살기 좋고 자유로운 세상을 위한다는 사명감으로 일했다. 다행히 나는 남편의 도움으로 별다른 걱정을 생략한 채 참여했지만 그때는 여성의전화 사무실 복도에 건장한 사복경찰관들이 주재하면서 오가는 사람을 빠짐없이 주시하고 있었다. 그러나 그런 상황이 한참 지속되다 보니 차츰 만성이 되고 일상사가 되어 우리는 오빠(?)들이 듣거나 말거나 본연의 상담임무를 천연덕스럽고 익숙하게 할 수 있는 단계까지 통도 커지게 되었다.

사회운동으로 하는 데모에 참여할 때는 최루탄 가스에 눈물도 퍽 흘렸지만 아버지께서 당부하셨던 "주동자만 되지 말고……"는 철저(?)하게 지켜가면서 여성의전화가 참여하는 행사에는 빠짐없이 함께했고 힘을 모으는 데 열성을 다했다.

부천경찰서 권인숙 씨 성고문사건, 이경숙 씨 25세 조기 정년퇴직사건, 박종철 물고문 치사사건('책상을 탁 치니, 억 하고 쓰러지더라'), 파주 종합고등학교 체육교사의 여학생 성폭행사건, 이한열 학생의 죽음 등 시대의 아픔을 함께하며 의식화를 위한 설문조사와 서명운동 등에 적극적으로 동참하였다. 어두웠던 시대를 벗어나기 위한 1970~1980년대 민중의 소리 없는 저항운동에 나는 여성의전화 회원으로 적극 참여했다. 당시 운동권 사람들의 삶의 지표였던 '행동하는 양심'이 내가 될 줄이야 누가 알았겠는가.

나는 사실 여성의전화 상담을 하면서 기독교 전도를 하면 참 좋겠다는 속셈을 가지고 있었다. '전도의 밭'이라고 생각하고 사회운동에 뛰어든 점이 없지 않았는데 하다 보니 민주화운동 '투사'가 될지도 모른다는 위기(?)의식이 들면서 속도조절을 해야만 했다.

이렇게 하여 가족의 안위만을 걱정하며 살면서 현모양처가 꿈이었던 한 평범한 주부가 열혈 민주투사로 변해갔고 그녀가 보는 세상은 더욱 넓어졌으며 고민은 깊어갔다. 민주화운동과 여성운동에의 참여로 그녀의 관심사는 확장되었고 그녀의 사회의식은 진보적이게 되었다.

## 나, 가족

상담원교육을 통해서 인권에 대한 감수성이 높아졌고 소위 말하는 의식화가 이루어졌다. 이런 의식화는 나의 행동까지도 변화시켰다.

한번은 복잡한 가정사로 심기가 불편한 상황에서 아이들을 빗자루로 때린 일이 있었는데 곧바로 아이들에게 그 일을 사과하며 울면서 용서를 빌었고, 그 이후로는 단 한 번도 매질하는 일이 없었다. 인권교육을 받은 덕분이다.

나의 극성스러운 사회운동 참여와 상담활동은 우리 아이들에게도 영향을 미쳤다. 엄마가 온몸으로 솔선수범하며 발로 뛰고 어려운 여성을 도우며 사는 것을 직접 보면서 우리 아이들 셋이 나름대로 국가관, 인생관, 가치관을 정립해나간 것이 무엇보다도 가슴 뿌듯하다.

이런 일도 있었다. 쉼터 중 한 곳이 하필이면 연남동에 있는 우리 집의 담 넘어 한 집 건너 빌라에 있던 때가 있었다. 누가 시키지도 않았는데 이상하게도 나는 스스로가 그 쉼터의 관리자가 된 듯한 책임감을 느끼게 되었다. 단지 그 쉼터가 우리 옆집에 있다는 이유만으로 말이다. 더불어 그 쉼터는 나 때문에 우리 온 식구의 관심권 안에 있게 되었고 우리가 관리해야 하는 쉼터인 것처럼 되어버렸다. 그래서 그 쉼터는 우리 식구 모두의 책임(?)이 되었고, 우리 모두가 쉼터에 있는 내담자를 보호하는 울타리가 되었다.

얼마 뒤에는 드디어 나의 속셈이었던 주님의 영광을 전도하는 역사적(?) 사건도 벌어지게 된다. 태권도 3단 자격을 따낸 딸과 아들을 경호원으로 삼아 내가 나가는 신촌성결교회의 1부 첫 예배에 내담자들을 인도하게 된 것이다. 혹시나 내담자들을 알아보는 사람과 마주치지 않으려나 하는 걱정에 넓고 큰 길을 피하여 골목길만을 골라서 교회에 갔고, 예배가 끝나면 교회 식당에서 아침식사를 하고 쉼터로 돌아오는 일과를 만들어냈다. 외부에 노출을 삼가야 할 쉼터에 있으면

서도 예배를 볼 수 있는 길을 터주었던 것이다. 이것은 사실 매우 위험한 일이었다. 내담자를 보호해야 할 의무가 있는 자로서 해서는 안 되는 일이었다. 그러나 어쩌랴, 전도에 대한 나의 이 어쩔 수 없는 열정을! 다행히 주님이 보호하사 아무에게도 들키지 않았고 그들을 주님께 인도할 수 있었다. 이때 아들딸에게 태권도 배워준 덕을 톡톡히 보았다.

## 깊어가는 자매애

나는 내게 상담받는 내담자에게 더욱 알차고 실질적인 도움을 줄 수 있도록 나 스스로를 갈고 닦아야 한다고 믿었기에 여성학, 심리학 등의 강의는 물론 도움이 될 만한 세미나나 워크숍 등에 빠짐없이 참석하려고 노력했다. 일반 상식과 지식을 습득하기 위하여 온갖 신문, 잡지, 도서, 영화, TV드라마 할 것 없이 인간사를 넓게 이해하는 데 필요하다 생각하면 가릴 것 없이 읽고, 듣고, 공부했다. 심지어는 레크리에이션 리더 자격증도 땄다. 그래야 내담자가 하는 얘기를 더 잘 이해하고 더 좋은

길로 그들을 인도할 수 있을 것이라는 신념 때문이었다. 그 시절에는 정말 많이 바빴고, 할 일도 너무 많았다.

구타자, 가해자 프로그램 특별교육을 받으면서는 '이런 교육은 국민 모두를 대상으로 어릴 때부터 시켜야지' 하는 바람이 컸는데 이제는 여성의전화 자체 교육 프로그램에 이런 과목이 포함되어 훌륭한 인재를 배출하고 있으니 얼마나 고맙고 마음 든든한지 모른다. 이 선생님들은 유치원, 초·중·고·대학교, 군부대, 크고 작은 회사들을 방문하여 인형극도 보여주고 전파 강의도 하면서, 우리나라 전역의 모든 국민을 대상으로 여성에 대한 인식을 높이고 문제의 근본을 교정해나가는 일에 열성을 다하고 계신다. 이들을 보면 마치 내가 그 역할을 하고 있는 것 같은 착각에 마음 뿌듯한 자부심을 느끼곤 한다.

당시에는 '진보적'이라고만 짧게 말해도 그 단어가 우리 의식화된 여성들에게 가슴 깊이 그 의미가 와 닿았다. '진보'는 우리 여성이 여자라는 이유만으로 일방적으로 당하고 살지 않도록 좀 더 똑똑해지고 힘을 기르는 것을 의미한다. 또한 '진보'는 남녀가 서로 이해를 다투어야 할 적이 아니고, 서로 존경하면서 돕고 북돋아주면서 이 어려운 세상을 함께 살아가는 것을 뜻한다. 적어도 나는 이렇게 생각한다.

평범한 주부가 '진보'를 논하다니, 정말 장족의 발전이다. 여성단체에서 민주화운동과 여성운동에 참여하니 이런 좋은 일이 나에게 일어난 것이다. 당시 2만 원이 아까워 상담원교육을 받지 않았다면 나는 어찌 되었을까. 아마 고부갈등에 머리를 쥐어뜯으며 인생을 허비했을 것이다. 한 순간의 선택이 인생의 행로를 이렇게 바꾸다니……. 아, 고마운 2만 원!

나는 기금을 모으기 위한 행사에도 빠짐없이 참석했다. 단오장터를 열 때면 기부금 대신 기부받은 물품을 팔아 기금을 마련해야 했다. 물품을 팔기 위해 의식화교육을 받을 때 익힌 북, 장구, 징, 꽹과리를 치면서 손님 하나라도 더 불러 모으려고 신명나게 일했다. 정말 별 짓(?) 다 했다. 왜 그랬을까?

여성의전화가 활발하게 움직일 수 있어야 내가 활발하게 활동할 수 있고, 또 나 같은 후배를 많이 배출해내야 불행한 여성을 많이 줄이고, 나아가서는 여자라는 이유만으로 불행해지는 일이 없게 될 거라는 생각 때문이었다. 그리고 내가 여자이므로 여성의전화가 잘된다는 것은 곧 내가 잘되는 일이라는 믿음과 미래 우리의 후손이 인간답게 잘 살 수 있는 길을 찾는 일이라고 믿었기 때문이었다.

「성폭력특별법」과 「가정폭력방지법」이 만들어지기까지 우리 여성들이 얼마나 많은 땀과 눈물을 흘렸는지, 힘 있는 사람과 정부기관에 글을 써서 올리기까지 얼마나 많은 시간을 투자했고, 실내외를 가리지 않는 수많은 행사에서 얼마나 힘들게 목이 쉬어라 외쳤는지 남성들은 아마도 알지 못할 것이다. 우리나라의 여성들은 알까……? 우리 여성의전화 후배들은……?

## 후기

지금까지 나의 삶 속에 가정과 여성의전화와 교회 어느 한쪽에 치우치지 않고 살아올 수 있게 해주신 주님의 은혜에 감사한다. 그리고 그렇게 할 수 있게 음으로 양으로 날 도와주신 모든 주변 사람에게도 감사한다. 사람이 나이 들어가면서 맞는 행사가 육순, 환갑, 진갑 등이 있다는데 나는 많이 남지 않은 환갑을 서울여성의전화의 현직 자원봉사자로서 상담원 일을 하는 중에 맞고 싶다.

금년 2008년 무자년은 너무 욕심 부리지 않고 팔자대로 열심히 살면서 나도 작은 정성을 모아 여성의전화 자체 건물을 준비하는 데에도 봉헌할 수 있도록 우리 주님께 기도하련다.

🍎 은희주

서울여성의전화 상담회원으로 1985년부터 지금까지 활동하고 있다. 꿈이 있다면 여성의전화가 안락하고 좋은 환경의 보금자리를 마련하여 더욱 많은 여성들이 편안하게 드나들 수 있는 것이다.

# 살아남은 자의 이야기

김계환

**나,**

　믿음과 신뢰로 살던 부부가 어느 날 끔찍한 사건의 인물이 되었다. 그 부부는 돌이킬 수 없는 상황에서 한 사람은 피해자로 한 사람은 가해자로 세상에 이름이 알려지게 되었다. 당시 신문과 매스컴에서는 이 사건을 '정선호 사건'이라고 했다.

　나, 그리고 나에게 이런 폭력을 가한 남편은 많은 사람에게 무섭고 끔찍한 사람으로 기억되었을 것이다. 나 역시 세상에서 나같이 당한 사람은 없을 것이라고 생각한다. 나는 살아 있다는 것이 부끄럽고 고통스러웠다. 솔직히 말해 육체적인 고통보다 다른 사람들이 나를 어떻게 생각할까가 더 걱정이었다. 그래도 지금 생각하니 살아남은 내가 얼마나 대견스러운지 모른다.

　여성운동을 하는 사람들이 이마에 핏줄을 세우며 하는 이야기가 틀린 말이 하나 없다는 것을 나는 일을 당하고 나서야 알았다. '가정폭력'이라 하면 뭔가 맞을 짓을 했다고 생각하고 또 가정에서 일어난 일은 대수롭지 않게 생각하는 경향이 있는데 나 역시 이런 일을 당하기 전까지는 그렇게 생각했다. 이 여자들은 맞아보지도 않고 도대체 어떻게 알았을까.

남편이 나에게 했던 폭력은 잔인하고 끔찍해서 말하고 싶지도 기억하고 싶지도 않다. 아니 지금도 그런 일이 나에게 일어났다는 것이 믿겨지지 않는다. 불행한 일은 늘 그렇게 일어나는 듯하다. 남편은 나의 손발을 묶고 끓는 물을 온몸에 붓고, 그것도 성에 안 찼는지 칼로 얼굴을 긋고 전기로 고문을 했다. 나는 그 순간 차라리 고통 없이 죽기를 바랐다. 신이 있다면 이런 일은 일어나지 않았을 것이라는 생각이 찰나에 스쳐 지나갔던 것을 기억한다. 정신을 잃고 있다가 눈을 떴을 때는 병원에 있었고 나의 몸은 말 그대로 만신창이었다. 얼굴은 칼로 베어져 있고 몸은 화상투성이었고 게다가 전기로 지져댄 온몸은 멍과 상처뿐이어서 어디 한 곳도 성한 곳이 없었다.

나의 부모님과 동생은 이런 내 형상에 아무 소리도 못하고 그저 눈물만 쏟을 뿐이었다. 동생은 언니 얼굴의 반쪽이 없어진 줄 알았다며 세상에 이런 일이 있을 수 있냐며 분노에 치를 떨었다.

"그 남자, 사람 맞어?"

우리 모두 고통과 분노로 어떻게 해야 할지 모를 때 우리 앞에 수호천사가 나타났다. 비록 날개는 없지만 동화처럼 어디선가 나타나 내 인생을 바꾸어준 여성들이 나에게는 수호천사가 아니겠는가. 그녀들은 바로 인천여성의전화 배숙일 회장님과 선생님들이었다.

## 그녀들

그녀들은 겁도 없이 나를 찾아왔고 더구나 이 사건을 맡아서 해결하겠다고까지 했다. 정말 겁도 없는 여자들이다. 얼굴 반쪽이 뭉그러진 내 모습에 얼굴 한 번 안 찡그리고 따뜻한 미소와 진심 어린 걱정을 보여주는 겁 없는 여자들이었다. 더욱이 나를 수급자로 만들어 병원비까지 해결해주고 아이들의 전학문제와 내가 퇴원해서 아이들과 살아갈 수 있도록 경제적인 도움까지 주었다. 여자가 이렇게 능력이 있어도 되는지 그저 멍할 뿐이었다. 그녀들은 내가 퇴원해서 친정집에 있을 때도 수시로 전화해서 격려해주고 내가 살아 있음을 확인시켜주었다. 그녀들 덕분에 나는 친정 근처에 방을 얻어 아이들과 함께 살며 안정을 되찾을 수 있었다.

그리고 그녀들은 기어이 남편에게 7년형을 안겨주었다. 7년도 너무 짧다고 입에 거품을 물면서…….

너무 고맙다.

나의 부모님은 그때 도움 주신 많은 분들과 배 회장님을 평생 잊지 말고 살아가라 하신다. 내가 어찌 그녀들을 잊겠는가. 이제 그녀들은 내 삶에 없어서는 안 되는 존재이다. 나와 우리 부모님의 기도 속에 늘 자신들이 등장한다는 것을 그녀들은 알까 모르겠다.

## 죽고 싶고, 죽이고 싶었다

이 일로 인해 나는 신경정신과에서 '외상 후 스트레스'라고 말하는 병이 생겼다. 밤에는 꿈속에서 남편에 쫓겨서 도망 다니곤 한다. 진땀을 흘리다 깨면 잠을 이루지 못해 수면제 없이는 다시 잠을 잘 수가 없었다. 처음에는 한 알로 시작되었던 수면제가 어느 날은 스무 알을 먹어도 잠을 잘 수가 없어서 뜬눈으로 밤을 지새우기도 했다.

뜨거운 물만 보면 물이 내게 다가오는 것 같아서 물을 끓이는 것도 힘들었다. 아직도 가끔씩 끓는 물이 내게로 올까 봐 두려울 때도 있다. 병원을 다닐 때도 사람들이 나만 쳐다보는 것 같아 사람이 없는 곳이나 사람들이 많이 다니지 않을 때 외출을 하곤 했다. 따라서 자연스럽게 집에만 있게 되었고 무슨 일을 해야 할지, 내가 왜 살아가야 하는지 아무런 생각이 없었다. 가끔씩 부모님과 아이들을 생각해서 마음에도 없는 이야기를 하고 웃기도 했지만 내 행동의 대부분은 남들이 보면 '미친 여자'의 행동 바로 그런 것들이었다.

사실 죽고 싶고 남편에게 내가 당한 것처럼 똑같이 해주고 싶고 심지어 그를 죽이고 싶은 마음이 들기도 했다. 그 남자가 벼락이라도 맞아서 죽기를 바랐고 감옥에서 맞아죽었으면 하는 생각을 하기도 하고, 별의별 생각을 다 했다. 어떨 때는 미칠 것만 같아서 학교 운동장에 가서 소리도 지르고 소리 내어 울어도 보고 신을 원망하기도 했다.

이렇게 힘들 때 나는 여성의전화를 찾아가곤 했다. 내가 갈 때마다 선생님들은 반갑게 맞아주고 따뜻하게 격려해주며 힘을 주시곤 했다. 내가 시련을 극복하여 자신감을 가지고 살아갈 수 있도록 도와주고 지켜 봐주고 지지해주었다. 내가 무슨 복에 이런 분들을 만날 수 있었는지 여간 고마운 것이 아니다.

### '여성'으로 여자가 살다

돌이켜 생각해보면 인천여성의전화에서 활동하는 상담선생님들은 아마도 나에게 종교 같은 존재였던 거 같다. 늘 믿어주고 보듬어주는 한결 같은 모습을 보면서 난 나의 존재 가치를 느낄 수 있었다. 밝은 공간과 방 안에 갇히는 것이 싫어 거실의 두꺼운 커튼은 늘 내려져 있었고,

어두운 거실 한 귀퉁이에서 두려움으로 떨곤 했다. 그러다가 그녀들의 따뜻한 목소리가 듣고 싶어 전화기를 들고 한참을 망설이다가 결국은 힘없이 내려놓으면 어김없이 그녀들의 반가운 목소리가 전화로 걸려왔고, 때로는 예고 없이 찾아와서 한바탕 수다를 늘어놓으며 내가 살아 있음을 확인시켜주곤 했다.

그렇게 조금씩 자신감을 가질 즈음에 그녀들은 나를 거침없이 밖으로 데리고 나와서 아무 일 없었던 것처럼 일상에 젖어들 수 있도록 해주었다. 아주 구체적으로 얼굴에 난 흉터를 감추기 위해 특별한 화장술과 머리 모양까지 알려주었다. 재주가 그렇게 많을 줄이야. 그러다가 어느 날부터는 힘없는 나에게 뭔가를 요구하기 시작했다. 사무실에 주기적으로 나오게 했고 입만 열면 울기부터 하는 나를 끊임없이 웃게 했다. 그러더니 급기야 전혀 낯선 곳에서 진행되는 교육에 참석할 것을 요구하기도 했다. 자신 없어 뒷걸음치는 나의 팔짱을 끼며 내가 가는 곳마다 함께하면서 나를 채워주기 시작했다. 그 당시에는 그런 곳에 가기 싫다고 끔찍하게 저항도 했지만 지금 생각하면 속마음은 간절했던 것 같다. 그녀들은 아주 사소한 것까지 놓치지 않고 늘 관심을 가져주었고, 아이들이 밝게 자랄 수 있도록 상담 또한 잊지 않고 해주었다.

내가 활동가가 되기 전에 일자리를 얻어 생활할 때도 그녀들은 그 일자리에 대해 늘 점검했고, 내가 견딜 수 있는 작업환경인지 아닌지를 나 몰래 구체적으로 확인하곤 했다. 장애우 시설에서 일하고 있을 때 육체적으로 너무나 힘들어 지쳐 있었는데, 그녀들은 도저히 안 되겠다고 하면서 내게 활동가가 되어 함께 일하자고 제안했다. 나를 어떻게 믿고 그런 제안을 할 수 있었는지 참으로 믿기 어려웠지만 지금은 현실이 되어 벌써 5년차가 되었다. 한결같이 따뜻하게 찾아와 한 가족처럼 지지

해주고 감싸주더니 나보다 나를 더 믿어주었다. 또한 끊임없이 기회를
주어 도전할 수 있게 했고, 내 안에 있는 힘을 찾아내어 교육받고 실행할
수 있도록 이끌어주었다. 그렇게 하지 않았다면 아마도 나는 아직까지
커튼이 드리워진 어두운 곳에서 벌벌 떨고 있었을 것이다. 그런 나의
모습은 이제 상상만으로도 정말 끔찍하다.

### "당신은 잘할 수 있어요"

내가 도대체 무슨 일을 할 수 있을지, 어떻게 살아가야 할지 막막할
때 상담은 나에게 자신감과 용기를 주었다. 상담을 통해 몸과 마음을
추스르며 나는 점차 일을 할 용기와 자신감을 갖게 되었다. 먼저 유치원
에서 아이들에게 밥을 해주는 일을 해보기로 했다. 선생님들이 '당신은
잘할 수 있다'고 끊임없이 격려해주었지만 밥을 하면서도 주방에 있는
칼과 뜨거운 물 때문에 긴장을 풀지 못 하고 일이 끝나면 긴장으로 인해
땀으로 목욕을 할 때가 많았다. 참 힘들었다. 그러나 이런 어려움을 어린
아이들의 해맑은 미소를 보며 이겨냈다. 내가 일하는 모습을 보며 좋아하
는 아이들도 나에게는 큰 힘이 되었다. 사는 동안 힘들겠지만 생각나면
생각하고 화가 나면 화도 내고 하면서 살아보기로 생각하니 마음이 조금
은 가벼워지는 듯했다.

유치원 아이들의 밥을 해주다가 학교에서 장애아동 도우미 선생님을
구하는데 한번 해보지 않겠느냐고 연락이 와서 일을 바꿔보기로 했다.
초등학교 특수학급에 배정을 받아서 아이들과 생활하게 되었는데 일반
아동보다 몇 배 더 힘이 들었다. 알 수 없는 아이들의 행동과 과격한
행동 때문에 당황하고 어찌할 바를 몰라 쩔쩔매기도 했다. 하지만 문제를
일으키는 아이를 위해 그 애가 좋아하는 토끼를 그려주고 돼지인형을

만들어주면서 내가 더 행복함을 느꼈다. 특히 인형을 만드는 일에 집중하면서 다른 걱정이나 분노에서 벗어날 수 있었다.

특수반에서 일하면서 선생님들이 아이들에게 함부로 하는 것을 볼 때마다 가슴이 아팠고 물건이 없어지거나 망가지면 장애아동부터 의심하고 때리는 것을 보고 마치 예전의 '나'를 보는 듯했다. 나도 이런 식으로 맞지 않았던가…….

맞고 있는 저 아이는 바로 '나'이다.

울고 있는 저 아이는 바로 '나'이다.

야단맞은 아이를 안아주면서 내가 이 아이를 위해 해줄 수 있는 것이 이것밖에 없다는 것에 무력감을 느끼곤 했다.

이렇게 아이들 속에 파묻혀 힘들었던 과거의 고통을 조금씩 잊어갔고 몸과 마음이 많이 회복되어갔다.

## 외국에서 온 그 많은 '나'

치료와 상담을 받으면서 나는 여성운동단체의 회원이 되었고 이제 다른 여성을 위해 일하는 자리에 있는 나를 발견하게 되었다.

이주여성 가정폭력쉼터를 개설하신 배 선생님이 겁도 없이 나에게 같이 일하자는 제안을 하셨다. 그분, 정말 겁도 없다. 나같이 아는 것도 없고 경력도 배움도 없는, 더구나 폭력 앞에 그렇게 무참히 무너진 사람한테 그런 제안을 하시다니, 한편으로는 혹시 '한번 해본

말'이 아닐까 의심이 들면서도 다른 한편으로는 내가 '할 수 있는 사람'으로 보였다는 것이 너무 황홀했다. 내심 그런 일을 하고 싶었다면 지나친 욕심일까?

일을 한다고는 했지만 잘할 수 있을지 아니면 걱정만 시키는 것은 아닌지 걱정 반 설렘 반이었다. 처음 쉼터에 가던 날 회장님과 선생님들과 같이 청소하고 쉼터에 쓸 물건을 사는 일을 했다. 활동가 선생님들이 자기 집에서 그릇 등을 가져오기도 하면서 필요한 것을 많이 채워주셨다.

거기에서 필리핀 여성을 처음 만났다. 그 친구는 임신 중이었고 남편보다 시동생 및 동서와의 관계에서 고통을 받고 있었으며 중풍에 걸린 시어머니 병간호까지 하며 살고 있었다. 그녀는 모든 것을 다 참을 수 있다고 했다. 그러나 뱃속의 아이를 지우려는 시동생만은 참을 수 없다고 했다. 그래서 그녀는 집을 나오고 말았다. 대학까지 나온 여성이 꿈과 희망을 안고 우리나라에 와서 이런 수모를 당하고 있다. 나같이 못 배운 여성은 도저히 이해할 수 없는 현실이었다. 국제결혼! 이것은 결혼이 아니라 노예매매가 아닌가. 하지만 여성을 함부로 한다는 점에서는 국내 결혼도 별반 다르지 않다고 생각된다.

쉼터로 온 그녀는 믿음이 깨진 것에 힘들어했지만 역시 똑똑한 여자답게 자신이 당한 일을 당당하게 이야기하고 앞으로 태어날 아이에 대해서도 자신이 잘 기를 수 있다는 자신감을 보였다. 쉼터에서 뭐든지 열심히 하는 모습이 보기 좋았다.

그녀의 남편은 아내와 둘만 살겠다고 약속했다. 그리고 그녀는 필리핀에 있는 이모 집으로 출산하러 가서 예쁜 공주님을 낳았다. 그런데 그녀는 돌아오지 않고 필리핀에서 일자리를 구해 아이와 살겠다고 한다. 그녀의 남편은 어떻게 되었는지 궁금하다. 그러나 일단 그녀가 폭력적인 환경에서 벗어난 것이 무엇보다 기쁘고 속으로 박수를 보낸다.

쉼터에서 수많은 나를 발견한다. 남편의 폭력과 시집 식구의 폭력으로 들어오는 사람들이 어찌나 많은지 내가 결코 '특이한 사례'가 아니었음을 알았다. 나의 일도 '보통 있는 일' 중의 하나이고 정도가 좀 심했을 뿐이었다. 더구나 '돈으로 사온 여성'일 경우에는 거의 물건 취급을 받고 있다. 한국에 대한 환상을 가지고, 더구나 한국 남자들은 일도 열심히 하고 여자에게 잘해주는 것으로 오해하고 결혼한 외국인 여성들은 그 환상과 오해의 대가를 톡톡히 치르고 있다. 그녀들의 그 '성실하고 배려 깊은' 남편들은 조그만 것에도 폭력을 행사하고 있다. 너는 내가 돈으로 사왔으니 내 말을 들어야 한다는 것이다. 폭력은 말 듣게 하기 위한 수단이자 말 듣지 않은 것에 대한 당연한 결과일 뿐이다. 그녀의 남편들은 그녀가 구타를 피해 가출하면 즉시 출입국관리소에 전화해서 가출신고를 한다. 매정하다. 하기야 남편에게 그녀들은 소유물에 불과하니까.

쉼터를 찾아오는 이주여성들은 자신의 이야기를 하며 자신이 앞으로 어떻게 도움을 받을 수 있는지, 어떻게 해야 한국에서 살 수 있는지 등을 물어온다. 힘들게 살지만 이렇게 적극적으로 자기의 삶을 사는 여성들이 나에게는 '스승'처럼 느껴졌다. 먼 나라까지 와서 산다는 것 하나만으로도 대단하다고 생각하기 때문이다. 활동가로서 그녀들에게 의료지원이나 법률지원을 하면서 내가 예전에 피해자로서 이런 지원을 받던 때를 떠올려보았다. 나에게 이런 지원을 해주기 위해 애쓰셨던 분들도 기억해보았다. 참으로 고마운 분들이다. 지금 내가 그 일을 하면서 과거의 나와 같이 곤경에 빠진 사람들을 도와줄 수 있다는 것이 정말 얼마나 고마운 일인지 모른다. 때때로 그녀들의 일이 나의 일인 것처럼 느껴질 때는 다시 우울해지고 화가 나기도 하지만.

## 다시 그녀에게로

이렇게 변태하기 위해 애쓰는 동안 7년이라는 시간이 흘러 남편이 출소하게 되었다. 그가 다시 나타날지도 모른다는 생각에 지난 7년이 과거로 접혀지는 듯했다. 두려움과 분노가 다시 살아나려고 한다. 사실 그동안 그가 언제 출소할지 몰라서 불안한 날도 많았다.

출소해서 찾아오면 어떻게 할까? 전기충격기라도 가지고 다닐까? 아니면 사람을 사서 죽여버릴까? 그러나 언제부터인가 '그래, 찾아올 테면 와봐라. 내가 예전처럼 너한테 당하지는 않을 것이다'라는 자신감이 생겼다. 만약에 그가 나를 찾아온다면 그때 맞춰서 대처할 것이라고 생각할 정도로 담대해진 나를 발견하곤 스스로 놀라기도 했다.

그런데 얼마 전에 그 남자가 택배직원으로 위장하여 우리 집 문을 두드리며 내 눈앞에 나타났다. 순간 당황했지만 나는 어디서 그런 힘이 솟구쳤는지 놀랍게도 강한 힘으로 그를 밀쳐내면서 내 눈앞에 다시 나타나면 죽여버릴 거라고 소리쳐 쫓아냈다. 그동안 가슴 졸이면서 나타나면 어떻게 할까 불안해하던 나와는 달리 이렇게 강한 모습을 보인 내가 얼마나 대견한지 마음이 뿌듯했다. 이 이야기를 들은 활동가들은 모두 내가 대단하다고 지지해주었고 난 두려움이 사라져 평상심을 되찾은 나를 발견했다. 내 인생 그 어느 때보다 현재 나는 행복하다.

나도 잘할 수 있다고 끊임없이 나의 등을 두드려주는 여성들, 내가 실수를 해도 일하다 보면 그럴 때도 있다고 웃어 넘어가주는 여성들, 나에게 마음속 이야기를 다하며 다가오는 쉼터의 여성들, 이런 여성들이 있기에 나의 변태는 가능했다. 그들이 내 안에 있는 힘을 끌어내주었기에, 그들이 힘을 나누어주었기에 나는 인생을 새롭게 보고 살 수 있었다.

그녀들로 인해 오늘도 나는 '여성'을 만나고 그 '여성'을 위해 일하고 있다.

## 후기

오늘도 많은 이주여성들이 쉼터에 오고 가며 자신의 문제를 해결하고 있다. 이들이 나가서도 잊지 않고 찾아와 고마워할 때 나는 삶의 보람을 느낀다. 내가 이렇게 사는 모습을 보며 나를 도와준 분들도 보람을 느끼겠지 생각하며 그분들을 위해서라도 더 열심히 살아야겠다고 마음먹는다.

이 자리를 빌려 내가 그 두꺼운 벽을 깨고 나올 수 있게 힘을 주신 인천여성의전화 배 회장님과 여러 선생님들에게 진심으로 감사드린다.

🍎 김계환

2003년부터 인천여성의전화에서 상근활동가로 열심히 활동하고 있다. 가정폭력피해 이주여성을 돌보며 자신도 성장하고 치유하느라 매우 바쁜 생활을 하고 있다.

# '아줌마', 날개 달다

이두옥

## 나는 그녀를 용서했다

사십대 중반의 작은 여자아이,

엄마를 기다리며 대문 앞에 쪼그리고 앉아 있는 나를 끌어안는다.

'어머니'라는 여성이 힘들게 살아야 했던 시대에

딸을 차별한 그녀를, 나는 용서했다.

나는 그녀와 화해했고 그리고 치유되었다.

여성의전화를 만나며 나는 내 안의 나와 평화를 이루고 '여성'으로 태어난 것을 기뻐하게 되었다. 지금 아줌마, '대표님' 되어 감히 여성이 행복한 세상을 꿈꾼다.

여기까지 나를 밀고 온 두 개의 큰 강이 내 눈에 어른거린다. 그 강으로 인해 나는 좌절했고, 그 강을 건너며 나는 '여성'이 되었다.

## 첫 번째 강, 출산해고라······

나는 사십이 다 되갈 즈음에 둘째 아이를 뜻하지 않게 선물로 받았다. 나이 사십에 가까워 아이라니! 처음에는 무척 당황스러웠다. 남편이 오래 전에 한 정관수술이 자동으로 풀려 임신이 되었던 것이다. 마침 강남의 부유층 마나님들이 늦둥이 아이를 가지는 게 유행하던 때라 주위로부터 인사(?) 아닌 인사를 받으며 민망했지만 한바탕 웃음으로 넘어갔다.

생각해보니 나도 어머니 나이 43세에 세상에 나온 늦둥이였다. 경제적으로 어려우면서도 자신의 자식 외에도 시집, 친정 피붙이 한둘은 늘 챙기셨던 어머니를 생각하며 용기를 내었다. 나는 마음속으로 '다 먹을 복은 나면서 가지고 난다더라!' 하며 스스로를 위로했고, 임신 후에도 더 열심히 근무했다.

그런데 임신 7개월 정도 되자 회사에서는 이런저런 압력을 주며 퇴사를 강요해왔다. 기혼 여성이 임신했다는 이유로 직장을 그만두어야 한다니 말도 안 되었다. 전 직장에서는 아이를 낳고도 잘 다니지 않았던가. 나는 출산퇴직 강요를 도저히 받아들일 수 없었다. 그러자 출산을 일주일 앞두고도 회사에서는 출산휴가를 주지 않았다. 나는 지사의 인사책임자를 찾아갔다. "차장님! 출산예정일이 며칠 안 남았는데, 아이는 낳고 봐야 하지 않겠습니까" 하며 애원하기도 하고 "본사의 총무이사님께도 탄원서를 드렸으나 회신이 없고 지사에서는 선례가 없어서 출산휴가를 줄 수 없다고 하시는데, 이렇게 되면 이 문제를 외부기관으로 가지고 갈 수밖에 없습니다"라고 협박(?)하기도 했다.

이렇게 주장하여 나는 한 달간의 출산휴가를 받아냈고 1991년 1월 둘째 아이를 출산했다. 그리고 아이 옆에서 나는 회사의 해고예보통보서를 받았다.

1991년 3월 18일 이후로 계약만료라는 통보에 놀라 본사 총무계로 전화를 했고 나는 "지방의 기혼 여사원은 계약직이기 때문에 회사에서 계약만료사유가 발생하면 계약해지로 끝난다"는 답변을 들었다. 여직원은 비정규직이었던 것이다. 해고예고통보서의 해고사유는 회사의 경영합리화에 따른 계약해지였다. 나와 내 동료 여직원들은 공개채용을 통해 정직원으로 입사했고 그렇게 알고 일해왔는데 사실 본사에서는 지사의 기혼 여사원을 계약직으로 관리해온 것이다. 내가 출산휴가를 요구하지 않았다면 이 사실을 아직도, 그리고 아무도 몰랐을 것이다.

나는 회사의 기만에 분노했고 여직원을 계약직으로 한정한 성차별에 대해 화가 났다. 뒤통수를 맞은 기분이었다. 며칠 후 나의 업무가 타 직원에게 이관되고 내 책상이 없어졌다는 소식을 들었다. 나도 모르게 눈물이 나왔고 잠이 오지 않았다. 회사의 해고를 그대로 받아들이고 그만둘 것인가? 아니면 나의 일할 권리를 찾기 위해 회사를 상대로 싸울 것인가? 고민 끝에 나는 후자를 택했다.

출산휴가를 끝내고 출근투쟁을 시작했다. 회사는 내가 나타나자 바짝 긴장하며 나의 동료 기혼 여직원들에게 나의 일에 동조하면 인사상 불이익을 준다고 강력하게 나왔다. 사우회라는 직원 상조회도 해체했다.

아침 9시, 오라고 하는 사람 없는 회사이지만 "안녕하세요!" 하고 출근했다. 빈 책상에서 하루 종일 견디다가 저녁 6시면 "안녕히 계세요!" 하고 퇴근했다. 회사 내에서는 같은 여직원들과 대화도 할 수 없었다. 퇴근 후 만난 여직원들은 "언니! 언니가 무슨 수로 회사를 상대로 이길 수 있겠어요? 바위에 계란치기예요" 하며 안타까워했다.

그렇다. 그래도 나는 바위에 계란 흔적이라도 남기고 싶었다. 그러나 그것은 여성 한 사람의 힘으로는 외로운 싸움이었다. 아니 나 자신과의 처절한 싸움이었다. 출근투쟁을 하면서 때로는 '내가 이렇게까지 해야하나'라는 자괴감과 두려움도 몰려왔다. 그러나 나는 서울노동위원회에 부당해고라는 이유로 회사를 제소했다. 서울노동인권회관과 윤자야 노무사의 법률적 도움이 있었기에 가능했다.

심리가 있는 날이면 대구에서 새벽 4시 30분 기차를 타고 아침 9시 가까이 여의도에 있는 서울지방노동위원회에 도착했다. 심리관 앞에서 그간의 회사와 관련된 일을 진술하다 감정이 북받쳐 울기도 했다. 이렇게 싸우면서 나는 결국 지방노동위원회로부터 '출산휴가 요구로 인한 부당해고' 판정을 받아냈다. 내가 이긴 것이다. 그런데 나중에 알게 되었지만, 당시 회사에서는 나의 배후에 용공좌경세력(?)이 있어서 회사에 해를 끼칠까 봐 해고를 시켰다고 했다. 내가 출산휴가를 달라고 해서가 아니라 빨갱이 끄나풀이어서 해고했다고 하니 무식하다고 해야 하나, 비열하다고 해야 하나.

출산해고의 아픔은 「정리해고과정에 나타난 기혼 여성의 노동경험세계」라는 나의 석사논문의 밑거름이 되었다. 논문을 쓰면서 나는 그때의 고통을 되새김질했다.

사퇴 압력을 뒤로 하고 출근한 나에게 회사 간부가 "집안 사정이 어려워 그만두지 못하면 자기 친구가 보험회사 소장으로 있는데 거기에 소개시켜주겠다"라며 사람을 무시하는 말을 들었을 때 느낀 모욕감, 출산은 다가오는데 회사에서는 아무 응답이 없을 때의 초조한 마음, 노동위원회에 부당해고 관련 심리를 받으러 3월 초의 비 내리는 새벽 4시 출발 서울행 기차를 탈 때의 서글픔, 회사라는 거대구조와 남성중심의 기업에서 오는 여성 억압적인 회사 분위기, 개인의 힘이 미약하고 혼자만의 외로운 투쟁이지만 견디어내야만 한다고 혼자 스스로를 다독이던 다짐 등 그때의 상처와 슬픔이 떠올랐다.

해고과정에 묻어 있던 형형색색의 감정이 목으로 치받고 올라와 울기도 하고 한숨을 토해내기도 했다. 석사논문을 쓰는 과정은 나에게 또 하나의 치유 과정이었다. 지도교수에게 논문 지도를 받고 집으로 돌아오는 길은 한바탕 눈물을 쏟고 나서인지 속이 후련하고 하늘은 푸르고 높아 보였다.

## 위로받고 싶었다

너무 힘들었다. 출산했다는 이유로 쫓겨나 일자리를 지키기 위해 여성 개인의 힘으로 회사라는 조직과 싸우는 것이.

마음도 외롭고 위로받고 싶었다. 그래서였나. 석간신문에 난 몇 줄짜리 단체행사 안내광고가 내 눈을 놓지 않았다. 왠지 가보고 싶었다. 별것도 아닌 상담자원봉사자 교육이었을 뿐인데.

'여성의전화'라는 단어에서 나는 위로, 힘, 친정, 지지 같은 든든함을 느꼈고 그 느낌은 나를 배반하지 않았다. 내가 살아왔던 세계와는 딴판인 세상으로 나를 인도하는 여성주의에 매료되어 지친 몸과 마음이 다시 소생하는 듯했다.

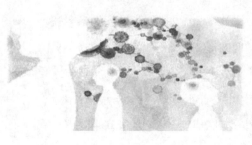

세상이 정한 그 성역할에 순응하느라 힘들었던 내 모습이 보였다. 나는 착한 여자였다. 결혼 초기 시집 식구와 집안의 인정을 받기 위해 얼마나 종종걸음을 했던가.

시집의 제사를 비롯한 대소사를 챙기기 위해 퇴근 후는 물론 장거리 시골길을 달려가던 날들, 성역할 과잉으로 지쳐 있던 '나', 이제는 나도 위로받고 싶었다.

아내, 며느리, 엄마, 직장인, 목사 사모 노릇까지 모두 내가 선택한 길이지만 역할에 짓눌려 살면서 내놓고 힘들다고 이야기하지 못했다. 내심으로는 나를 몰라주는 남편에 대한 이런저런 불만도 많았다. 그러나 상담원교육을 통해 한 여성인 '나'를 만날 수 있었다.

자라오면서 가정과 주위에서 여성은 다소곳하고 착해야 한다는 고정관념을 나도 모르게 뿌리박아 놓았다는 것을 알았다. 내 안에서 혁명이 일어났다. 이제는 이런 내가 싫었다. 다시는 그렇게 살지 않으련다.

단체활동을 하면서 활동가들의 격려와 회원 간의 지지로 아름다운 여성연대를 경험하는 기쁨을 맛보았다. 가정에서 폭력을 당한 여성과의 자매애는 내가 성장하고 지지받고 치유되는 계기가 되었다. 여성주의는 나를 이렇게 변화시켰다. 내 또래인 중년의 '작은 여자아이들'은 '여성'과 사랑에 빠지면서 딸을 차별한 '어머니' 여성을 용서했다. 그리고 자유롭게 세상을 날게 되었다.

## 이제는 나를 사랑할 때

그 후 나는 더 이상 남편과 시집의 인정을 받기 위해 바둥거리지 않았다. 있는 그대로의 내 감정과 모습을 그들에게 조금씩 보이기 시작했다.

여성의전화는 성역할 고정관념에 젖어 있는 나에게 '여성'으로서 나의 자아를 찾아가는 길로 가는 의미 있는 통로가 되었다. 회원활동을 하면서 40대 중반이 가까워오자, 지금 공부하지 않으면 내 생애에 다시는 공부할 수 없을 것 같은 생각이 불현듯 들었다. 어느 날 남편에게 대학 편입

시험을 봐야겠으니 아이를 봐달라고 통보했다. 사십대 중반의 아줌마가 대학 3학년에 편입한 것이다. 학부를 졸업하자 공부가 재미있어서 내친김에 대학원까지 진학하기로 했다. 늦게 배운 도둑질로 날 새는 줄 모른다고 했던가! 여성의전화 회원들이 꼬드긴 결과다.

처음에는 46살의 나이에 젊은 친구들을 따라갈 수 있을지 자신도 없고 불안하기도 했다. 같은 회원인 장덕자와 함께 입학했는데, 오히려 여성의전화에서 경험한 현장 활동이 큰 밑천이 되었다. 나이를 초월하여 같은 여성으로서 우정을 쌓으며 어린 동기생과 어울려 하하호호 재미있게 캠퍼스를 누비는가 하면, 아줌마 특유의 '좌충우돌', '용감무쌍'이 유감없이 발휘되었고, 때로 장학금도 받으며 무사히 졸업할 수 있었다.

마침, 1997년 전 국가적 경제위기 속에서 여성이 우선해고되는데도 실직된 남편의 기를 살려야 한다는 담론이 세를 얻어가는 어지러운 국면이 전개되었다. 해고 경험이 있는 나는 기혼 여성이 어떻게 우선해고되는지를 밝히고 싶었다. 그래서 직장 경험과 직장 동료에 대한 심층면접을 통해서 석사논문을 쓰게 되었다.

대학원 졸업 후에는 경제위기에 처한 여성을 돕는 '실직여성 겨울나기' 사업에 전적으로 매달리며 다른 여성을 실제로 돕게 되었다. 회원활동을 하면서 처음으로 맡는 실무라 열과 성을 다했지만 그것보다도 이런 일을 하면서 내가 다른 '여성'의 삶에 더 가까이 다가가고 있다는 마음에 몹시 뿌듯했다.

실직여성 가장들에게 기름, 쌀, 쿠폰을 나누어주는 일을 하면서도 내 눈에는 이들이 여성가장으로서 겪고 있는 자녀교육문제, 자신의 외로움, 경제적 불안 등이 보였다. 이들에게는 물질만큼 심리적, 정서적 지지가 절대적으로 필요함을 느꼈다. 다행히 후속 모임이 '디딤돌'이라는 여성자조집단으로 발전하면서 다양한 교육이 이루어지게 되었고 교육 후 실직여성가장들은 서로 취업과 관련한 정보를 나눌 뿐 아니라 일상의 생활 경험 속에서 자녀문제, 자신의 정서적 문제에 대해 서로의 의견을 나누고 서로에게 힘이 되었다.

### 아줌마, 대표 되다

2000년, 아줌마가 드디어 대표가 되었다. 조직이 나를 '공동대표'로 선임한 것이다. 열심히 공부하고 10년 가까이 회원활동을 하며 '여성'을 위해 열정을 바친 공로라고 할까, 아니면 더 열심히 하라는 채찍이라고 할까. 이사와 감사는 해보았지만 '공동대표'라는 직함은 또 다른 무게로 다가왔다. 내가 이 짐을 감당해낼 수 있을까 두려웠다.

무엇이 나를 두렵게 한 것인가? '대표'로서의 책임 때문인가? 아니었다. 나를 두렵게 한 것은 내가 감히 '대표' 직함을 공유하기 어려운 사람과 공동대표가 되었다는 것이다. 나하고 지식적으로나 사회적으로나 비교할 수 없는 교수가 바로 내 파트너가 된 것이다. '아니, 나보고 교수와 함께 대표를 하라니, 이 사람들이 정신이 있나 없나. 누구를 말려 죽이려고 작정을 했나.' 같은 여성이지만 '같지 않다'고 생각했고 이런 생각 뒤에는 지식인에게 주눅이 든 대중여성이 있었다. 또 상근활동가들과 나이 차이가 많이 나는 점도 나를 망설이게 했다. 나이가 권력일 수 있지만 주부 나이는 오히려 약점으로 작용함을 알기에 나는 겁이 났다. 조직의 실무와 돌아가는 것을 제대로 모르는데 젊은 상근활동가들이 잘 가르쳐줄까? 나를 진정으로 받아들여줄까?

오만가지의 걱정과 책임감이 가슴을 눌러왔다. 조직을 운영해본 경험이 없는 대중여성이 처음에 걱정과 두려움이 앞서는 것은 지극히 당연하다는 사실을 세월이 지나면서 깨닫기는 했지만.

'대구여성의전화'라는 조그만 조직 속에서 나는 명실상부한 '대표'로 성장해갔고 더 큰 사람으로 거듭나게 되었다. 물론 거기에는 혹독한 수련 과정이 있었다.

### 두 번째 강: 가해자에게 역고소당하다

대구지역에서 2000년 5월과 7월에 교수에 의한 두 건의 성폭력사건이 일어났다. 이 중 한 건은 5월에 일어난 경일대 금 모 교수 조교강간사건이고 또 다른 사건은 경북대 이 모 교수 학생강제추행사건이다. 이 두 사건이 일어나자 대구여성의전화는 피해자의 편에서 이 사건을 지역사회에 알리고 두 교수를 성토하는 데 앞장섰다. 그런데 이 두 교수가 2001년 9월에 이틀 간격으로 나와 다른 공동대표를 상대로 명예훼손으로 고소를 한 것이다. '뭐 싼 놈이 화낸다'라는 말은 들어봤어도 성폭력범으로부터 고소를 당하기는 처음이었다. 고소 이유는 대구여성의전화가 법원의 판결이 있기도 전에 실명으로 범행 사실을 인터넷 홈페이지와 소식지에 게제, 배포함으로써 자신들의 명예를 훼손했다는 것이다. 더 기가 막힌 것은 조사 과정에서 "당신들은 무슨 권리로 그리했느냐"라며, 그것도 여자검사가 질문하는 것이었다. 무슨 권리라니! 검사는 인권단체의 존재를 부정하고 있었다. 모든 사람은 인간으로서의 권리가 있고 그 권리를 스스로 지킬 수 없는 사회적 약자를 위해 인권단체가 있는 것이 아닌가. 법조문만 알고 사회의식이 없는 검사에게 우리 같은 인권단체는 아마 '불법단체'쯤으로 비춰졌을 수도 있으리라.

여자라면 당연히 알 것이라고 생각했는데 그 검사는 이 사회의 '여자'가 아닌가 보다. 남성 우위의 사회, 여성에게 불리한 성규범하에서, 더구나 자신과 권력관계에 있는 가해자 교수를 대상으로 피해자 학생이 홀로 피해 사실을 밝히고 법적 절차에 대응해나가는 것이 현실적으로 어렵다는 것을 왜 이 여자만 유독 모르는 것일까. 이런 어려움 때문에 국가에서도 피해여성을 돕기 위해 성폭력상담소를 지원하고 있다는 것을 이 검사님은 어찌 모르시는지 의아할 뿐이었다. 나아가 "당신이 무슨 권리로 두 남자의 밥줄을 떼어놓느냐?"라며 갑작스럽게 큰소리로 추궁을 할 때, 하도 기가 막혀 답변조차 제대로 못했다. 순발력 있게 말을 되받지 못한 것이 두고두고 억울했다.

피해자나 당사자가 아닌 단체활동을 하는 우리도 재판과 조사 과정에서 이러한데, 일반 여성들이 법원이나 검찰에 불려나가 조사와 재판을 받는 것이 얼마나 더 힘들까 하는 생각이 들었다.

여성의 일상을 지배하는 성폭력 피해 공포, 한번 당하면 그 충격에서 헤어나기 힘든 성폭력범죄의 특성을 검찰과 법원은 제대로 이해하지 못하고 있었다. 이런 이해부족으로 성폭력범죄의 예방과 피해자를 지원하는 단체의 필요성과 기능에 대한 인식 역시 매우 부족하다는 것을 역고소를 당하면서 절절히 알았다.

재판 결과, 1심에서 공동대표 두 사람에게 각각 200만 원의 벌금이 나왔고, 2심에서는 각 100만 원이 나왔다. 이러한 판결은 모두 강제추행 혐의로 기소되기도 전에 범죄 내용을 인터넷 홈페이지나 소식지에 게재하고 교수의 신분과 실명을 명시한 것이 "오로지 공공의 이익에 관한 것이라거나 이 모 교수를 비방할 목적이 없었다고 할 수는 없다"는 이유에서였다.

여성인권 차원에서 이 반여성적이며 시대역행적인 판결을 그대로 받아들일 수 없었다. 가해자에게 고소를 당한 기막힌 현실 앞에서 우리

활동가와 회원들은 끝까지 싸우기로 결의했다.

이렇게 사건 발생 후 4년이라는 긴 시간을 우리 '여성'은 '남성'과 투쟁했다. 때로 그 '남성'을 생물학적 여성이 대변하기도 하여 우리를 곤혹스럽게 하기도 했지만 그 시간은 우리에게 상처이자 배움이었다. 그리고 대법원에서 2005년 4월 29일 "공익을 목적으로 성범죄자의 실명 공개는 정당하다"는 판결을 내렸을 때, 그 시간은 우리에게 성취였다.

비록 금 모 교수와 관련한 내용 중 "술에 약을 탄 것으로 보아 상습범일 가능성이 높다"는 부분이 허위사실로 판결이 내려져 각각 70만 원이라는 벌금을 물게 되었지만 이 역시 앞으로 우리가 좀 더 신중해야 한다는 교훈으로 받아들여졌다.

나는 재판을 받으면서 난생 처음 재판정에 서게 되어 참으로 낯설게 느껴졌으나 차츰 적응이 되어 견딜 수 있었다. 그러나 때로 지원단체가 재판을 받아야 하는 우리 사회의 여성인권의 현주소를 생각하자 내면에서 끓어오르는 분노를 참을 수 없어 화를 내기도 했다. 재판을 앞둔 어떤 날은 뒷목덜미에 피부 발진이 나기도 했고, 재판을 앞두고 신경이 예민해져서 가족들에게 신경질을 내기도 했다. 이 험한 현실 앞에서 누군들 안 그랬겠는가.

### 의리 때문에……

2001년 7월에 공동대표 임기를 6개월여 남겨두고 남편이 갑자기 병원에 입원하게 되어 나는 간병을 위해 대표직을 그만두었다. 그 뒤 대구에서 한 시간 거리의 시골에서 건강이 좋지 않은 남편의 뒷바라지를 했다.

내가 떠나 있는 동안 조직적인 어려움을 겪은 여성의전화가 2003년 6월에 다시 나를 불렀다. 개인적으로도 지쳐 있었고 또 아무리 여성의식으로 무장했다 해도 아픈 남편을 나 몰라라 할 수는 없는 것이었다. 그러나 나는 이러한 요청을 매정하게 뿌리칠 수 없었다. 여성의식 때문이 아니라 나를 키워준 조직에 대한 의리 때문이었다. 나를 성장시키고 키워준 대구여성의전화가 어렵다는데 어떻게 할 것인가!

의리 때문에 다시 대표가 된 나는 좀 더 큰 리더가 되어갔다. 우선 조직을 안정시키고 본부와의 결합도도 높여나갔다. 상근활동가들과 함께 뭉쳐진 여성운동을 향한 열정은 모든 회원을 열성회원으로 감염시켰다. 대구여성의전화가 2004~2005년 연속으로 모범지부상을 타게 되면서 나는 자신감을 갖고 행동반경을 차츰 넓혀나갔다. 대구·경북여성단체연합 상임대표, 대구시민단체 연대회의 상임대표, 그리고 드디어 한국여성의전화연합 공동대표로 추대되었다.

임신했다는 이유로 해고당하고 투쟁하는 과정에서 열혈 여성운동가가 된 나, 돌이켜보니 아주 평범한 주부였다. 그 평범했던 내가 지금은 전국 지부를 가슴에 안고 각 지역의 여성운동을 살피고 있다. 많이 성장했다.

함께 운동을 시작했던 동지들이 많이 떠나고 새로운 여성들이 다시 함께하고, 이렇게 떠나고 함께하며 여성운동은 계속된다. 이러는 사이 중년의 그 '작은 아이들'은 '여성'이 되고, 어머니를 용서하고, 그리고 딸에게 '여성주의'를 유산으로 물려주고 있다.

### 후기

2008년 2월 대구여성의전화 대표 임기를 마치면서 나의 활동을 뒤돌아보니 대구여성의전화가 여성인권단체, 시민사회단체로서 주춧돌을 놓는 데 미력하나마 내 작은 열정의 불을 지폈구나 싶었다. 또한 개인적으로도 여성의전화 활동을 통해 내가 '여성'으로 태어났음을 기쁘게 생각하게 되었고 내적인 평화를 경험하며 주위의 사람들과의 관계도 편해졌다. 참 큰 수확이다.

지금 나는 남이야 믿건 말건 대구지역 여성노동과 인권에 있어서 '내 삶이 바로 살아 있는 여성학 교과서'라고 우기면서 살고 있다. 한국 사회에서 여성으로 살아온 역사 자체가 '생존자'임을 깨달으며 이제 그간 배운 것, 경험한 것 모두를 후배 여성들에게 나누어주며 그들의 '나무그늘'이 되어야겠다.

여성이 행복한 세상이 되어 여성들 얼굴에 웃음이 활짝 필 그날을 상상해본다.

🍎 이두옥

1990년대에 여성의전화를 만나 여성주의 여신세례를 통해 치유를 경험하고 여성이 행복해야 세상이 행복하다고 믿고 있다. 2003년부터 2008년 2월까지 대구여성의전화 대표로 지냈고 계명대학교 여성학 대학원에서 사회복지 공부도 했다. 여성주의영성, 책 읽기를 통한 치유, 여성역사기행 등에 관심이 많다. 현재 한국여성의전화연합 공동대표를 맡고 있다.

# 변신은 계속된다

강혜련

## '이상한 곳'에 서 있던 여자아이 하나

어릴 때부터 차별에 무척 민감하여 자기보다 어린 남동생이 어른들에게 귀하게 받들어지는 것을 보며 이해할 수 없었던 여자아이가 있었다. 그 아이는 왜 엄마가 아버지의 눈치를 보는지도 역시 이해할 수 없었다. 어린 그 아이의 눈에 세상은 지극히 '이상한 곳'이었다.

그래서 그 아이는 세상과 소통하기를 포기했고 말없는 아이로 변해갔으며 친구들과 어울리기보다 혼자 있는 것을 좋아했다. 무엇이 답답했는지 아니면 무엇을 찾고 싶었는지 여기저기 쏘다니다 저녁 늦게 집에 들어가곤 했다. 거기다 아버지 직장 때문에 이사를 자주 다니다 보니 정서적으로 안정적일 수도 없었던 것 같다. 어릴 때 유일한 위안거리가 있었다면 '명화극장'의 영화였다. 영화 속의 주인공을 보면서 잠시나마 현실의 구차함을 잊을 수 있었고 화려한 그들의 생활에 매료되어 '크면 나도 저렇게 살리라'는 꿈을 꾸었다.

그러나 그런 꿈을 꾸었던 여자아이는 세상이 남성중심으로 돌아가고 있다는 것을 어렴풋이 깨달으면서 혼란스러워졌다. 두려우면서도 동경의 대상이 되었던 그들에게 사랑과 보호를 받기 위해 자신을 버려야 할지 아니면 당당히 거부를 하며 자신의 목소리를 내야 할지를 선택해야 하는 어느 순간에 이르러, 그 아이는 불편함에 도전하기보다 비겁하게 꼬리를 내리고 숨을 곳을 찾았다.

그녀……

그녀가 숨은 곳은 '대학 YWCA'였다. 거기서 그 여자아이는 여성만의 공동체가 가능하다는 것을 알았다. 편안하고 따뜻한 가운데 인간에 대한 신뢰를 비로소 회복할 수 있게 되었으며 선배들 덕택에 학생운동에도 눈을 뜨게 되었다. 그러나 새롭게 열린 세상은 더 큰 절망을 안겨주었는데 '광주항쟁'이라는 역사의 소용돌이를 만났던 것이다. 광주항쟁의 진실을 알고 난 후 많은 것이 달라졌고 그녀는 짱돌을 던지며 교문에 서 있었다. 이미 대학은 의미가 없었다.

겨우 졸업을 한 후 도서원운동, 직장생활을 시도했지만 아무런 기쁨을 느낄 수 없었다. 그러다 1992년 청년운동조직 내의 여성분과 활동을 하면서 그녀에게 '여성'이 조금씩 다가오기 시작했다. 이렇게 그녀 강혜련의 변신은 시작되었다.

### 그녀에게 다가온 '여성'

당시 울산에는 여성운동체라고 할 만한 조직이 전무했다. 울산 YWCA가 있었지만 여성봉사단체의 성격이 강했기 때문에 많은 사람들이 무언가 새로운 조직이나 바람이 필요하다고 생각하고 있었다. 마침 '여성신문 울산지사'에 여성학 강좌가 개설되었다. 이 과정을 통해 여성의식에 눈뜬 여성들은 겁 없이 열정 하나로 의기투합하여 일을 저질렀다.

1993년에 맹렬 여성 10명이 '울산여성의전화 준비위원회'를 꾸려 1년 동안 본부를 오르내리며 자료를 수집하고 교육을 받는 등 분주히 움직였다. 사무실 마련, 이사회 구성, 상근자 채용 등의 실무적인 준비로 어떻게 1년이 갔는지 그때를 생각하면 지금도 정신이 없다. '제1기 여성상담원 교육'을 통해 배출된 40여 명의 초기 멤버들은 그 후로도 여성의전화의 든든한 버팀목이 되어 함께 울고 웃는 시간을 보냈고 지금은 각자 자신이 원하던 일을 하며 멋지게 살고 있다.

자신의 아픔과 고통을 두려워하면서 조심스럽게 이야기하던 그들이 이제는 다른 여성에게 손을 내밀어 기댈 수 있는 언덕이 되고 있는 이 아름다운 성장의 과정은 바로 '여성의전화'라는 운동체의 존재 이유이자 꿈이었다. 전문상담가가 되어 도움을 원하는 여성에게 친구가 되어주고, 교수가 되어 교정을 누비고, 복지기관에서 일하기도 하고, 시 낭송가가 되어 행사에 불려 다니기도 하고, 혼자만의 삶을 당당하게 꾸려가고, 딸을 멋지게 키우는, 그들은 이제 울산에서 없어서는 안 되는 사람들이 되었다.

1여 년의 준비 끝에 드디어 사무실을 개소하고 지금도 잊을 수 없는 1994년 10월 27일 창립총회를 치르면서 우리는 울산에 여성운동의 역사를 다시 쓰게 되었다. 단순한 상담기관이 아닌 여성인권운동단체로 출발한 우리는 누가 부여하지도 않은 사명감으로 똘똘 뭉쳤다. 지금 다시 이렇게 하라고 한다면 아마도 할 수 없을 것이다. 처음이고 몰랐기 때문에 가능하지 않았을까 싶다. 사람의 능력이란 그래서 더욱 불가사의한 것인지도 모르겠다. 그리고 여기에 내 인생의 30대를 꼬박 바치게 되리라고는 꿈에도 생각하지 못했다.

우리는 문화사업, 교육사업 등 다양한 사업을 통해 운영비를 마련하고 여성폭력에 대한 부당성을 알려나갔으며 여성들의 잠자고 있던 자의식을 깨우고자 했는데, 분출되는 우리의 에너지와 끼는 감당하기 힘들 정도였다. 이처럼 할 일은 많고 시간은 부족했으나 그 어느 누구도 힘들다는 소리가 없었다. 여성들의 공간과 해방구를 만들고 싶다는 일념 하나로 우리는 모든 어려움을 극복해나갔던 것이다.

다만 우리 모두의 뒷덜미를 잡아당긴 것은 남편과 아이들이었다. 갈수록 변하는 아내의 모습과 집에 있는 시간이 거의 없는 엄마에 대해 불만이 여기저기서 터져 나오면서 우리는 이 사회에서 여성으로 산다는 것의 한계를 절감하기 시작했다. 우리는 남편들과의 관계맺음에 대해, 나아가 이 사회의 남성들을 아우르는 방법에 대해 고민하며 서로에게 힘이 되어주곤 했다.

이런 일련의 활동이 지역에 알려지면서 여성의전화는 과격한 여성단체로 인식되었고 알게 모르게 경계의 대상이 되기 시작했다. 그러나 어쩌랴. 우리는 이미 '여성'을 만났고 생애 처음 만난 자유를 놓칠 마음이 전혀 없었던 것을.

**조직앓이**

조직이 커지면서 새로운 문제가 불거지기 시작했다. 한편으로 회원들과 상담원들의 전문성에 대한 요구가 커지고 다른 한편으로는 여성의전화가 상담기관인지 여성운동단체인지 모르겠다는 정체성 논란이 일기 시작하면서 조직 내 크고 작은 갈등이 본격화된 것이다. 이는 울산만의 문제가 아니라 지부별로 겪을 수밖에 없는 문제였고 따라서 본부를 중심으로 이 문제를 본격적으로 다루게 되었다.

내부적으로 상당한 내홍을 거치면서 우리는 여성운동단체로서의 성격을 명확히 했다. 그러나 이 과정에서 서로가 서로에게 입힌 상처는 두고두고 우리를 아프게 했고 활동가로서 나 자신도 심각한 회의를 느끼기 시작했다.

문제는 서로에 대한 '신뢰'의 부족이었다. 초기에 같이 고생한 멤버와 이후에 들어온 사람 간의 보이지 않은 틈, 기존의 활동가 출신과 여성의전화를 단지 직업적으로 생각하고 들어온 사람의 여성의전화 활동에 대한 관점의 차이, 그리고 소통 부재에서 온 서로에 대한 불신은 결국 어렵게 문을 두드리고 들어온 이들이 여성의전화를 떠나는 결과로 이어졌다.

나는 조직의 쓴맛을 보았고 이후 사람을 대하는 데에 신중을 기하면서 몹시 조심스러워졌다. 목표나 뜻이 좋아도 그것이 모든 사람에게 통하지 않는다는 것과 사람마다 자신이 처한 입장에 따라 받아들이는 게 다르기 때문에 접근도 달리해야 한다는 것 등을 깨닫게 된 소중한 경험이자 사람에 대한 나의 태도와 생각을 바꾸게 해준 성숙의 시간이기도 했다. 이렇게 아파가면서 나는 나이를 먹어갔다.

## '정치'에 다가가기

이러한 활동 중에 1996년, 2000년의 지자체 선거를 치르면서 여성들의 목소리를 합법적으로 반영할 수 있는 여성의 정치세력화에 대한 필요성이 제기되기 시작했고 이후 여성의 정치세력화, 경제세력화는 여성운동의 중심과제가 되었다.

울산에서도 처음으로 1999년에 타 여성단체와 함께 '여성정치 아카데미'를 주최하여 지역의 여성정치인 후보를 발굴하기 시작했으며 이후 의정지기단을 구성하여 의회 방청도 하고 여성의원들과 긴밀한 만남을 유지하면서 여성문제의 심각성을 알리고 여성에 대한 지원을 유도했다.

특히 당시 남성의원들의 행태를 보면서 차라리 여성이 하면 더 잘하겠다는 야무진 생각을 했다. 그리고 그들의 여성에 대한 모욕과 폭언을 도저히 묵과할 수 없었다. 이를 계기로 '여성정치 네트워크'가 만들어지고 지역에서 여성의 정치세력화를 위한 사업을 공동으로 추진하자는 결의를 다졌다. 여성의전화 내에서도 여성의 정치세력화사업을 핵심 과제로 두고 자체 교육과 프로그램의 운영, 선거에 참여하는 방법 등에 대한 토론을 하여 우리 스스로 정치의 주인이 될 수 있는 방법을 찾고자 했다.

때마침 본부를 중심으로 '여성정책 및 예산분석 사업'이 주요 사업으로 부각되어 우리는 이 사업에 엄청난 시간을 투자하면서 몰두했다. 생전 처음 해보는 것이라 너무 생소하고 어려웠지만 지자체의 사업과 예산 집행의 허무맹랑함에 아연실색하면서 이 일의 중요성을 새삼 느꼈다. 힘들었지만 보람과 재미가 있었다. 어설펐지만 나온 자료를 보니 무언가 아주 생산적인 행위를 했다는 생각도 들었고 울산시를 압박하는 근거가 될 수도 있어 무기를 하나 가졌다는 느낌에 든든하기도 했다.

이 작업을 하면서 생활 속에서 어떻게 차별을 시정하고 성인지적인 여성정책을 시행할 것인지에 대한 고민을 구체적으로 하게 되었다. 이는 지역에서 큰 반향을 일으켰고 지자체로 하여금 예산편성에서 여성계의 눈치를 보게 만드는 전환점이 되었다. 드디어 지자체와의 권력관계에서 역전이 일어나는 순간이었다.

이런 작업들을 하면서 나는 한 발짝씩 '정치'에 다가가고 있었다.

## 변신의 용틀임

그러던 중 나는 내 안에서 뭔가 변화가 일어나고 있음을 감지하게 되었다. 언제부터인가 나는 서서히 지쳐가고 있었던 것이다. 일을 할 때는 여전히 극성을 떨면서도 내부적으로 피곤함과 허전함에서 벗어나지 못하고 있었다.

자가용이 없어 버스를 두 번씩이나 갈아타면서도 9시까지 꼬박꼬박 출근하며 힘들거나 지루함을 몰랐던 내가 아침이 버거워지기 시작하면서 사무실에서 벗어나고픈 충동을 종종 느끼게 되었다. 또한 그동안의 활동방식에 회의가 들기 시작하면서 현재 내가 왜 이 운동을 하고 있는지, 나의 삶의 지향점이 무엇인지에 대해 심히 혼란스러워졌다. 아마도 10년 넘게 쉬지 않고 달려온 나에게 몸과 마음이 더 늦기 전에 재충전의 시간을 가질 것을 경고한 것이리라.

무조건 쉬고 싶었다. 떠나고 싶었다. 10년 전 '여성'을 만났던 것처럼 새로운 것을 만나고 싶었다. 그래서 나는 탈출구로 대학원에 진학했다. 침잠하여 나 자신을 제대로 보고 싶었으며 어디서부터 다시 시작해야 하는지 시간을 갖고 생각하고 싶었던 것이다. 대학원에서 여성학공부를 하면서 우리나라와 내가 서 있는 여성운동의 수준과 시점, 어디로 나아가야 하는지에 대한 감을 잡으면서 나는 안정을 되찾기 시작했다.

재충전의 기간 동안 나는 여성의전화 활동을 간간이 하면서 또다시 지역에서 필요한 것이 무엇인가를 모색했고 노력의 결실로 2005년에 여성정책 전문기관인 '울산여성정책센터'를 만들게 되었다. 정책센터에서 나는 즐거운 여성운동을 실험했다. 충분히 토론하기, 창의적으로 생각하기, 몸으로 운동 담기 등을 다양한 방법으로 모색했고 다시 행복한 여성주의에 빠지게 되었다. 사업에 밀려 하지 못했던 책 낭독모임, 여성학 강의, 울산여성정책 심포지엄 개최 등을 하며 너무 신났다. 그리고 2006년 7월에 나는 울산의 남구 의원이 되었다.

왜 나는 의원이 되었을까? 개인적으로 보자면 나에게는 변화가 필요했던 것 같다. 그전에 여러 번 제의를 받았지만 나의 역할이 아니라는 생각 때문에 거절했는데 이번에는 나름대로 정책에 대한 전망이 보이면서 한번은 경험해봐야 한다는 생각이 작용했다. 내가 평소 해보고 싶었던 일을 정치를 통해 실현시킬 수 있지 않을까 하는 기대감과 함께 말이다.

### '여성'이 '정치'를 만날 때

하지만 현실정치는 그렇게 호락호락하지 않았다. 경제적인 문제에서부터 여성후보에 대한 견제와 불신 등은 여성후보들이 감내하면서 극복해야 할 과제였다. 또한 체력적으로 한계가 느껴짐에도 약하다는 말을 듣기 싫어 오기로 버텨나갔다.

무엇보다 힘들었던 건 정치와 정치인에 대해 갖고 있는 대중의 편견과 냉소였다. 새로운 희망을 위한 새로운 패러다임에 대해서도 그들은 냉정했으며 달라지는 것은 없다고 생각했다. 나는 그러한 관행을 깨기 위해서라도 의원이 되어야 했다.

어느덧 1년이 넘었다. 그동안 난 무엇을 했으며 과연 이 역할이 내가 원하던 것이었는지 자문해본다. 누가 별 생각 없이 '의원생활 재미있느냐'고 물으면 난 농담 삼아 내 체질이라고 응수한다. 이는 의원이 생각했던 것만큼 큰 권한을 가지고 있는 것은 아니지만 다양한 사람을 만나 실제 대중이 원하는 것이 무엇인지를 파악할 수 있고 그것을 위해 일을 할 수 있는 자리이기 때문이다. 내가 하고 싶은 일이 바로 이런 일이기 때문에 '정치'는 '여성'을 강화하는 매우 중요한 수단이라고 생각한다.

여성운동이 문제제기를 중심으로 하여 이루고자 하는 목표에 대해 타협 없이 전진하는 것이라면 정치는 여러 사람의 이해관계가 얽힌 문제를 절충과 협상을 통해 최선의 선택을 찾아가는 과정이다. 또한 여성운동이 사람들의 편견과 고정관념을 바꾸는 의식의 전환을 추구한다면 정치는 제도의 변화를 통해 사람의 행동을 변화시키고자 한다. 정치적인 힘을 통해 목표를 실천한다는 의미에서 여성운동과 정치는 동전의 양면 같은 것이라 할 수 있다. 서로를 풍부하게 하고 상호 보완적인 양 날개라는 것이다. '여성'을 강화하여 완성하기 위해서 '정치'는 매우 중요한 수단이라고 여겨진다.

울산은 현재 여성의원이 14명이다. 그중 민주노동당 여성의원 8명은 울산을 여성이 살기 좋은 도시로 만들기 위해 '여성 일자리 만들기', '여성폭력대책', '국공립보육시설 확대' 등의 세 가지 주요 정책을 내세우고 있다. 얼마 전 '여성 일자리 박람회 개최'라는 성과를 거두었고 보육시설도 늘어나고 있는 상황이다. 그리고 여성폭력대책의 일환으로 '여성안심택시' 도입을 검토하고 있으며 여성의 안전을 위한 다양한 방법을 모색하고 있다. 그 외에도 각 구별로 여성전담기구를 설치하거나 여성조례를 만들어 여성들의 참여를 활성화시키고자 하고 있다. 어떻게 보면 이 일을 하기에 시간이 무척 부족할 수도 있지만, 내가 완결을 짓지 못하더라도 씨는 뿌려놓고 가야 다음에 누군가가 싹을 틔울 수 있을 것이라는 믿음으로 활동하고 있다.

2007년에 갔다 온 호주와 뉴질랜드는 그런 면에서 여성으로서의 나에게 희망을 준 나라였다. 여성에 대한 폭력을 3대 중범죄로 취급해 여성에 대한 강간이나 구타가 거의 없고 여성들만의 엘리트 교육기관이 별도로 있어 여성리더를 배출해내며 아이들 양육도 아무런 장애가 없는 나라가 이 지구상에 존재한다는 것이 신기하기도 하고 부러워서 한동안 호주 이민을 고려할 정도였다.

우리는 언제쯤 저렇게 살 수 있을까 하는 암담함이 몰려오기도 했지만 마음을 다잡으며 우리 세대가 노력하면 딸 세대가 그 혜택을 볼 수 있을 거라는 희망으로 다시 악다구니를 쓰는 수밖에 없다.

### '나'를 확인하다

의정활동을 하면서 아직도 가야 할 길이 매우 멀다는 사실에 많이 좌절했다. 아직도 '여성'은 매우 허약하다는 사실을 새삼 깨닫는 시간이었다.

처음 구정 질의 때 여성공무원의 승진을 이야기하면 여성공무원조차 생소해하며 10년 정도 지나면 자연히 여성공무원이 관리직에 많아지지 않겠냐며 난처해하던 모습이 기억난다. 내가 10년을 여성운동 했는데 아직도 이 수준이라니. 내가 떠들 때 이들은 도대체 귀를 막고 있었다는 것인가.

출산휴가, 여성들의 차 심부름, 호칭사용문제, 성희롱교육 실태, 여성기업인에 대한 관심, 여성들의 정책결정과정에 대한 참여수준, 여성주간  행사에 대한 지원, 이주여성문제 등을 발언하는 나에게 사람들은 '너무 예민한 것 아니냐'고 반문한다. 그리고 '그런 것들'보다 더 중요한 문제가 산적해 있다고 오히려 나에게 충고까지 한다. 공적인 부분에서 여성에 관한 것이 거의 언급되지 않거나 지극히 사적인 문제로 취급되는 것에 대해 문제를 제기하면 내가 여성이라서 여성문제에 집착하는 것으로 몰아가곤 했다.

남성들의 네트워크는 생각보다 강하다. 그들끼리 정보를 공유하며 사업을 선점하거나 알게 모르게 자신들의 실속을 찾아가는 모습을 보며 우리 여성이 남성화되어 이런 남성의 모습을 따라가야 하는지에 대해 고민하기도 했다. 또 운동적 입장에서 정치를 해야 하는지 아니면 지극히 정치의 논리로 정치를 해야 하는지에 대한 고민으로 많이 힘들기도 했다. 그러나 바로 초심으로 돌아가 아무리 표가 된다고 해도 기존의 정치문화를 답습하지 말자고 마음을 다잡았다. 남성으로 또 정치논리로 정치를 한다면 운동가 출신의 강혜련이 의원이 된 의미가 없어지기 때문이다.

지난 1년 반의 의원활동은 좌충우돌이자 시행착오의 연속이었다. 이런 경험 속에서 그 옛날의 강팍하고 조급했던 내가 조금은 세련되고 여유 있는 여자로 변하고 있다. 이제 비로소 세상을 이해하게 되었고 또 내가 누구인지 좀 더 명확하게 알게 된 듯하다.

**나를 만든 여성들, 내가 만들 여성들**

사람이 살아가면서 자기 안의 욕구와 함께 누구를 만나는가에 따라 인생이 달라진다는 것을 안다. 나 역시 차별에 민감한 자의식을 소유하고 있었기에 루이제 린저(Luise Rinser)의 『생의 한가운데(Mitte Des Lebens)』를 읽으며 '니나'에 공감했고, <바람과 함께 사라지다>의 스칼렛 오하라의 이기적인 강인함을 닮고 싶었다. 여성학을 접하면서 글로리아 스타이넘(Gloria Steinem)을 알게 되고 그녀가 말했던 "너 자신을 믿어라"는 곧 나의 신조가 되었다. 이렇게 무수히 많은 여성운동의 선배들이 오늘의 나를 만들었던 것이다.

이제 내 차례가 되었다. 후배들에게 힘이 되고, 힘을 주는 선배로 남고 싶다. 그들이 따라하는 역할모델이고 싶다.

자유를 향해 거침없이 날갯짓을 하며 여기까지 왔다.

앞으로 더 치열하게, 더 힘차게 날아가련다.

### 후기

여성의전화가 25년이나 되었다니 그 세월이 주마등처럼 스친다. 내 인생에서 여성의전화는 무엇이었나? 내 안의 무엇이 나로 하여금 여성의 전화 활동을 하게 했을까? 왜 나는 '여성'이라는 소리만 들어도 가슴이 설레고 관심을 가지게 되었을까? 요즘은 자주 스스로 이런 질문을 던져보게 된다.

내 인생을 반추하기에는 아직 이른 나이이기는 하지만 한번은 정리하고 싶었고 언젠가는 해야겠다고 생각하고 있었다. 이 글을 통해 함께 일했던 동지와 차세대 여성들과 더불어 희망과 가능성을 나누었으면 한다.

🎗 강혜련

부산에서 1965년에 태어나 울산과 여수를 넘나들며 유년시절을 보내 전라도와 경상도의 지역감정을 전혀 이해하지 못하고 있으며, 결국 울산 큰애기가 되었다. 노동현장은 살벌해서 못 가고 도서원운동과 청년운동을 거쳐 여성신문사업을 하다 1994년 울산여성의전화를 창립했으며 사무국장, 성폭력상담소장과 부회장을 역임했다. 그 후 여성학을 공부하고 강사를 하다가 2005년에 여성정책센터를 만들었고, 2006년에 울산시 남구 구의원이 되었다.

# 여성운동에 미치다

신재남

아무도 예단할 수 없는 것이 인생이라 했다. 언제 어디서 누구를 만나는가 하는 것이 평이했던 일상을 뒤흔드는 사건이 될 수 있기 때문이다. 평범하게 살던 나 신재남, 아이들에게 독서지도를 하며 나름대로 열심히 산다고 자부하던 나 신재남이 열혈 여성운동가가 되리라고 누가 예측했을까.

학생들이 책을 통해 삶의 주인이 되어 주도적인 삶을 살기를 원하며 독서지도를 하던 중 학부모를 대상으로 '부모교육'을 하게 되었다. 그때 부모교육 강사였던 안양여성의전화 박명숙 회장이 여성의전화를 소개한 것이 내 인생의 주요한 전환점이 될 줄이야 누가 알았겠는가. 그 소중한 인연으로 나는 새로운 세상을 만나게 되었던 것이다. 모든 폭력으로부터 여성의 인권을 보호하고 여성의 복지를 향상시킬 목적으로 준비되고 있다는 부천여성의전화 준비위원회를 만난 것이다. 아니 그러한 거대한 명분에 이끌린 것이 아니라 그러한 명분을 위해 일하고 있는 한 여성(김은혜 초대 회장)의 열정에 반했다고 말하는 것이 좀 더 정확할 것이다.

## 여성문제에 눈뜨다

처음 받은 64시간의 성폭력 전문상담원교육은 나에게 충격적이었다. 강사가 열변을 토하면서 말하는 '성폭력에 대한 여성주의적 이해'는 이 나이가 되도록 한 번도 생각해보지 못한 것들, 여성으로 살면서 감지하지 못했던 것들을 나에게 와락 던져주었던 것이다.

학창시절 바바리맨의 성기 노출을 목격하고, 버스 속에서 성추행을 당했던 불쾌한 기억이 떠올랐다. 대부분의 여성들이 성폭력 피해 경험이 있지만 드러내 놓고 말하지 못했던 구차스런 현실이 적나라하게 표현되자 민망함과 분노, 그리고 수치심이 한꺼번에 몰려왔던 것이다. 또한 여태까지 내가 살아왔던 세상과 아주 다른 개념의 세상이 존재한다는 것을 처음 알게 되면서 야릇한 지적 호기심이 발동되기도 했다.

새로운 것에 대한 나의 어쩔 수 없는 호기심 때문에 설레는 마음으로 교육받는 날을 기다리곤 했다. 그러나 교육이 진행될수록 나의 머리는 뒤죽박죽이 되어갔다. '여성주의'라는 용어는 생소한 매력으로 다가와 비록 그 의미가 아리송하긴 했지만 결코 그냥 넘기고 싶지는 않았다. 아니 그냥 넘어갈 수 없었다. 어렴풋하게나마 내가 살아온 날을 설명하는 것 같았고 또 내 미래를 바로잡아줄 것 같았기 때문이다.

교육을 받으면서 나는 다른 동료 교육생과 마찬가지로 여성에 대한 차별과 폭력 현실에 깜짝 놀랐다. 우리나라가 남녀차별이 심한 나라라는 것은 알고 있었지만 이렇게 여성폭력이 심각한 줄은 몰랐던 것이다. 처음에는 아마도 나의 부모님이 그 시대의 다른 부모님보다 개방적이어서 내가 자라면서 성차별을 크게 받은 적이 없어서 그 심각성을 모른 것이라고 생각했다. 그런데 조금 더 깊이 생각해보니 내가 성차별을 덜 받아서라기보다 성차별에 대한 인식이 없었던 것 같다. 교육을 받으면서 뒤돌아보니 우리 어머니도 큰아들에게 지극 정성이셨다. 그나마 아버지가 여성들의 능력을 높이 평가하시고 언제나 든든한 나의 후원자이셨기 때문에 내가 성차별의 심각성을 덜 인식했던 것 같다. 물론 아버지도 어머니 못지않게 가부장적인 분이시긴 하지만.

부천여성의전화준비위원회 회원으로 가입해서 전에 생각조차 하지 못한 경험을 하며 나는 새로운 모습으로 변해갔다.

탑골공원에서 열리는 '빈곤과 폭력 추방을 위한 세계여성대행진 한국대회'에 참가했던 기억이 난다. 이런 대회에 처음 참가했기 때문에 나는 몹시 어리둥절했고 지나가는 사람들이 나만 쳐다보는 것만 같아서 영 어색했다. 그러나 진행팀이 앞에 나와서 당당한 목소리로 선서낭독을 하고 구호를 외치는 모습이 정말 멋져 보였다. 하지만 나는 몸에 익숙하지 않은 이런 일이 부자연스러웠고 구호도 크게 나오지 않아 입 속에서만 맴돌았다. 행사가 끝나고 뒤풀이를 하면서 전국에서 모인 회원들과 인사도 나누고 여성의전화가 어떤 일들을 하는지 어설프게 감을 잡기 시작했다. 그때서야 내가 이런 사람들과 함께했다는 사실에 대해, 이들이 나를 동지로 인식하고 있다는 것에 대해, 그리고 무엇보다도 처음으로 여성운동을 했다는 사실에 감동이 밀려왔다.

**아, 파전!**

한번 발동 걸린 모터는 꺼질 줄 몰랐다. 여성주의에 미친 나에게는 그 어떤 힘든 일도 가볍게 보였다.

이런 일도 있었다. 연말에 재정마련을 위해 쉘부르 라이브 카페에서 일일호프를 했다. 나는 주방을 담당했는데, 마침 메뉴가 내가 어려서부터 제일 잘하는 파전이어서 내 실력을 마음껏 발휘할 수 있었다. 아니나 다를까 파전을 먹어본 사람들이 너무 맛있다며 주문을 많이 했다. 서빙팀에서 "파전 3장, 포장 5장 해주세요" 하고 주문이 들어오면 "네, 잠깐만 기다리세요. 곧 나갑니다" 하고 프라이팬 두 개를 번갈아가면서 파전을 부쳤다. 아무도 내가 이런 파전 도사인줄 몰랐을 것이다. 하긴 나도 내 실력에 놀랐으니까.

하루 종일 기름 냄새를 맡으며 파전을 부쳤더니 구토가 날 정도였다. 나뿐 아니라 모든 회원이 꾀부리지 않고 달려들어 몸이 부서져라 일했다. 같은 뜻을 갖고 모인 회원들이라 너나없이 표도 열심히 팔고 힘들게 일했지만 불평불만이 한마디도 없었다. 개인 사업을 이렇게 열심히 했으면 아마 떼돈 벌었을 것이다.

저녁에 남편과 아들, 딸이 왔다. 열심히 일하는 엄마를 흐뭇한 표정으로 바라보았고, 딸은 "와우, 우리 엄마 멋지다. 대단해요"라고 말하며 격려해줬다. 아이들이 엄마를 자랑스럽게 생각해서 너무 행복했다. 남편은 "병나지 않게 조심해"라고 당부했지만 자기도 신났던지 끝까지 남아 뒷정리까지 함께했다. 집에 도착하니까 밤 12시가 다 되었고 완전히 파김치가 되었다. 하루 종일 서서 일했기 때문에 다리가 퉁퉁 붓고, 온몸이 두들겨 맞은 것처럼 욱신거렸다. 말도 못 하고 쓰러지듯이 눕자 남편이 "몸 생각하면서 하지. 또 죽기 살기로 했을 거야. 안 봐도 비디오야" 하면서 다리를 주물러줬다. 무지 피곤했지만 정말 행복했던 하루였다. 자려고 누우니 다시 파전이 부치고 싶어졌다. 아, 파전!

## 내 인생, 이보다 더 잘 나갈 수는 없다

이렇게 고생한 덕분에 1년 후인 2001년 1월 12일 본부 정기총회 때 정식으로 지부 인준을 받았다. 초대 회장으로 김은혜 회장이 선출됐다. 나는 서기로 선출되어 창립총회 현장에서 가슴 벅찬 기쁨을 느꼈다. 회의록을 정리하면서 혹시 놓친 내용은 없는지 꼼꼼히 살피던 생각이 난다.

창립총회를 마치고 나는 운영위원이 되었고, 이후 이사로 선출되는 등 승진에 승진을 거듭하는 쾌거(?)를 이루어내었으며, 마침내 2003년 12월 19일에 부천여성의전화로부터 '이보다 더 잘 할 수 없다'상을 받았다. 내 인생이 이보다 더 잘나갈 수는 없다는 생각에 스스로 감격했다.

여성의전화 활동을 하면서 내 수첩은 늘 빡빡한 일정으로 메워졌다. 개인적으로 하는 일이 있기 때문에 여성의전화 활동을 하기 위해서는 시간활용을 잘해야 했다. 나는 대기업의 CEO가 하나도 안 부러웠다. 일도 하고 여성운동도 하니 그들이 어찌 부럽겠는가. 다만 여유 시간이 적다 보니까 회원들과 함께 식사를 하고도 마음 편히 질펀하게 앉아서 수다를 떨지 못하는 점이 항상 아쉬웠다. 늘 밥만 먹고 먼저 일어나야 했기 때문에 시간적 여유가 있는 회원들이 너무 부러웠고 그들을 놓고 가야 했기 때문에 미안하고 속상했다. 그래서 어쩌다 시간이 나면 식당에서 나가라는 눈치를 보일 때까지 앉아서 이야기꽃을 피웠다. 꽃의 내용은 사회문제부터 부부문제, 자녀교육문제, 반찬문제 등 아주 다양했다. 이런 만남을 통해 스트레스 해소도 했지만 다양한 정보를 교류하면서 삶을 한층 풍요롭게 할 수 있었다. 여성운동에 미치기를 얼마나 잘했는지 모른다.

## 여성주의 상담, 참 어렵다

나의 여성운동은 성폭력 전문상담원교육을 받으면서 최고조에 이르렀다. 이 교육을 통해서 알게 된 여성폭력 현실에도 많이 놀랐지만 나에게 더 크게 다가온 것은 상담에 있어서의 '여성주의적 관점'이었다. 사실 상담은 여기저기서 많이 이루어지고 그 분야가 매우 다양하다. 주부들은 누군가를 상담해주는 것을 좋아하는데 대개는 청소년상담을 많이 하고 있다. 나도 그들과 마찬가지로 상담에 관심이 있고 또 아이들에게도 관심이 있었다. 그러나 여성의전화에서 받은 상담원교육은 내가 알아왔던 상담과 판이하게 다르고 어려워서 다가가기가 힘들었다. 특히 '여성주의 상담'은 단지 배워서 하는 것이 아니라 상담자 자신이 변하지 않으면 할 수 없는 것이기에 더 매력으로 다가왔다.

여성주의 상담은 내담자가 자신이 갖고 있는 힘을 키워 자신의 문제를 스스로 보고 해결할 수 있도록 도와주는 상담이다. 이렇게 되기 위해서 상담자는 내담자 본인의 숨어 있는 분노를 드러내게 하고 그 분노를 자신을 사랑하는 에너지로 바꾸게 해야 한다. 이 얼마나 어려운 일인가. 대부분의 여성들은 가부장적인 가치관을 내면화하여 자신이 얼마나 큰 잠재력을 갖고 있는지 잘 모른다. 물론 자신의 분노조차 제대로 표출하지 못하고 있다. 당연히 화를 내야 할 일에도 오히려 죄책감을 갖고 있어 문제를 풀기는커녕 제대로 보지도 못하고 있는 것이다. 폭력을 당한 여성이 상담자로부터 힘을 받고 자신 내부의 힘을 끌어낸다는 것은 쉬운 일이 아니다. 상담자가 이런 역할을 제대로 한다는 것이 얼마나 어려운 일인지 알면 알수록 나는 도전하고 싶은 마음이 더 커졌다.

여성주의에 입각한 성폭력 상담원교육을 마치고 주 1회 오전 10시부터 12시

까지 소모임을 했다. 상담에 필요한 책을 선정해서 돌아가면서 발제를 했다. 한 명이 발제를 하고 다른 상담원은 책을 읽고 와서 함께 토론을 했다. 말이 토론이지 정말 책을 이해하기도 힘들었다. 우리가 선정한 책은 주부들이 늘 접하는 책이 아니고 더구나 우리가 아직도 가부장적 사고방식에서 벗어난 것이 아니기 때문에 이해하기 힘들었던 것이다. 모두들 한결같이 "책이 왜 이렇게 어려워. 이해가 잘 안 되네" 하며 책장을 넘겼고 그러면서도 우리는 포기하지 않고 지금까지 계속하고 있다.

### 마음이 너무 아파

상담을 할수록 자신이 왜 그렇게 작게 느껴지는지 우울하기도 하고, 상담 내용이 오랫동안 가슴을 아리게 해서 힘들기도 했다. 어떤 상담원은 "마음이 너무 아파 몸살을 앓는 것처럼 며칠 동안 온몸이 아팠어", "나는 상담 전화벨이 울리면 무슨 내용일까 걱정되어서 울렁증이 다 생겼어" 하면서 애로사항을 털어놓고, 우리는 서로 공감하면서 격려와 지지를 해줬다. 동료 상담원의 끈끈한 정이 서로를 지탱해줬고 부족한 부분도 창피하게 생각하지 않고 내놓아서 함께 성장할 수 있었다.

그런데 상담원 소모임 횟수가 늘어나면서 나는 점점 답답함이 느껴졌고 깊이 있는 심화학습에 목말라하기 시작했다. 호기심도 많고, 하고 싶은 것은 꼭 해야만 직성이 풀리는 나의 성격 탓이었으리라.

여성주의 상담의 기본원리는 공감, 경청, 명료화, 요약, 질문, 직면, 자기공개, 감정이해이다. 공부를 할 때에는 모든 것을 다 할 수 있는 것처럼 자신감이 넘치는데 전화만 받으면 이러한 상담 원리가 언제 배웠냐는 듯이 생각나지 않았다. 가슴으로 느끼고 실전으로 배워야 하는데 머리로만 배웠기 때문이다. 그리고 여태까지 나만을 위주로 살았기 때문에 타인의 삶을 차가운 이성으로 생각하고 따뜻한 가슴으로 공감을 해주면서 상담하는 것이 말처럼 쉽지 않았다. 여성주의 상담이 체화되지 않아서 실수투성이의 상담을 하고는 자괴감에 빠지기도 했다. 나는 이성적인 성향이 강해 깊은 공감은 잘 되지 않는다. 그 대신에 경청, 명료화, 요약, 질문, 직면, 자기공개, 감정이해는 잘된다. 그래서 내담자에게 긍정적인 상담을 하면서 역량강화를 해주고, 주도적인 삶을 선택하도록 상담한다. 하지만 아직까지도 감정형의 사람들처럼 맞장구를 치면서 공감하는 능력이 떨어진다. 좋다고 헤헤거리고 싫다고 금방 샐쭉거리는 행동을 워낙 좋아하지 않다 보니 정작 꼭 필요한 감정적인 공감까지도 하기가 어려운 때가 있다. 나는 된장 뚝배기처럼 깊은 맛을 내는 사람을 좋아하지만 앞으로는 자유롭게 감정표현을 하는 방법도 배워야겠다고 생각했다.

상담원들은 상담한 지 6개월이 지나면 반드시 슈퍼비전을 받도록 되어 있다. 슈퍼비전을 통해서 자신을 객관적으로 보기도 하고, 동료 상담원으로부터 지지를 받기도 한다. 슈퍼비전을 받기 위한 녹취록을 작성하기 위해 녹음한 상담을 들어보면 '아휴, 왜 이렇게 상담을 했지? 창피해서 슈퍼비전을 어떻게 받지. 목소리는 왜 이렇게 굵은 거야'면서 녹취록을 제출할 날짜가 점점 가까워지자 머리까지 '띵'하고 아프기도 했다.

상담을 하면서 끊임없이 자기와 싸우지만 상담 초기에는 이런 고민과 두려움이 상담원을 좌절시키기도 하여 상담원 역시 내담자와 마찬가지로 누군가로부터 격려와 지지를 받아야 한다. 나의 경우도 예외는 아니었다.

나의 첫 슈퍼비전의 슈퍼바이저는 서울여성의전화 부설 여성중부쉼터 배인숙 관장이셨는데 선생님은 미숙한 나에게 용기를 주셨다. 슈퍼비전을 마무리하면서 선생님은 "내담자가 장황하게 말을 하는 것을 재빨리 눈치 채고 한 가지 목표로 상담을 잘 이끌었다. 훈련을 하면 상담을 아주 잘하겠다"라고 평가해주셔서 나는 그 후 자신감을 갖고 상담에 임할 수 있었다.

상담을 하면서 가장 중요하게 여긴 것은 내담자가 갖고 오는 문제를 해결해주는 것이 아니라 그녀가 스스로 자신의 문제를 직면하여 해결할 수 있게 힘을 북돋워주는 것이라 생각한다. 결국 자신의 문제는 자신이 제일 잘 알고 또 자신만이 해결할 수 있는 것이기 때문에 상담자로서 나는 내담자가 스스로 자기 안에 있는 힘을 끌어내는 능력을 키우는 데 최선의 노력을 다하고 있다. 그리고 이런 노력을 통해서 나 역시 힘을 받고 있다.

흔히 사람들이 말하기를 상담은 내담자를 돕는 것이라고 말하지만 실상은 내담자를 통해서 자신의 내면을 성숙시키는 자기성찰이라고 생각한다. 상담을 하면서 예전보다 내공이 많이 생겼고 점점 성숙해지고 있다.

## 학습 또 학습

시간이 갈수록 부족한 부분만 계속 눈에 띄어 나와의 싸움은 계속되었다. 마음의 폭을 넓히고 깊은 사색과 유연한 사고를 하기 위해서 선택한 것이 '학습'이었다. 여성문제에 대한 의식을 심화하고 상담 이론을 체계적으로 보강해서 여성상담을 질적으로 성숙시켜나갔다. 그래서 '사이버 성폭력추방을 위한 상담원교육'을 시작으로 연령, 국적, 피부색, 성적 취향, 장애유무와 관련 없이 발생하는 여성문제를 여성의 시각으로 보기 위해서 전문기관을 찾아가서 교육을 받았다. 전에는 다양한 상황에 처해 있는 여성의 상황을 잘 몰랐기 때문에 관심도 없었고 신문이나 책을 읽어도 눈에 들어오지 않았는데 교육을 받고부터는 관심이 가는 영역이 많이 넓어졌고 나의 인권의식도 점점 높아졌다.

## 우리 며느리가 화장실을 만들었다

나는 주 1회 상담을 하는데 하다 보면 이런저런 일로 일주일 내내 사무실로 출근하다시피 하기도 했다. 나는 시어머니와 시동생과 함께 살고 있는데 서로의 공간을 분리하여 자유롭게 살기 위해서 단독주택을 샀다. 단독주택에서 살아보지 않아서 처음 몇 년 동안은 겨울에 수도가 터지고 보일러가 터지고 물이 새고 정말 많이 힘들었다. 월요일이 상담 날인데 꼭 주말에 문제가 터져 집이 발칵 뒤집어졌는데도 내담자와의 약속을 지키기 위해서 상담을 나갔다. 내가 상담을 나가려고 서두르면 남편은 "오늘은 공사도 하는데 집에 있지. 남에게 공사 맡기고 주인이 나가면 일을 제대로 하겠어?" 하면서 눈치를 준다. 그러면 나는 "내가 집에 있어도 공사하는 것을 알아야 잔소리도 하지. 뭐가 뭔지 전혀 모르는데 있으나마나잖아. 내가 안 나가면 상담실이 비기 때문에 상근활동가들이 힘들어. 내가 상담 약속을 했기 때문에 꼭 나가야 된다니깐"이라 대답하고 입씨름을 하며 줄기차게 나갔다. 그래서 월요일은 상담을 나가는 날이라고 가족들이 인식을 하게 됐다.

시어머니는 처음에 며느리의 외출을 곱지 않은 시선으로 보셨다. 그래서 화이트보드에 요일별로 일정을 적어놓고 시어머니를 설득했다. 이런 일도 있었다. 단독주택으로 이사 왔을 때 가까운 곳에 노인정이 없어 시어머니는 낮에 집 근처의 공원에 가시곤 했다. 그런데 공원에 가셨다가 한두 시간 만에 돌아오셨다. "어머니, 할머니들이 안 계세요? 왜 금방 오셨어요?" 하니까 "공원에 화장실이 없어서 소변보러 왔다"라고 하셨다. 나는 여태까지 공원에 화장실이 없다는 사실을 전혀 몰랐다. 공원 앞에 있는 파출소에 가서 물어보니까 공원 앞에 있는 주민들이 반대해서 화장실을 만들지 못 했다고 했다. 너무 기가 막혀서 어떻게 하면 화장실을 만들 수 있느냐고 물어 경기도청 민원실에 민원을 넣어 화장실을 만들었다. 그러자 시어머니는 공원에 오신 할머니들에게 "우리 며느리가 화장실을 만들었다"라며 자랑을 하고 다니셨다.

### 관점 하나 바꾸었을 뿐인데

상담을 하면서 여성주의가 서서히 체화되기 시작했다. TV를 보아도 영화를 보아도 예전에는 아무 생각 없이 보던 편한 프로가 지금은 마음 편히 보이지 않는다. '이것은 아닌데, 저것도 아니고 왜 저렇게밖에 만들지 못할까?' 하면서 감정몰입을 못 하고 이성적으로 보니까 많은 것이 마음에 들지 않는다. 드라마가 설정하고 있는 젊은이들의 연애하는 모습이나 부부가 사는 모습, 부모와 자식 간의 관계 등이 아직도 매우 구태의연하다. 현실적으로 여성과 남성 간의 관계나, 부모 자식 간의 관계, 부부간의 관계 등에 많은 변화가 일어나고 있음에도 안방극장에서는 마치 그렇게 살면 안 된다는 듯이 여전히 전통적인 모습을 보여주거나 사실과 다르게 왜곡하고 있어서 안타까운 마음이 들었다. 또 책이나 신문을 볼 때도 불편한 글이 점점 많아지고 있다. 여성주의적인 시각으로 보니 주위의 많은 것이 편하지 않다. 아직도 우리 사회는 가부장적인 관습이 여기저기 잔존해 있고 우리들의 사고방식도 여전히 가부장적인 면이 많기 때문이다. 내가 여성의전화운동을 하지 않았다면 아마 나도 그렇게 살았을 것이다. 그리고 별 문제의식 없이 그저 그렇게 사는가 보다 하고 살았을 것이다. 관점 하나 바꾸었을 뿐인데 세상이 이렇게 다르게 보인다.

## 여성운동이 부부갈등의 원인이라고? 천만에

여성학에 깊이 매료되면서부터 남편의 마음이 점점 다가왔다. 생계를 책임지느라고 동동거리는데 얼마나 힘들었을까? 남편도 또한 가부장사회가 만들어낸 피해자라는 생각이 미치자 안쓰러워졌다. '가부장'이기 때문에 힘들어도 힘들다고 말하지 못하는 남성의 고통 역시 함께 끌어안고 가야 할 숙제라는 생각이 들었다. 이러한 생각이 미치자 남편이 가장 가까운 여성운동의 동지로 느껴졌다.

여성운동을 통해 사회가 변하는 것을 보는 기쁨도 있지만 개인적으로 남편의 변화를 보는 재미도 쏠쏠하다. 나도 깔끔한 성격인데 내가 2박 3일 연수를 갔다 오면 집안 여기저기를 정리해놓기도 하고, 냉장고 정리를 해놓아서 넣어둔 물건을 찾느라고 여기저기를 뒤지기도 했다. 남편이 그럴 때마다 "야! 당신 정말 잘한다. 말끔하네. 여보, 고마워요" 하면서 칭찬을 듬뿍 했다.

예전에는 겨울만 되면 목감기에 잘 걸리는 가족들을 위해서 혼자서 모과차를 만드느라고 하루 종일 낑낑거렸다. 손가락에 물집이 잡혀가면서까지 모과차를 만들었는데 어느 해부터인지 괜히 화가 나 모과차 만드는 일을 그만뒀다. 그런데 올해는 남편이 청과물 도매시장에 가서 모과 한 상자를 사와서 모과차를 만들자고 성화다. 모과를 사 들고 오는 남편에게 "야, 당신 참 많이 변했네. 예전에는 내가 혼자서 모과차 만드느라고 손이 다 부르터도 본척만척하더니 웬일이야" 하니까 남편은 씩 웃으면서 "그러게 말이야. 나도 내가 왜 그렇게 변했는지 신기하고, 이해가 안 가" 한다. 최근 들어 내가 말을 많이 하는 일을 하다 보니 겨울이면 목감기 때문에 유난히 고생을 하고 특히 요즘 목감기로 목소리가 가라앉으니까 마음이 짠했나 보다. 일요일 오후 내내 모과차를 만들면서 신혼처럼 즐거운 시간을 보냈다. 부부가 나이 들수록 더 애틋해지고 사랑이 깊어진다는 말이 실감난다. 이것도 내가 여성운동을 오래하면서 얻은 달디 단 열매다. 그리고 원래 열린 성향의 남편이지만 성역할로부터 점점 자유로워지면서 '남성'이 아닌 '인간'으로 사는 모습이 보기 좋다. 남편의 지지와 내조가 없었다면 내가 이렇게 마음 놓고 여성운동을 하지 못했을 거라 생각하니 남편이 오늘따라 유난히 사랑스럽게 보인다.

## 여성운동, 너무 어렵다

회원에서 오늘날 이사가 되기까지 오랜 기간 동안 여성운동을 하면서 나는 정말 열심히 공부했다. 머리에 쥐가 날 정도로 어려운 말을 듣고 또 듣고, 잘 알아듣지 못해도 포기하지 않고 무슨 교육이든지 참석했으며, 모르면 그냥 앉아 있기라도 했다. 이렇게 극성스럽게 한 이유는 내가 워낙 공부를 좋아해서이기도 하지만 이 분야가 워낙 생소하고 어려워서 그런지 이렇게라도 하지 않으면 도저히 따라갈 수 없었기 때문이다. 여성운동은 왜 이렇게 어려운 것인지, 하면 할수록 더 어렵다는 생각이 든다. 하기야 체질을 바꾸는 것이 어디 쉽겠는가.

여성운동이 대중 속으로 뿌리를 깊이 내리기 위해서는 누구나 쉽게 발을 들일 수 있어야 하는데 이렇게 어려워서야 젊고 많이 배운 여성이 아니면 누가 감히 하려고 하겠는가. 여성운동 자체가 학습을 바탕으로 하는 운동이라 학습을 할 수 있는 여성이 모일 수밖에 없고 따라서 고학력의 젊은 여성이 자연스럽게 여성운동을 주도하는 것을 이해하지 못하는 바는 아니지만 가방끈이 짧고 또 나이도 들어 머리 회전도 느린 중, 장년의 여성들도 이해할 수 있게 쉽게 말하고 쉽게 풀어서 가르치는 방안이 모색되었으면 한다.

## 따뜻한 자매애로

중, 장년의 여성들은 젊은 상근활동가들이 말하는 '여성주의'가 무엇인지 낯설기도 하지만, 그녀들과 말을 나눌수록 자신들의 삶이 너무 초라해 보여 자존심이 상한다는 말을 한다. 젊은 활동가들이나 강사들은 자기도 모르게 전통적인 여성의 역할을 폄하하면서 동시에 이런 역할을 일생 동안 수행해왔고 또 이런 역할 밖에는 할 능력이 없는 회원이나 자원활동 상담원, 혹은 배우고자 온 나이 든 교육생의 기를 꺾기도 한다. 나 역시 이런 경험이 있고, 또 옆에서 이런 일이 왕왕 벌어지는 것을 보며 우리같이 운동단체에 몸담고 있는 사람들이 마음을 겸손하게 갖고 이런 여성을 끌어당기고 안을 수 있는, 마음에서 우러나오는 '자매애'가 필요하다고 절감하고 있다. 말로만 '자매애' 운운할 것이 아니라 마음으로 배려하는 따뜻한 자매애가 있었으면 좋겠다. 다양한 삶을 살아온 많은 여성을 품는 것은 운동성만으로는 되지 않기 때문이다.

## 여성 간의 차이와 다양성을 품어 안자

여성의전화는 활동가와 성향이 맞는 사람들만 모이는 단체가 아니다. 생각과 성향이 다르다고 비난해서는 안 된다고 생각한다. 자신이 갖고 있는 생각의 틀로 상대방을 규정짓는 오류도 늘 조심해야 할 것이다. '객관적인 평가'라고 하더라도 또 다른 주관일 수 있음도 유의했으면 한다. 누가 누구를 함부로 저울질하고 평가한다는 것도 넓은 의미로 폭력이라는 생각에서 이런 점을 다 같이 고민해보았으면 한다.

여성 간에는 생각의 차이도 많지만 삶도 아주 다양하다. 다양한 삶을 살아온 많은 여성을 여성운동에 동참시키기 위해서는 모든 활동가가 그 여성을 있는 그대로 받아들이면서 그들의 삶을 존중하는 자세를 보여주어야 한다. 그들에게 우리의 뜻대로 빨리 바뀌라고 강요할 것이 아니라 그들의 속도대로 서서히 변화하도록 기다려주었으면 한다. 삶이 변하기 위해서는 생각이 먼저 바뀌어야 하고 생각이 바뀌는 것은 시간이 필요한 작업이기 때문이다. 운동가의 조급함이 여성의전화의 문을 두드리는 여성들의 삶을 뒤흔들어놓아서 불안을 초래하지 말아야 한다. 내가 경험한 몇몇 여성들은 운동가의 보이지 않는 강요에 아예 여성운동에서 발을 빼고 등을 돌렸다.

어느 정도 삶을 달관한 중, 장년 여성의 파워는 막강하다. 그 여성의 파워를 여성운동으로 돌린다면 나비효과처럼 일파만파로 퍼져나갈 것이다. 운동도 사람 사는 일인데 운동이 인간적으로 존중받는 관계 속에서 삶을 함께 나누는 방향으로 진행되어야 '삶의 여성학, 삶의 여성운동'이 되지 않을까 한다. 마음 편하게 쉬고 갈 수 있는 공간, 어려움이 있을 때 언제든지 달려갈 수 있는 곳이 여성단체였으면 한다.

### 후기

부천여성의전화와 인연을 맺으면서부터 나는 여성운동가가 되었다.

지나온 세월을 되돌아보니 참 감회가 새롭다. 여태까지 살아온 나의 삶과 전혀 다른 세상을 접했을 때 맛보았던 설렘과 기쁨, 그리고 갈등과 고통을 아직도 느끼고 있다.

여성의전화는 새로운 시각으로 내 삶을 돌아보게 했고, 새로운 가치관으로 나를 다시 태어나게 했다. 생물학적인 탄생을 제1의 탄생기라고 한다면, 결혼은 제2의 탄생기이고, 여성의 전화와의 만남은 제3의 탄생기라고 자신 있게 말할 수 있다. 제3의 탄생기는 나를 인간으로 온전하게 볼 수 있게 해줬고, 세상을 보는 눈도 열어주었다. 여성운동은 나를 가장 많이 변화시켰고, 가족은 물론 나와 관계를 맺고 있는 사람들을 조금씩 인간답게 살아갈 수 있도록 자연스럽게 변화시켰다.

부천여성의전화 창립 때부터 호흡을 함께해준 분들께 감사드린다. 또한 아내의 빈자리를 자연스럽게 인정하는 홀로서기를 해준 인생의 동반자인 남편과 자신의 인생을 자립해서 당당하게 살아준 우리 아이들에게 사랑과 고마움을 전한다.

🍒 신재남

나는 부천여성의전화 회원으로 2000년 창립 과정부터 참여했고, 현재는 이사로 활동을 하고 있다. 현재 성폭력, 가정폭력 전화상담과 면접상담을 하면서 성교육과 양성평등교육, 성매매방지교육을 하고 있다. 부천여성의전화를 통해서 여성주의자로 성장하기까지 내면적인 갈등을 극복할 수 있었던 힘은 나를 믿고 무조건 밀어준 남편과 아들, 딸의 믿음 덕분이었다. 또한 여태까지 함께했던 상근활동가와 자원상담원들과 성교육강사들의 보이지 않는 도움도 내가 성장하는 데 큰 도움이 되었다.

# 나도 괜찮은 여자

최정희

## 나, 구원받다

아내가 남편에게 맞는다는 것, 자식이 부모에게 맞는다는 것, 이런 것이 범죄인지 아닌지 나는 관심이 없었다. 다만 이런 일이 일어난다는 것이 상식적으로 납득이 가지 않았을 뿐이다. 그런데 이런 일이 나에게 일어났다.

직장에 다니기 싫다며 마누라에게 돈을 벌어오라고 한 남편, 어쩌다가 직장에 들어가면 꼭 미운 사람을 한 사람 정해놓고 그 사람 때문에 힘들다며 매일 퇴근한 후 집에 와서 술을 먹는 남편, 취기가 어느 정도 오르면 냉장고 문부터 시작해서 신발장까지 다 열어보고 정리가 안 되었니 지저분하니 하면서 냉장고에 있는 음식을 다 갖다 버리고, 자는 아이들을 깨워서 트집 잡아 매를 드는 남편. 그리고 무서워서 우는 아이들. 누가 이런 사람을 남편이라 하고 아버지라 하겠는가. 가족은 서로 사랑하고 의지하며 사는 사람들이라고 믿어왔다. 사랑으로 맺어진 남녀가 아이를 낳고 그 아이를 사랑으로 기르는 공동체가 바로 가족이라고 하지 않던가.

그러나 그런 가족이 몇이나 될까.

내가 경험한 가족은 그렇지 않았다. 남편은 아내와 자식 위에 군림하면서 그들을 자기 멋대로 해도 되는 소유물로 취급했다. 하루는 내 결혼반지를 팔아서 자기 순금반지를 만들어달라고 했다. 왜 그러느냐고 했더니 술집에서 술 먹다가 돈이 없으면 그거라도 잡히려고 한다고 했다. 기가 찼다. 그러나 결국 팔아서 해주고 말았다. 해주지 않으면 술 마시고 와서 가구와 유리창 등을 깨부수니까.

가족으로부터 입은 상처는 오래간다. 가장 가까이 있는 사람이기 때문에 상처는 더 깊을 수밖에 없고 어릴 때 받은 상처의 영향은 성인이 되어서까지 지속된다고 들었다.

남편이 사업하다 실패하여 집에서 놀면서 술주정하는 날이 많아지자 큰아이는 집안 분위기 때문에 그런지 어느 순간부터 말을 더듬기 시작했고 작은아이는 항상 눈치를 보며 모기소리만 한 목소리로 말을 하며 아빠가 집에 오는 발소리만 들려도 "아빠다" 하면서 구석에 가서 숨는다. 이런 아이들을 보면서 아이들이 더 망가지기 전에 이혼을 해야겠다고 생각했다. 아이 때문에 참고 산다고, 그래야 '엄마'라고 하는데 나는 그런 여성을 이해할 수 없었다. 나는 그럴 수 없었고, 아니 그러기 싫었다.

아이는 내가 낳았으니 내가 키우는 건 당연한데 사지육신 멀쩡한 남편까지 먹여 살리고 싶은 생각은 전혀 없었다. 혼자서 먹고사는 것에 대한 두려움은 없었기 때문에 하루라도 빨리 남편한테 벗어나고 싶어서 이혼을 하자고 했으나 남편은 들은 척도 하지 않았다. 자기 소유물을 놓치고 싶은 사람은 없을 테니까. 그래서 나는 하는 수 없이 마치 내가 잘못해서 이혼이라도 하는 것처럼 남편에게 위자료를 주고 도장을 받아냈다. 물론 양육비 같은 건 받을 생각도 안했다. 자식에 대한 책임감은 처음부터 없는 사람이었으므로 남편은 아이를 자기가 키우겠다고 하지도 않았다.

전화위복이라는 말이 있다. 불행한 일을 당했으나 오히려 처음보다 더 좋은 상황에 이르게 되었을 때 쓰는 말이다. 남편의 폭력에서 벗어나고 싶어서 이혼상담을 하러 창원여성의전화를 방문한 것이 전화위복이 될 줄이야 누가 알았겠는가. 그때 문을 열고 들어간 창원여성의전화는 나에게 신선한 충격으로 다가왔다.

그녀들은 몹시 초췌한 나를 따뜻하게 맞아주었고 변호사 선생님도 나를 기다리고 계셨다. 변호사 선생님은 걱정하지 말라며 협의이혼이 안 되어도 증거가 충분하니 재판을 해도 이길 것이라고 나를 위로해주셨다. 돈도 안 받고.

여성단체와의 조우는 이렇게 시작되었고 그때의 감사한 마음 때문에 늘 여성의전화에 관심을 갖게 되었다.

협의이혼 후 경제적으로는 힘들었지만 정신적으로는 날아갈 듯 기뻤다.

## 중년에 찾아온 행운

우연히 후배의 소개로 상담원공부를 하면서 나는 다른 여성들이 어떻게 살고 있는지, 세상은 여성에게 어떤 형벌을 씌우고 있는지 배워갔다.

강의를 들으면서 아직도 이혼이 매우 힘든 우리 사회에서 '아! 나는 정말 용감했구나'라고 나를 평가해보기도 했다. 이혼하고 싶어도 경제적인 어려움과 사회에서 바라보는 시선 등이 견디기 힘들어 그냥 참고 사는 사람을 많이 봤는데 나는 정말 잘했다는 생각이 들었다. 누구든 조금만 용기가 있으면 그 지옥에서 벗어날 수 있을 텐데 그것을 못 해 지옥 같은 생활을 하다니 참 안타까웠다. 이런 여성에게 용기를 주는 일을 해야겠다고 생각했다.

어떤 여성은 구타상황을 피해 슬리퍼만 신고 돈 한 푼 없이 그냥 집을 나오기도 한다. 이런 여성에게 '지갑이라도 갖고 나오지' 하는데, 이는 맞아보지 않은 사람들이 하는 말이다. 술 먹고 행패부리는 사람을 피해 아이들을 데리고 나오기도 바쁜데 어찌 챙길 것을 다 챙기겠는가. 나는 그런 사람을 충분히 이해한다. 일단은 무서워서 피하고 보자는 생각밖에 없다는 것을 너무나 잘 안다.

가정폭력 상담원교육을 받으면서 우리 사회가 가정폭력에 대해 얼마나 잘못된 통념을 갖고 있는지, 피해여성에 대해 얼마나 왜곡된 인식을 갖고 있는지 새삼 느꼈다. 일반적으로 사람들은 여자가 맞을 짓을 했으니 맞는 거라는 둥, 부부싸움은 칼로 물 베기라는 둥, 부부간의 문제에 아무도 개입해서는 안 된다는 둥, 또 맞는다고 애를 두고 집을 나가는 엄마는 '나쁜 엄마'라는 둥의 말을 하고 있다. 가정폭력을 경험하고 보니 이런 말과 해석은 정말 당치도 않다. 물론 나도 결혼하기 전에는 이런 잘못된 생각을 하고 있었다. 그러나 당사자가 되고 보니 이러한 생각이 얼마나 잘못된 것인지, 얼마나 남성중심적인 것인지 알게 되었다.

이런 나에게 상담원교육은 세상을 보는 새로운 관점을 제시했다. 강사님의 말씀이 구구절절 가슴에 와 닿았다. 어쩜 맞아보지도 않은 사람들이 저렇게 잘 알고 있을까 놀랍기도 했다. 혹시 저 여성들도 맞아본 것이 아닐까 하는 생각도 들었다. 그리고 교육을 받으면서 무조건 용서하고 감싸 안는다고 해결되는 것이 아니라는 확신도 더욱 커졌다. 물론 그렇게 해서 나아질 수 있는 사람이라면 당연히 그렇게 해야 한다. 하지만 아무리 노력해도 안 되는 사람은 포기할 수밖에 없다. 아무리 생각해도 내가 이혼한 것은 정말 잘한 일이다. 이렇게 상담원교육은 나에게 자신감과 확신을 심어주었고 내 삶에 생기를 불어넣었다.

상담원교육을 마치고 상담을 시작했다. 처음 하는 상담은 재미있었다. 상담원교육에서 배운 원칙인 공감과 경청을 신경 쓰면서 나름대로 열심히 했다. 나의 경험을 이야기하기도 하고 용기를 북돋아주기도 하면서 같은 여성으로서 자매애를 키워갔다. 그런 중에 가정폭력을 방지하기 위한 법제정을 위한 운동이 여성계를 중심으로 활발하게 진행되었다. 나는 가정폭력을 당한 경험 때문에 정말 열심히 했다. 나는 이미 이혼을 하여 그런 법이 필요하지 않지만 다른 사람을 위해서라도 그런 법이 생긴다는 것이 얼마나 다행스럽고 좋은지 몰랐다. 그래서 고생은 했지만 보람을 많이 느꼈다. 이렇게 상담원으로서 상담과 여성운동을 하면서 내 인생도 돌아보고 다른 여성도 돕는 새로운 경험을 했다.

그러나 1년 정도 상담을 하면서 내 자신의 한계를 절감했다. 바로 가부장제에 길들여진 의존적인 여성을 참지 못하는 것이었다. 예를 들면 돈은 많은데 남편이 밖으로만 돌아 남편의 마음 하나 붙잡는 것에 모든 인생을 걸고 있는 분이 상담하러 온 적이 있었다. 나는 그분에게 인생의 목표를 남편에게 두지 말고 자기를 위해서 투자를 하라, 운전면허증을 따서 경치 좋은 데 놀러 다니고 예쁜 옷도 사 입고 맛있는 것도 먹으러 다니라고 한다. 그러면 그 내담자는 돈이 아까워서 못 한다고 한다. 그 돈을 남편이 다른 곳에 다 쓰는데도 말이다. 나는 본인에게 투자하라고 계속 얘기하는데 그분은 그것을 부담스러워하고 오히려 그런 것 말고 남편을 미행해달라고 한다. 이런 여자들, 정말 짜증이 났다. 나는 결국 이 한계를

넘지 못하고 상담을 그만두었다.

그러나 진해여성의전화에서 나는 누구보다도 열심히 여성운동에 참여했다. 그때 나는 조그만 가게를 하고 있었는데 우리 가게에 오는 손님을 거의 다 여성의전화 후원회원으로 가입시켰고 티켓 판매, 떡국 판매, 알뜰시장 등 수입을 올릴 수 있는 것은 무엇이든 했다. 여성의전화를 통해 미술치료, 성폭력 상담원교육, 가정폭력 상담원교육 등을 받으면서 자존감을 많이 회복했고 나도 모르게 '아! 나도 괜찮은 여자네' 하며 감동했던 기억이 난다.

열심히 활동하는 나에게 주위의 눈총은 많이 따가웠다. 작은 언니가 "자기 자식은 라면 끓여 먹이면서 봉사활동하러 가는 것은 미친 짓이다"라고 말했을 때는 화가 많이 났지만 그래도 꾹 참고 일했다. 나는 이렇게 생각한다. 나 말고 딴 사람들도 그렇게 조금씩 시간을 내서 남을 위해 일한다면 그 조금이 모여 얼마나 많은 일이 가능하겠는가. 세상은 혼자 살아가는 것이 아니고 더불어 살아가는 것인데 어찌 나만 생각하고 살 수가 있을까? 물론 이런 사람도 있고 그렇지 않은 사람도 있다. 그러나 나는 나의 생각이 옳다고 생각하고 그런 말에는 흔들리지 않았다.

나는 중년에 찾아온 이 기회를 놓치지 않고 많은 교육을 받으러 분주히 다녔다. 성교육강사과정, 이주여성 상담원과정 등 좋은 교육은 창원이든 진해든 지역에 상관없이 다 받으러 다녔다. 그러면서 상담 이론을 더 깊이 공부하고 싶은 마음에 방송통신대학 가정관리학과에 들어가 장학금을 받으며 공부하고 있다.

요즘 친구들은 나를 만나면 "정희야, 네가 너무 밝아져서 보는 내가 기분이 좋다"라는 말을 많이 한다. 친구들로부터 항상 열심히 사는 사람으로 인정을 받고 있다.

나는 이제 무엇이든 자신이 있다. 모르면 배우면 된다. 주위에 있는 친구나 언니, 동생을 만나면 나의 경험을 이야기하고 지쳐 있는 삶을 활기차게 살아갈 수 있게 용기를 준다. 그래서 "나는 언니를 만난 것이 내 인생에서 큰 행운이에요"라는 얘기도 많이 듣는다. 이런 말을 들을 때마다 나는 속으로 이렇게 말한다. '나는 여성의전화를 만난 것이 내 인생에서 큰 행운이다'라고.

## 멋진 엄마 되다

나는 여성의전화에서 배운 것, 특히 민주적인 가정교육과 부모와 자녀와의 관계에 대해 배운 많은 것을 아이들의 가정교육에 적용했다. 머리염색이 한창 유행일 때 아들이 머리를 노랗게 물들이고 "엄마, 어때요" 하고 묻는다. 내가 "아들, 빨간색도 예쁘던데, 한번 들여봐라" 하니까 "에이, 그건 좀 그래요"라고 한다. 그러더니 방학이 끝나고 개학할 때가 되니 자기가 알아서 검정색으로 물을 들이고 간다. 작은아이는 여자아이인데 방학 중에 손톱에 매니큐어를 빨갛게 바르고 있다. 나는 색깔별로 다 사주고 발라보라고 하면서 엄마도 같이 바르자고 했다. 그 아이도 개학할 때 다 지우고 갔다.

또 한번은 이런 일이 있었다. 작은아이가 고3일 때 친정엄마의 생신잔치 때문에 용인에 있는 동생 집에서 하룻밤을 자고 왔다. 물론 작은아이는 학교 때문에 못 갔다. 그렇게 하룻밤을 자고 왔는데 아이가 저녁에 늦게 들어오면서 "다녀왔습니다" 하고는 자기 방으로 가버렸다. 나는 아이들이랑 많은 이야기를 주고받으며 사는데 그날은 내 얼굴을 한번 보지 않고 방으로 들어가기에 '급한 일이 있나 보다. 곧 와서 다시 인사를 하겠지'라고 생각했다. 그런데 소식이 없어서 살짝 가보니 불을 환하게 켜놓고 자고 있었다. 얼굴을 보니 술을 먹은 것 같았다. 수능 100일 전인가 하는 날인 것 같았다. 그래서 시원하게 해주고 불을 끄고 잠자리를 정돈하고 나왔다. 다음날 내가 물어봤다. "어디서 먹었니? 청소년에게 술을 팔면 안 되는데" 하니까 돈만 주면 먹을 곳이 많다고 한다. 그래서 "집에 어떻게 왔니?" 하고 물으니 잘 모르겠단다. 이거 큰일 났다 싶어서 "예리야, 다음부터 술이 먹고 싶을 때 엄마한테 이야기하면 엄마가 집에서 차려줄게. 밖에서 먹고 다니면 나쁜 아저씨들이 업고 간다" 하고 말하니 그렇게 하겠단다. 몇 주 지나서 자기 친구 생일인데 토요일 날 집에서 술을 먹어도 되냐고 하기에 그렇게 하라고 하면서 소주와 맥주 몇 병을 사고 안주도 장만해주고 나왔다. 나중에 늦게 들어가 보니 자기들이 먹은 것을 다 치우고 술값까지 계산해서 식탁 위에 올려놓았다. 그렇게 서너 번 술상을 더 차려줬다. 먹지 말라고 해도 먹는데 어차피 먹을 것 같으면 우리 집에서 먹는 것이 안전하다고 생각했기 때문이다.

나는 항상 아이들과 대화를 많이 한다. 상담원교육을 받으면서 인상 깊었던 것 중의 하나는 '아이들의 생명에 지장이 없는 한 간섭하지 말라'는 것이었는데 나는 그것을 잘 지켰다. 나는 아이들에게 늘 "네 인생은 네 것이니까 네가 하고 싶은 대로 해라. 대신 책임도 네가 져야 한다"라고 말한다. 아이들에게 자유를 주면서 스스로 자율성을 기르게 하는 민주교육으로 나는 멋진 엄마가 되었다.

또한 성교육 강의를 받은 후 내 아이들에게 성교육을 한 것이 가장 보람 있었다. 말하기 힘든 것을 아무렇지도 않게 말하니 엄마가 그런 말을 할 줄 몰랐다면서, 열심히 살고 긍정적으로 사는 엄마 모습이 너무 좋다고 한다. 작은아이가 대학 1학년 때 이런 말을 한 적이 있다. 학교 교수님 중에 국어를 가르치시는 분이 계시는데 교회 장로라고 했단다.

그분은 오르가즘이 첫째가 신과의 대화에서 느끼는 거고, 둘째가 학문의 성취를 통해서 느끼는 거고, 셋째가 남녀 간의 섹스를 통해서 느끼는 것이며, 남녀의 섹스를 통해서 얻는 오르가즘은 가치가 없는 것이라고 말씀하셨다고 한다. 여기에 대해 우리 아이는 왜 그런 순서가 정해져 있는 건지 의문을 가지며 그것은 지극히 개인적인 일이므로, 어떤 것을 제일의 가치로 치느냐는 각자 느끼는 것이 아니냐며 그분의 일방적인 가르침을 못마땅해했다. 나는 속으로 기뻤다. 교수가 가르치는 대로 받아들이는 것이 아니라 주관을 가지고 생각하여 자기 것으로 소화해내는 것이 보여 내가 잘 가르쳤구나 싶었다.

나는 딸에게 확실하게 여성주의 의식을 심어줬다. 여성의전화에서 교육을 받고 나면 딸한테 그대로 전달했다. 무슨 일이든 평등한 시각으로 보는 법을 가르쳤다. 한번은 친구 아들의 결혼식장에 갔는데 사회자가 신랑에게 "영신아(신부 이름) 잘 살자"를 세 번 외치라고 했다. 그렇게 하니까 이번에는 신부 보고 "네, 그렇게 하겠습니다"를 세 번 외치라고 했고 신부는 그대로 따라했다. 식장을 나오면서 같이 갔던 여자 친구에게 왜 남자는 말을 놓고 여자는 말을 높일까 하면서 그것에 대해서 어떻게 생각하냐고 물으니 "그게 왜 이상한데?"라며 오히려 나한데 물어본다. 집에 와서 딸한테 얘기하니 얘기가 끝나기도 전에 얼굴을 찌푸리며 "처음부터 너무 불평등하게 시작하네요"라며 못마땅해했다. 딸에게 여성의식을 심어주면서도 남자에 대한 시각이 왜곡되면 어쩌나 하는 걱정도 한다. 그래도 세상에 널린 게 빨래고 남자인데 자기 이상에 맞는 사람이 있겠지 생각한다.

나는 딸에게 남자를 만날 때 여성에 대한 편견이 있는 사람, 한부모 가정에 대한 편견이 있는 사람 등은 좀 피해야 하지 않겠냐고 말한다.

또 "데이트할 때 남자가 한 번 사면 그다음은 네가 사라"라고 한다. 남자가 봉인 양 얻어먹고 그에게 뭐든 사달라고 하면 그에게 못마땅한 게 있어도 네 주장을 할 수가 없으니 경제적인 것부터 평등하게 하라고 한다.

나는 아이들에게 경제의식도 확실하게 심어주었다. 그래서 아이들은 주말에 아르바이트를 해서 자기 용돈을 벌어 쓰고 있다. 힘들면 아르바이트를 그만두라고 해도 "다 컸는데 어떻게 엄마한테 용돈을 달라고 해요" 한다. 내 자식이지만 참 기특하다.

여성가장으로 두 애를 키우며 사는 것이 버거울 때가 많았다. 그래도 우리 아이들이 '내가 제일 존경하는 사람은 엄마고 내 이상형이 엄마'라고 말할 때 피곤이 가시고 힘이 펄펄 나는 것을 느낀다.

## 동그랗게 또 네모나게

여성의전화에서 여러 가지 공부를 한 후부터는 자존감이 많이 회복됐다. 세상 누가 뭐라고 해도 끄떡도 하지 않고 '그래, 나는 내 방식대로 산다. 너희들이 뭐라 해도 나는 지금 행복하고 내 행복은 내가 가꾸는 것이니까 너희들의 시선이나 수군거림은 나에게 아무것도 아니다'라는 생각으로 살아가니 하루하루가 즐겁다.

많은 사람이 이혼한 사람을 색안경을 끼고 본다. 그렇지만 나는 그런 것에 개의치 않고 살고 있다. 사람 사는 모양새는 동그랗게도 살 수 있고 네모나게도 살 수 있으므로, 자기들 모양처럼 살지 않는다고 해서 잘못 산다고 하는 것은 그 사람들의 생각이 그릇된 것이다. 여성주의를 통해 다양성을 인정하는 법을 배우고 나니 마음이 편해지고 더 많은 사람들과 소통할 수 있게 되었다.

내가 뒤늦게 대학공부를 하는 것은 나같이 이혼하고 힘들게 사는 사람들의 본보기가 되고 싶기 때문이다. 어떻게 하면 혼자서도 잘 살 수 있는지에 대해서 내가 경험한 길을 가르쳐주고 행복해지는 법과 용기 있게 사는 법을 가르쳐주고 싶다. 행복은 정말 멀리 있지 않기 때문이다. 그리고 힘들어하는 사람들에게 나의 삶을 보여줌으로써 그들에게 조그만 위안이 된다면 더없이 좋겠다. 나아가 나라에서 주는 혜택도 다 받을 수 있게 가르쳐주고 이론적으로 완벽하게 내실을 다져 마음까지 치유해 주고 싶다.

나는 지금 4년째 장구를 배워서 발표회도 하고, 시립도서관 내에 있는 독서회 회원으로서 활동도 하고, 일을 마치고 난 뒤 운동장에서 작은아이랑 운동도 열심히 한다. 가끔씩 맥주도 한잔하고.

나는 지금 참 행복하다.

## 후기

처음 글을 써달라고 했을 때 많이 망설였다. 다 잊어버리고 사는데 새삼스럽게 다시 아픈 과거를 드러내서 쓴다는 게 쉽지 않았기 때문이다. 며칠을 고민하다 '그래, 그때는 아팠지만 지금 이렇게 씩씩하게 사는 내 모습을 보여주는 것도 보람 있는 일이다'라고 생각하고 글을 쓰기 시작했는데 생각 외로 상처가 많이 아물었는지 별 고통 없이 쓰게 되었다.

재수 없으면 120살까지 산다는데, 그러면 지금부터 70년이나 남았다. 뭐든지 새로 시작해도 얼마든지 할 수 있는 시간이다. '시작이 반이다'라는 말이 어쩌면 이리도 가슴에 와 닿는지, 나는 새로 살고 있는 느낌이다. 그래서 지금의 삶이 더 소중하고 남은 시간을 알차게 보내기 위해 많은 노력을 하고 있다.

지금 삶이 힘들다고 생각하시는 분들! 걱정하지 마세요. 삶은 여러 가지 형태로 우리에게 찾아온답니다. 준비하고 맞이하는 삶은 당신에게 항상 즐거움을 줄 것입니다.

🍎 최정희

나는 1998년도에 여성의전화를 처음 접했고 현재 진해여성의전화 부회장으로 활동하고 있으며 한국방송통신대에서 가정관리학을 공부하고 있다. 내년에 졸업하면 대구 계명대 대학원에서 여성학을 전공하면서 혼자 사는 사람들의 외로움을 함께 느끼며 같이 발전해가는 사람으로 거듭나고 싶다.

# 아줌마에게 희망을

이숙애

## 일하고 싶었다

1997년 2월 방송대 졸업을 앞두고 일자리가 있었으면 좋겠다, 기왕이면 식당이나 영업직이 아니면 좋겠다는 막연한 바람이 있었다.

나, 아줌마 이숙애는 일을 하고 싶었다.

학습지 교사를 제의받았다. 영업직의 일종이었다. 내가 바라던 일은 아니지만 우선 시작하기에 그리 나쁘지는 않았다. 소정의 교육을 마치고 작은아이가 쓰는 방을 비워 작업실(?)로 꾸민 후 학습지 교사로 등록했다. 나름대로 설레기도 했다. 그런지 며칠 되지 않은 어느 날, 아이 자모회에서 알던 이웃이 "생활정보지에 여성의전화에서 일할 사람을 뽑는다고 하는데 당신이 가보면 어떠냐"라며 자기는 전공이 맞지 않아서 이력서를 낼 수 없다고 전화했다. 당시 청주여성의전화에서는 성폭력 상담원 자격을 취득하는 데에 필요한 심리학, 교육학, 사회복지학을 전공했거나 교사자격증을 갖고 있는 여성을 찾고 있었다. 그 전화를 받는 순간 왜 그리도 가슴이 뛰었는지. 아마도 내가 찾는 일거리가 '이거다'라는 특별한 느낌 때문이 아니었을까? 이런 설렘과 함께 '학벌도 변변찮은 내가 과연 합격할 수 있을까'라는 두려움이 밀어닥쳤다. 원서 마감 마지막 날 오후에 이력서를 갖고 충북대 정문 앞 허술한 건물의 2층으로 올라갔다. 정말 허술했다. 그런데 나중에 들으니 여성의전화 식구들은 그 사무실로 이사온 뒤 호텔이나 마찬가지라고 모두들 좋아했었다고 한다. 지금 기억해보면 면접이라고 하기에는 너무 편안하고도 짧지 않은 대화를 했던 것 같다. 며칠 후 여성의전화에서 합격 소식을 전해 듣고 나에게 일할 기회가 주어졌다는 사실에, 일할 장소가 생겼다는 사실에, 그것도 공익을 위해 일할 수 있다는 사실에 이루 말할 수 없을 정도로 기뻤다. 게다가 10시부터 5시까지 근무한다니, 급여는 적어도(정말 적었다!) 주부로서 안성맞춤이었다. 물론 퇴근시간이 지켜진 날은 거의 없었지만.

민경자 당시 회장은 사실 지원한 사람들 중 심리학 석사 등 좋은 조건의 사람이 많았는데 주부가 방송통신대를 4년 만에 졸업했다는 점을 높이 평가해서 나를 선택했다고 나중에 말해주었다. 주부가 5시까지 학교에 남아서 공부에 몰두하기 어려운데 그런 의지와 태도를 높이 평가한 것이라고 했다. 학벌주의를 과감하게 타파한 진보적 단체가 있기에 평범한 주부였던 나는 인생을 다시 시작할 기회를 얻은 것이다.

### 싸움닭이 되다

살림에 관해서는 똑떨어진다고 자부하던 나는 처음 출근하던 날부터 사무실을 재배치하고 경리로서의 경험을 살려 회계업무를 복식부기로 전환하는 등 극성을 떨었다. 활동한 지 얼마 되지 않아 성폭력 전문상담원교육을 받기 위해 2주일 동안 서울을 다니며 몸살이 나기도 했지만 그래도 나는 행복했다. 성교육을 하기 위해 공부하고 토론하는 자원활동가의 모습은 경이로웠고 손수 만든 성교육 자료를 한아름 끌어안고 비장한 각오로 나가는 모습은 내 눈에 전투에 나가는 전사 같았다. 나에게는 새로운 세상이었다.

여성의전화에서 시행하는 많은 프로그램을 통해 나는 많은 여성이 자신이 서 있는 위치를 깨닫고 자신의 삶을 주체적으로 살아가려고 노력하는 모습을 보았고 나 역시 변화되어갔다. 무엇보다도 나는 여성단체에서 일하면서 전에 느끼지 못했던 여성들과의 '자매애'를 키워나갔다.

어느 날, 한 여성의 전화가 걸려왔다. 그녀는 냄비를 바닥에 내려놓았다는 이유로 남편으로부터 심하게 두들겨 맞았다. 그의 남편은 상습적으로 폭력을 행사하기 때문에 남편이 외출했다가 돌아오면 또 때릴까 봐 겁난다고 전화한 것이다. 우리는 그녀를 피신시킨 후 기막힌 말을 들었다. 가해자인 동거남(남편)에게 쉼터로 간다고 편지를 써놓고 왔다는 것이다. 너무나 친절한 그녀였다. 그런데 학교에 가 있던 딸(전 남편의 딸)의 신변이 위험했다. 확인해보니 이미 귀가했다는 것이다. 우리는 전쟁에 돌입했다. 내담자의 딸은 동거남에 의해 납치되었고 그 아이를 구출하기 위하여 밤 11시까지 007작전을 방불케 하는 움직임이 이어졌다. 쫓고 쫓기는 숨바꼭질 끝에 아이를 무사히 구출하고 모녀를 쉼터에 연계하던 순간의 안도감을 무엇으로 표현할 수 있으랴. 그 여성은 쉼터에서 몇 달간 보호와 지원을 받았고 그 후 딸과 함께 자립하여 꿋꿋하게 살아가고 있다.

과거에 성폭력을 당한 경험 때문에 남편에게 12년간 폭력을 당해온 여성도 있었다. 그녀는 하루가 멀다 하고 술에 만취해 가스 줄을 끊어 폭파해버리겠다고 협박하는 남편 때문에 괴롭힘을 당하다 못해 눈동자가 풀린 채 찾아와 죽고 싶다고 호소했다. 이런 여성이 지속적인 여성주의 상담을 통해 '과거에 성폭력당했다는 이유가 폭력을 당해야 할 이유는 아니라'고 남편에게 당당하게 항변할 수 있게 되었다. 아내의 달라진 모습에 당황한 남편이 여성의전화에 다시는 가지 말라고 협박했으나 그녀는 꿋꿋하게 버텨냈고, 성폭력 가해자와의 지루한 법정 싸움에서 승소하여 가해자가 실형선고를 받자 성폭력을 빌미로 폭력을 일삼던 남편도 그녀의 편이 되어주었다. 우리와 함께 그녀는 승리했다. 남편이나 성폭력 가해자와의 싸움이 아니라 자신과의 싸움에서 승리한 것이다.

나는 이런 일을 하며 때로 온몸에 전율을 느끼는 경험을 하기도 했다. 아무도 이해할 수 없을 것이다.

대부분의 경우, 내담자들은 자신이 할 수 있는 일도 상담자가 대신 해주길 바란다. 삶의 의욕이라곤 찾아볼 수 없는 모습으로 우리를 찾아온 그들과 상담을 하면서 나는 최선의 지원책을 찾아내기 위해 빠르게 머리를 굴린다. 두 번, 세 번 상담을 하면서 그들의 눈빛이 변해가는 것을 본다. 우여곡절을 겪으며 함께 세운 공동의 목표를 달성했을 때 서로를 끌어안고 눈물을 흘리는 순간의 자매애와 감동은 무엇으로도 표현할 수 없다.

어느 날 모르는 사람에게 휴대전화로 전화가 걸려왔다. 그 사람은 다짜고짜 입에 담을 수 없는 욕을 해대며 "이 세상이 왜 이리 살기 어려운가 했더니 이숙애 너 같은 년이 있어서 이렇게 살기 어렵구나. 내가 너 가만히 놔두나 봐라!" 등의 폭언을 했다. 당당하게 대응했지만 내심 떨리는 것은 어쩔 수 없었다. 그 사건으로 나는 법정에 증인으로 출두해야 했고 신변의 위협을 느낀 나는 검사에게 부탁하여 법정 뒷문으로 빠져나와 대기했던 회원의 차로 탈출을 해야 했다. 가해자 가족의 협박은 꾸준히 지속되었고 수시로 사무실에 찾아와 행패를 부리는 통에 불안에 떨어야만 했다. 출퇴근 시간이면 혹시 가해자의 가족이 따라오는 것은 아닌가, 그들이 쫓아와 해코지하는 것은 아닌가 해서 두리번거리며 주변을 살펴야만 했다. 그러한 사건을 겪을 때마다 사법권이 없는 상담원이 가해자로부터 신변의 위협을 받을 때 보호받을 수 있는 방법이 전혀 없는 한계를 절감했다.

성폭력 피해자, 가정폭력 피해자를 지원하는 업무는 나에게 천직으로 느껴졌다. 어렵고 위험해서 남들이 기피하는 인권업무의 대부분을 맡고, 아무리 피곤한 상태에서도 내담자를 만나는 순간 내면에 잠재하고 있던 모든 감각이 되살아난다. 내담자의 사례를 하나하나 해결해가면서 '나에게 혹시 동물적인 감각이 숨어 있는 것 아닌가'라는 환상에 빠진 적도 많았다. 내담자들은 나에게 생활의 활력소였으며 당시에 내가 살아야 하는 목적이었다.

특히 고부갈등, 부부갈등 등의 여성문제를 상담하면서 그들의 문제를 함께 공감하고, 이런 문제가 개인의 문제가 아닌 사회의 문제임을 인식시켜나가는 과정에서 나 자신이 갖고 있던 모든 문제를 객관화시켜 볼 수 있었던 점은 참으로 소중한 경험이었다.

내담자의 문제는 곧 나의 문제였고, 나는 차츰 싸움닭이 되고 투사가 되어갔다. 나의 활동은 갈수록 활발해져 갔고 일에 대한 의욕과 성취감은 높아만 갔다. 내담자들이 자존감을 회복하고 새로운 삶을 살아가는 모습은 나의 삶에 커다란 원동력이 되어주었다. 결국 내가 그들을 지원하는 동안 나 또한 그들을 통해 성장하고 있었음을 다시 한 번 깨닫게 되었다. 어떻게 이렇게 폭력피해여성들과 공감하게 되었을까. 단지 불의를 보면 못 참는 성격 때문인가. 어떻게 해서 나는 이렇게 아무 저항 없이 여성주의에 빠지게 된 것일까.

## 발버둥치는 아이를 학원 차에 밀어 넣고

어려서부터 부모님이 무일푼으로 분가하여 고생하시는 모습을 보고
자란 나는 장녀 콤플렉스에 걸려 있었다. 아니 지금도 여전히 장녀 콤플
렉스에서 벗어나려고 노력하고 있는 중이라고 하는 것이 적절하겠다.
'여자이기 때문에 빨리 돈을 벌어서 부모님에게 도움이 되어야 하고,
남동생 두 명은 남자이기 때문에 당연히 대학에 가야 한다'고 스스로를
세뇌시키며 살아왔던 나는 최근까지도 친정의 모든 일은 내가 해결해야
한다는 착각 속에 살아왔다. 그러나 나의 그러한 생각은 내 삶에 그리
도움이 되지 못했고 공부를 제대로 하지 못했다는 콤플렉스가 되어 내내
나를 괴롭혔다.

결혼 후에도 대학 진학의 꿈을 떨치지 못하던 중 큰아이가 초등학교
입학하던 해인 1993년에 과연 졸업할 수 있을지 두렵기도 했지만 과감하
게 방송통신대 교육학과에 입학했다. 그동안 육아에 얽매여 배우고 싶은
것이 있어도 못 한다고 안달했던 때문인지 방송대 등록과 동시에 운전학
원으로, 여성회관의 한복반 수강생으로, 수영장으로 돌며 극성을 떨었다.
세상에서 가르치는 모든 것을 배우리라고 생각했다. 당시 4살밖에 안된
작은아이가 엄마와 떨어지지 않으려고 매일 발버둥치고 우는데도 학원
차에 강제로 밀어 넣었던 일은 지금도 가슴 한 편이 메어 작은아이에게
미안한 마음으로 남아 있다. 이렇게 극성을 떤 나에게 동네 사람들은
'이제서 공부해서 어디다 쓰려고 그러느냐'며 비아냥거리기도 했다.

나는 왜 이렇게 공부에 전념했을까. 뒤늦게 공부에 전념하게 된 또
하나의 요인은 시어머니로부터의 탈출이었다. 어려서부터 친정어머니

에게 "어른의 말씀에 대구를 하면 안 되고 끊임없이 순종해야 한다"라고
교육을 받아왔던 나는 내성적인 성격과 맞물려 시집살이를 당하기에
안성맞춤인 여성이 되어 있었다. 시댁에 갈 때마다 눈길도 마주치지 않고
이유 없이 화를 내며 윽박지르시는 시어머니가 너무 무서웠고, 어머님의
따뜻한 한마디의 말을 듣기 위해 허리가 끊어지도록 일하며 눈치를 보아
야 했다. 잊을 만하면 가끔씩 전화하여 호통을 치는 어머님 때문에 밥을
먹다 말고 울어서 남편의 핀잔을 들은 적도 있다. 그리고 일을 제대로
못한다고 사사건건 따지는 한참 나이 어린 시누이에게 절절매며 변명만
늘어놓아야 했다. 영화 <올가미>가 남의 이야기가 아니었다.

### 시어머니로부터 도망치고 싶었다

그래서 나는 더 공부에 빠져들었다. 그러나 공부를 한다고 '올가미'에
서 벗어나는 것은 아니었다. 공부하는 4년 내내 혹시 집안의 대소사와
시험날짜가 겹치면 어쩌나 하고 마음을 졸이며 살아야 했다. 다행히도
집안의 대소사와 시험날짜가 겹치는 일이 없이 4년 만에 방송대를 졸업
할 수 있었던 것은 신의 도움이었다고 지금도 믿고 있다.

당시에는 힘들었던 그 모든 일이 나만의 경험이라고 생각했고, 친구들
은 큰소리치며 사는데 나는 왜 이런 시집을 만나게 되었는지, 남편과
결혼했기 때문이라는 생각도 하여 남편을 끊임없이 원망했다. 그런 집안
환경에서 자란 남편도 아주 가부장적이었기 때문에 가끔 견디다 못해
호소하는 나에게 심하게 화를 내어 나의 고통을 가중시키곤 했었다. 그러
던 남편이 지금은 누구보다 든든한 후원자가 되어 나의 사회활동을 지지
하고 격려하고 있다. 하여튼 이런 가부장제하에서 나는 많이 절망했고,
이런 절망을 공부로 달래려 했다. 공부가 그 절망을 해결해주지는 못했지

만 공부를 통해 여성의전화를 만나면서 나는 그 절망에서 벗어나게 되었다. 여성운동을 통해 그 절망의 원인을 이해하게 되었고 나아가 나를 비롯한 많은 여성에게 고통을 주는 가부장제를 극복할 힘을 받게 되었다.

고통은 은총이요, 기회라고 어디선가 들은 것 같다. 시어머니로부터의 고통은 나에게 새 길을 찾는 추동력이 되었고, 그 고통으로 인해 나는 내담자의 고통을 내 고통으로 받아들일 수 있게 된 것이다.

단지 아내라는 이유로 맞고, 단지 여자라는 이유로 성폭력당하는 여성들과, 단지 며느리라는 이유로 함부로 대해지는 내가 무엇이 다르랴!

## 아줌마, 여성운동가로 성장하다

나는 상담원교육, 성교육강사 양성과정 등을 수료하면서 의식화되고 이 분야의 전문가로 성장했다. 어찌 나뿐이랴. 나와 함께 지역의 수많은 여성들이 여성운동을 통해 의식화되고 지역의 리더로 성장해나갔다.

사무국장이라는 중책을 맡은 나는 본부의 회의와 워크숍에 수없이 참석하면서 모범생의 기질을 발휘하여 뭐든지 다 배우려 노력했다. 다른 지부와의 교류를 통해 아이디어도 얻고 그들의 사업을 벤치마킹하여 우리 조직을 키워나갔다. 이러는 과정을 통해 나는 공적인 마인드와 사회적 능력을 키워나갔다.

시민단체 활동가의 대부분이 20대에서 30대 초반인 점을 감안할 때 38세에 처음 운동가로 입문한 나는 그들에게 자격지심을 가졌다. 나이는 어리지만 선배 활동가가 갖고 있는 해박한 지식, 논리적 사고, 탁월한 언변, 과하다 싶을 정도의 자유스러운 행동, 노련미 등은 나를 주눅 들게 하기에 충분했다. 그들의 실력은 나를 충격에 빠뜨렸고 지금까지 아무것도 모르고 살아왔던 내 삶이 부끄러웠다. 특히 생각과 활동력에 있어 젊은이들에게 뒤처지지 않아야 한다는 중압감에 짓눌렸다. 그들을 따라가기 위해 나는 모든 교육과 수련회에 빠짐없이 참석하려 노력하며 나 자신을 더욱 채찍질했다.

반면에 그 과정에서 가족들에게 너무 소홀하기도 하여 남편에게 가끔 불평도 들었다. 가끔은 '결혼을 하지 않았더라면 좀 더 자유롭게 일에 전념할 수 있었을 텐데'라며 가족을 귀찮아한 적도 있었다. 그러나 지금 생각해보면 내가 그렇게 당당할 수 있었던 것도 든든하게 나를 지켜주는 가족들 덕분이었다.

여성의전화, 여성단체연합 등에서 개최한 활동가대회는 나에게 놀라움의 연속이었다. 그곳은 새로운 세계로의 진입로였다. 정말로 똑똑한 여성들은 모두 그곳에 있었다. 여성이 관련된 복잡한 문제들을 그녀들이 모두 해결하고 있었다.

1박 2일 또는 2박 3일로 이루어진 수련회는 성평등사회 실현과 사회의 문제 개선을 위한 공통의 과제로 매번 밤 11시까지 열띤 토론과 발표의 장이 되곤 했다. 참가자 모두가 프로그램이 끝날 때까지 몰입하는 광경은 그야말로 아름다움 그 자체였다. 경이로웠다.

그러한 교육에 참여하면서 나는 변해갔다. 그녀들과 더불어 똑똑해졌고, 그녀들과 연대의식을 갖게 되었다. 그리고 그녀들과 자매애를 나누게 되었다. 세상에서 내가 해야 할 일이 갑자기 너무 많아졌다. 공공의 이익을 위해 사는 내가 자랑스러웠다. 나는 원래 이렇게 활발한 사람이 아니었다. 사람을 사귀는 것도 어렵고 쑥스러워서 이웃 어른들께 인사도 제대로 못 하고 항상 한쪽 구석에 앉아만 있던 나였다. 그런 내가 어떻게 변신하게 되었을까 회고하다 보니 한 가지 작은 사건이 생각난다.

청주여성의전화에서 일을 하기 시작한 지 3개월쯤 되던 1997년 5월 어느 날, 우리는 당시 인기 강사였던 오숙희 씨를 모시고 주부를 대상으로 강좌를 열게 되었다. 그런데 행사 전날 민경자 회장이 갑자기 나보고 사회를 맡으라는 것이다. 사회를 한 번도 본 적이 없을뿐더러 마이크조차 잡아보지 않았기에, 또 내 성격을 내가 너무 잘 알기에 나는 온몸으로 사양했다. 그러나 민경자 회장도 만만치 않았다. 내가 사양하는 정도보다 더 집요하게 '한번 해보라'고 권했다.

들어온 지 3개월 된 '졸자'가 어찌 회장의 이런 배려를 끝까지 마다할 수 있겠는가. 할 수 없이 사회 제의를 받아들인 나는 걱정으로 거의 잠을 자지 못했다. 행사 당일 청심환을 사 먹고 개회식 사회를 보았다. 사람들이 눈치 챘는지 모르지만 나는 너무 떨었다. 나에게 이런 시련을 준 회장이 원망스럽기만 했다. 하지만 행사를 무사히 치러낸 그날 이후 나는 자신감이 조금씩 늘어갔다.

마이크의 힘은 컸다. 마이크를 잡으며 나는 이제 사회 리더로서 도약할 심리적 준비를 하게 된 것이다.

### "아내 단속 잘하라"

2000년 우리나라 역사상 처음으로 시민사회단체가 국회의원 후보의 자질과 자격을 분석하여 공천과 당선에 영향을 미치는 운동을 전개했다. 이른바 총선연대의 낙천, 낙선운동이다. 절대로 공천을 받아서는 안 되는 인물과 절대로 당선되어서는 안 되는 인물의 명단을 발표한 것이다. 정치인들의 얼굴은 사색이 되었고 시민들은 통쾌해했다. 시민들은 비리와 부패로 얼룩진 후보들이 뻔뻔하게 후보로 등록하고 돈과 조직으로 당선되는 모순을 더 이상 볼 수 없었던 것이다. 이러한 운동은 당시 현행법적으로 문제가 되기는 했지만 맑은 정치를 염원하는 국민들에게 후덥지근한 여름날의 한 줄기 소나기와도 같은 시원함을 안겨주었다. 이 운동은 시민사회의 역량을 결집했을 뿐 아니라 시민사회에 대해 우호적이고 긍정적인 평가를 내리게 한 역사적 운동이었다. 그러나 정부는 총선연대의 낙천, 낙선운동을 불법운동으로 규정했고 따라서 집회 때마다 선거관리위원회와 경찰 등이 출동하여 시민사회단체와 대치하는 상황이 초래되었다.

나는 여성의전화의 사무국장으로 총선연대의 활동에 적극 참여했고 그런 과정에서 현직 경찰인 남편과 집회 및 시위현장에서 만나야 했다. 당시 남편은 시위현장에 투입되는 '방범순찰대 — 의경부대'의 소대장으로 근무하고 있었다. 나는 시위용 차량으로 남편 명의의 차량을 이용했고 그럴 때마다 선관위직원들은 집회차량을 일일이 사진 찍었다. 혹시 차적 조회 결과 경찰의 차량임이 확인되어 경찰이 시위에 참가했다고 남편이 문책을 당하는 것은 아닌가 하는 두려움을 지울 수 없었다. 사실 평소 남편의 적극적인 지원으로 우리 가정의 유일한 자가용은 내 차지였고 남편의 차는 우리 단체의 모든 행사에 짐차로 이용되었던 것이다. 설상가상으로 집회가 열린 장소에는 어김없이 남편이 바리케이드 맨 앞에 미리 와서 막고 서 있는 것이 아닌가! 나는 남편과 눈이 마주칠까 봐 얼굴을 돌려야만 했다.

선거 기간 내내 이러한 상황이 지속되어 집안에서도 서로 어색해했고 때로 일촉즉발의 긴장이 흐르기도 했다. 그 당시 함께 일하던 활동가들은 우리 부부의 그러한 처지를 안쓰러워하면서도 "숙애 언니는 '적과의 동침'을 하네. 언니네 부부 정말 힘들겠다"라며 농담 삼아 위로하곤 했다.

선거가 끝나고 한참 뒤 남편은 나 때문에 상사에게 몇 번씩이나 불려가서 "아내 단속 잘하라" 하고 주의를 받은 적이 있다고 했다. 남편은 아내가 하는 일이 나쁜 일이 아니라는 신념으로 "그 사람이 죄 지은 것 있으면 체포하여 처벌하세요"라며 상사에게 대응했다고 한다. 그러면서도 "앞으로는 가급적 경찰과 대치하는 일은 안했으면 좋겠다"라며 약간의 취기를 빌어 힘들었던 속마음을 표현했다. 남편의 그 말을 듣는 순간 내가 하는 모든 일을 믿고 상부의 압력을 견디어준 남편에게 미안함과 함께 감사하는 마음이 들었다.

## 조직에서 힘 받다

사람은 인맥이 두터울 때 사회적으로 힘이 생긴다. 나는 여성의전화에서가 아니면 만날 수 없는 좋은 여성들과 인연을 맺으면서 자신감이 한층 고양되는 것을 느꼈다. 성폭력 전문상담원 교육 과정 동기들, 그때의 인연으로 나를 따라 청주로 이사와 8년째 지역운동을 하고 계시는 하숙자 선생님, 그리고 지부의 사무국장들과 성폭력상담소장들과의 인연은 지금도 끈끈하게 이어지고 있다. 나는 전국에 후원자를 갖고 있는 셈이다.

특히 전국 차원의 정기적 회의를 통한 공동의 정책개발과 정보 교환은 나를 비롯해 각 지부들의 활동가들을 성장시켜나갔다. 전국적으로 조직화된 단체에서 일하면서 우리는 더 크게 생각하고 더 넓게 연결되어갔다.

2002년 여성의전화를 떠나 그 경험을 바탕으로 충북여성정치세력민주연대의 창립멤버로, 대표로, 또 지역사회의 여성계 리더로서 활동을 하면서 나는 여성의전화에서 맺었던 인연들과 그 조직이 갖고 있는 전국적 연계망이 너무나 그리웠다.

그리고 그 조직을 통해 내가 성장했음을 다시 한 번 깨닫게 되었다.

### '이숙애가 모델이 되었다'

아무도 눈치 채지 못했지만 내심 덜덜 떨면서 행사 사회를 보던 내가 많은 사람들 앞에서 강의를 하는 강사가 되었다. 여성의전화에서 일하면서 점점 여성주의에 깊숙이 빠져들게 되었고 양성평등의식을 확산시켜야 한다는 사명감에 전도사가 된 마음으로 열심히 강의를 하다 보니 이제는 지역에서 잘나가는 강사가 되었다. 심지어 공무원과 경찰 앞에서도 성에 대해 말할 수 있을 정도로 뻔뻔스러워졌다. 양성평등, 성희롱 예방 등의 주제로 지역사회 곳곳에서 강의를 하고 성차별을 개선하기 위한 다양한 토론회에서 토론자로 참여하고 방송에 출연하며, 충북여성포럼활동 등을 하면서 나는 어느덧 지역인사(?)가 되었다. 시민사회단체 연대활동, 소방방재청 자문위원, 대학의 강사, 언론·방송사의 자문단, 지역복지단체 및 공공시설의 이사, 노인복지시설의 원장 등으로 나의 활동 범위는 점차 넓어져 갔다.

남들 앞에서 말 한마디 못하던 아줌마 이숙애가 어느덧 다른 사람들 앞에서 주도적으로 활동하는 사람으로 변해 있었던 것이다.

나와 함께 활동하던 회원들 또한 성교육강사로, 상담원으로 활동하면서 꾸준히 공부하여 대학으로, 대학원으로 끊임없이 도전을 했다. 우리는 여성의전화라는 매개체를 통하여 여성이기 때문에 겪었던 교육에서의 소외를 극복했고, 지역사회의 여성리더로 동반 성장했다. 그들 중 일부는 지금도 말한다, '이숙애가 모델이 되었다'고.

## 후기

전업주부로 학력도 변변치 않았던 나는 여성의전화를 통해 제2의 인생을 얻었다. 여성의전화에서 활동한 5년처럼 다시 그렇게 열정적으로 살 수 있을지 자신 있게 말할 수는 없지만 그때의 경험은 내 삶에 큰 거름이 되고 있다고 자신 있게 말할 수 있다.

이제, 여성의전화가 나에게 그랬듯이 나도 후배 활동가들에게 비빌 수 있는 언덕이 되어주고 싶다.

또, 부끄럽지만 나의 사례가 주부들에게 작은 등대가 되었으면 한다.

아줌마 파이팅!

🍃 이숙애

청주여성의전화에서 사무국장으로 일했고, 대학원에서 사회복지학 석사학위를 받았다. 이후 충북여성정치세력민주연대 대표, 충북여성포럼 총무 등 여성의 세력화와 지역사회 발전을 위해 나름대로 극성스럽게 활동하며 살고 있다. 나의 브랜드는 '주부활동가'이다. 평범한 전업주부가 가정에서만이 아니라 사회의 각 분야에서 능력을 발휘하며 멋지고 행복하게 살기를 바라며 늘 그들과 사는 이야기를 나누고 싶다.

# 절망의 터널을 지나

김경희

　인생 최고의 복은 만남의 복이다. 중년에 접어들어 나의 인생을 돌이켜 보니 나에게는 소중한 두 가지 만남이 있었다. 하나는 하나님과의 만남이요, 다른 하나는 여성의전화와의 만남이다. 나는 이 만남으로 좌절과 고통에서 벗어나 인생의 참뜻을 알게 되었고 오늘의 내가 되었다.

　3녀 1남의 가정에서 둘째 딸로 태어난 나는 가부장적이며 권위적인 가정 분위기 속에서 조부모님과 함께 대가족으로 살았다. 이런 내가 가부장제와 권위에 저항하는 여성운동가가 되었다. 이 과정에는 나의 어머니가 있었고 어머니로서의 나의 삶이 있었다.

## 어머니를 외면하며 자란 딸

　나의 어머니는 그 시대의 다른 어머니들과 마찬가지로 자녀들의 뒷바라지뿐 아니라 경제적으로 넉넉하지 못한 살림에 시부모를 모시고 남편 형제의 뒷바라지까지 하며 말없이 맏며느리의 책임을 다하며 사셨다. 내성적인 성격인 어머니는 성품이 강한 할머니와 아버지에게 억눌려 무척 힘들게 사셨으나 무심한 딸인 나는 '어머니는 원래 그렇게 사시는가 보다' 하며 내 일만 챙기는 이기적인 아이였다. 어머니의 내재된 분노는 중년기 이후 건강의 악화로 이어졌고, 어머니는 오랜 기간 병원을 오가며 투병생활을 하시다가 73세에 돌아가셨다. 딸인 내가 어머니를 이해하고 효도할 수 있는 나이가 되었으나 어머니는 계시지 않는다.

역시 내성적이었던 나는 어릴 때부터 선생님을 꿈꾸었고 그 꿈대로 중학교 교사가 되었다. 교사생활을 하던 중 대학교 때부터 사귀던 남편과 결혼을 하게 되었다. 내가 장남과 결혼한다고 어머니는 크게 염려하셨다. 그러나 철없던 나는 그 말의 의미를 깨닫지 못한 채 어머니의 염려를 뒤로 하고 결혼했다. 결혼 4개월 만에 임신한 나는 출산 후 육아문제에 부딪히게 되었다. 아이는 시어머니가 키워주시기로 하여 태어난 지 1개월밖에 되지 않은 아이를 시어머니에게 보내야 했다. 퇴근 후 아들이 누웠던 빈자리를 보고 얼마나 울었든지, 지금도 그때를 생각하면 가슴이 찡하고 아들에게 미안한 마음이 든다. 그러나 이도 잠깐, 시어머니의 건강문제로 더 이상 아들을 맡길 수 없어 사람을 구했으나 잘 되지 않았다. 나는 결국 육아문제로 그렇게도 오래 꿈꿔왔던 교사생활을 4년 만에 그만두어야 했다. 그 후 둘째 아이도 출산하고 전업주부로, 일반 가정의 맏며느리로 살게 되었다.

가부장적인 가족에서 장남이 감당해야 할 몫은 만만치 않았다. 시댁의 제사, 집안 행사, 홀로 된 시어머니의 정서적 우울증 등 맏며느리가 감당해야 할 짐이 너무 컸다. 친정어머니가 왜 그렇게 결혼을 반대하셨는지 이제야 알 것 같았다.

## 쌓여가는 분노, 탈출하고 싶은 욕망

자녀 양육과 반복되는 가사노동 외에도 장남이 감당해야 할 일은 많았다. 더구나 남편이 해외에 근무했기에 그 많은 일을 나 혼자 떠맡아야 할 때가 많았다. 시댁 형제의 가정문제, 시어머니의 아들에 대한 집착, 시댁을 우선하는 가정 운영, 시숙모들이 며느리까지 데리고 오는 명절 관행 등이 나를 짜증나고 지치게 했다. 이에 반해 친정가족들은 마음대로 내 집처럼 드나들지 못하는 불공평함과 내가 가고자 하는 길을 접어야 했던 억울함 등이 더해져 말도 못하고 안으로 분노가 조금씩 쌓여갔다. 그 분노로 머리가 자주 아프고 아이들에게 화도 잘 냈으며 남편과 시어머니에게 말을 잘하지 않고 신경질적인 사람이 되어갔다.

이렇게 가족관계에서 나 스스로 마음의 문을 닫고 우울하게 살기를 10여 년. 엎친 데 덮친 격으로 아들마저 사춘기를 겪으며 부모와 가정에 대한 반발로 대화의 벽을 쌓고 저항했다. 더 이상 힘들 수 없는 고통의 시간이었다. 더 내려갈 곳이 없이 내려왔다는 좌절감에서 나는 내가 누구인지, 어떻게 살아야 하는지 진지하게 고민하게 되었다.

이제는 다르게 살고 싶었다. 다시 '나'를 찾고 싶었다. 이렇듯 치열한 나와의 투쟁 과정에서 나는 하나님을 만나게 되었고 하나님을 통해 인생의 처음과 끝을 알게 되었으며 '나'라는 존재의 목적에 대하여 알게 되었다.

가족만 바라보고 기대하며 그 속에서 나를 찾던 삶에서 벗어나 이제는 다른 사람에게 나의 손길을 주고 싶었다. 하나님과의 만남으로 나는 가족이 아닌 다른 사람에게도 사랑을 줄 수 있게 되었고 그들 사이에서 나를 만나게 되었다.

## 여성의전화를 만나다

여성의전화와의 만남은 시댁 동서의 부부문제가 계기가 되었다. 동서가 날마다 울면서 전화를 하면서 "형님, 어떻게 해야 돼요?" 할 때 내 자신이 참으로 부족하다는 것을 절감했다. 내가 조언해줄 수 있는 것이 금방 바닥이 났던 것이다. 그때 찾은 곳이 기독상담센터(부산여성의전화의 전신)였고 당시 소장이셨던 이승렬 님과의 만남이 여성의전화에 첫 발을 내딛는 계기가 되었다. 그 후 나는 상담에 대해 관심을 갖게 되었고 본격적으로 상담원교육을 받게 되었다.

두 번째 만남의 복이 된 여성의전화와의 조우는 이렇게 시작되었다. 1995년 성폭력 상담원교육을 받기 위해 매주 서울로 비행기를 타고 올라다녔다. 그 당시에는 서울에 있는 몇 개의 지정된 기관에서만 교육을 실시하고 수료증을 발급했다. 부산에서 5명이 함께 다니며 교육을 받으면서 우리 사회의 남성중심성과 성불평등의 심각성을 인식하고 여성폭력의 실태와 이에 대한 인식의 문제를 깨닫게 되었다. 새로운 세상이 열리는 것 같았다. 내 자신이 갑자기 똑똑해지는 것 같았다. 지나온 내 삶이 다시 주마등처럼 스쳐 지나갔다.

자원상담활동을 시작으로 15년의 세월을 여성의전화와 함께 걸어오며 나는 수많은 내담자를 만났고 인권지원을 하고 교육도 받았다. 그리고 이러한 활동을 통해 나를 분석했다. 나는 성역할에 대한 고정관념 등 잘못된 의식에서 깨어나게 되었고 내 속에 있는 분노의 원인을 알았으며 나와 가정과 사회의 문제를 바로 보게 되었다. 여성의 문제가 개인적인 문제가 아닌 사회 구조적인 문제임을 인식하게 되어, 이러한 가부장제 사회를 변화시키는 것이 여성과 남성을 자유롭게 할 수 있다는 것도 알게 되었다. 나는 다시 태어난 듯했다. 두 번째 만남의 복인 여성의전화를 통해 나는 비로소 내 안의 '여성'을 만났다. 그리고 그 '여성'을 사랑하게 되었다.

## 가정, 힘들지만 변화시켰다

나는 남편과 시어머니에게 가부장적인 가족의 잘못된 관습을 아들과 후손에게 절대로 물려줄 수 없다고 단호하게 말씀드렸다. 남편은 외국을 자주 오가며 의식이 많이 변화되어 적극적으로 찬성했고 나를 지원했다. 그러나 시어머니는 오랜 시간 가부장적 가정에서 맏며느리로 그 역할을 감당하셨으므로 겉으로는 찬성을 하셨지만 불만이 커보였다. 나는 비록 시어머니가 싫어하시기는 해도 잘못된 관습을 변화시키는 것이 그녀에게도 자유를 찾게 해드리는 것이라 믿었다.

남편의 적극적인 협조를 받으면서 나는 제사를 추도예배로 바꾸고 드리는 횟수도 줄이고 명절 가족모임 때도 음식을 분담하여 장만해오도록 하며 간소화하기 시작했다. 추도예배로 가족이 모일 때는 여자들이 가사노동에서 벗어나 온 가족이 함께 즐거운 모임이 되도록 모임 장소를 집 밖으로 했다. 이에 어른들은 아들이 대우받지 못할까 봐 불평하셨지만 동서들이 다들 좋아해서 지금도 그대로 지속하고 있다. 이제 친척들이 우리 집에 모이면 남자들 스스로도 부엌일을 하려고 하고, 나 역시 어른들이 뭐라 하시든 남자들에게도 여자들과 똑같이 일을 시키고 있다. 시어머니는 아직 아들에 대한 집착이 강하신 편이지만 우리가 하자는 대로 따르고 계신다.

## 여성운동의 힘, 변화

여성주의와의 만남은 먼저 우리 가정의 변화를 가져왔다. 며느리 말로는 미국 유학 중인 아들이 요리도 잘하고 아내가 공부할 수 있도록 적극적으로 밀어주고 있다니, 오래전에 내가 내린 결단이 대를 이어 영향력을 발휘하고 있다고 하겠다. 나는 며느리도 자기의 길을 갈 수 있도록 마음으로 적극적인 지원을 하고 있다. 이 정도면 멋진 시어머니 아닌가!

온 가족이 성역할 고정관념에서 벗어나 자기 일은 자기가 하고 가정일은 공동으로 하며 가족의 역사를 조금씩 변화시켜나가고 있다. 그러면서 가정의 분위기도 점점 밝아지고 있다. 자녀들 역시 부부가 서로를 세워주는 진정한 성평등가정을 이루기를 바란다.

## 억울함을 호소하는 영혼들

1990년대 부산에는 여성폭력상담과 여성인권지원활동이 미비했기 때문에 부산여성의전화의 역할은 상대적으로 컸다. 어려운 여건에서 개소한 상담소에 수많은 폭력피해여성이 찾아왔다. 적은 상담원으로 이들에게 만족할 만한 지원을 하는 것은 쉬운 일이 아니었다.

그 당시만 해도 여성폭력에 대한 인식이 너무 부족하여 법률적으로나 의료적으로 지원하는 기관이 없어서 개인적으로 부탁하여 피해여성을 무료로 진료를 받게 했다. 그러나 이렇게 개인 인맥을 통할 경우 진단서를 발급받기가 쉽지 않았다. 특히 성폭력 피해자의 경우에는 의사들이 법적 책임을 우려하며 거절하기 일쑤였다.

가정폭력상담을 통해 내가 만났던 내담자들의 얼굴이 떠오른다. 노래방에서 남편 마음에 들지 않는 노래를 부른다고 술병에 팔이 찔려 기브스한 여성, 남편이 가슴에 자기 이름과 욕을 문신으로 새겨 평생 대중목욕탕을 갈 수 없는 여성, 전신에 멍이 들고 팔에 담뱃불 흉터가 있어서 여름에도 긴팔 옷을 입고 다녀야 하는 여성, 이들은 말로 표현할 수 없는 상처를 몸과 마음에 입고 살고 있다.

남편에게 폭력을 당한 대부분의 여성들은 집요한 남편의 성격 때문에 폭력의 사슬에서 벗어나려는 생각을 거의 하지 못한다. 그런 그들이 상담소와 쉼터에서 상담을 통해 이혼할 용기를 얻고 살아갈 힘을 받는다. 상담원과 여성의전화 활동가의 격려와 지원으로 이혼을 하고 재산분할까지 받는 경우도 있다. 그러나 어떤 경우에는 전과가 있는 남편이 찾아올까 하여 자신의 명의로 아무것도 하지 못하고 아직도 숨어 살고 있는 여성들이 있어 우리를 안타깝게 하고 있다. 그들의 안부 전화 목소리는 세상 어떤 소리보다도 반갑고 우리들을 기쁘게 하고 있다.

지금은 이 세상을 떠나고 없는 가정폭력 피해자가 생각난다. 상담을 받고 며칠 후 법률상담을 신청하고 쉼터에 입소하기로 한 내담자가 죽었다며 친정가족들이 몰려왔다. 경찰인 남편이 투신자살을 했다고 친정에 알려왔으나 그 동생이 "언니가 죽을 이유도 없고, 도저히 인정할 수가 없다"고 하며 언니가 여성의전화에서 상담을 받은 것을 알고 찾아왔다. 남편이 자살로 경찰에 신고하여 초동수사를 이미 마치고 친정에 알린 상태이기 때문에 가족들은 혹시 증거를 찾을까 하여 우리한테 온 것이다. 우리는 경찰서를 항의 방문하여 재수사를 요청했으며 검찰에도 항의 방문을 갔다.

피해자 가족들은 너무 억울해하며 부검한 피해자의 시신을 냉동실에서 끄집어내어 머리에서 발끝까지 사진을 찍어서 내 책상 위에 내밀었다. 무서웠다. 그리고 충격적이었다. 시신은 여기저기 멍이 들어 있었고 수갑 채운 흔적, 담뱃불로 지진 흔적 등이 선명했다. 만신창이가 된 그녀가 사진 속에서 자신의 억울함을 풀어달라고 나에게 호소하는 것 같았다.

8개월간 장례를 치르지 못한 채 그녀의 죽음에 대한 수사가 진행되었다. 상담일지와 병원에서 받은 진단서를 토대로 재수사를 하여 가정폭력이 원인이라는 것을 밝혀냈다. 가해 남편은 구속되었다. 장례를 치른 친정가족들은 조금이나마 억울함에서 해방되어 밝아진 얼굴로 상담소를 방문했다. 피해자는 지금 이 세상에 없지만 그 영혼의 절규는 이 세상을 변화시키는 힘이 되었다.

이런 일도 있었다. 작은 섬에서 친부에게 성폭력을 당하고 임신하여 출산했으나 아이는 죽었다는 10대의 피해자가 친척의 손에 끌려서 상담소에 온 적도 있다. 몸은 비만이고 손은 부르트고 겁에 질린 어두운 표정이었다. 그녀는 상담 및 의료적, 법적 지원을 받고 쉼터에서 몇 년간 보호를 받으면서 학원에 다녀 간호조무사 자격을 취득하고 취업하여 자립하게 되었다. 몇 년 후 그녀는 결혼을 하여 아들을 데리고 상담소로 우리를 만나러 왔다. 그 아들을 내 품에 안고 얼마나 감사했는지 모른다. 주위에 아무도 없는 이 내담자는 지금도 여성의전화를 친정 삼아 드나들고 있다.

폭력을 당한 여성들에게 몇 번의 상담만을 해주는 것이 아니라 전 생애에 걸쳐 버팀목이 되어 그들을 지켜주는 것이 얼마나 뿌듯한지 현장에서 경험해본 자만이 알 것이다.

## 절망의 터널을 지나 그녀를 만나다

입소 후 남편의 얼굴을 그려놓고 바늘로 찌르는 여성, 눈물을 흘리며 밥을 먹지 못하는 여성, 잠만 자거나 약을 먹어야 잠을 자는 여성 등 피해 후유증은 갖가지 형태로 나타났다. 자신들의 장점을 다섯 가지도 말하지 못할 정도로 자존감이 낮아진 여성들이지만 시간이 지나고 의식교육을 받으면서 나중에는 50가지나 적어서 발표할 정도가 되었다. 서로의 장점을 인정해주고 세워주면서 인생의 가
장 절망적인 터널을 벗어나 이제 빛을 보고
있다.

그들을 여기까지 밀고 온 힘은 그들 속에
있는 분노였다. 그리고 그 분노를 긍정의 힘
으로 변화시켜서 그들을 일어서게 한 것은 바로 여성주의 상담이었다.

여성의전화에 몸담은 지 벌써 십 수년이 되었다. 남 앞에 나서기를
싫어하고 부탁도 잘하지 못 하는 성격인 내가 이렇게 오래 여성인권운동
을 할 수 있었다니 내가 생각해도 참 대견하다. 회장을 하면서 여러
계층의 사람을 만나야 했고 수백 명 앞에서 강의도 했으며, 피해자 지원
확대와 가해자 처벌을 외쳐대며 저항도 했다. 회원이 되어달라고, 후원금
을 내달라고 머리를 숙이는 겸손함도 배웠다. 이러한 과정을 통하여 사람
에 대한 편견이나 고정관념을 버릴 수 있었고 다양한 사람을 포용하는
능력도 커졌다.

여성의전화, 통합상담소, 인력개발센터, 교육센터, 자매기관인 폭력
피해자 보호시설 등 확대된 조직을 제대로 운영해나가는 일은 결코 쉽지
않았다. 나 자신의 한계도 많이 느꼈고 외로울 때도 많았다. 그리고 현장
에서 가해자로부터 수없이 협박을 당하며, 때로는 탈진하여 현장을 떠나
고 싶었던 적이 한두 번이 아니었다. 하지만 이렇게 힘들 때마다 선배와
후배 활동가들, 회원들이 큰 힘이 되어 부족한 나를 격려해주며 자매애로
이끌어주었다. 그리고 누구보다도 내담자로 만났던 수천 명의 자매님들
이 있다. 쉼터 시설장을 하면서 만났던 수많은 가정폭력 피해여성들과
자매애로 울고 웃으며 서로 지지하고 격려하며 보내었던 시간들, 종이학

을 접어 큰 항아리에 담아 나의 회장 취임을 축하해주던 그녀들의 환한 웃음소리, 이 모든 것이 나를 여기까지 오게 했던 것이다.

누군가 감당해야 할 일을 미력하나마 내가 할 수 있었다는 것, 나의 작은 힘으로 여성의 인권향상과 성평등 세상의 실현을 위해 일할 수 있었다는 것이 얼마나 감사한 일인지 모른다. 앞으로 남은 인생도 만나는 여성 한 사람 한 사람을 소중히 여기며 그들이 성장할 수 있도록 지원하는 일을 할 것이다.

## 후기

어려운 환경에서 여성인권운동을 하는 활동가들에게 좀 더 많은 지원을 해주지 못한 것이 늘 미안하고 마음에 부담이 되었다. 섬기는 리더, 사람을 키우는 리더가 되고 싶었으나 돌아보니 나도 모르게 성장 과정에서 배운 가부장성이나 권위의식으로 활동가와 회원들을 힘들게 하지 않았는지 모르겠다.

나를 이끌어주신 여성의전화의 훌륭한 선배님들과 현장에서 함께 고군분투했던 활동가와 회원들, 앞으로 여성의전화의 미래를 책임지고 나갈 후배들께 감사드린다. 그리고 나와 함께 여성운동을 한 남편과 아들에게도 당신을 만나 행복하다는 말을 하고 싶다.

🍎 김경희

1995년 상담원교육을 수료하고 그해 8월부터 상담원으로 활동했다. 이후 여성의 쉼터 시설장, 회장을 역임했고 임기를 마친 후 현재는 이사로 활동하면서 충전의 시간을 가지고 있다. 나의 도움이 필요한 사람과 개인적으로 만나면서 그들이 건강하고 당당한 여성으로 살아갈 수 있도록 지원하고 사람을 세우는 일을 계속하고 있다.

2부 가보지 않은 길을 가다

# 강강술래

여성주의 상담과 지원 이야기

배임숙일

## 위험한 캠페인

우리들은 만일에 대비하며 비장한 결의를 다진다. '만일'이라 함은 우리들을 방해하기 위한 위협행위, 우리를 못마땅해하는 이들의 폭력행위, 욕설 등을 말한다. 우리는 마치 전쟁터를 향해 출발하는 전사의 심정으로 목적지를 향해 출발했다.

첫째 날(2007년 9월 6일, 목요일)

늦은 밤 11시, 예정된 장소에 도착하니 몇 명이 우리를 기다리고 있었다. 곧이어 만일의 사태를 대비해 남부경찰서에서 지원을 나왔다. 현장에 도착한 팀은 위협적인 분위기에서 말없이 현수막과 피켓을 전시하고 도열했다. 현장은 이미 불이 꺼져 있었고 군데군데 사람들이 모여서 웅성이고 있었다. 바로 옆에는 몇 사람이 술을 마시며 계속 우리를 주시하고 있었다. 돌아가며 욕설을 퍼부었지만 끝내 침묵으로 일관하니 물리적인 폭력은 다행히 없었다.

둘째 날(9월 7일, 금요일)

늦은 밤 11시, 현장에 도착하자마자 "불 꺼"라고 외치는 큰소리가 들리고 일사분란하게 모든 집이 불을 끄고 조용해진다. 그들은 이날도 역시 돌아가며 우리를 위협하며 공포스런 분위기를 조성했고 욕설을 퍼부었다. 두고 보자는 듯 우리의 얼굴을 확인하는 모습도 보였고 간간이 택시들이 계속 손님을 나르고 있었다.

셋째 날(9월 10일, 월요일)

오늘은 손님이 많을 것으로 예상되는 날이다. 월급날이기 때문이다. 이날은 전체가 정상적으로 영업을 하고 있었다. 택시들은 3명에서 5명까지 손님을 태워서 나르고 있었고 우리를 유심히 쳐다보며 유유히 사라졌다. 우리들은 열심히 보이지 않게 택시번호를 기록했다. 외국인 남성도 보였다. 어두운 골목을 두 차례 순회했다. 몇몇 젊은이는 우리를 보고 비웃으며 지나갔지만 큰 길의 차로 쪽에 서 있어서 인근을 지나는 많은 차량에 홍보효과가 있었다.

넷째 날(9월 11일, 화요일)

우리가 골목을 두 차례 돌자 그들은 불을 끈 상태에서 영업을 했다. 손님을 태우고 온 택시기사는 우리를 향해 심한 욕설을 하며 지나가다 지구대의 제지로 돌아갔다. 그들이 퍼부은 욕설은 차마 말로 옮길 수 없을 정도이다. 그 욕설을 들을 때마다 우리 활동가들은 분노를 삭여가며 참고 있었다. 활동을 끝내고 돌아가던 중 40대 후반의 술 취한 남자로부터 공격을 받았다. 분명 업주가 사주한 것이리라. 공교롭게도 지구대 순찰차는 1분 전에 떠났고 이날 함께했던 시청직원들도 금방 떠난 후였다. 차를 발로 차고 운전석 뒤쪽 범퍼를 찌그러뜨리고 손으로 문을 치고 난리를 부리다가 급기야 운전석 옆 유리를 주먹으로 쳐서 유리가 부서졌다. 다급하게 112에 신고를 하고 더 이상의 폭력을 막아보려 했으나 불가항력이었다. 활동가들은 심리적으로 큰 위협을 느낄 수밖에 없었다.

마지막 날(9월 14일, 금요일)

전날의 충격에도 불구하고 활동가들은 다시 그 거리에 갔다. 현장에 도착하자 재개발 부위원장이라고 밝힌 남자가 모욕적인 욕을 해대며 우리를 위협하고 온갖 협박을 다 했다. 피켓을 들고 있는 활동가를 손으로 치는 바람에 얼굴에 상처가 났다. 112에 지원요청을 하여 지구대가 나타나자 그 남자는 언제 그랬냐는 듯이 태도를 바꾸었다. 우리의 활동이 지속되자 골목 안 분위기가 심상치 않았다. 50대 후반의 업주로 보이는 남자가 30분가량 욕설과 함께 설교를 하고 갔다. 장소를 옮기라는 요구를 하는 등 계속 공포와 위협의 분위기를 조성했다. 우리가 철수하자 그들은 다시 보란 듯이 불을 켜고 영업을 했다. 모욕과 두려움을 참느라 힘든 날이었다. 불안한 마음에 다시 지구대에 요청을 했다.

그러나 아무리 기다려도 아무도 오지 않았고 우리는 끝도 없을 것만 같은 시간을 견디어내야 했다. 후줄근하게 젖은 머리 위로 밤비는 끝없이 내렸다.

이것은 느와르 영화의 사나리오가 아니다. 2008년 폐쇄를 앞두고 여전히 성업 중인 숭의동 '옐로하우스'에서 성구매자들을 대상으로 우리가 5일간 벌였던 심야캠페인 장면이다. 피켓 너머로 우리를 비웃듯이 하나 둘 켜지는 업소의 불빛을 우두커니 바라보며 캠페인 마지막의 날은 조용히 끝나가고 있었다.

## 여성주의 상담에 빠지다

지금으로부터 14년 전인 1995년 어느 날, 소년처럼 짧은 숏커트 머리로 상징되는 내 생의 중반기인 나이 서른여섯에 인천여성의전화를 만났다. 그 시절 나는 내가 살아가는 이유도 모르는 무지랭이나 다름없었고 자신의 정체성에도 눈뜨기 전이었으므로 나에게 '여성운동'은 낯설기 짝이 없는 단어에 불과했다.

평소 나의 좌우명은 아주 간단했다. 그저 '내가 살고 싶은 대로 살아보자'였다. 여고시절부터 쌈닭으로 불릴 만큼 불의를 못 참아 하던 나였지만 그렇다고 운동권은 아니었다. 그저 소박하게, 좌우명대로 즐기며 살고자 했다. 그러나 누구나 경험하듯이, 막상 살아보니 내 뜻대로 되지 않는 것이 너무도 많았다. 그런 답답한 현실이 나를 숨 막히게 할 즈음 막연하게 뭔가 하고 싶고 배우고 싶어 생활정보지를 들추다가, 마치 무언가에 홀린 듯이 '생활상담학교'라는 광고가 눈에 확 들어왔다. 그 자그마한 광고에 있던 '인천여성의전화'라는 낯선 단어 하나가 지금 내 삶의 거의 전부가 되리라고 상상이나 했을까.

그 당시 난 부천에 살고 있었는데, 인천 부평성당 지하실이었던 교육장까지 버스와 지하철을 무려 세 번이나 갈아타야 하는 번거로움을 무릅쓰고 줄기차게 다녔다. 물론 당시 7만 원이었던 수강료 또한 꽤 부담되는 액수였지만 학교에 다시 가지 않고서도 상담공부를 할 수 있다는 것에 매력을 느꼈다.

생활상담학교를 다니면서 자연스럽게 여성문제에 관심을 가지게 되었고, 그 관심은 어느덧 집중으로 바뀌어 나를 빠져들게 만들었다. 때로는 함께 울고 웃으며 그 누군가의 아픔에 공감하고 해결방법을 찾아나가는 것이 그렇게 매력적일 수 없었다. 더구나 여성이면서도 등한시했던 '여성문제'에 눈을 뜨면서 차츰 여성운동에 매료되기 시작했다. 그래서 나의 상담에 대한 관심은 자연스럽게 여성주의 상담으로 귀착되었다. 내가 만일 다른 단체에서 상담교육을 받았다면 나는 지금과는 전혀 다른 상담가가 되었을 것이고 지금의 배임숙일은 없었을 것이다.

다행히도 인천여성의전화에는 우리나라 여성주의 상담의 전문가라 할 수 있는 김민예숙 님이 상담을 지도하고 있었다. 그분은 여성주의 상담을 '여성 내담자를 도와주는 상담'이라고 정의하기보다는 '여성주의의 철학에 입각하여 여성 내담자를 도와주는 상담'으로 정의하면서 '여성해방'이라는 가치를 강조했다. 즉, 상담을 하되 여성 내담자들의 심리에 내면화된 가부장적 가치관을 인식시키고 여성주의적 가치관이라는 새로운 지평을 열어주는 것에 초점을 맞추는 것이 여성주의 상담이라고 했다. 여성주의 상담의 목적은 분노를 잠재우는 것이 아니라 분노를 힘으로 바꾸는 것이다. 여성 내담자에게 힘을 주어 스스로 변화하여 삶의 주인이 되게 하는 것이다. 상담과 여성주의 활동은 둘이 아니라 바로 하나인 것이다. 얼마나 매력적인가.

나를 포함한 인천여성의전화 상담원들은 여성주의 상담과 지원으로 우리 단체를 찾는 가정폭력, 성폭력 피해여성들에게 힘을 주는 역할을 하고 있으며, 이런 역할을 수행하기 위해 앞에서 기술했듯이 위험을 무릅쓰고 성매매 거리에서 캠페인을 전개하고

집결지 폐쇄로 쫓겨난 여성들을 지지하고 지원하는 일을 계속하고 있다.

## 집결지 성매매 피해여성, 여성주의로 지원하다

처음 가정폭력상담실 하나로 출발한 인천여성의전화는 일찍이 성매매 구조에서 일어나는 여성인권유린문제에 관심을 가지며 성매매 반대운동에 앞장서왔다. 그러다 인천의 학익동 성매매 집결지가 그곳에 있던 여성에게 어떠한 보상이나 준비 시간도 주지 않고 전국 최초로 폐쇄되면서* 이주 대책 없이 집결지에서 쫓겨 나온 성매매 피해여성의 문제가 심각하게 제기되었고 이를 계기로 전국 최초로 2004년에 성매매 현장상담소를 개소하게 되었다.

폭력적 성매매구조의 사슬에 노출된 여성의 문제도 인권 차원에서 다루어야 하는 우리의 일이었다. 그래서 여성의전화의 이름으로 성매매 반대운동에는 직접 뛰어들지 않는다는 한국여성의전화연합의 기본 정책에도 불구하고 우리는 그 여성들을 방치할 수 없어 상담소를 개소하게 된 것이다.

우리는 여성주의 철학을 바탕으로 집결지에서 나온 성매매 피해여성 당사자가 스스로를 돕게 하는 운동을 전개했다. 이 여성들이 여성활동가로 성장하여 같은 아픔을 가진 여성에게 메시지를 전달할 수 있어야 하며, 자매정신으로 손잡아 함께해야 한다는 것이 여성주의 정신이기 때문이다.

---

* 2003년 「성매매알선 등 행위의 처벌에 관한 법률」, 「성매매방지 및 피해자 보호에 관한 법률」이 국회를 통과하여 성매매 관련 정책이 새로운 국면에 접어들면서 성매매 집결지가 폐쇄되기에 이르렀다.

여성주의에 입각해서 우리가 제일 먼저 한 것은 이들에게 안정적인 공간을 마련해주는 것이다. 집결지 업소 내에 있던 여성들에게 가장 필요한 것은 안정적으로 생활할 수 있는 공간이다. 공간은 다른 삶을 계획할 수 있는 기본

조건인 것이다. 그래서 우리는 울랄라(이주여성쉼터의 이름)가 있는 건물에 빌라 한 칸을 전세 내어 활동가 한 명을 배치한 후 긴급 구조된 친구들과 생활하게 했다. 그러나 좁은 공간에서 활동가와 친구들이 함께 생활하는 것은 많은 어려움이 따랐다. 규칙적인 생활을 하지 않던 친구들은 무료한 시간을 견디지 못했고 PC방에 자주 드나드는 등 불규칙한 생활을 했다. 독립된 공간이 필요했다.

우리는 상담소 공간을 활용하여 일시보호쉼터를 마련했다. 다들 미쳤다고 할 정도로 무리하게 빚을 내어 내부 공사를 했다(공사비로 우리는 2,000만 원의 빚을 지게 되었고, 재정사업을 하여 2006년에 그 빚을 갚았다). 아파트 모델하우스에 전시되어 있던 멋진 가구나 소품을 얻었고, 상담소 주변의 상가에서 침대와 침구, 백화점으로부터 생활 집기를 후원받았다.

대부분의 단체는 쉼터를 절대로 공개하지 않는데 우리는 과감하게 공개하여 친구(우리는 집결지 여성을 '언니'가 아닌 '친구'로 부르기로 합의했다)들이 방문한 후에 선택할 수 있게 했다. 친구들 대부분은 쉼터에 대해 부정적인 생각을 가지고 있었는데, 와서 보고는 호텔과 같은 분위기에 너무 좋아하며 서로 있겠다고 하여 실인원이 넘쳐날 정도였다. 공간을 빼앗긴(?) 실무자들은 불만은커녕 인기 절정의 쉼터에서 함께 즐거워했다.

식비를 관리하면서 우리는 친구들을 좀 더 이해할 수 있었다. 친구들은 업주가 요구하는 무리한 다이어트와 약물복용으로 늘 배고파했다. 그들은 그 배고픔을 채우려고 매우 적극적(?)으로 먹었다. 또 여러 친구가 모여 있었기 때문에 식욕이 부추겨졌는지 먹는 양이 어마어마했다. 처음에는 공동생활인데도 불구하고 각자가 선호하는 상품과 먹을거리를 요구하여 당황하기도 했지만, 가능한 한 친구들이 원하는 것을 다 들어주었다. 신뢰감을 쌓아가는 과정이기도 했고 억압된 생활에서 벗어난 친구들에게 무엇이든지 잘해주고 싶었다.

자유분방하게 살던 친구들이 공동생활을 하는 것은 쉽지 않은 일이었다. 친구들은 수없이 싸웠다. 각자의 개성은 다듬어지지 않은 칼날이 되어 서로에게 겨누어져 있었으며, 거친 말투와 욕설이 공간을 날아다녔다. 갈등 해소를 위해 수없이 많은 촛불의식 시간을 가졌고, 촛불 아래에서 하염없이 흐르는 눈물을 훔쳐내며 후회하고 반성하고 미안하다고 흐느꼈다. 하지만 촛불이 꺼지고 나면 언제 그랬나 싶게 원래의 칼날로 돌아가 있었다. 그렇지만 반복되는 손잡기와 촛불의식은 칼날을 점점 무디게 했으며, 빡빡한 일정의 여성주의 학습은 친구들의 혼을 사로잡아 점차 자기 안의 '여성'을 발견하여 친구의 '여성'과 소통하게 했다. 쉼터에서 함께 생활하면서 친구들은 '강강술래'라는 모임을 만들어 결속력을 다져 갔다.

무엇보다도 그들에게 '힘'을 되찾게 해야 했다. 자존감을 회복하고 스스로 자신의 삶을 살아낼 용기를 갖게 해야 했다. 그래서 우리는 '여성주의'로 그들을 세뇌시키고 스스로 자신들의 이야기를 하게 하며 힘을 키워나갔다.

## 여성주의 관점으로 세상을 보다

우리는 성 산업이 어떻게 이렇게 광범위하게 확산되었는지 함께 토론했다. 친구들은 이론적으로 논리정연하게 이야기는 못 해도 남성중심 사회에서 여성이 성을 팔아 살 수밖에 없는 현실에 대해 너무나 잘 알고 있었다. 우리는 '성 상품화', '가부장적 이데올로기' 등의 개념을 그녀들이 이해하기 쉽게 설명하며 성매매 현상에 대해 토론했다. 또한 우리나라의 경우 1970년대 이후 급속한 산업의 팽창과 함께 소위 '향락산업'이 폭발적으로 증가하여 성의 상품화를 더욱 심화시켰고 남성의 외도 문화를 일상화시켰다는 것과, 지금은 자본주의 시장경제하에서 성매매가 거대한 국제적 성 산업으로 탈바꿈하고 있는 현실에 대한 인식도 함께 공유했다.

이 학습을 통해 성매매는 사회 구조적인 문제라는 것과 자신들이 가부장제 사회의 희생양임을 알게 했다. 이러한 깨달음은 친구 한 사람 한 사람이 자신이 어떻게 성 산업에 유입되었는가를 말하면서 더욱 확실해져 갔다. 친구들은 조용하면서도 차분하게 자신들의 이야기를 하나하나 풀어놓았다.

이러한 인식의 전환과 자신감 회복을 통해 자신들을 가장 괴롭히고 있는 '성매매여성'이라는 낙인에 대한 두려움에서 벗어나기 위한 학습도 했다. 친구들은 자신들이 사회에서 고립되어 있다는 것과 '더러운 여자', 또는 '쉽게 돈 벌려고 하는 여자'로 낙인되어 있는 현실에 안타까워하면서 이러한 현실을 그대로 받아들일 수밖에 없는 자신들의 무기력함에 울분을 토하기도 했다.

또한 물리적 폭력 구조에 대한 학습을 통해 자신의 몸에 대한 통제권 상실문제, 성구매자로부터 가해지는 물리적 폭력의 문제, 성 산업 구조

속에 행해지는 극단적 폭력인 인신매매 및 감금의 문제, 빚과 이자의 올가미 등에 대해 허심탄회한 대화를 나누었다. 포주를 가족처럼 생각했던 어리석음에 대해서도 여기저기서 후회하는 목소리가 들렸다. 이러한 학습과 토론을 거치면서 친구들은 당사자운동을 생각할 정도로 거듭나기 시작했다.

## 상담자와 내담자는 평등하다

친구들과 어울려 설악산으로 워크숍을 가는 도중에 나는 당시 군복무 중인 아들 면회를 함께 가자고 제안했다. 그때 친구들은 상당히 놀라워했었지만 "두목(그들은 나를 '큰형님', '두목', '사장님' 등으로 불렀다)만 괜찮다면 우린 대환영"이라며 좋아했다. 군복무 중인 아들의 동료들과 잠시 잔디밭에서 담소하면서 나의 사생활을 캐묻기도 하고, 장병들에게 엄마를 어떻게 생각하고 있는지도 묻고 하면서 재미있는 시간을 함께 보냈다.

아들과 장병들의 거수경례로 배웅을 받으며 출발한 차 안에는 묘한 열기가 퍼졌다. 늘 성구매자로 대하던 장병들과 대화하면서 남성을 새로운 시각으로 바라보게 되었고, 나아가 뭔지는 모르겠지만 자신감이 생겼다고 흥분했다.

이어서 한 친구가 "두목의 아들이 성매매여성과 결혼한다고 하면 어떻게 할 거냐"고 물었다. 당황스러운 질문이었다. 내 아들이 성매매여성과 결혼한다는 것은 솔직히 한 번도 생각해보지 않은 일이다. 그러나 질문을 받는 즉시 나는 이렇게 답했다. "글쎄, 예전 같으면 참으로 많은 고민을 했겠지만, 이제는 선택은 아들의 몫으로 남기고 당신들처럼 많은 것을 공유할 수 있도록 소통의 물꼬를 터서 적응할 수 있도록 돕겠다."

그 후에 친구들과 인천폭력예방위원들(신부님, 신문사편집장, 복지관관장, 전교조 교사, 시민단체장, 청소년단체 활동가)과의 1박 2일 강원도 워크숍을 진행하여 세상의 또 다른 남성과 밤샘토론의 기회를 마련했고 이를 통해 사회 속의 자신들의 모습을 만나게 했다.

## 힘을 키우다

우린 친구들의 자존감 회복을 위해 먼저 자신들과 직접적으로 관련이 있는 성매매를 주제로 토론하기 시작했다. 처음에는 욕설이 담긴 끝없는 자기 표현을 할 수 있도록 허용했다. 스스로 자신의 모습에 대한 비난과 비판과 평가를 쏟아낼 수 있게 촉진시켰다. 친구들은 울다가 웃다가 분노에 못 이겨 자해하기까지 했지만 나는 그저 지켜보면서 일주일 내내 토론을 강행했다. 그리고 토론 후에 친구들에게 그날의 느낌을 기록하게 했다. 기록을 통해 또다시 정리할 수 있도록 도왔다. 충분하지는 않았지만, 우린 촛불을 밝히고 다시 정리하는 시간을 가졌다. 반복되는 '자기 알기' 시간을 통해 자신의 가슴 속 깊이 들어 있던 응어리와 맞서게 되었다.

현 사회 속에서 나의 위치는 어디인가. 우린 어떻게 해야 하는가. 이런 주제에 대해 우리는 3개월 동안 하루에 8시간씩 가슴을 맞대고 생각을 나누었다.

여성주의 학습에서 이루어지는 모든 토론은 낯설고 엉뚱했지만, 이를 통해 친구들은 차츰 자신의 이야기를 사회화할 수 있는 능력을 가지게 되었다. 이러한 과정 속에서 타인과의 의사소통능력과 자신감을 가지게 된 인천의 친구들은 '강강술래' 그룹이 되어 요즘도 전국적인 모임에서 돋보이는 발표력과 설득력을 보여 부러움을 받곤 한다. 또한 어떤 토론 자리에서도 뒤지지 않게 주체적으로 자신의 얘기를 할 수 있게 되었다.

이제 그들에게 필요한 것은 사회적인 힘, 즉 사회 적응을 위한 자기 통제력과 독립적인 삶을 위한 경제적 능력이다. 우리는 친구들에게 세상에 도전해보라고 용기를 주며 그들을 밀어냈다.

먼저 생활에 대한 통제 훈련을 점검하고 지지해주었다. 경제적 자활을 위해서 필요한 자격증(애견, 도자기 강사, 퀼트자격증, 선물 포장, 요리사)을 취득하도록 했다. 그뿐만 아니라 검정고시를 통해 학력 수준을 향상시키기도 했다. 그들 중에는 대학에 입학한 사람도 생겨 서로 간에 부러움과 경쟁을 유발하게 되었고, 많은 친구들이 새로운 삶에 도전했다.

혼자서도 살 수 있도록 심리적, 정서적 안정을 꾀하며 자존감을 높이면서도 자신을 통제할 수 있는 힘을 가질 수 있도록 끊임없이 자조모임을 갖도록 했다. 또한 신체적으로 건강을 회복할 수 있도록 정보를 주고 계획을 세워 실천하게 했다. 나아가 사회적 관계망을 넓힐 수 있도록 다양한 프로그램과 워크숍 등에 참여하게 했다. 또한 공동체의 힘으로 자신의 문제를 해결하도록 당사자운동을 전개하게 하여 그들을 정치적으로 세력화(임파워먼트)시켜나갔다.

### 친구들, 가면을 벗다

그러던 중에 우린 「성매매방지법」 시행 1주년 기념사업을 준비하게 되었다. 우리는 친구들이 가지고 있는 주체할 수 없는 끼가 너무나 아까워 무대에서 마음껏 그 멋진 능력을 발휘할 수 있도록 계획을 세웠다. 그렇지만 그 계획은 쉽게 받아들여지지 않았다. 친구들은 사회적인 낙인으로 무대에 서는 것이 두렵고 부끄럽다면서 자신 없다고, 할 수 없다고 뒷걸음질쳤다.

우리는 물러서지 않고 그들이 용기를 가질 수 있도록 3개월짜리 여성주의 프로그램을 통하여 그들이 가진 두려움을 없애려 했다. 그러던 어느 날부터인가 그들은 스스로 계획을 세우고 연습을 하기 시작했다. 부를 노래를 정하고 안무를 짜는 등 다들 너무나 흥분된 모습으로 뜨거운 열기를 발산하고 있었다. 친구들은 티격태격하고 하루에 열두 번도 더 엎었다가 살렸다가 하면서 서로 조율해나갔다. 스스로 감독을 맡고 연출할 수 있도록 맡겨두고 지켜보는 과정은 인내 그 자체였다. 당시 친구들의 싸움은 무서울 정도로 격렬하여 나는 속으로 내내 겁먹고 있었다. 친구들은 내가 눈 하나 깜빡이지 않고 있어서 내 서슬에 눌렸다고 하지만 사실은 엄청 무서웠다.

드디어 무대에서 공연하는 날이 다가왔다.* 초대 가수 홍경민의 무대보다 친구들이 부른 <언니에게>와 <지금처럼 당당하게>**가 관객들에게 더 많은 감동을 주었으며 지켜보고 있던 활동가들의 눈시울을 적셨다.

나는 벅차오르는 감동에 세포 하나하나가 살아나 꿈틀거리는 경험을 했다. 친구들이 나비 가면 속에서 한 곡을 부르고 가면을 객석을 향해 던진 후에 <지금처럼 당당하게>를 눈물을 흘리면서 부르던 모습을 떠올리면 지금도 몸이 떨린다. 친구들은 드디어 자신을 드러냈고 멋진 도전을 성공리에 마쳤다. 객석에 있던 여성가족부(당시)와 인천시 관계자들은 감동의 눈물을 흘렸으며, 탈성매매의 희망과 기대를 가질 수 있었다.

당사자들도 큰 무대에서의 공연을 통해 세상에 태어나 처음으로 자기 자신이 온전히 살아 있는 경험을 했고 그 기쁨과 당당함으로 사회와

---

* 2005년 9월 23일 인천종합예술문화회관에서 행해진 「성매매방지법」 시행 1주년 기념사업 '성매매No, 희망세상만들기' 행사였다.
** 한국여성의전화연합 창립 20주년 기념 주제가이다.

맞설 수 있게 되었다고 감격에 떨며 말하곤 했다. 우리는 이 커다란 성공을 자축하기 위해 강원도까지 한숨에 달려가 설악산에 올랐다.

## 당사자운동을 준비하다

2005년 12월에 친구들은 토론회까지도 기획, 추진했다. 종래 성매매 피해여성에 초점이 맞추어졌던 성매매 근절운동을 성구매자 중심으로 바꾸자는 취지의 토론회였다.

강강술래팀은 여성주의 학습을 통해 한국 사회의 잘못된 성문화 개선을 위해 필요한 작업이 무엇인지 고민했고 수많은 토론을 통해 당사자운동의 개념을 정리하고 자신들이 운동의 주체가 되어야 한다는 당위성을 공감하게 되었다.

사실 이런 과정에서 두려움에 다시 숨어들고 싶은 유혹을 뿌리치기 힘들어 하기도 했다. 그러나 친구들은 그 유혹을 물리치고 함께 설문지를 만들어 설문결과를 가지고 여러 차례의 워크숍을 가졌다. 이렇게 하기까지 친구들이 포기하지 않도록 여러 번의 지지 시간을 가졌고, 각자 작성한 발표문을 가지고 수없이 많은 리허설을 했다. 몇 차례 밤을 새며 너무나 힘들다고 투정하면서도 친구들은 이런 과정이 여성운동이라는 것을 깨닫기 시작했다.

토론회에 참여했던 사람들은 "와! 강강술래 멋지다"라는 찬사를 아끼지 않았다. 이러한 지지는 친구들에게 큰 힘이 되었고, 찬사를 받은 친구들은 한껏 고양되어 자신감과 자존감을 높이게 되었다. 이렇게 힘을 받은 친구들은 이후 두 차례나 더 토론회를 개최하여 성구매 시 일어나는 인권침해현실을 고발했고(2006년 12월 7일 제2차 토론회) 나아가 성구매자의 목소리를 듣는 시간까지 가졌다(2007년 12월 11일 제3차 토론회).

당사자운동이 지속되기 위해서는 경제적 독립과 기반 확충이 절실했다. 삶에 대한 불안감이 있는 한 운동은 발붙이기 힘들기 때문이다. 친구들은 성매매 근절운동의 주체로서 당사자운동을 할 수 있는 일상적인 일터가 있어야 함을 깨닫고 자활에 대한 계획을 우리 여성의전화와 함께 세워나가고 있다. 그리고 현재 '강강술래'라는 사업장 등록을 마쳤으며, 상품개발 및 판매 통로 개척과 체험학교개설을 위해 도자기의 고장인 이천을 오가며 분주한 나날을 보내며 전문인이 되기 위한 연마를 하고 있다.

## 미애 이야기

느닷없이 성매매 피해여성과 어우러지게 된 나는 그렇지 않았다면 몰랐을 삶에 대해 깊이 생각하게 되었고 이를 통해 우리 사회의 '여성문제'에 대해 다시 생각할 기회를 갖게 되었다. 이 와중에 미애(가명)와의 만남은 우리 모두에게 충격이자, 감동, 그리고 축복으로 다가왔다.

미애의 나이는 업주가 만들어준 주민등록증에 의하면 34세였지만 20세 중반같이 보였다. 집결지 현장을 찾아가 친구들에게 지원사업에 대한 정보를 제공하고 상담 연계를 하는 아웃리치라는 활동을 하다가 만나게 된 친구였다.

2005년 1월의 어느 추운 날 밤이었다. 유리 방 안에 아슬아슬한 천쪼가리 옷을 입고 난로에 모여 있는 친구들에게 우리가 가져간 생필품과 소식지를 조심스럽게 건네주다가 한구석에서 연신 기침을 토해내고 있는 미애를 발견했다. 눈이 유난히 초롱초롱한 미애는 기침에 고열까지 있었다. 우리는 그녀가 안쓰러워 약국으로 달려가 감기약을 사다 손에 쥐어주었다.

8개월 후, 떨리는 목소리로 자신을 기억하냐고 묻는 전화 한 통이 걸려왔다. 우린 단번에 미애 씨 아니냐고 대답했고 이에 고무된 그녀는 도움을 요청했다. 우리는 너무나 기쁜 나머지 흥분을 가라앉히지 못하고 큰소리로 환영했고, 약속 시간에 맞추어 상담소 문을 열고 들어서는 미애를 향해 너나할 것 없이 달려들어 깊은 포옹을 했다. 후에 미애는 한꺼번에 달려드는 낯선 여성들의 환대로 '이상한 희열'을 느꼈다고 고백했다.

미애가 상담소를 방문한 것은 탐색을 하기 위한 것이었다. 감기약을 손에 쥐어주면서 따뜻하게 건넨 활동가들의 말 한마디가 잊히지 않아서 8개월 동안 여러 차례 생각하며 어떻게 할까 갈등했다고 한다. 그리고 거의 10년 만에 추석휴가를 신청하여 상담소를 방문하게 되었다고 했다. 어디에서도 이렇게까지 자신을 반겨주는 사람을 만나보지 못했던 미애는 그곳(성매매 집결지)에서 나오고 싶다고 했다. 우리의 대환영으로 미애는 그곳에서 함께 생활하던 또 다른 여성에게도 용기를 주어 함께 나오게 되었다.

우린 곧바로 경찰의 도움을 받아 학익동 업소로 찾아가 미애와 친구의 짐을 가져올 수 있었으며, 그 후로 미애와의 동고동락이 시작되었다.

미애는 어떤 것은 어렴풋이, 어떤 것은 뚜렷하게 기억한다. 부모의 가출, 할머니와의 동거, 할머니의 죽음과 음식점 주인의 성폭행, 서울 상경, 만두가게 손님의 성폭행, 미아리 업소로 스스로 찾아갔던 과거…….

학교 문 앞에도 가보지 못한 미애였지만 한글은 읽기도 하고 곧잘 쓰기도 했다. 쉼터생활과 지속적인 상담을 통해 미애는 잠재되어 있는 다양한 능력을 찾아낼 수 있었다. 우리는 미애에게 검정고시 준비를 시켰다. 그런데 다른 것은 잘하는데 곱셈과 나눗셈을 못하는 것이 아닌가. 미애를 가르치는 선생님은 기발한 아이디어를 내어, "손님 한 명당 7만 원이면

7명이면 얼마?" "업소에 20명의 손님이 다녀가면 5명의 친구들이 나누어야 하는 몫은?" 하며 미애의 머리를 자극했다. 그런 질문에 가슴 아픈 현실이 떠올라 다들 놀라기는 했지만 미애는 그 어느 때보다도 정확하게 답을 제시했다고 한다. 이런 노력으로 그녀는 검정고시에 합격했다.

그녀는 미술치료와 도자기치료를 통해 심리적인 안정감을 찾을 무렵, 예전에 사랑했던 남자를 만나 우리를 떠났다. 그러나 그녀는 다시 한 번 깊은 수렁에 빠졌고 울먹이는 모습으로 우리를 응급실에서 맞는 처지가 되었다. 회오리 속에서 살아남은 미애를 다시 보듬어 안아 스스로 일어날 수 있을 때까지 기다렸으나 그녀는 다시 훌쩍 떠나버렸다.

평소에 '신 끼'가 있었던 미애는 떠난 지 6개월 후 신 내림을 받아서 현재는 무당이 되어 살고 있다. 쌀과 과일이 들어오면 어려운 사람들에게 나누어주면서 여성주의 가득한 무당이 되어 있다. 찾아온 손님에게 굿보다는 상담을 권유해 우리에게 보내기도 한다. 어떤 때는 문자로 "큰형님(미애는 나를 그렇게 부른다) 당분간 조심하세요. 꿈자리가 뒤숭숭해요" 하면서 나의 일상을 걱정해주곤 한다. 가끔씩 상담소에 놀러와 한바탕 수다를 풀어놓고 가기도 한다.

삶은 이렇게 계속된다.

## 후기

내 삶의 곳간은 이렇듯 참으로 많고도 다양한 자신의 또는 타자의 경험으로 차곡차곡 채워져 어느덧 자연스럽게 여성활동가로 불리게 되었다.

강산이 한 번 반이 바뀔 만큼 긴 시간이 지났지만 그때 기적처럼 나에게 다가온 여성의전화라는 아름다운 단체는 15년 동안 아침에 눈을 뜨면 단 한 번도 나가기 싫어 꾸물거린 적이 없을 정도로 소중한 곳이다.

내 인생의 황금기라고 할 수도 있는 30대와 40대를 함께한 곳이며, 그 안에서 일어나는 모든 일을 사랑한다. 그리고 비록 좋지 않은 일조차도 나눌 수 있는 활동가들과 함께함을 기쁘게 생각한다.

🌰 배임숙일

1995년에 인천여성의전화 상담원교육으로 시작하여 회원에서 활동가로서 현재까지 늘 즐겁게 생활하고 있다. 아직까지 단 하루도 아침에 일어나 쉬었으면 해본 적이 없다. 참으로 신기할 따름이다. 사람 속에 속해 있는 활동이 사랑 가득한 나의 맘을 충족케 하나 보다. 다양한 활동과 역동적인 기운이 파도치는 이곳이 참 좋다. 숨길마다 의미 있는 눈빛을 담아서 늘 처음 같은 마음을 담아가련다.

# 어렵다 어려워

쉼터 이야기

염미봉

## 다른 관점으로 세상을 보다

1980년대 말, 그동안 민주화운동에 열심히 참여했던 여성들이 신사회운동의 주제인 일상적인 문제에 관심을 갖게 되면서 여성문제, 여성인권문제를 접하게 되었다. 이들은 여성학공부를 하면서 광주지역에 여성인권을 위한 단체가 있었으면 좋겠다는 이야기를 하며 어떻게 하면 그러한 단체를 만들 수 있을까 고민했다. 그러던 중 서울여성의전화를 알게 되어 이를 모델로 광주여성의전화를 준비하게 되었다.

그 당시 전남에 있는 모 고등학교에서 교사가 학생을 성폭행한 사건이 일어났는데 성폭행한 교사는 그대로 학교에 남게 되고 피해학생은 학교를 그만두는 것으로 사건이 종결될 위기에 놓여 있었다. 이에 광주여성의전화를 준비하고 있던 목포대 이수애 교수 등 광주·전남의 뜻있는 여성들이 모여 대책위원회를 만들어 이 사건에 대처했다. 이 사건 외에도 성폭력경찰관사건, 초등학교 성폭력사건 등이 연달아 발생하여 여성인권운동단체로서의 광주여성의전화에 대한 지역민의 관심과 기대는 폭발적이었다. 광주여성의전화를 준비하는 중에 실시한 1, 2차 상담원교육에 참여한 인원만도 150여 명이었다.

이렇듯 뜨거운 지역민의 관심 속에 광주여성의전화는 1990년 12월 14일 개소했고, 지역에서 여성인권문제가 발생하면 기자들이 바로 연락하여 인권지원을 요청할 정도로 여성인권운동단체로서의 위치를 확고히 자리매김해 나갔다.

나는 1990년 6, 7월경 광주여성의전화를 만들기 위한 준비작업의 하나인 '상담원교육'을 같이 받자는 윤혜신의 권유를 받았으나 '인간, 사람의 전화'도 아니고 왜 하필 '여성의 전화'인지, '여자 남자 편 가르기 하는 것 아닌가'라며 교육을 받지 않았다. 그러나 그 다음해인 1991년 3월초 아이를 키우는 엄마들끼리 성교육 책자를 만들려고 한다며 참여를 권하는 윤혜신의 권유에는 쾌히 응했다. 그 당시 초등학교 4, 6학년 아이의 엄마로서 아이들의 성에 대한 질문에 제대로 답변을 못 하고 있었고, 서점에 아이들이 읽을 만한 마땅한 성교육 책도 없었기 때문에 나에게 도움이 될 거라고 판단했기 때문이다.

그런데 성교육 책자를 만들기 위해 일주일에 1~2회씩 광주여성의전화 사무실에 나가 공부를 하며 나는 여성만을 위한 단체가 반드시 필요하다는 것을 절감하게 되었다. 남편과 시집 식구들에게 구타당해서 얼굴과 온몸이 시퍼렇게 되어서 찾아오는 여성, 남편의 외도로 고통 속에 있는 여성, 부부갈등으로 이혼문제를 상담하는 여성, 성폭력 피해여성 등을 만나게 되면서 내가 겪지 않았다고 해서, 내 주변에서 보지 못했다고 해서 여성문제가 없는 것은 아니라는 것을 알게 되었다.

사실 나는 내가 보았다고 해도 나는 여성문제라기보다는 개인문제로 생각하고 있었다. 아버지의 외도로 어릴 적 두어 번 아버지가 어머니를 구타한 것을 목격했지만 개인의 일이라고만 생각했지 여성문제라고는 깨닫지 못했던 것이다. 여성인권을 위한 단체는 꼭 필요한 것이라는 생각과 더불어 그동안 여성운동가에 대한 내 시각이 얼마나 편협했고 세상을 얼마나 남성중심의 눈으로 바라보았는지 깨닫는 계기가 되었다.

그동안 나는 다른 많은 사람들과 마찬가지로 구타당한 아내들은 못나고 맞을 만한 짓을 했기 때문에 맞는 것이다, 성폭력 피해자 역시 뭔가 당할 만한 짓을 했거나 여지를 주었을 것이다, 성매매여성에 대해서는 더욱더 엄격한 남성의 눈으로 바라보면서 끼 있는 여성들이 돈을 쉽게 벌기 위해 자발적으로 하는 짓이다라는 등의 잘못된 생각을 갖고 있었다. 어떤 면에서는 어느 누구보다도 더욱 가혹한 잣대를 이런 여성들에게 들이대던 나였다.

상담원교육을 받으면서 세상을 바라보는 다른 관점이 있다는 것에 새삼 놀랐으며, 이제껏 내가 옳다고 믿었던 모든 관점이 남성의 관점이며 내가 그동안 남성의 눈으로 세상을 보고 남성의 관점으로 판단하고 행동하고 있었다는 사실에 더욱 놀랐다. 다른 관점으로 세상을 바라보니 세상이 새롭게 보였다. 눈이 번쩍 뜨인 느낌이었다.

이렇게 내가 변하고 회원들이 변하면서 지역에 새로운 변화의 물결을 만들어내었다.

## 구타당한 여성들, 피할 공간이 필요하다

상담원교육을 받고 바로 상담을 하게 되면서 구타당하는 아내들을 계속 만나게 되었다. 그 당시 상담 중 20% 정도는 남편과 시집 식구에 의한 아내구타, 약 20%는 외도, 약 15%는 성폭력에 관한 상담이었다. 남편의 외도상담에도 어김없이 구타문제가 있었으나 구타보다 남편의 외도를 더 힘들어하는 경우는 외도로 분류했기 때문에 사실 구타상담은 이보다 훨씬 많다고 할 수 있다.

60대 부부의 상담을 했던 적이 있는데, 남편은 기념일 때마다 꽃 선물, 명품 선물을 하고, 1년에 한 차례씩 해외여행을 가는 등 60대에 자기만큼 아내에게 잘해주며 아내를 사랑하는 사람을 주변에서 본 적이 있느냐며 하소연했다. 하지만 아내는 내가 원하는 것은 선물이나 해외여행이 아니라 때리지 않는 것이라고 남편에게 말했다. 이렇듯 다른 사람 눈에는 다정하게 보이는 남편에 의한 폭력까지 합한다면 아내구타 사례는 그 수를 헤아릴 수 없을 정도이다.

당시에는 쉼터가 없어서 심한 폭력에 노출되어 갈 곳이 없다고 찾아온 여성들을 그냥 집으로 돌려보낼 수밖에 없었다. 1990년대는 사회적으로 매 맞는 여성은 맞을 짓을 했다는 의식이 팽배해 있었고 심지어는 길거리에서 구타당하고 있는 여자들이 도와달라고 할지라도 구타하는 남자가 아내라고 말하면 경찰조차 사생활이라며 그대로 돌아서던 시대였다. 집 안에서 아내가 심하게 맞는 것을 보거나 때리는 소리를 듣는 이웃들도 가정사라며 모른 척하던 시기였다. 홍보가 미약했는데도 봇물 터지듯이 밀려오는 아내구타상담을 받았는데 적절하게 피신시킬 곳이 마땅히 없었다. 어쩔 수 없이 집으로 다시 돌아간 여성들에게는 더 심한 구타와 멸시만이 기다리고 있었으며 피해자는 더욱 주눅 들고 우울증에 시달릴 수밖에 없었다.

우리는 아내구타상담 후 잠시라도 피해 있을 곳이 필요한 여성을 광주시 여성회관에서 운영하는 일시쉼터에 연계했다. 이곳은 광주 YWCA 건물로 성매매여성 300여 명을 수용하던 건물의 일부를 시에서 임대하여 일시쉼터로 사용하고 있었다. 그런데 쉼터였지만 공개된 장소에 있었으며, 쉼터에 거주한 지 일주일 정도 되면 상담원이 남편을 불러 앞으로 때리지 않겠다는 다짐을 받고 피해자를 남편과 함께 집으로 돌려보내는 곳이었다. 가정환경, 즉 남편은 전혀 바뀌지 않은 상태에서 다시 집으로 돌아가게 된 피해자는 무방비상태에 놓이게 되고 나가기 전보다 더 심하게 구타당하여 결국 다시 상담소에 올 수밖에 없었다.

쉼터에 연계한 지 몇 주, 몇 달, 혹은 몇 년 후, 다시 그 여성들을 만나게 되면서 우리 사회가 가진 모순의 구조적 희생자인 그녀들을 정말 여성의 입장에서 생각하고, 이해하고, 배려하고, 삶의 의욕을 심어주고 정신적, 육체적으로 자립할 수 있도록 도와주는 여성주의 관점의 쉼터가 필요함을 절실히 느꼈다. 이후 광주시 여성회관 일시쉼터가 1998년 12월 광주 YWCA쉼터로 개소되어 운영되면서 2개월 정도의 기간 동안 피난처가 생겼지만 매 맞는 아내들은 여전히 쉼터가 공개된 장소이기 때문에 남편이 찾아올까 봐 두려워했고 기독교인이 아니어도 예배에 참석해야 하는 등의 문제가 있었다.

## 여성주의 쉼터를 만들다

이런 상황에 지속적으로 맞닥뜨리면서 쉼터의 필요성을 절감하고 있던 중 정부정책으로 '여성위기전화1366'이 만들어졌다. 우리는 이 사업을 받아 1997년 12월에 광주1366을 개소하였고 이에 따라 일시쉼터를 운영하였다. 그러다 보니 일시 지원 역시 한계가 있다고 생각되어 여성주의 쉼터의 필요성을 더욱 절감했다. 구타당한 여성들을 상담하면서 김수경 전 후원 이사장은 여러 차례 자신의 집으로 피해여성들을 데려가려 했으나 개인이 감당하기에는 너무 큰 부담이었으므로 상담원들이 만류하곤 했다. 쉼터의 필요성은 점점 더 커지고 있었으나 운영비와 상근활동가의 활동비도 없는 상황에서 쉼터를 만드는 것은 생각조차 못 할 일이었다. 그래서 타지로 가기를 원하는 여성에게는 서울에 있는 한국여성의전화 쉼터를 소개했다. 그러나 전남·광주를 떠나고 싶어 하지 않는 대부분의 내담자의 경우에는 어떻게 할 방법이 없었다.

한국여성의전화는 1987년 3월 가정폭력 피해여성을 위한 '쉼터'를 개설하고, 1991년 가정폭력 피해자에 의한 남편살해사건에 대해 집행유예 판결을 이끌어냈으며 1994년 5월 제1회 가정폭력추방주간 행사를 개최하여 현재까지 진행하는 등 가정폭력을 예방하고 피해여성을 지원하는 일을 우리 역사상 처음으로 진행해왔다. 아내를 구타한 남편이 쉼터에서 자기 아내를 감금했다고 경찰에 신고하여 경찰조사를 받은 적도 있으며, 1997년 「가정폭력방지법」 제정을 주도했다. 1997년에는 쉼터 10주년을 기념하여 『여성운동과 사회복지』를 출판했고 올해로 개소 22주년째로 접어들었다. 2008년 현재 강릉, 광주, 대구, 부산, 서울, 시흥, 안양, 익산, 인천, 전주, 청주 등 11개 지부에 가정폭력 피해자를 위한 쉼터가 있으며, 이 중에서 안양은 장기 쉼터, 인천은 다문화가정여성을 위한 쉼터로 운영하고 있다.

우리는 개소 이후 광주시에 지속적으로 여성주의 쉼터의 필요성을 제기했으나 묵살당했다. 그러던 중 1996년 광주에서 아내구타남편 살해사건이 일어났다. 광주북부경찰서 유치장에 수감되어 있던 구타남편을 살해한 임 모 여인을 면회하고, 그녀가 살던 북구 임동 집주인과 주변의 사람들을 만나서 그동안 일어났던 폭력 이야기를 들으니 더욱 쉼터의 필요성이 절실해졌다. 가정 내 살인사건을 예방하기 위해서도 아내구타

피해자들이 피해 있으면서 정서적, 신체적으로 지원을 받을 수 있는 여성주의 쉼터가 정말 필요했다.

창립 이후 매년 1회씩 운영비마련, 쉼터기금마련 일일찻집을 지속적으로 해왔지만 쉼터를 개소하기에는 역부족이었다. 가정폭력상담소가 1999년 개소된 이후 가정폭력상담은 더욱 많아졌으며(외도, 성격차이로 인한 갈등에 폭력이 수반되었을 경우도 모두 가정폭력으로 분류했다) 쉼터에 대한 요구는 더욱 거세어졌다. 개소 이후 10년 동안 일일찻집, 명절 한과 판매, 릴레이통장후원금 등으로 회원들이 마련한 가정폭력 피해자를 위한 쉼터기금은 1999년 12월말 1,000만 원이 되었다. 2000년 1월 후원이 사장으로 취임한 김수경 이사장은 1996년경부터 3년 이상 광주여성의전화에서 자원상담활동을 해왔던 터라 쉼터의 중요성을 어느 누구보다 잘 알고 있었기에 앞장서서 '광주여성의전화 쉼터 만들기' 프로젝트를 추진하며 쉼터기금마련 1인 100만 원 이상 기부자 모집운동에 돌입했다. 쉼터기금은 2000년 3월 1,300만 원, 4월 1,600만 원, 6월 2,500만 원, 8월 3,200만 원, 10월 4,100만 원이 되었다. 김수경 이사장의 노력으로 만들어낸 20여 명의 값진 기부와 뜻이 모인 결과였다. 이 중에는 성폭력상담소장 및 성폭력상담원의 기부도 있었고 특히 500만 원을 기부한 김경신 회장의 기여는 오래 기억되고 있다.

또한 2000년 8월 한국사회복지공동모금회의 쉼터지원사업 프로젝트에 응모하여 쉼터시설비와 3년간의 운영비 일부를 지원받게 되었고, 드디어 2000년 12월 쉼터를 개소하게 되었다. 그 당시 광주성폭력상담소장을 하고 있던 나는 윤혜신 등 회원들과 광주지역의 아파트와 단독주택을 함께 다니면서 알아본 후, 32평 아파트를 7명 정원의 아내구타 피해여성의 쉼터로 마련하게 되었다. 광주여성의전화가 개소한지 딱 10년만의 일로 여성주의 쉼터를 갖고자 했던 소원이 이루어진 감격의 순간이었다.

광주시 여성정책과는 광주시에 운영비를 청구하지 않겠다는 약속을 인가조건으로 요구했다. 광주시의 입장은 이미 광주에 가정폭력쉼터가 1개소 있고, 그 쉼터에 300명까지도 수용할 수 있는 공간이 있으므로 또 다른 쉼터는 시 재정 낭비에 불과하다는 것이다. 우리 스스로도 우리의 힘만으로 쉼터를 마련, 유지하여 광주의 다른 쉼터에서 하지 못하고 있는 여성주의 프로그램을 운영하고 싶었다. 여성들의 권리 찾기, 여성의 식화작업 등 제대로 된 쉼터 운영을 하기 위해서는 광주시의 재정 지원을 받지 않고 운영해야 한다는 것이 우리들의 생각이고 또 그렇게 하고자 하는 포부도 있었다. 시의 지원과 동시에 시의 간섭을 받게 되는 것은 자명한 일이므로 지원 없이 운영하는 것이 우리가 원하는 바였다. 그래도 여성이 당하는 폭력에 대한 관의 태도와 인식은 실망스러웠다.

쉼터 개소 이후부터 현재까지 365운영회원 모집과 매년 명절 한과판매, '일일카페' 등을 하면서 운영비와 쉼터기금을 마련하는 활동을 계속해오고 있다.

## 쉼터 운영, 어렵다 어려워

2000년 11월 쉼터가 마련되었지만 열악한 근무환경으로 인해 지원하는 상근활동가가 없어서 당분간 회원이 임시 근무하는 형식으로 운영에 들어갔다. 2001년에도 1,500만 원의 사회복지공동모금회 운영비 지원액과 광주여성의전화의 지원금으로 활동가 두 명을 채용하기에는 역부족인지라 1명이 24시간 상근했고 자원활동가들이 상담지원을 했다. 여성주의 의식과 사명감에도 불구하고 낮은 활동비와 지나치게 긴 상근 시간, 그리고 과다한 업무로 국비지원이 나오기 전해인 2005년까지 4년 동안

5명의 상근활동가가 바뀌면서 쉼터 입소자들에게 전문적인 지원을 하기 어려운 상황이었다.

쉼터 상근활동가들이 입소자와 편안한 관계로 지내는 것은 프로그램이나 여성주의 의식 못지않게 중요한 일이었다. 따라서 상근활동가의 성격도 매우 중요한 조건이었다. 성격이 무던하여 입소자들을 편안하게 해주는 상근활동가가 있는가 하면, 다른 사람과 잘 어울리지 못하는 성격의 상근활동가도 있었다. 또 입소자의 언행이 맞을 만하다고 생각하고 입소자를 교육하여 바꾸어야 한다며 입소자와 마찰을 일으키는 상근활동가도 있었다. 또 깔끔한 성격으로 입소자들의 지저분함을 못 견뎌하는 상근활동가도 있었다. 이로 인해 입소자들에게 쉼터생활이 쉽지만은 않았다. 쉼터 입소자 대부분은 남편의 매를 피할 수 있는 쉼터가 있어 고마워했지만 어떤 입소자는 쉼터에서 이렇게 힘들게 사느니 차라리 집에 가서 남편에게 맞고 사는 것이 더 편하겠다고 말하기도 했다. 나는 회장을 맡아 활동하면서 매 맞는 여성들의 생존에 대해 쉼터 상근활동가와 의견 교환을 수없이 했으나 속수무책인 경우도 있었다. 이런 경우에는 쉼터 상근활동가를 비롯해 다른 상근활동가들도 지치고 힘들 수밖에 없었다. 운영비문제 외에 이런 인간관계문제 때문에 쉼터 운영이 결코 쉬운 일이 아님을 절절히 깨달았다.

이런 어려움 속에서도 자원활동가들이 개별상담과 집단프로그램을 운영하고 당시 행자부의 지원으로 가정폭력 피해자들의 자아성장을 위한 2박 3일의 여행도 다녀왔다. 또 2002년에 아산재단후원으로, 2003년에 광주사회복지공동모금회 후원으로 가정폭력 피해자 역량강화 집단프로그램을 실시했고, 2004년부터 현재까지 복권기금으로 가정폭력 피해자 개별상담, 역량강화 집단프로그램, 직업훈련, 의료비지원 등 쉼터 이용자들을 위한 지원을 계속하고 있다. 2006년부터는 국비와 시비의 지원을 받고 있다.

## 여성주의 쉼터 운영, 더 어렵다

맨 처음 쉼터를 개소할 때 목표한 여성주의적 쉼터 운영은 상근활동가와 자원활동가들의 노력에도 현실적으로 많은 어려움이 뒤따랐다.

여성주의 시각을 갖는다는 것은 무척 어려운 일이다. 그동안 수십 년 우리를 지배하고 있던 남성중심의 시각에서 벗어나 여성주의 시각으로 활동하고 있다 하더라도 어느 순간 어떤 사건에서 남성중심주의 시각에 젖어 있는 자신과 맞닥뜨리게 된다. 머리로는 여성주의를 이해하고 있다고 하지만 막상 현실에서 피해자를 만나 그녀를 '자매'로 받아들이는 것은 정말 어려운 일이다. 10년 이상 자원활동을 했던 활동가조차도 피해자 상담 후 '내가 남편이라도 답답해서 그럴 수밖에 없겠다'는 말을 하고 있는 상황이었으니 여성의 눈으로 세상을 보고 여성의 관점으로 판단하는 일이 쉬운 것은 아니었다.

그녀들의 언행이 아내학대상황에서 몇 년, 몇십 년 살게 되면 당연하게 나타나는 후유증이고, 피해자가 살아남기 위한 생존방식이었다는 것을 이해하지 못하는 활동가는 아내구타에 대해 피해자도 일부 책임이 있다는 생각을 할 수밖에 없다. 활동가들의 이러한 가부장적인 생각은 입소자나 내담자에게 그대로 전달될 수밖에 없고, 이런 상황에서 그녀들이 더욱 주눅 들게 되는 것은 너무도 자명한 일이었다.

활동가 의식화운동이 선행되어야 하는 피해자 지원과 입소자 의식화는 험난한 여정이 될 수밖에 없었다. 우리는 자원활동가와 상근활동가의 의식 향상을 위한 다양한 형태의 소모임과 교육프로그램을 운영했다.

여성학공부, 상담원 슈퍼비전, 인
권교육, 워크숍 등을 통해 여성주
의 관점이 체화된 후 피해자의 지
원으로 이루어지도록 했다.

　여성주의 시각은 가해자상담
에서도 대단히 중요하다. 가해자
교육 시 피해자 중심의 관점을 갖
고 있지 않으면 남성의 눈으로 피해자를 비난하게 되기 때문이다. 한번
은 광주여성의전화 쉼터에 아내구타 피해자가 입소해 있었는데, 그 남
편은 징역 1년 6월, 구금 한 달, 집행유예 2년, 수강명령 120시간 판결을
받았지만 아내가 합의해주어 교도소에서 나와 수강명령을 이수하던
중이었다. 구타남편은 전남의 모 가정폭력상담소에서 40시간의 교육을
이수한 후 다른 가정폭력상담소에서 교육을 받던 중 "아내를 사랑하는
데 아내를 광주여성의전화에서 만나게 해주지 않는다"라고 상담소장에
게 말했다. 이 말을 들은 상담소장이 광주여성의전화에 전화해서 "남편
에게 뺨 한대 맞았다고 나자빠져 있는 여자들을 보호하는 곳이냐"라고
따졌던 일이 있었다. 가해자는 심한 의처증으로 아내에게 목숨이 위태
로울 정도의 상처를 입혀 징역형까지 받은 사람인데, 그 상담소장은
남편의 말을 전혀 의심하지 않고 이런 항의를 함으로써 피해자의 인권
을 한 번 더 유린하는 결과를 가져왔다. 피해자 중심의 관점과 여성주의
시각을 갖지 못한 상담원이 피해자의 인권을 얼마나 침해할 수 있는지
생생하게 보여준 사례로 상담원의 시각이 얼마나 중요한지를 새삼 다시
깨우치게 한 사건이다.

## 폭력피해여성, 자신 안의 '여성'을 만나다

쉼터 개소 이래 2007년 말까지 7년 동안 쉼터를 거쳐간 입소인은 460여 명이며 갖가지 사연들을 갖고 있었지만 공통점은 전부 남편으로부터 인간 대접, 즉 인권을 존중받지 못했다는 점이다. 그녀들의 남편은 아내는 내 물건이기 때문에 내 맘대로 해도 된다는 생각을 하고 있었으며 아내도 자신과 똑같은 인격이 있다는 생각은 추호도 하지 못하고 때려서라도 가르쳐야 한다는 생각을 갖고 있었다. 또한 그들은 자신이 인간이면 상대방도 인간이고, 자신에게 자존심이 있으면 상대방에게도 자존심 있다는 생각, 자신이 존중받고 싶으면 상대방도 존중해야 한다는 생각을 하지 않는 사람들이었다.

입소자들은 맨 처음 쉼터에 들어와서 남편의 폭력이 자신 탓이라는 생각을 많이 한다. 그러나 같은 처지에 있는 입소자들을 만나면서 자신만이 아니라 많은 사람들이 맞고 산다는 사실에 놀라워하며 한편으로는 혼자만이 아니라고 안심해하기도 한다. 반대로 자기와 갈등관계에 있는 상대 입소자에 대해서는 '저렇게 행동하니 남편이 안 때릴 수 있었겠느냐'고 반문하기도 하며 '맞을 짓'이 있다고 생각하기도 한다. 어떤 입소자는 아내들이 남편을 무시하기 때문에 맞는다면서 자신도 속으로는 남편을 무시하고 살았기 때문에 맞았다고 한다.

입소자들은 개인상담과 집단상담을 통해 자신과 남편과의 관계, 그리고 자신에 대한 남편의 행동 등을 돌아보며 남편이 그런 행동을 할 수 있었던 배경을 생각할 기회를 가진다. 남편은 아내가 자기를 무시해서 때린다고 하는데 그럼 아내들은 남편이 자기를 무시할 때 남편을 때리는가. 맞을 짓이 있다면 남편과 아내 중 누가 더 맞을 짓을 많이 하는가. 그리고 맞을 짓을 한 남편이 왜 도리어 아내를 때리는가.

상담을 통해 이런 질문을 하면서 그녀들은 자신들이 맞을 짓을 해서 맞는 것이 아니라 이 사회가 남편에게 아내를 때릴 권한을 주었기 때문이라는 것을 알아간다. 어떤 이유로든 이 세상에 맞을 짓은 없다는 사실을 이해하게 되고, 이런 과정을 통해 자신의 역사를 풀어내곤 한다. 그리고 우리 사회의 가부장적 사고가 남편이 아내에게 폭력을 행사하게 하는 주범임을 알게 되고, 아내구타가 개인의 문제가 아니라 사회 구조의 문제임을 자각하게 된다.

　이러한 자각과 자신감 회복을 위해 우리는 개별상담과 집단상담 외에도 다양한 자아성장 프로그램, 문화체험 프로그램, 심신단련 프로그램, 아로마테라피, 심신회복캠프 등을 실시하고 있다. 개별심리상담은 자신의 삶 속에서의 문제와 직면하고 그동안 감추어두었던 자신의 깊숙한 내면의 소리에 귀 기울이며 자신의 삶을 되돌아보게 한다. 이 과정을 통해 그녀들은 자신의 문제를 적극적으로 해결할 수 있는 자신감을 얻게 된다. 집단상담 프로그램을 통해서는 아내구타에 대한 이해와 대처능력을 높이고 자아존중감을 향상시키며 구타의 후유증에서 벗어난다. 또한 감정표현, 대인관계 및 의사소통 능력도 향상시켜나가고 있으며 이밖에 미술치료, 원예치료 등의 방법도 동원하여 상처를 치유해내고 있다.

　처음에는 프로그램에 익숙하지 않아 참여도 꺼리면서 서로 깊은 상처를 드러내지 않으려고 했지만 2~3회가 지나 신뢰감이 형성되면 스스로 절망과 고통을 이야기하고 서로가 솔직하게 자신을 개방하여 내면의 깊은 마음을 털어놓는다. 함께 울고 웃으면서 부정적인 감정을 털어내고, 서로 격려하며 차츰 자신을 신뢰하게 되고 자신에 대한 존중감을 높여가

고 있다. 그러면서 조금씩 용감해지고 있다.

입소자들은 프로그램을 통해 자신의 문제와 직면하고 해결할 수 있는 자신감을 얻으며 한 인간으로서의 자신을 사랑하게 되고 소중히 여기게 된다. 또한 대인관계기술, 갈등해결법, 자신이 할 수 있는 일과 할 수 없는 일에 대한 한계 정하기, 자기주장훈련, 강점 찾기, 자아성장을 통하여 독립된 인격체로서의 자립과 자원을 강화할 수 있었다. 가족의 요구에 일방적으로 초점을 맞추기보다는 자신을 돌보는 일에 적극적이 되고 구체적인 계획을 세우면서 자신의 미래에 대한 희망을 확인한다.

또한 입소자들의 자조모임인 '조약돌'을 통해 퇴소자와 입소자 선후배 간의 연대를 공고히 해나갔다. 그녀들은 정기적인 모임을 통해 고립감을 해소하고 폭력으로 인한 상처와 외로움을 극복하며 자신감을 기르고 있다. 이 모임을 통해 가부장적 사고의 틀에서 벗어나 자신이 삶의 주체가 되는 힘을 얻고 있다. 물론 자립생활을 설계하는 데도 큰 도움이 되고 있다.

여성주의 상담은 참으로 강력하다. 절망 속에 움츠려 있는 자아를 키워내는 힘이 있다. 구타당하고 처음으로 쉼터에 찾아올 때와 여성주의 상담과 지원을 받고 나서의 모습이 어찌도 그렇게 다른지 모르겠다. 쉼터의 프로그램을 통해 폭력을 당했던 여성들이 절망에서 벗어나 자신을 찾아가고 역량강화를 통해 정신적, 육체적 홀로서기에 성공한 사례는 한둘이 아니다. 한 가지만 소개한다.

## 김 씨 이야기

맏딸로 태어나 동생들을 위해 배움을 포기한 김 씨(48세)는 친정어머니가 항상 미안해하며 아끼는 딸이다. 그녀는 남편에게 보쌈 당해 결혼생활을 시작했으며 25년 동안 농사를 지으며 열심히 살아왔다. 재산도 많이 모았고 아이도 4명이나 낳았다. 일밖에 몰라 집 밖으로 나간 적이 없을 정도로 남편에게 순종하고 살아왔지만 남편은 술, 여자, 노름에 밤을 지새우면서 의처증을 보이며 기분만 나쁘면 트집을 잡아 때리기 일쑤였다. 숨 쉴 틈도 없는 순간에 갑자기 손이 올라오는 남편의 폭력 때문에 얼굴에 멍이 없는 날이 거의 없을 정도였다. 얼굴이 멍들 때마다 이웃에게는 소가 찼다고 말하면, 이웃은 그 소 잡아먹어 버리지 소한테 얼굴만 걷어 채이고 다니냐고 말을 할 정도였다. 그래도 자존심 때문에 남편에게 맞았다고 말할 수는 없었다. 남편의 폭력에 대항하여 물건을 던져 유리가 깨진 적도 있지만 남편은 오히려 컴퓨터를 던질 정도로 폭력적이었다.

폭력이 지속되고 이렇게 살다간 죽을 것 같다는 생각에 경찰에 신고하고 경찰의 도움으로 광주여성의전화 쉼터에 입소하게 되었다. 입소한 후 너무 창피하다며 얼굴도 들지 않았으나 상담과 프로그램, 그리고 입소자들과의 대화를 통해 자기 탓이 아니라는 것을 깨닫게 되었다. 그전에는 남편에게 말 한마디도 할 수 없었는데 쉼터에 들어와서 자신이 달라졌음을 느낄 수 있었다. 강해진 것이다. 남편의 전화가 오면 부들부들 떨면서 듣던 김 씨는 남편이 이혼하자면 "그래 좋다, 이혼하자"라고 말할 정도로 당당해진 자신을 발견하게 되었다. 이 세상에서 가장 소중한 사람이 자신이라는 것도 알게 되었으며 자신이 없으면 자식도 남편도 친정어머니도 아무 소용없다는 것을 깨닫게 된 것이다. 물론 다른 여자들처럼 다소곳하게 살고 싶고 그렇지 못한 것에 대해 죄책감도 있지만, 주위의 사례를 통해서 폭력에 강하게 대응하지 않고 남편의 구타를 계속 받아주면 상황이 절대로 개선되지 않는다는 것을 알게 되었다.

그녀는 말한다. "개도 소도 돼지도 아니고 사람인데 맞으면서 왜 참고 견디면서 살아야 하는지 이제는 이해가 안 된다. 착하고 순종적이어서 남편이 사람 대접을 해주면 좋은데 그럴수록 사람 대접을 해주지 않는다."

그녀는 자신 안에서 두려움이 없어지면 주눅 들거나 무서워하지 않는다는 것을, 또 자신의 태도가 당당해지면 어떤 상황에서도 이겨나갈 수 있다는 것을, 자신이 당당하게 나가면 남편도 달라질 것이라는 것을 쉼터에 와서 배웠다.

남편은 수강명령을 받아 교육을 받은 후 때리지는 않았지만 욕설은 여전히 심했다. 옛날에는 때리지만 않으면 살 것 같더니 이젠 욕도 견딜 수 없었다. 그래서 다시 쉼터로 갔고 지금은 남편이 용서를 빌어 집으로 들어가 살고 있다. 그러나 이미 예전의 그녀가 아니었다. 예전에는 남편 눈치 보며 남편에게 맞추어 살았는데 이제는 자신을 위해서 살고 있다. 이런 변화에 남편이 움찔하곤 하지만 그녀는 별로 개의치 않고 살고 있다. 다만 애들이 상처를 많이 받은 것이 안타까울 뿐이다.

그녀는 말한다. "행복하다. 지금처럼 이렇게 살고 싶다. 일도 열심히 하고 공부도 마치고……. 내년에는 고추장을 만들어 팔아야겠다"라고.

물론 모든 내담자가 이렇게 성공한 것은 아니다. 우리 쉼터를 다녀간 사람 중에는 더 불행한 일을 당하여 우리를 안타깝게 한 사례도 있다.

2002년 69세인 피해자가 72세 남편의 의처증과 학대로 쉼터에 입소한 적이 있다. 그녀는 입소하여 병원치료를 받으면서 20여 일 정도 지내다가 남편의 각서 한 장을 믿고 귀가했다. 그러나 남편은 전보다 더욱 심하게 폭력을 행사했고 그녀는 결국 도망쳐 나와 이혼하겠다며 쉼터에 다시 입소했다. 법원에서 남편이 빌고 용서를 구하자 판사는 별거를 명령했고 그녀는 전세금 1,500만 원 받고 별거에 들어갔다. 그러나 쉼터 퇴소 후 10일 만인 추석날 뉴스에서 우리는 그녀가 자신의 전세방에서 남편에게 살해당했다는 소식을 듣게 되었다. 남편은 자신을 떠나려는 아내를 도저히 용납하지 못하고 결국 죽이고 만 것이다. 이 기막힌 일을 당하여 우리는 모두 넋을 잃고 말았다. 우리가 어떻게 했어야 했나. 그녀를 절대로 쉼터에서 나가지 못하게 했어야 했던가.

그렇다. 불행한 일도 많았다. 그러나 이러한 불행한 일에도 불구하고 여성주의 쉼터는 많은 여성들에게 새로운 삶을 살 계기가 되었다. 쉼터에서 여성주의 상담과 훈련을 받고 폭력에 찌들어 생을 포기했던 많은 여성들이 여성의 눈으로 세상을 바라보고, 개인의 문제에서 벗어나 사회의 변화에까지 관심을 갖게 되는 모습을 본다. 이들 중 몇몇은 자신이 받은 도움을 자신의 이웃에게 나누기도 한다. 퇴소 이후 자조모임을 통해 지속적인 성장을 하고 있는 그들이 겨자씨가 되어 행복과 희망을 창조하고 있다.

## 앞으로 가야 할 길

지금까지 멀고 험한 길, 많이도 왔다. 그러나 앞으로 가야 할 길도 멀다.

쉼터 입소자에 대한 생계비 지원문제, 365회원 확대 등 재정문제, 의료비, 식사문제, 멘토 제도 등의 지지체계 확립, 퇴소 후의 자립문제, 다문화가정여성에 대한 문제 등 해결해야 할 문제들이 아직도 많다. 그리고 조금 불편하더라도 더 많은 수의 여성피해자가 함께 서로를 위로하며 지낼 수 있고 입소자 간의 갈등을 수용하고 자매애를 나눌 수 있는 쉼터로 발돋움해야 하는 과제가 남아 있다.

그리고 무엇보다도 우리 안에 있는 가부장성을 걷어내는 일이 남아 있다. 광주여성의전화 초창기 멤버였으며 활동을 열심히 했던 회원이 "피해자의 책임에 대해 전혀 언급하지 않는 여성의전화의 시각이 문제"라고 했던 말이 절망으로 다가온다. 아직도 많은 사람들은 여전히 남성의 눈으로 세상을 바라보고 폭력상황을 해석하며 피해여성에게 책임을 전가하고 있다. 나 역시 광주여성의전화를 만나기 전에는 그러했다.

이제 우리부터 체질화된 가부장성을 걷어내고 내 안의 '여성'을 만나는 일을 해야 한다. 여성주의 쉼터를 만들어내기 위해 이 일부터 철저하게 해나가야 한다.

힘들다. 가부장제의 철벽이 아직도 굳건한 우리나라, 특히 전통성이 강하게 남아 있는 전라도에서 구타한 남편을 살해한 여성을 위해 일하는 것은 아직도 매우 힘들다. 그러나 이제는 마음으로만 힘들어하던 분위기에서 아주 조금씩이기는 하지만 고소, 고발을 하기도 하고, 아내구타를 사생활로 보던 시각에서 벗어나 신고도 하고, 완벽하지는 않지만 국가의 개입이 이루어지면서 우리는 희망을 갖고 일을 하고 있다.

쉼터에 입소해 있는 다문화가정 여성의 말이 힘이 되어 나를 밀고 있다. "10년, 20년 후에 광주여성의전화 선생님이 되어 나와 같이 힘든 여성들을 열심히 돕겠어요."

## 후기

사랑이란 상대방을 소유하는 것이 아니라 상대방을 있는 그대로 존중하고 나와 다름을 인정하는 것이라고 생각한다. 부부가 서로 성장하도록 배려하는 것, 그리고 상대방에게 자유를 주고 지켜보는 것이 진정한 사랑의 모습이 아닐까 한다. 이런 사랑을 나누며 사는 부부를 주변에서 많이 만나게 되기를 소망한다.

이 글을 쓰고 있는 동안 광주에서 아내를 구타한 남편이 살해된 사건이 일어났다. 이제 그만 쓰고 그 여성의 사연을 들으러 나가야겠다. 그녀가 얼마나 맞았는지, 얼마나 힘들어하고 있는지……. 그녀를 만나러 가야겠다.

🍃 염미봉

1991년 여성의전화에서 '여성주의'라는 새로운 시각으로 세상을 만나 지금까지 18년 동안 활동하고 있다. 자원상담원, 교육부장, 상담부장, 상임이사, 성폭력상담소장, 회장을 거쳐 현재 성평등교육원장으로 일하고 있다. 여성인권운동을 하면서 '나'만이 아닌 '우리'에게 관심을 가지게 되었고, 모두가 행복한 세상을 만들기 위해 '여성의 눈으로'를 신명나게 전파하며 살고 있다.

# 여성, 성에 빠지다

성교육 이야기

강은숙

## 성, 가르치게 되다

이 글을 쓰는 2008년 4월의 끝자락, 대구의 한 초등학교에서 가해자와 피해자가 100명이 넘는 집단 성폭력사건이 일어나 나라가 발칵 뒤집혔다. 몇 달 전에는 여아 성폭력 및 살인사건이 줄지어 일어나 우리 모두를 분노케 했는데, 정말 절망적이다.

어린 여자들이 수난을 당하고 있다. 남자 어른들과 남자아이들의 성 노리개가 되어 희생되고 있다. 남자아이들까지도 성폭력의 대상이 되고 있으니 이를 여성과 남성 간의 문제라고만 할 수도 없기는 하다.

다시금 학교, 사회단체, 정부 모두 성교육이 제대로 이루어져야 한다고 난리들이다. 이런 일이 한두 번이 아니었다. 아동은 늘 성폭력의 대상이었고 사회적으로 이를 예방할 정책을 요구한 것도 어제오늘의 일이 아니었다. 여성운동단체에서는 10년 전부터 아동 성폭력의 심각성을 사회 널리 홍보하고 정부에 대책 마련을 요구해왔던 것이다.

1990년대 중반 우리 사회에는 청소년이 새로운 소비의 주역, 문화의 주체로 등장했고 비디오방, 노래방, 록카페, 호프집 등이 청소년문화의 보편적 풍속도가 되었다. 이성 간의 교제가 자유로워지면서 성행동 역시 적극적이게 되었다. 상품화된 대중매체를 통해 비공식적인 성정보가 유통된 것이 한몫을 한 것이다. 1990년대 초에 이미 청소년들의 포르노 등 음란물 접촉은 심각한 수준이었다.

성의 상품화와 무절제한 성의 자유화 속에서 아직 삶의 가치관이 정립되지 않았으며 성에 대한 교육을 제대로 받지 못한 청소년들은 성에 대해 대단히 큰 혼란을 겪게 되었고, 무절제한 자극 속에서 폭력적이 되어갔다. 청소년의 성문제는 성폭행문제로 연결되고 더 나아가서 미혼모, 낙태문제 등을 야기해 커다란 사회문제로 등장했다.

그런데 한편으로 이렇게 성이 개방되면서도 다른 한편에서는 아직도 성폭력 피해자들이 그 피해를 신고하지 못하고 숨어 지내거나 심지어 자살하는 일도 적지 않게 일어나고 있었다. 당시만 해도 여성에게 순결을 목숨처럼 중시하는 문화, 여성에게 정조를 요구하는 문화가 건재했던 것이다. 물론 지금도 이러한 문화가 아주 없어지지는 않았지만……

자유 속의 억압, 그리고 성모순이 청소년기부터 그 모습을 드러내고 있는 것이다. 이렇듯 복잡하게 얽혀 있는 모순 속에서 여성, 남성들은 무모한 실험과 범죄, 그리고 자책감과 좌절의 늪에서 헤어나지 못하고 있었다.

이러한 문제의 열쇠는 성교육에 있는 듯했다. 1990년대에 교육부와 지방자치단체는 이러한 문제를 해결하기 위해 성폭력 예방교육, 미혼모

예방교육, 에이즈 예방교육 등을 실시하거나 지원했다. 그런데 당시 학교에서 가르치고 있는 성지식은 청소년들에게 호응을 받지 못했다. 너무 교과서적이라 학교를 지루해하는 청소년들에게 매력적일 리 없었고 그들이 현실적으로 부딪히고 있는 성문제와는 동떨어져 있으니 역시 졸릴 수밖에 없었다. 종래의 성교육의 문제는 위기상황에 처해 있는 청소년 성의 현주소(성폭행문제, 포르노 탐닉, 미혼부모문제, 낙태문제 등)를 제대로 담아내지 못하고 있었다. 또한 여성들에게 '조심하라, 순결을 지키라'는 교육은 여성들을 성폭력에서 지켜내지 못하고 오히려 여성에게 피해의 책임을 전가하는 것이었다. 더 늦기 전에 이들의 진실한 욕구와 요구에 어른들이 귀를 기울여야 했다. 성을 음지에서 양지로 끌어내야 했다. 성에 대해 부끄러워하거나 숨기지 말고 이야기해야 했다. 청소년들에게 제대로 된 성지식과 성윤리를 가르쳐야 했다.

그러면 누가 무엇을 어떻게 가르칠 것인가. 이를 두고 보이지 않는 각축이 벌어졌다. 성교육의 주체, 내용, 방식 등이 나이, 성, 제도권 등 변수들에 의해 좌우되는 상황에서 이러한 각축은 진보와 보수의 대결이 될 수밖에 없었다. 이때 여성운동단체(젊은, 여성, 비제도권)가 성교육운동을 전개하면서 기선을 제압하고 우리나라 성교육의 내용과 방식을 주도하게 되었다. 여성의전화가 바로 이런 운동의 선두에서 사회변화를 이끌었다. 물론 이에 대한 보수, 제도권, 남성의 반격은 극심했다. 그러나 대세를 어찌하랴.

# 여성, 성을 말하다

## 성교육에 대한 안팎의 요구가 거세다

광명의 경우 본격적인 성교육은 1999년부터 시작되었다. 당시 광명여성의전화는 여성상담학교를 개설하여 지역에서 처음으로 지역여성들이 여성학을 접할 기회를 갖게 되었는데, 마침 성교육에 대한 요구가 조직 안팎에서 거세게 일고 있었다. 여성단체가 생겼으니 지역의 청소년들에게 성교육을 해달라는 요구와 더불어 회원들도 성에 대한 공부를 하고 싶다는 요구가 있었던 것이다. 이들은 아이를 키우면서 성에 대해 잘 모르거나 아이들이 질문할 때 어떻게 대처해야 하는지 몰라서 공부해야겠다는 생각을 한 것이다.

당시 지역에서는 거의 성교육이 이루어지지 않았고, 있다 하더라도 학교의 양호 교사 혹은 보건소에서 나온 간호사가 2차 성징에 관한 내용을 중심으로 실시한 성교육이 전부였다. 성폭력 예방교육이나 성 가치관에 대해 교육할 수 있는 사람이나 기관이 없었던 것이다. 이런 상황이기 때문에 지역사회의 성교육은 성의 문제와 여성 및 남성문제를 다루는 여성의전화의 몫이 되었다. 우리는 이러한 지역사회의 요구를 기꺼이 수용하여 회원 중심으로 성교육강사를 양성하게 되었다.

우선 우리는 소모임을 운영하여 학습을 하기로 했다. 당시 사무실이 작고 복잡하여 회원 집에 돌아가면서 매주 한 번씩 모임을 가졌다. 책을 정하고, 발제자와 서기를 두어 발표하고 기록했다. 처음에는 책 내용이 어려워 이해하는 데 힘들기도 했으나 '성'이라는 주제 자체가 주는 재미 때문에 모여서 토론할 때마다 웃음꽃을 피우곤 했다. 자연스럽게 사랑 이야기나 부부관계, 아이들 성교육문제 이야기를 나누고 서로 충고도 하면서 회원들은 개인적으로 가까워지기도 하고 의식이 변화되어갔다.

다른 여성 관련 주제도 마찬가지이지만, 성을 주제로 한 모임에서도 자신의 생활과 경험을 나누고 토론하는 과정에서 자연스럽게 삶의 방식이나 생각이 바뀌게 된다. 게다가 회원 집에서 하는 만큼 모임 후에 회원이 준비해준 점심을 같이 먹는 재미도 쏠쏠했다.

성교육모임 회원들은 내용 토론뿐 아니라 교육프로그램을 짜는 일, 강사진을 선정하는 일, 프로그램을 진행하는 일까지도 함께했다. 이렇게 해서 지역 최초로 성교육강사 양성을 위한 교육프로그램이 시작되었다.

## 성에 시비 걸다

광명지부를 포함하여 여성의전화가 성교육에 관심을 갖고 전국적으로 성교육 사업을 전개한 것은 당시 사회적으로 수요가 많아서만은 아니었다. 성교육이 여성운동의 핵심 사업으로 자리매김하게 된 것은 가부장제가 성을 통해 여성 억압과 성불평등을 재생산해왔다는 여성주의적 관점 때문이었다.

사건화된 성폭력은 문제이다. 그러나 일상생활 속에 얼마나 다양한 형태의 성폭력이 있는가. 성추행, 성희롱 등의 형태로 회사에서, 지하철에서, 거리에서, 그 숱하게 벌어지는 여성의 몸과 성에 대한 괴롭힘들, 그리고 남성과 달리 여성에게만 적용되는 이중 잣대로 여성이 당하는 그 억울함, 성폭력을 당하고 어디에도 호소할 수 없는 절망적인 상황들, 이제는 그대로 넘어갈 수 없다. 성(性)에 시비를 걸어야 한다. 기존의 성행태와 이에 관한 이러저러한 말들을 하나하나 따져야 한다. 가장 사적이고 가장 은밀하고 가장 낭만적인 것으로 여겨진 성이 실제로는 남성중심적인 이데올로기와 남성중심적인 권력관계를 반영할 뿐 아니라, 가부장제 사회에서 남성이 여성을 지배해온 주요한 도구였다는 사실을 소리 높여 말해야 했다. 성을 건드리지 않고는 여성운동이 불가능했다. 이렇게 하여 우리나라 여성운동에 성이 핵심 주제로 등장하게 된 것이다.

성을 이야기하고 성에 대해 가르친다는 것은 단순히 미혼모, 에이즈를 방지하기 위한 것이 아니라 남성중심적인 성의식과 가치관을 성평등한 것으로 바꾸어내는 것이어야 한다. 기존의 성교육은 생물학적 지식을 전달하거나 순결 이데올로기 등의 성규범 주입을 통해 성적 일탈행위를 예방하기 위한 내용이 대부분이어서 성을 매개로 어떤 억압이 이루어지고 있는지, 사회적 권력관계가 어떻게 반영되고 있는지를 성찰할 수 없었다. 따라서 우리는 생물학적인 지식을 전달하는 차원이 아닌 성평등의 관점에서 성에 대한 가치관을 심어주는 여성주의 성교육을 펼쳐나갔다.

이와 같이 청소년 성문제 해결과 여성운동의 필요에 의해 성교육이 여성운동의 주요한 축이 되었고 여성의전화는 전 지부에서 성교육에 몰두하게 되었다. 전국 차원에서 워크숍을 지속적으로 개최하여 성교육강사들의 의식의 편차를 줄이고 여성주의적 성교육 방법을 모색해나갔다.

제대로 된 성교육을 하기 위해 우리는 남녀 간의 권력차가 이성애적 성관계에 어떤 영향을 미치는가, 성과 관련된 성역할은 무엇인가, 미디어에 나타나는 여성의 몸 이데올로기와 다이어트의 정치학, 포르노의 허위의식과 성억압, 남성중심적 또는 여성 비하적 성 관련 용어에 대한 비판적 성찰, 여성의 성적 능력과 쾌락 드러내기, 성관계에서 평등한 의사소통 전략 등을 공부했다. 어려웠다. 이해하는 데 머리에 쥐가 날 지경이었다. 성교육강사가 되는 것, 결코 쉽지 않은 일이었다.

성교육 장사(?)가 잘 되자 강사가 되기 위해 여성의전화 회원이 되는 사람이 많아지는 부작용이 나타났다. 여성주의적 관점 없이 성교육강사 과정만 수료했다고 성교육을 하게 할 수는 없었다. 그래서 성교육강사 양성과정에서 '강사'로서의 정체성보다 '여성운동가'로서의 정체성을 확립하는 일에 주력했고 여성주의 성교육강사로서의 자질을 중요시하게 되었다. 성평등의식과 운동의식이 없는 여성들에게는 사업허가증(?)을 내주지 않았다.

또한 강의 중심에서 탈피한 효과적인 성교육 방식과 여성인권교육 차원의 성교육 내용 모색 등이 주요한 정책과제로 부상하면서 여성의전화 성교육운동은 활기를 더해갔다.


## 찾아가는 성교육

### 우리의 최대 고객, 청소년

우리가 실시한 대부분의 성교육은 학생들을 대상으로 이루어졌다. 학교 성교육이 의무화되면서 대부분의 지자체에서는 성폭력상담소나 여성단체에 교육을 의뢰했고, 이에 따라 여성의전화 지부에서도 학교에 출강하여 성교육 강의를 했다.

광명여성의전화가 성교육을 본격적으로 시작한 때는 1999년인데, 당시 한 중학교의 의식 있는 양호 교사가 여성의전화에 성교육을 의뢰해왔다. 그 교사는 학생들의 신체발달 정도가 빠르고 성에 대한 정보가 넘쳐나는 상황에서 학생들 질문에 답하기 어려운 때가 많다고 어려움을 호소했다. 담임선생님은 물론 양호 교사인 자신도 성에 대해 공개적으로 말하기 힘들고 성지식도 부족하다고 하며, 학생들에게 성에 대해 제대로 된 가치관을 길러주고 넘쳐나는 성정보에 대해 올바른 판단 기준을 제시하는 성교육을 요청했다.

이에 따라 '성이란 무엇인가'를 주제로 성이 단순히 생물학적 현상 또는 성행위에 국한된 것이 아니라 사람 간의 관계라는 점을 강조했다. 이러한 내용의 성교육은 기존의 2차 성징에 국한했던 성교육에 비해 신선한 내용이어서 학생들의 반응이 좋았다.

한번은, 소위 '공부 못하는 아이들이 가는 학교'라고 알려져 있는 학교(광명은 비평준화 지역이라 고등학교에 순위가 매겨져 있다)에서 성교육을 의뢰해왔다. 이에 나는 학생들한테 질문을 미리 받아 학생들이 궁금해하는 내용을 중심으로 강의를 진행하려 했다. 그런데 성교육 담당 선생님께서 학생들의 질문지를 건네주면서 애들이 너무 되바라져서 별의별 질문을 다 했다고, 그렇다고 우리 학교의 모든 학생들이 그러는 건 아니라며 난감한 표정을 지었다. 질문지 내용을 보니 그 시기에 궁금해하는 내용이었고 오히려 제대로 알려주지 않으면 인터넷이나 친구들을 통해 거짓 정보를 알게 될 가능성이 높은 내용들이었다. 질문 내용인즉

- 적당한 성기 크기는 몇 cm인가요?
- 오르가즘을 느낀다는데 그건 언제 느끼는 것인가요?
- 항문에 관계를 맺으면 에이즈에 걸리나요?
- 꼭 순결을 지켜야 하나요?
- 여자의 배란 시기 때 남자랑 성관계를 맺었는데 남자가 밖에다 사정을 했을 때도 임신이 가능한가요?
- 남자들은 여성과 성관계를 맺으면 그 여자가 싫어지나요?

● 홍석천에 대해 어떻게 생각하세요?

　나는 질문 내용을 학생들에게 그대로 읽어주고 담담하게 있는 그대로 솔직하게 얘기해주었다. 함께 듣고 있던 선생님들은 민망했는지 몰라도 산만하던 학생들이 오히려 집중해서 잘 듣는 것이 아닌가. 이처럼 강의식으로 하는 교육인 경우 미리 질문지를 받아서 학생들의 궁금증을 풀어주는 강의를 하면 일방적으로 강사가 하는 것보다 학생들의 반응이나 참여도가 훨씬 좋았다.

　일부 학교의 경우이긴 하지만, 우리가 하는 교육 내용을 감시하는 듯한 태도를 보이는 경우도 있었다. 한 중학교에서는 담당 선생님은 피임교육을 해달라고 했으나 교장 선생님이 허락하지 않았다. 이유는 피임교육을 하면 학생들의 호기심을 자극하여 성행위를 할 가능성이 높다는 것이었다. 교장 선생님들은 행여나 성교육강사들이 아이들을 망칠까 노심초사했다. 각 지역의 성교육강사들이 모이면 교장 선생님들에 대한 품평회로 밤새는 줄 몰랐다. 이렇듯 성교육은 사회적 필요에 의해 실시되기는 했지만 누가 어떤 내용으로 하느냐를 놓고 진보와 보수, 여성과 남성의 시각의 충돌이 불가피했다. 학교 성교육은 교장의 의사나 의지에 따라 교육 내용이 달라지거나 왜곡되는 경우가 많았다. 어떤 학교에서는 보수 반동적으로 순결교육을 실시했다. 강의가 끝나면 여학생들에게 순결서약서를 쓰라고 요구하고 그것을 쓴 학생들에게는 사탕을 주고 '순결을 지키지 않으면 암에 걸린다'는 근거 없는 말을 학생들에게 하는 경우도 있었다. 아이들 순결이 나라를 지킨다고 생각하시는지 정말 필사적이었다.

　우리는 성교육을 계속 진행하면서 교육 방식에도 큰 변화를 일으켰다.

초기에는 대부분 강당에 학생들을 모아놓거나 방송실에서 강의하는 것을 각 반에서 모니터를 통해 보는 형식으로 진행되었다. 그러나 우리가 그런 방식의 문제를 지속적으로 제기하여 지금은 각 반에 들어가서 하는 성교육이 많이 정착되었다.

그러나 아직도 성교육이 1회성 교육인 경우가 많다. 특별활동시간이나 기말고사가 끝난 시기에 대부분 이루어지는데 1회성 교육으로는 매우 한계가 있다. 그렇지만 이러한 여러 가지 한계에도 불구하고 성교육 시간은 청소년들이 양성평등교육을 받는 기회라는 점에서 의미를 찾을 수 있다. 특히 여학생들에게 자신이 자기 몸의 주인이라는 의식을 심어줌으로써 성폭력이나 성적행위에 보다 주체적으로 행동할 수 있게끔 한다는 점에서 큰 의미가 있다고 하겠다.

실제로 여중생들에게 성폭력 예방강의를 하고 온 며칠 뒤 그 학교 양호 선생님한테 고맙다고 전화가 온 적이 있었다. 한 여학생이 등교길에 택시를 탔는데 택시기사가 이상한 행동을 하려 했다고 한다. 그런데 성폭력 예방강의를 들은 게 생각나서 주눅 들지 않고 큰소리로 이러지 말라고 외치며 차에서 내리려고 했고, 이러한 대찬 행동에 기사가 당황하여 차를 세워 그 여학생은 별 탈 없이 내릴 수 있었다는 것이다. 그리곤 바로 학교에 도착하자마자 자기한테 와서 이야기하기에 잘했다고 칭찬해줬다며 강의한 게 바로 효과가 있었다고 고마워했다.

성교육의 중요성이 널리 홍보되면서 학교만이 아니라 청소년 관련 기관과 교회 등에서도 성교육을 하게 되었다. 청소년 기관을 이용하는 학생들을 대상으로 할 때는 인원이 소규모라 강의 참여자인 학생들과 풍부한 의사소통이 이루어질 수 있었고 그들이 주는 피드백이 교육의 효과를 높이는 역할을 하기도 했다.

교회에서 강의했을 때는 고등학생들에게 성교육을 하는 자리에 그 교회의 집사, 권사들이 같이 참석하여 학생들이 경직되어 강사의 질문에 대답도 제대로 못 한 적이 있었다. 이를 눈치 챈 교회 관계자들이 자리를 뜨자 그제야 학생들이 이것저것 질문도 하면서 분위기가 반전되었다.

## 아동, 부모, 노인에게도 성을 이야기하다

우리의 성교육사업은 초·중·고등학생에서 어린이집의 유아, 지역아동센터 어린이, 부모, 노인 등으로 확대되었다.

어린이집의 유아를 대상으로 할 때는 성폭력 예방, 우리 몸 제대로 알기, 여러 가지 색깔 등을 주제로 3회 연속 강의하여 성을 자연스러운 것으로 받아들이고 우리의 몸을 소중하게 여기도록 했으며 색에 대한 성 구분을 차단하여 성역할 고정관념이 생기지 않도록 했다.

지역아동센터에서 초등학교 5학년을 대상으로 '우리 몸 제대로 알기'를 할 때는 몸에 대해 간단하게 설명한 후 커다란 전지에 신체를 그리고 남자와 여자의 2차 성징을 그림으로 표현했다. 그러자 여자아이들은 소리 지르면서도 초롱초롱한 눈망울로 하나하나 다 보고, 남자아이들은 "선생님 변태예요, 성희롱이에요" 하며 구석으로 몰려가서 보려하지 않았다. 하지만 나중에는 모두 한자리에 모여서 2차 성징 그림을 더 그리기도 하고, 남자아이들도 생리팔찌 만들면서 즐거워했다. 이처럼 처음에는 소란을 피우며 부끄러워하던 아이들도 강의가 진행될수록 질문을 쏟아내고 재미있게 참여했다.

이러한 교육프로그램을 통해 우리는 학생들이 몸의 변화를 자연스럽게 받아들이고 성을 일상적인 것으로 인식하도록 했다. 특히 남학생들에게도 생리팔찌를 만들게 하여 생리에 대한 이해를 도울 뿐 아니라 생리를 하는 여성의 몸을 배려할 수 있는 인성을 길러주었다. 또한 여자아이는 물론 남자아이들이 생리를 자연스러운 현상으로 이해하여 생리에 대해 부정적으로 인식하지 않게끔 했다.

또한 우리는 어린이집 학부모나 초·중·고등학교 학부모, 시민단체 회원, 기관의 자원봉사자 및 이용자 등을 대상으로 성교육을 실시했다. 대부분 1회 교육으로 끝났으나 인원이 많지 않고 수강생들의 열의가 대단하여 교육 효과나 만족도가 아주 높았다. 교육은 주로 아이들에게 어떻게 성교육을 시킬 것인가를 중심으로 이루어졌는데 토론 과정에서 교육자 자신의 성의식이 평등하고 개방적이며 성에 대해 자연스러운 태도를 스스로 가질 때 일상적인 성교육이 가능하다는 것으로 의견이 모아지곤 했다.

한번은 이런 대화가 오고 간 적이 있다.

참석자 1: 아이들 앞에서 어느 선까지 신체 접촉을 해야 하는지요?

나: 지금은 어느 정도 하십니까?

참석자 1: 살짝 안아주는 정도만 합니다.

나: 더 센 거 보여줘도 됩니다. (속으로, '더 센 거? 그건 뭐지?')

참석자 2: 그러다가 아이들이 따라하면 어떻게 합니까?

나: 이미 아이들이 다른 매체나 경로를 통해 다 알고 있어요. 부부가
    사랑 표현을 자연스럽게 하는 것을 아이들에게 보여주는 것이 숨

기는 것보다 더 좋습니다.

또 다른 참석자는 밤에 부부관계를 하다가 화장실 가던 아이한테 들켜서 서로가 당황했던 적이 있다며 이럴 때 어떻게 해야 하냐고 질문했다. 더운 여름에 문을 열어놓고 부부관계를 하다가 생길 수 있는 일인데, 이럴 땐 당황하지 말고 엄마 아빠가 사랑을 나누는 중이라고 간단하게 상황 설명을 아이에게 해준 후 다음날 다시 정리를 해주면 된다고 했다. 하지만 이런 설명이 아이들한테 자연스럽게 통하려면 평소에 성적인 표현이나 대화가 자연스러운 분위기를 만들어야 가능한 것이라고 첨언했다. 그래서 부부 사이에서 너무 표현을 안 하거나 접촉을 안 하는 것도 아이 교육상 좋지 않다고 했더니 참석자들이 자녀 교육을 위해서라도 사랑해야겠다고 해서 같이 웃은 적이 있다.

노인을 대상으로 하는 성교육은 2005년부터 실시하였다. 이는 여성의 전화 자문위원이기도 한 여성 시의원이 노인 대상 프로그램에 노인의 성 관련 강의가 꼭 들어가야 한다고 주장하여 이루어진 것이다. 복지관의 관장이 여성이어서 가능했던 것 같다. 흔히 어린이, 여성과 더불어 노인은 무성(無性)적인 존재라는 편견이 존재한다. 억울한 일이다. 그래서 그런지 '노인과 성' 강의 참석자들은 노인들에게도 성욕이 있으며 그것을 자연스럽게 드러내는 것이 중요하다는 내용에 많이 공감했다.

대부분의 여성노인들은 성관계가 귀찮거나 싫은데 남편이 원해서 할 수 없이 한 것으로 기억하고 있었다. 젊은 세대보다 나이 든 세대는 성관계가 지금보다 훨씬 남성중심적이고 아기를 갖기 위한 것이어서 여성들의 성적 쾌락은 뒷전이었다. 쉽게 흥분되는 남성과 달리 분위기와 당시의 감정 등 여러 가지 복합적인 요인이 잘 어우러져야 흥분이 되는 여성이 남성주도적 성행위에서 별 느낌을 받지 못하는 것, 성에 대해 부정적인 느낌을 갖는 것은 당연한 일이다. 아마 그녀들도 여성에게 성욕이 없어서가 아니라 제대로 발현될 기회를 갖지 못해서 그런 것일 뿐이라는 점을 알고 있다고 나는 생각한다. 다만 내가 한 일은 이런 것들이 여성의 운명이 아니고 이제라도 자신의 느낌과 욕구에 충실해야 하며 그것을 표현하는 데 주저하지 말아야 한다고 강조할 뿐이었다.

## 캠프로 하는 성교육

여성의전화는 10대 청소녀들을 특화하여 성을 주제로 한 '딸들의 캠프'를 브랜드화했고 광명에서도 창립한 이듬해부터 지금까지 지속적으로 이 캠프를 개최해왔다. 이 캠프는 초등학교 고학년부터 중학생까지 10대 청소녀들을 대상으로 자아존중감을 강화하고 성에 대한 여성주의 시각을 갖게 하며 정확한 성정보를 알려주어 건전한 성 가치관과 이성관, 성문화를 형성하는 데 크게 기여해왔다.

'나와 너 알기', '양성평등이 뭐예요?', '생리야 놀자, 몽정아 놀자', '도전 골든벨', '역할극' 등의 프로그램을 통해 여학생들은 집단의 역동성을 높이고 양성평등의식을 기르며 성지식을 습득하고, 이성교제나 성폭력 등의 상황에 맞추어서 극을 만들고 시연해봄으로써 상황에 대한 이해와 대처능력을 높이고 있다.

캠프 방식으로 진행하는 성교육 프로그램은 며칠 동안 집중적으로 성을 주제로 내용을 풀어낼 수 있다는 점과 개최하는 우리가 주도적으로 내용을 구성하고 진행할 수 있다는 장점이 있다. 따라서 참여 효과가 아주 높게 나온다. 광명의 경우도 회비만 내던 회원이 딸을 딸들의 캠프 보낸 이후 여성의전화에 적극적으로 참여하게 된 경우도 있었다. 딸이 캠프 프로그램에 아주 만족했을 뿐 아니라 실제로 초경을 시작하면서 당황하지 않고 자기가 알아서 잘 처리하는 것을 보고 딸들의 캠프 보내길 정말 잘했다며 여성의전화에 고마워했다.

딸들의 캠프는 다른 캠프와 진행 방식에서도 다르다. 대부분 학교나 학원에서 개최하는 캠프와는 달리 딸들의 캠프는 민주적이고 자율적으로 운영되고 선생님들도 학생들을 인격적으로 대우해 좋은 평가를 받고 있다.


## 성문화축제

학교에서 강의 위주로 진행하는 성교육은 한계가 있었다. 대상층이 한정되는데다가 누구나 쉽게 참여하기 어렵기 때문이다. 따라서 강의 방식에서 벗어나 훨씬 많은 사람들이 참여할 수 있는 방식에 대한 고민을 계속했다.

### 지역 성문화축제

마침 지역여성들과 함께 지역에 맞는 의제를 가지고 운동을 해야 한다는 지역여성운동에 대한 요구가 여성의전화 안에서 제기되었다. 이런 맥락에서 지역사람들과 함께할 수 있는 프로그램을 고민하던 중, 성을 주제로 한 축제사업을 하기로 했다. 회원이 중심이 되어 진행한 성문화축제는 '아이들이 사는 성' 성교육 애니메이션 상영, 성평등 동화마을, 작은 성 박물관, 변신 남과 여, 알쏭달쏭 가지치기 등 5개 코너로 구성되었다. 코너들은 상담원모임, 성교육강사모임, 무지개모임(6기 상담원모임), 여정 모임(여성정책 모니터링모임) 등의 소모임이 책임을 지고 준비하고 운영 했다.

각 소모임은 자신들이 맡은 코너를 더 재미있고 알차게 준비하기 위하여 아이디어를 모았고 필요한 소품은 회원들이 각자 집에서 가지고 왔다. 따라서 사무국에서 혼자 준비할 때보다 아이디어가 풍성했으며 다양한 소품들은 코너 행사를 더욱 재미있게 했다. 각 코너에 참가한 시민들은 아이를 동반한 가족 단위들이 많았고 코너 행사를 돌며 성지식을 자연스 럽게 알게 되었다.

이렇게 축제 형식으로 진행된 성문화축제에는 남녀노소 누구나 참여 할 수 있었는데, 특히 가족 단위의 참여가 주를 이루었다. 다양한 프로그 램에 능동적으로 참여하면서 자연스럽게 성에 대한 정보를 얻고 성에 대해 같이 이야기를 나누는 기회를 갖게 되었다. 성에 대한 여성주의적 접근을 축제 방식으로 하여 쉽게 대중에게 전달할 수 있었던 것이다.

## 학교축제에 성을 들고 찾아가다

2005년에 또 하나의 의미 있는 성교육이 이루어졌다. 한 고등학교의 축제에 성을 들고 찾아가 성교육을 축제의 한 프로그램으로 진행한 것이 다. 생리팔찌 만들기와 피임을 주제로 코너 행사를 준비하고 진행했는데 강의로만 듣던 성교육을 축제의 한 코너로 진행하자 참가한 학생들이 매우 좋아했다.

생리팔찌 만들기 경우는 직접 참가자들이 해보고 자신들의 주기에 맞는 팔찌를 가져가는 것이었기 때문에 재미있어했고, 피임에 대한 것 역시 실제 피임 관련 도구들을 가지고 가서 설명해주었기 때문에 흥미 있어했다. 그래서 자신이 참여해보고 나중에 자기 친구들을 데리고 와서 같이 해보는 등 학생들의 적극적인 참여가 돋보였다.

## 전국에서 열린 성문화축제

한국여성의전화연합 차원에서는 2003년도에 성남, 천안, 부산 등 3개 지부에서 '청소년 성범죄 예방을 위한 성문화축제'를 개최했다. 2년간 성남지부에서 진행되었던 청소년 성문화축제를 연합이 다른 지부가 할 수 있도록 지원한 것이다. 여러 개의 부스를 마련하고 강의와 이벤트를 결합하여 청소년들이 많이 참여하도록 진행했다. 강의 형식이 아닌 축제 형식으로 공개적이고 활기차게 진행하여 새로운 성교육의 모델로서 가 능성을 보여주었다는 평을 받았다.

성문화축제는 2004년도에도 이어졌다. 이번에는 서울, 성남, 창원지부 가 함께했다. 청소년 성문화축제임에도 불구하고 거리에서 행사를 진행 하여 불특정 다수가 참여했다는 문제점이 있었지만, 축제 형식의 새로운 성교육 프로그램을 고민하는 과정에서 만들어낸 결과물이었다는 데 의 의가 있다.

실내에서 특정 대상만을 만나는 방식의 성교육보다 실외에서 축제 형식으로 진행되는 성교육은 보다 많은 사람들이 여성주의 시각으로 된 성을 재미있게 맛보고 경험하게 한다. 그것은 우리가 가진 내용을 쉽게 전달하고, 참여자는 가벼운 마음으로 참여하면서 여성주의 가치관을 경 험한다는 점에서 성교육의 대중운동화라고 이름 붙일 수 있을 것이다.

# 쾌락이 어때서?

## 여성들, 당당하게 성을 밝히다

성교육에 관심을 보인 여성들은 엄마로서 자녀 교육을 위한 동기에서 성교육을 받기 시작한 것이었고, 정작 자신의 성의식이나 성욕 등에 대해서는 관심이 없거나 외면했다. 그러던 여성들이 교육을 받으면서 성에 대한 자신의 태도나 의식을 돌아보기 시작했고 성과 관련된 단어들을 스스럼없이 사용하면서 에둘러 표현하던 방식을 버리고 정확한 단어를 구사하게 되었다. 예를 들어 부부관계, 잠자리 등으로 표현하던 것을 '섹스'라고 표현하며 이런 표현을 다른 사람 앞에서, 또 심지어 공공장소에서도 거리낌 없이 사용하게 되었다.

또한 부부간의 성행위에 있어서도 전에는 성적인 대화도 없고 성적인 접촉 자체를 꺼려했던 태도에서 차츰 변하여 자신의 성적 욕구에 대해 정확하게 표현하게 되고 단어 사용도 풍부해졌다.

전에는 성에 대한 책을 잘 보지도 않았지만, 어쩌다 보더라도 나 혼자 몰래 봤어요. 그런데 지금은 집에 널려 있는 게 성에 대한 책이죠. 스터디 하려면 책을 미리 읽어야 되잖아요 그럼 지하철 안에서도 그냥 책 봐요. 가끔 적나라한 사진이나 그림도 나와 있지만 별로 개의치 않아요 처음엔 그래도 전철 안인데 싶어서 주위 눈치를 보기도 했는데 지금은 뭐가 어때서 그러면서 그냥 당당하게 봐요. ─ 회원 A

전에는 부부 간에 성적인 대화가 없었어요. 제가 성적인 접촉을 꺼려 해서 남편이 몇 번 요구하면 마지못해 응해주는 식이었거든요 그래서 성관계 횟수가 많지는 않았죠. 지금도 횟수 자체가 변화된 건 없어요. 하지만 지금은 성관계를 하면서 얘기를 많이 해요. 클리토리스가 어떻고 질이 어떻고 하면서 구체적으로 표현하죠. ― 회원 B


성 그러면 부끄럽고 더럽고 수치스럽고 뭐 이런 생각이 많았어요. 한편으로 그런 건 아니다 싶은 생각이 있기도 했지만 잘 안 바뀌더라고요. 벗은 내 몸을 보는 것도 부끄러웠어요. 지금은 다 벗고 내 몸을 찬찬히 보기도 하고요, 보면서 내 몸에 대한 자신감도 생기고 그래요. 예쁘다, 사랑한다……. 내가 좀 과식을 하는 편이에요. 막 배가 불러와도 식탐이 있어서 아무 생각 없이 그냥 먹어대고 그랬는데, 지금은 너무 배부르면 안 되지, 내 몸을 사랑해야지 하는 생각이 드니까 의식을 하게 되고 절제를 하게 되고 그러더라고요. 남편이랑 성관계를 할 때도 내가 먼저 하자고 한 적이 한 번도 없었어요. 남편이 좀 적극적인 편이라 기구 같은 것도 사오고 그랬는데, 너무 화가 나는 거예요. 도대체 날 어떻게 보길래 이런 걸 사오나 싶어서 당신 미쳤냐고 그랬어요. 지금은 자연스럽게 받아들여요. 오히려 조루의 보완책이 될 수도 있다 싶고……. 내가 먼저 하고 싶다고 하고 체위도 이렇게 바꿔보자고 하고 그래요. 처음엔 남편이 당황해했는데 지금은 남편도 잘 받아줘요. 가끔 내가 너무 밝히는 거 아닌가 싶어 주눅이 들기도 하고 쑥스럽기도 하고 그랬지만 그러면서 당당해졌어요. 가끔은 우리끼리 분위기 좋은 모텔도 가고 그래요. 전에는 저런 데를 왜 가나 싶었지만 그런 데 가서 하고 오면 활력이 되고 좋은 것 같아요. 그래서 성에 대해서 굉장히 자유스러워지고 야, 이런 재미도 있구나 싶고, 둘이 합의만 되면 무궁무진하게 할 게 많구나 싶어요. ― 회원 C

성에 대한 전통적인 관념은 여자는 성에 대해 밝히면 안 된다는 것이었다. 따라서 여성이 성에 대한 지식이 풍부한 것은 자랑할 것이 아니라 감춰야 하는 것이었다. 남성은 성경험이 풍부하고 성지식이 많을수록 또래 집단에서 우위를 점하는 것과 달리, 여성은 그 반대가 되어야 지지를 받을 수 있었다. 하지만 여성주의 성교육은 여성도 남성 못지 않게 성욕구가 있고 그것을 표현할 권리가 있다고 가르친다. 성에 대해 부끄러워하고 수치스럽게 생각하던 상태에서 성에 대해 당당하고 있는 그대로를 드러내게 해준다.

성교육강사가 되면서 여성들은 자신을 억압했던 성적 이데올로기에서 벗어나게 되었다. 음지에서 음담패설 형태로만 떠돌던 성을 양지로 끌어내어 성에 대한 잘못된 정보를 걸러내고 잘못된 통념을 바로잡고 있다. 그동안 여성과 남성이 잘못된 관계 속에서 얼마나 서로를 불행하게 했나 통절하고 있다.

## 이제 무서울 것이 없다

여성의전화 성교육강사들은 단순히 성에 대해 정보를 전달하는 사람이 아니다. 성교육이라는 내용과 형태를 통해서 자신이 변하고 우리 사회의 의식을 변화시키는 첨병으로 활동하고 있다. 그녀들이 성교육강사로 훈련하는 동안 스스로 변화를 경험하고 해방감을 느끼면서 자유로워졌기 때문이다. 그리고 지역에서 아이들이나 엄마들이 성에 대해 잘못된 정보를 가지고 이야기하고 있거나, 알고 있어야 할 성지식을 모르고 있는 것을 보면 성교육강사로서의 책임감을 느껴서 자신도 모르게 열정적으로 이야기해주고 있는 자신을 발견한다. 성교육이 일상생활에 녹아내리고 있다.

그게 참 웃긴 게요, 초경할 나이의 여자애가 그걸 잘 모르고 있잖아요? 그럼 아니 저걸 아직도 모르고 있으면 어떡해 하면서 알려줘야 한다는 생각이 막 물씬물씬 솟아나는 거예요. 모르고 있는 게 답답하고 제대로 알려줘야 생리에 대한 관념이 잘 자리 잡을 거란 생각이 드니까 가서 막 얘기해주고 그렇게 되는 거예요. 그래서 동네에서 애들 모아 놓고 얘기도 해주고 그랬어요. ― 회원 B

엄마들끼리 얘기해도 성에 대해서는 음담패설식으로만 얘기하는 거예요. 그래서 내가 사실관계를 확인해주면서 얘기를 하니까 대화를 주도하게 되고. 그러니까 전문가로 나를 인정해주고 모르면 나한테 상담해오고 그렇게 되더라고요. 그러면서 주위에서 나를 신뢰하게 되고 그래요. ― 회원 A

'성'은 일상성 속에 묻혀 있는 성차별을 드러내고 여성주의로 의식과 행동을 바꿀 수 있는 주요한 매개체이다. 따라서 성교육강사들은 성에 대한 전문성을 무기로 동네와 지역에서 여성주의를 전파하는 전도사로 살아가고 있다.

다른 사람들보다 조금 더 일찍 변화를 경험한 선배로서 자긍심과 책임감을 가지고 지역사회의 변화를 위해 오늘도 즐거운 땀방울을 흘리고 있다.

### 후기

그동안 해온 성교육을 정리하다 보니 성을 매개로 많은 변화를 경험한 회원들의 얼굴이 떠오른다. 그뿐만 아니라 그들과 함께했던 모임에서 만들었던 즐거운 추억도 같이 생각난다. 처음에 아이들에게 제대로 알려주기 위해서 시작했던 성에 대한 공부가 실제로는 자기 자신을 변화시키는 과정이 됐던 것, 그것은 여성주의가 무엇을 계기로 시작되든 결국은 여성 자신의 변화를 수반하게 된다는 것을 다시 한 번 보여주는 것 같다. 그리고 자신들의 경험이 자기 자신만의 특수한 경험이라고 여겼던 것을 드러내고 공론화했을 때 실제로는 대부분의 여성들이 경험하는 보편적인 현상이라는 것을 알게 되어 역시 '개인적인 것은 정치적인 것이다'라는 명제에 다시 한 번 맞장구치게 된다.

🍎 강은숙

나는 1997년 광명여성의전화 창립준비위원으로 여성의전화와 인연을 맺은 뒤 바로 사무국장과 회장을 거쳐 2007년부터 이사 및 지역자치위원장으로 활동하고 있다. 이전의 운동경험은 당위성에 기반을 두고 내 안의 것을 쏟아붓기만 했던 것이어서 쉽게 지치고 내 안의 진정한 욕구와 괴리감을 느끼는 경우가 많았다. 그러나 여성운동은 나를 성찰하고 성장시키면서도 지역의 여성들을 변화시키고 지역사회에 여성주의를 퍼뜨리게 하여 운동의 참맛을 알게 해주는 활동이었다. 지난 10여 년의 시간은 나와 조직이 함께 성장하는 즐겁고 보람 있는 시간이었다.

# "위험할 때 세 번!"

성폭력추방운동 이야기

신혜수

## 여성폭력추방운동, 미국에서 배우다

여성의전화가 창립될 당시 나는 미국에서 유학 중이었다. 대학원에 다닐 때 한국여성유권자연맹과 한국교회여성연합회 두 단체에 몸담고 7년 가까이 여성운동을 하다 1982년 유학길을 떠났다. 그렇기 때문에 공부를 하면서도 한국의 민주화운동과 여성운동에 지속적으로 관심을 가지면서 자료를 받아보고 운동의 발전 과정을 지켜보며 지냈다. 또 뉴욕에서 뜻이 맞는 친구들과 함께 '성차별, 인종차별, 계급차별'을 없애겠다는 아주 거창한(!) 목표를 내걸고 여성청우회(영문 이름은 Korean American Women - for - Action)라는 단체를 만들어 여성운동을 계속했다. 뉴스레터도 발간하고, 뉴욕 한인회장 선거가 있을 때는 뉴욕 교포사회 사상 처음으로 한인회장 후보들의 정견발표회도 개최해서 "여자들이 건방지다"라는 소리도 들었다. 또 1986년 권인숙 씨 성고문사건이 발생했을 때는 한국영사관 앞에서 시위도 했다.

212 여자, 길을 내다

## 샬럿 번치의 "국제페미니즘과 인권"

내가 박사학위 과정을 밟고 있던 뉴저지 주립대학 러트거스 대학에 1988년 미국의 유명한 여성운동가인 샬럿 번치(Charlotte Bunch)가 여성학 석좌교수로 와서 세미나강좌를 개설했다. '국제페미니즘과 인권'이라는 강좌였다. 30명으로 제한해서 뽑은 수강생들은 대학원생, 여성학 교수 및 강사, 그리고 여성단체 활동가들로 구성되었다. 내가 속했던 사회학과가 진보파와 보수파 교수들 간의 주도권 다툼이 심해서 답답했던 나는 일주일에 한 번 있는 이 세미나를 손꼽아 기다렸다. 이 세미나를 통해서 여성인권, 특히 여성폭력의 문제를 국제적 시각에서 인식할 수 있었다. 지참금 때문에 신부를 태워 죽여도 처벌이 되지 않는 인도의 이야기라든지, 아프리카 여성들에게 행해지는 성기절단, 어느 나라에서나 일어나고 있는 가정폭력, 강간, 남미의 정치범의 아내에게 행해지는 성고문 등 여성에 대한 폭력이 나라마다 형태가 다르고 그 정도도 정말 심각하다는 것을 알게 되었다. 또 기존의 인권협약이나 인권운동단체가 여성들이 겪는 이런 고통을 인권문제로 인식하지 않고 있다는 사실에 분노했다. 국제적 시각에서 여성문제를 바라보면서 '모든 형태의 여성차별의 철폐에 관한 협약'이라는 긴 이름의 여성을 위한 협약이 있다는 것에도 눈을 뜨게 되었다.

이때 세미나를 같이 수강했던 대학원생들과는 '제3세계여성연대'라는 것을 만들어서 활동했다. 여기서 만난 인도 유학생 하나는 "갓난아기였을 때부터 집에서 정해둔 약혼자와 결혼하라고 하는데 귀국을 해야 하나, 말아야 하나?"라는 고민을 해서 "귀국하지 말고 자유를 찾아라" 하고 말해준 기억이 난다. 또 '게이 — 레즈비언 인식 주간'에는 동성애에 대한 이해를 넓히기 위해 영화를 보고 강연회에도 참석하고 대학원

친구들과 토론회를 열기도 했다.

## 글로벌센터 하기연수 프로그램 '여성, 폭력, 인권'

샬럿 번치는 러트거스 대학에서 인기가 좋자 계약 기간을 마치고 아예 정규교수로 자리를 잡게 되었다. 그리고 샬럿은 1989년 글로벌센터를 창립했다. 이 센터의 정식 이름은 여성국제지도력센터(Center for Women's Global Leadership)이지만 줄여서 글로벌센터(Global Center)라고 부른다. 나도 이 센터의 창립에 정책기획위원으로 참여했다. 이후 센터의 여러 가지 프로그램에 관여하면서 나는 자연스럽게 국제여성운동의 새로운 중심으로 떠오른 운동에 참여하게 되었다.

창립 이듬해인 1990년 글로벌센터는 세계 각국의 여성운동가를 모아 앞으로 무슨 활동을 하면 좋겠는가를 논의하는 기획회의를 개최했다. 지금은 고인이 된 일본의 마쓰이 야요리, 필리핀의 오로라 드 디오스 등도 이 기획회의에 참가했다. 기획회의 결과 매년 여름방학에 각국의 여성운동가를 모아 2주간 리더십양성을 하는 하기연수원(Summer Institute)을 시작하기로 결정했다. 주최 측에서 모든 비용을 다 대주는 이 프로그램은 당연히 인기가 있어서 첫해부터 매년 전 세계에서 200여 명 정도가 지원했다. 한국에서는 2명의 지원자가 있었는데, 이때 뽑힌 한 명이 전 공동대표였던 운동권 후배 한우섭이다.

첫 번째 하기연수 프로그램의 주제는 '여성, 폭력, 인권'이었다. 전 세계에서 선발된 23명의 여성인권운동가들이 러트거스 대학의 아름다운 캠퍼스 더글라스 칼리지에서 2주간 함께 지내며 각국의 여성폭력의 현실을 발표하고 강의도 듣고 열띤 토론을 하며 의지를 다졌다. 인도네시아 참가자 한 명은 분과토론 중에 갑자기 엄청난 고백을 해서 우리 모두가 당황하기도 했다. 자기는 늘 가슴이 텅 빈 것을 느끼며 살았는데 성인이 되고 한참을 지나서야 어렸을 때 성기의 일부분인 음핵이 제거된 것을 알았다는 것이다.

나는 이 프로그램에 참가하면서 여성폭력과 여성인권에 관한 생생한 공부를 할 수 있었다. 그리고 기존의 인권 논의가 얼마나 여성의 인권을 도외시해왔는지에 대해서도 새롭게 눈을 떴다. 여성이 여성이기 때문에 당하는 폭력은 성폭력(gender violence, 또는 violence against women)이라는 것, 국제엠네스티나 휴먼 라이츠 워치(Human Rights Watch) 같은 단체들도 최근에야 비로소 여성들이 당하는 폭력문제를 인권문제로 보고 단체 내에 여성 부서를 두기 시작했다는 것도 알게 되었다.

이 첫 하기연수원은 국제여성인권운동에 대단히 중요한 출발점이 되었다. 참가자들의 브레인스토밍을 통해 '16일간의 여성폭력 추방행동(16 days of activism against violence against women)'을 시작하기로 한 것이다. 11월 25일부터 12월 10일까지 16일간 운동을 벌였는데, 기간을 이렇게 설정한 것에는 특별한 이유가 있다. 시작일인 11월 25일은 라틴아메리카에서 1981년부터 기념해온 여성폭력 추방의 날이다. 도미니카 공화국의 세 자매가 독재에 항거하다 1960년 살해된 것을 기리는 데에서 유래했다고 한다. 또 추방기간 마지막 날인 12월 10일은 세계인권선언이 유엔에서 채택된 날이다. 그리고 11월 25일과 12월 10일 사이에는 여성, 폭력, 인권과 관련되는 여러 사건이 있다. 12월 1일은 에이즈의 날이고(에이즈는 이제 더 이상 남성 동성애자의 문제가 아니라 이성애자 여성들의 문제가 되었다), 12월 6일은 캐나다 몬트리올의 한 대학 강의실에서 14명의 공대 여대생들이 단지 여자라는 이유만으로 한 남자에게 총을 맞아 몰살당한 날이다. 일명 몬트리올의 학살이라고 불린다. 이렇게 해서 '16일간의 여성폭력 추방행동'이 1991년 말부터 시작되었다.

지금까지 이 폭력추방운동은 전 세계로 확산되었고, 그 영향이 유엔까지 파급되어 1999년 12월 17에는 유엔이 '유엔총회 결의 54/134'로 11월 25일을 '세계 여성폭력 추방의 날(International Day for the Elimination of Violence against Women)'로 공식 선포했다.

## 여성의전화, 여성폭력 추방에 나서다

하기연수 프로그램이 끝나고 1991년 여름에 박사학위를 얻고 귀국하자 여성의전화에서 내게 도움을 요청했고 나는 전문위원이 되었다. 나는 글로벌센터에서 결정한 '16일간의 여성폭력 추방행동'을 여성의전화에 도입했고, 이 새로운 운동은 여성의전화를 통해 한국여성운동에 소개되었다. 그해 연말 여성의전화는 김부남 사건 대책위원회와 함께 성폭력 피해자를 추모하는 행사를 계획했다. 한국에서의 첫 '16일간의 여성폭력 추방행동'은 '넋은 살아 연꽃으로 피거라'라는 제목으로 시작되었다. 그리고 한국 사회에 적용되는 과정에서 용어가 한국적으로 바뀌어 처음 몇 년간은 '성폭력 추방주간', 그리고 후에는 '여성폭력 추방주간'으로 명명되었다.

1992년이 되자 나는 여성의전화의 부회장이 되었다. 그때는 회장 밑에 부회장이 3명이나 있던 때여서 부담감이 훨씬 적기는 했지만 졸지에 지도부가 되어 여성의전화의 운동적, 조직적 요구를 대변해야 하는 위치에 놓였다.

# 「성폭력특별법」 제정운동을 전개하다

여성의전화는 1991년부터 「성폭력특별법」 제정운동을 하고 있었
다.* 「성폭력특별법」 제정의 필요성은 창립 이후부터 계속 느끼고 있었
지만, 그 직접적인 계기는 역설적이게도 단체 활동가들이 일하는 데 있어
신변보호의 필요성을 느꼈기 때문이었다고 한다. 초대 사무국장을 지낸
한우섭 공동대표에 의하면 폭력남편이 경찰관을 대동하고 와서 쉼터에
머물고 있는 내담자를 내놓으라며 큰소리를 쳤다는 것이다. "마누라를
왜 납치했느냐?"라고 호통치면서 여성의전화 실무자들을 오히려 인신
매매범으로 몰아붙여 법적, 제도적 보호 장치의 필요성을 느꼈다고 한다.

여성의전화는 「성폭력특별법」 제정을 위한 첫 공식 모임으로 1991년
4월 18일 '성폭력관련법 입법을 위한 공청회'를 개최하고, 8월에는 대구
여성회, 김부남 사건 대책위원회, 그리고 새로 생긴 한국성폭력상담소
등과 함께 '성폭력특별법 제정추진위원회'를 결성했다. 추진위에서는
1991년 9월 9일 정당인 초청 간담회를 개최하고 간담회에 참석했던 박영
숙 의원을 소개의원으로 하여 10월 31일에 국회에 '성폭력특별법 제정을
위한 청원서'를 국회에 제출했다.

이러한 활동을 기반으로 1992년부터는 「성폭력특별법」 제정운동이
박차를 가하게 되었다. 그리고 보다 본격적인 「성폭력특별법」 제정운동

---

* 「성폭력특별법」 제정운동의 시작과 전개에 대한 자세한 설명은 한국여성의전화
연합이 창립 15주년을 기념하여 발간한 『한국여성인권운동사』(1999) 중, 민경
자가 쓴 「성폭력 여성운동사」의 55~63쪽과 이현숙, 정춘숙이 쓴 「아내구타추
방운동사」의 142~145쪽을 참조하라.

을 위해 기존의 4개 단체만으로 구성되었던 연대의 틀을 더 넓혀 한국여성단체연합 안에 특별위원회를 구성하기로 합의했다. 여성단체연합은 1987년에 여성운동단체의 연대체로 창립된 이후에 여성노동자 생존권투쟁 등 여성의 권익을 옹호하기 위한 여러 운동의 중심에 서서 회원단체의 역량을 결집시켜내는 역할을 열심히 해왔다. 여성단체연합은 성폭력 추방을 시대적 과제로 인식하여 1992년의 중점 사업으로 결정하고 '성폭력특별법 제정추진특별위원회'를 구성했다. 여기에는 여성연합 회원단체 중에서 우리 한국여성의전화와 6개 단체(거창여성회, 광주여성의전화, 대구여성회, 부산여성회, 전북여성의전화, 한국여성민우회)* 이외에도 외부에서 경실련 불교연합, 기독평화여성회, 서울YMCA, 장애우권익문제연구소, 한국성폭력상담소가 합류했다.

원래 여성단체연합의 '성폭력특별법 제정추진특별위원회(이하 특위)' 는 1992년 초에 출범하기로 되어 있었다. 그런데 어느 단체가 위원장직을 맡을 것인가를 놓고 쉽게 합의가 이루어지지 않았다. 「성폭력특별법」 제정운동을 처음부터 추진해왔고 또 여성연합의 회원단체로 있는 우리로서는 위원장직을 절대로 다른 단체에 넘겨줄 수 없었고, 당시 창립한 지 얼마 되지 않은 한국성폭력상담소(1991년 창립) 역시 여성연합에 속해 있지는 않았지만 '성폭력문제 전문단체'임을 내세워 위원장직 맡기를

---

* 이 당시에는 여성의전화가 지부체제가 아니어서 한국여성의전화와 광주여성의 전화는 독립된 단체였다.

희망했다. 그래서 연초에 구성되어야 할 특위가 3월 하순에 가서야 설립될 수 있었다. 타협안은 위원장에 덧붙여 부위원장을 두는 것이었다. 그래서 여성연합 연대운동 사상 처음으로 특위 위원장 밑에 부위원장을 두는 체제로 출범하게 되었다. 위원장은 여성의전화 부회장이던 내가 맡고, 부위원장은 성폭력상담소의 최영애 소장이 맡는 것으로 정리가 되었다.

## 성폭력 개념 논쟁

「성폭력특별법」을 만들기 위해 특위에서 한 첫 번째 사업은 성폭력의 개념을 명확히 하는 것이었다. 이를 위해 특위는 내부 토론회를 개최했다. 이 토론회에서는 두 가지 개념이 대립했다. 하나는 여성의전화를 대표해서 내가 발제한 '여성에 대한 모든 폭력(gender violence)'으로서의 광의의 개념이었고, 또 하나는 협의의 개념인 '성적 폭력(sexual violence)'으로서의 성폭력으로 성폭력상담소가 주장한 것이었다. 우리는 처음부터 여성이 당하는 모든 폭력의 문제를 성폭력으로 설정하고 「성폭력특별법」에는 당연히 아내구타와 강간, 성추행, 성매매, 인신매매 등의 여성에 대한 폭력범죄가 모두 포함되어야 한다고 생각하고 있었다. 나는 여성의전화의 입장을 대변하면서 미국에서 접한 광의의 성폭력, 즉 '여성에 대한 모든 폭력(gender violence)'의 개념을 적용해서 설명하려고 노력했다. '성차별'이란 용어가 '여성이 겪는 차별'을 의미하는 것처럼 '성폭력'도 '여성이기 때문에 당하는 폭력'이란 것을 이해시키려 했다. 그러나 한국에서는 아직 '성'이라는 용어가 생물학적이고 신체적인 의미(sex)로만 통용되던 때였다. 사회적 의미의 성(gender)은 1995년 북경세계여성대회에서 본격적으로 등장하여 북경대회를 계기로 한국에 소개된 개념이다.

그래서 당시 학문적으로나 운동적으로나 논의되지 않았던 '(여)성폭력 (gender violence)' 개념을 이해시키는 것은 나 혼자의 힘으로는 역부족이었다. 우리 단체 사람들을 빼고는 모든 참가자들이 성폭력을 '성적 폭력 (sexual violence)'으로 해석했고 아내구타는 이질적인 것으로 간주했다. 당시 토론회의 사회를 맡았던 여성연합의 이미경(현 민주당 의원) 총무는 내가 주장하는 광의의 성폭력 내용 중에서 아내구타만 빼고 인신매매까지를 포함해 모든 성적 폭력을 포괄하는 개념으로의 '성폭력'을 법의 규제 대상으로 하자고 의견을 제시하면서 사실상 협의의 성폭력(sexual violence) 개념을 채택하는 쪽으로 토론회를 정리했다.

우리 여성의전화에서 「성폭력특별법」 제정운동을 처음 시작했고 사실 성폭력이라는 용어도 우리가 처음 사용하기 시작했지만, 여러 단체가 연대해서 운동을 해야 하는 상황이었기 때문에 모든 것은 특위에서 논의하고 결정해야 했다.

1990년대 초기의 한국 사회의 여성폭력에 대한 인식은 그 수준이 높지 않았다. 9살 어린이 김부남이 이웃 남자에게 성폭력을 당하고 21년 후 가해자를 살해한 사건 때문에 아동성폭력의 심각성에 대한 사회적 공감대가 형성되었고, 12년간 의붓아버지에게 성폭행을 당한 김보은이 애인 김진관과 함께 가해자를 죽인 사건으로 근친강간의 문제가 사회적 이슈로 부상했지만 아내구타까지를 포함해 여성이기 때문에 당하는 모든 폭력이라는 의미의 '(여)성폭력(gender violence)'에 대해서는 아직 인식이 생기기 전이었다. 아내구타까지를 포함한 「성폭력특별법」을 만드는 것은 거의 불가능했다. 돌이켜보면 당시 우리의 입장은 시대를 너무 앞서가서 사회적으로 받아들여지기 힘든 것이었다.

## 강간의 개념과 범위

성폭력특위는 여성학자, 사회복지전문가, 변호사 등 전문가들과 머리를 맞대고 어떤 내용으로 법안을 만들 것인가에 대한 연구와 토론, 논쟁을 계속했다. 방향이 결정되자 실질적으로 법안을 만들기 위한 작업에 돌입했다. 이때 직접적인 도움을 준 사람은 이종걸 변호사였다. 법안을 성안하는 것은 변호사가 잘하기도 하지만, 그 사무실에서 작업을 하기가 편리하기 때문이기도 했다. 서초동에 있는 이종걸 변호사 사무실에서 여러 사람이 같이 밤을 새워가면서 작업을 한 것이 몇 번인지 모른다. 이 기회에 다시 감사드리고 싶다.

이상적인 내용의 법안을 만들기 위해 토론했던 여러 가지 내용 중에 가장 중요했던 것은 강간의 개념이었다. 그때까지 강간이나 추행은 형법 제32장 정조에 관한 죄*로 규정되어 있었다. 우리나라의 형법에는 강간이 무엇인지에 대한 개념 정의가 전혀 없이 형법 제297조에 "폭행 또는 협박으로 부녀를 강간한 자는 3년 이상의 유기징역에 처한다"라고 되어 있다. 그래서 강간이 인정되려면 실제 폭행이나 협박이 있었다는 것이 증명되어야만 하는 실정이었다. 폭력에 저항하는 동안에 상해를 입지 않았거나 옷이 찢어지지 않았으면 강간이 아니라 화간이라고 몰아붙이는 현상이 빈번했기 때문에 이에 대한 대처가 중요했다. 그래서 우리는 꼭 폭행이나 협박이 없더라도 '본인의 의사에 반해서 강제로 행해진 성행위'가 강간이라고 합의하여 '성적 자기결정권' 개념을 도입했다.

---

* 물론 "정조에 관한 죄"라는 제목은 말도 안 되는 것이다. 현재는 "강간과 추행의 죄"로 바뀌었다.

그래서 동의 없이 자행된 성교는 성적 자기결정권에 위배되어 모두 강간으로 규정되어야 한다고 정의했다.

또 하나 진지하게 논의했던 문제는 성폭력을 여성에게만 적용되도록 할 것인가 또는 남성까지 포함할 것인가였다. 물론 성폭력의 피해자는 대부분 여성이지만 군대, 교도소 등에서는 남성들 사이에서도 성폭력이 일어나고 있고, 학교에서 남자아이들끼리 바지를 내리게 하고 놀리거나 추행하는 일 등이 일어나는 사실에 비추어볼 때 여성과 남성 모두에게 적용될 수 있도록 하는 것이 바람직한 것으로 정리되었다. 그래서 성폭력을 성의 구분 없이 '사람' 사이에 일어나는 행위로 규정했다.

강간의 개념과 관련하여 또 한 가지 짚고 넘어갈 것은 바로 성기 중심적 사고이다. 실제로는 여성의 질 속에 성기를 삽입하는 형태의 강간뿐 아니라 손가락이나 이물질을 삽입한다든지 여러 가지 다른 형태의 성적 학대에도 여성들은 똑같은, 혹은 더 극심한 육체적, 정신적 피해를 겪을 수 있다. 따라서 여성의 질 속에 성기를 삽입하는 것만을 강간으로 규정하면 안 되고 항문이라든지 구강을 이용한, 또는 그 밖의 다른 형태의 성폭력도 추행이나 준강간으로 볼 것이 아니라 강간으로 보아야 한다고 의견을 모았다.

또한 강간을 친고죄로 규정하고 있는 것도 문제로 인식되었다. 소위 피해자의 명예를 보호한다는 명분하에 피해자의 고소가 없이는 수사가 되지 않는 것이 친고죄이다. 더구나 피해자가 고소를 제기할 수 있는 기간도 강간 후 6개월 이내로 한정되어 있었다. 강간을 당했다는 사실이 알려질 경우 피해자의 명예가 손상된다는 것은 피해자로서의 여성의 인권보다 여성의 정조를 더 소중하게 여기는 남성중심의 성문화를 의미한다. 그리고 성폭력을 당하고 좌절과 우울 등 그 후유증으로 고소 기간을 놓칠 수도 있고, 피해를 당할 당시에는 성폭력인지 인식을 제대로 못 할 수도 있다. 따라서 고소기간의 제한 없이, 또 친고죄가 아니라 누구라도 범죄를 알게 되면 이를 고발할 수 있도록 하는 것이 필요했다.

### 장애여성에 대한 성폭력

「성폭력특별법」 제정 과정에서 새롭게 인식하게 된 것은 장애여성에 대한 폭력이었다. 여성연합의 특위 구성에 장애우권익문제연구소가 합류하면서 여성운동계가 그때까지 감지하지 못하던, 또 사회적으로 감춰져 있던 장애여성에 대한 성폭력문제가 드러나게 되었다. 시설에 수용되어 있는 장애여성에 대한 강간과 추행의 문제, 강제 불임수술, 여성이면서 장애인이기 때문에 겪는 이중차별문제 등에 대해 여성운동이 비로소 깨닫고 배우는 계기가 되었다. 그래서 법안에 장애여성에 대한 별도의 조항을 두게 되었다.

우리가 만든 '성폭력 대책에 관한 특별법(안)'은 기존의 가부장적 관점을 전면 지양하고, 여성학적, 또 사회복지적 측면을 도입하여 만든 새로운 관점의 법안이었다. 성폭력을 '성적 자기결정 침해의 죄'로 규정하고, 그동안 흩어져 있던 여러 법령을 통합, 일원화시켜 성폭력 범죄의 유형을 행위별, 대상별로 세분화했다. 그리고 고소기간을 폐지하고 친고죄를 폐지할 것 등을 골자로 했다. 이 법안은 7월 31일 당시 이우정 의원의 소개로 국회에 청원되었다.

### "위험할 때 세 번!"

법안을 청원한 후 하반기에 우리는 법안을 홍보하고 여론의 지지를 얻기 위해 공청회, 설명회, 토론회 등 많은 활동을 벌였다. 우리는 「성폭력특별법」이 제정되어야 하는 이유, 올바른 「성폭력특별법」의 내용은 어떠해야 하는가 등을 집중적으로 홍보했다. 이를 위해 전단 배포는 기본이고, 범국민 서명운동, 법사위 위원장과의 면담, 입법청문회 개최 촉구 등의 활동을 전개했다. 또 서울에서 제주도에 이르기까지 주요 도시에서

가두 피케팅, 실태보고, 연극공연, 경의대회, 토론회, 호신술 강좌, 여성문화한마당, 가두서명, 그림전, 신학세미나 등 다양한 형태의 집회가 개최되었다. 각 도시의 여성의전화를 비롯해서 여성단체, 시민단체들도 이 운동에 함께 연대했다.

이러한 우리의 운동은 그동안 눈물짓고 있었던 많은 여성들의 관심과 지지를 받았다. 한번은 당시 연희동에 있었던 우리 사무실로 강원도에서 50대 초반의 한 여성이 나를 찾아왔다. 마침 우리는 사무실 앞의 공터에서 기금을 마련하기 위한 바자회 중이었다. 그래서 길거리에서 이야기를 시작하게 되었는데, 자기가 20대 때 강간을 당하고 그 후유증으로 직장생활도 못 하고 결혼도 못 하고 30년간 독신으로 지내오면서 아직까지도 그 정신적인 피해에서 벗어나지 못 하고 있다는 것이었다. 자기를 너무나 쫓아다니던 남자가 앞으로는 안 쫓아다니겠으니 마지막으로 한 번만 만나달라고 사정해서 동정심에서 만나줬던 것이 으슥한 곳에서 강간을 당하게 된 것이라고 했다. 지나가는 사람도 아랑곳하지 않고 길에서 눈물을 철철 흘리며 이야기를 하는데 너무나 가슴이 아팠다. 왜냐하면 「성폭력특별법」이 제정되더라도 과거에 발생했던 강간사건에 소급해서 적용되지는 않기 때문이다. 그 여성은 자기 사건에는 법이 적용되지 않을

것을 알고 너무나 실망하여 그런 법을 뭐하러 만드느냐고 나에게 항의하기까지 했다.

「성폭력특별법」 제정운동 과정에서 일반 국민에게 가장 호응을 받았던 것은 우리가 성폭력 추방을 위한 상징물로 만든 호신용 호루라기였다. "위험할 때 세 번!"이라는 문구를 넣어 목에 걸고 다닐 수 있도록 만든 작은 호루라기는 전국적으로 선풍적인 인기를 끌었다. 당시 여성연합 사무실은 정동 경기여고 근처의 구세군 건물에 세 들어 있었는데, 택시기사가 자기 딸에게 주겠다고 일부러 찾아와서 사가기도 했다. 또 중소기업에서 여직원들에게 줄 선물로 몇십 개씩 구입해가기도 했다. 사실 호루라기를 홍보하면서도 위험에 처했을 때 이를 분다고 다른 사람들이 달려와 줄까 하는 의구심이 좀 들기도 했다. 그러나 세상이 하도 험악했던 시절이라 그런 아이디어가 통하지 않았나 생각한다. 나중에는 호루라기에 볼펜을 접목해서 한 단계 진화된 물건도 나왔던 것으로 기억한다. 어쨌든 전국적으로 성폭력의 위험을 홍보하고 특별법 제정의 필요성을 홍보하는데 성공했다고 생각한다.

### 어떻게 이런 일이……

그런데 이게 웬일? 대선 국면 속에서 1992년에 당연히 제정될 줄 알았던 「성폭력특별법」은 해를 넘기고도 제정이 되지 않았다. 정치는 대개 국민의 필요보다는 정쟁과 정치적 이해타산이 지배하는 장이다. 이 법안을 처리하기로 예정되었던 정기국회가 대통령 선거로 인해 공전되면서 연내에 법을 제정하려던 우리들의 희망도 물거품이 되었다.

법제정이 미루어지자 여성연합의 '성폭력특별법 제정추진특별위원회'의 운영기간도 1993년으로 연장되었고 위원장은 성폭력상담소가 맡게 되었다. 내가 전주에 있는 한일장신대학교에 조교수로 가게 되어서 전적으로 여성운동에만 매진할 수 없게 되었기 때문이다. 그러나 특위 위원장은 바뀌었더라도 특별법 제정운동에는 여성의전화가 계속 적극적으로 운동했음은 물론이다.

1993년에 특위는 새로 대통령으로 선출된 김영삼 당선자와 국회 법사위원회에 「성폭력특별법」의 조속한 제정을 촉구했다. 또한 친고제 폐지에 관한 공청회를 개최하고, 당시 이만섭 국회의장, 현경대 법사위원장 등을 면담하며 법제정을 촉구했다. 지난한 운동 끝에 마침내 12월 17일 정기국회 폐회 일을 얼마 앞두고서야 「성폭력범죄의 처벌과 피해자 보호 등에 관한 법률」이 통과되었다.

그러나 그 내용을 보고 나는 너무나 허탈했다. 형법 중에서 여기저기에 흩어져 있던 성에 관련된 법안들을 그대로 모아놓고 여기에 새로운 형태의 성폭력 범죄를 추가한 것에 지나지 않았기 때문이다. 즉, 버스나 지하철 등 대중교통수단 내에서의 추행 등의 행위, 또 당시 새로운 유형으로 발생한 컴퓨터 등 통신수단을 통한 성폭력 등만을 추가했을 뿐이었다. 우리가 심혈을 기울여 만든 내용은 온데간데없고 기존의 여성폭력에 관련된 법률의 이것저것을 한군데에 모으고 극히 일부분만 더 추가된 모습으로 제정되었다. 우리가 새로 제안한 피해자로서의 '사람'이나 '성적 자기결정권'은 다 없어지고 "폭행이나 협박으로"라는 문구도 그대로 살아 있는 채로, 친고죄도 기존의 6개월에서 1년으로 연장만 했을 뿐 그대로 존치된 채로 제정이 된 것이다. 입법 과정에서 우리가 포함시키기를 주장했던 아내강간도 남성 국회의원들의 반대로 제외되었다. 기존의 형법이 갖고 있던 많은 문제점이 하나도 해결이 되지 않은 채로 이름만 「성폭력특별법」으로 제정된 것이다.

## 쓰라린 경험을 통해 배우다

이때의 쓰라린 경험은 나중에 「가정폭력방지법」을 만들 때 귀중한 교훈으로 남게 되었다. 우리가 원하는 내용으로 법안을 잘 만드는 것도 중요하지만 사회적 지지를 이끌어내기 위한 기반조성이 중요하다는 것을 깨달았다. 여성운동계에서 문제를 제기하고, 우리의 관점을 반영한 법안을 만들고, 홍보활동을 적극적으로 전개했지만, 가부장적 사고가 단단했던 남성 정치인들과 법조계의 인식을 바꾸기에는 역부족이었다.

1992년 치러진 14대 국회의원 선거에서 당선된 여성 국회의원은 3명에 불과했다. 물론 모두 전국구였다. 정당이나 국회에서 여성의 목소리는 전혀 없었다고 해도 과언이 아니다. 법조계도 답답하기로는 마찬가지였다. 예를 들면 법이 통과되고 난 후 전국 검사들을 상대로 한 연수프로그램에서 성폭력에 대해 강의했을 때 대구에서 올라온 한 남성 검사는 "그렇지만 (남자를 유혹해서 돈을 뜯어내는) 꽃뱀이 있지 않느냐?"라는 항의성 질문을 나에게 했다. 그런 당시의 현실에 반해 우리의 법안은 여성학적 원칙에 충실하려고 했고, 따라서 보수적인 일반의 인식과 비교할 때 대단히 급진적인 것이었다. 「성폭력특별법」 제정 시의 실패를 교훈 삼아 「가정폭력방지법」의 제정을 추진할 때는 국회의원들에게 법제정을 찬성하는지 여부에 대한 설문조사를 실시했고, 또 사회적 영향력이 있는 남성들을 포함하여 연대회의를 구성했다.

극도로 실망스러운 내용으로 법이 제정되고 여성연합 특위는 해체되었지만 후속 작업이 남아 있었다. 보건사회부 주도로 시행령과 시행규칙을 제정하는 과정에서 우리는 성폭력상담원을 교육하는 민간기관의 하나로 지정받을 수 있었다. 지금은 어느 기관이나 요건만 갖추면 성폭력상담원을 교육해낼 수 있고 또 3명의 상담원만 갖추면 성폭력상담소를 개설할 수 있지만, 당시에는 교육기관으로 지정을 받아야만 했고 상담소 개설도 허가제였다. 성폭력추방운동단체로서 그동안 상담을 해오고, 또 「성폭력특별법」 제정운동을 이끌어온 여성의전화는 당연히 상담원교육기관으로 지정받았고 각 지부에 성폭력상담소를 개설하게 되었다. 그 후 성폭력추방운동은 전국 각지에 설립된 상담소를 중심으로 전개된다.

## 법제정, 그 이후

「성폭력특별법」 제정 이후 지금까지 몇 번의 개정이 있었지만 우리가 처음에 만들었던 법안에 비추어보면 아직도 갈 길은 요원하다.

개정을 통해 보완된 것은 아주 미미한 부분에 지나지 않는다. 친족범위의 일부 확대, 13세 미만 여아에 대해서는 친고죄 폐지, 장애인에 관한 규정에 정신지체장애인을 명시적으로 추가한 것 등이고, 수사나 재판과정에서 일부 절차적으로 좀 더 피해자의 상황을 고려하도록 개선되었다. 그러나 애초에 법안을 만들 때 우리가 고민했던 근본적인 문제점들은 여전히 존재한다. 형법 제32장이 이전의 '정조에 관한 죄'에서 "강간과 추행의 죄"로 제목만 바뀌었을 뿐, 제297조의 강간은 여전히 "폭행과 협박으로 부녀를 강간한 자는 3년 이상의 유기징역에 처한다"라고 되어 있다. 즉, 죄명만 바뀌었을 뿐 강간성립조건으로 '폭행과 협박'이 여전히 남아 있는 것이다.

게다가 피해자의 '명예'를 보호한다는 명분으로 강간은 아직도 친고죄로 남아 있다. 현실적으로 피해자의 명예는 강간을 당했다는 사실을 다른 사람들이 모를 때 지켜지는 것이 아니라, 가해자가 검거되어 응당한 처벌을 받을 때 지켜지는 것인데도 우리 사회에서 성폭력은 범죄로만이 아니라 아직도 여성의 정조와 연관되어 인식되고 있다. 강간 후 여성의 나체 사진을 찍어서 공개하겠다고 협박하고 돈을 뜯어내는 사건이 빈번하게 발생하고 있는 현실이 이를 뒷받침하고 있다.

우리의 성폭력추방운동은 정말 자구책에서 비롯된 것이었다. 모르는 사람에게서 뿐 아니라 아는 사람에 의해서도 여성들은 끊임없이 안전을 위협받아왔다. 우리는 신체의 안전을 보장받을 권리, 성문제에 있어 자유롭게 결정할 권리를 주장해왔지만 아직도 성폭력은 폭력의 한 종류로 인식되기보다는 성문제의 하나로 간주되고 있다. 특히 부부관계에서는 상대방의 성까지 소유하는 것으로 간주되어 구타 후의 강제적 성관계도 강간으로 제기되지 못하고 있다.

「성폭력특별법」을 제정하고 그 법이 시행된 지 올해로 15년째이다. 그동안 우리는 성폭력추방의 제도화를 위해 열심히 노력해왔다고 생각한다. 그런데 아직도 성폭력추방은 국가의 일이라기보다는 여성운동단체의 일로 남아 있는 것 같다. 운동을 시작할 때 2.2%였던 성폭력범죄 신고 비율은 이제 10% 정도로 향상되었고, 경찰과 사법부의 대응은 전보다 조금 나아지기는 했다. 그러나 여성과 어린이를 성폭력으로부터 지키는 일은 아직도 우리에게 떠맡겨져 있는 것이 아닌가 하는 느낌이다.

오늘도 전국의 성폭력상담소에서는 계속 발생하는 성폭력사건을 상담하고 지원하느라, 또 상담원들은 준공무원처럼 온갖 보고업무를 수행하느라 심신이 피곤하다.


## 이제 다시 시작이다

그동안 국제적으로는 가시적인 몇 단계의 진전이 있었다. 여성에 대한 폭력이 중요한 이슈로 자리매김해서 유엔인권이사회에 여성폭력 특별보고관(1994)과 인신매매 특별보고관(2004)이 새로 신설되었다. 특별보고관들은 피해자의 진정을 받고, 연례보고서를 발간하며, 현장방문조사도 행하고 있다. 유엔 안전보장이사회도 2000년과 2008년에 전쟁 시 여성에 대한 강간 등의 문제에 대한 결의안을 채택했다. 그리고 2006년에는 여성폭력에 관한 유엔 사무총장의 심층보고서가 발간되어 성폭력을 포함한 여성에 대한 모든 폭력이 정부의 책임이라는 것이 더욱 강조되고 있다.

동시에 유엔 여성차별철폐협약(CEDAW)의 이행도 꾸준히 강화되어왔다. 이 협약은 여성의 권리를 포괄적으로 규정한 여성권리장전이다. 185개의 협약 가입국(한국은 1984년 가입)이 국가보고서 제출 시 여성폭력 전반에 관한 실태와 그 대책을 보고하는 것이 의무화되었다. 원래 협약에는 여성폭력에 관한 조항이 없지만, 여성차별철폐위원회가 1992년 일반권고 19호에서 '여성에 대한 폭력은 여성차별의 한 형태'라고 정의하여 포함된 것이다. 그리고 1999년에는 협약의 부속으로 선택의정서가 제정되어 개인이 진정할 수 있는 장치가 추가로 마련되었다(한국은 2006년에 선택의정서에 가입했다).

한국은 2007년 7월 제6차 여성차별철폐협약 이행보고서를 심의받았다. 심의 후 여성차별철폐위원회는 최종권고에서 여성폭력문제에 대해 여러 가지를 지적하고 그 대책을 권고했다. 이 중에는 친고죄의 폐지와 아내강간에 대한 처벌을 법제화 할 것도 포함되어 있다.

우리의 성폭력추방운동은 서구에 비하면 15년 정도 늦게 시작되었지만 전 세계적으로 볼 때에는 그래도 선발군에 속한다고 볼 수 있다. 아직도 일부 국가에서는 강간범이 피해자와 결혼하면 처벌을 면제받는다. 또 여성이 강간을 당해도 성관계를 가진 것으로 간주되어 오히려 피해자인 여성이 감옥에 가는 나라도 있다. 이렇듯 전 세계적인 차원에서 볼 때 앞서가고 있지만 이제 다시 우리는 성폭력추방운동의 현실을 돌아보고 그동안 정립된 국제적 기준에 맞춰 수준을 높여야 할 것이 무엇인가를 새롭게 점검해보아야 한다.

## 후기

여성의전화라는 우리 단체를 대표해서 일할 때 가장 고민이 되었던 것은 사회적 영향력을 놓고 끊임없이 다른 단체와 경쟁해야 했던 일이다. 여성의전화가 전국적으로 조직화하고 여성운동의 과제가 법과 제도를 정비해야 하는 시점이라서 특히 더 그랬던 것 같다. 정부와 정치권에 누가 더 중요한 파트너로 인정받고, 누가 언론에 더 많이 언급되는가에 신경이 곤두서곤 했다. 때로 경쟁에서 밀리는 것같이 여겨질 때는 가슴이 철렁해지곤 했다. 그러다 보니 지방 대학의 신문에서 인터뷰 요청을 하더라도 응해야 했고 항상 정신없이 바빴다. 또 온갖 국내 연대활동에다 국제적 활동까지 감당하다 보니 내가 계획을 세워서 할 일을 했다기보다는 주어진 일정에 휘둘려 쫓아가기 바빴다고 하는 것이 더 맞을 것 같다. 지금 되돌아보니 정말 부족한 리더십으로 대표 노릇을 제대로 하지 못했다.

그러다가 1990년대의 어느 순간 문득 깨달음이 왔다. 사회적 영향력을 놓고 경쟁을 벌이는 것이 바람직하지 않다는 것을. 그리고 조직적 이기주의에서 벗어나 한국 사회의 여성운동 전체를 놓고 보아야 한다는 것을.

아직도 여성들은 사회적 조직력이 약하다. 그동안 많이 발전되었지만 여성의 관점과 시각에서 본다면 우리 사회는 여성정책의 많은 부분이 정체상태이거나 언제 후퇴될지 모르게 입지가 약한 상태이다. 성주류화는 아직도 여성들만의 화두이다.

우리 사회의 여론주도층인 남성들이 여성폭력과 양성평등의 문제를 중요한 과제로 인식하도록 만들려면 아직도 한참을 더 노력해야 할 것 같다.

🍎 신혜수

1975년부터 지금까지 30년이 넘게 여성운동을 하고 있다. 진정한 사회발전은 여성에 대한 폭력과 차별이 없어져야 이루어진다고 믿고 있다. 한국여성의전화연합과는 1991년 전문위원으로 인연을 맺었다. 그 후 부회장, 회장, 상임대표를 했다. 임기를 마친 2002년부터는 한국여성의전화연합과 서울여성의전화의 이사로 있다. 2001년 유엔 여성차별철폐위원으로 선출되어 2번의 임기로 8년째 위원으로 있다. 한국이 국제기준에 부합하는 여성정책을 시행하도록 견인하는 일을 사명으로 생각하고 있다.

# 여자와 북어
## 아내폭력추방운동 이야기

정춘숙

　　나는 17년 동안 여성의전화에서 일하고 있다. 내 인생의 상당한 시간을 여성의전화와 함께한 것이다. 그런 내게 많은 사람들이 질문한다. 어떻게 그렇게 오랫동안 지치지도 않고 일할 수 있느냐고. 그때마다 나는 「가정폭력방지법」과 내가 만난 수천 명의 내담자 여성들 때문이었다고 말한다.*

--------

* 아내에 대한 남편의 폭력은 '아내구타', '가정폭력', '아내학대' 등의 여러 가지 용어로 불려왔다. 이 글에서는 물리적 폭력에 한정하는 듯한 '아내구타'나 성적·심리적 학대를 중심으로 하는 듯한 '아내학대'라는 용어보다는 아내에 대한 남편의 신체적·언어적·성적 폭력을 포괄하는 의미에서 '아내폭력'이라는 용어를 사용한다. 이러한 명명은 성 중립적으로 보이는 '배우자학대', '부부폭력', '가정폭력'이 실은 가부장적 가족제도와 성역할(gender)에서 비롯되는 '아내'에 대한 '남편'의 폭력임을 드러낼 수 있기 때문이다〔한국여성의전화연합 기획, 『성폭력을 다시 쓴다: 객관성, 여성운동, 인권』(한울아카데미, 2003)〕. 또한 이 글에서 주로 다루는 것이 '가정폭력방지법 제정운동' 과정의 성과와 과제이기 때문에 '가정폭력'이라는 용어도 필요에 따라 사용토록 하겠다.

## 아내폭력, 국가가 해결하라!

아내에 대한 폭력은(이하 아내폭력) 집에서 일어나기에 사람들은 '개인적인 일'로, 늘 일어나기에 '일상사'로 보고 문제 삼지 않는다. 흔히 있는 개인적인 일인데 본인들이 알아서 하지 뭐하러 그런 것을 국가가 해결하느냐는 것이다. 정부가 그렇게 할 일이 없냐고 한다.

### 아내가 남편에게 맞는 것, 정말 집안일인가……

1983년 한 여성단체가 708명의 여성을 대상으로 우리나라 최초로 아내구타 실태를 조사하고 창립식에서 그 결과를 발표했다. 708명 중 299명(42.2%)의 여성이 결혼 후 남편에게 구타당한 것으로 나타났다.

'여자와 북어는 사흘에 한 번씩 패야 한다'고 되뇌는 분위기에서 한편으로 이런 조사는 '도전'으로 비추어졌고, 더구나 가정 내 폭력에 '남'이 그것도 여성단체가 개입한다는 것은 더욱 위협적인 것으로 인식되었다. 그러나 다른 한편으로는 42.2%라는 통계에서 나타나는 아내구타의 심각성에 경악을 금치 못했다.

이런 조사를 하며 사회를 뒤흔든 단체는 1983년 창립 시부터 아내구타 문제를 들고 나온 여성의전화였다. 우리 여성의전화는 '아내폭력은 개인사가 아니라 가부장제 사회에서 여성과 남성의 힘의 차이로부터 오는 사회 구조적인 문제'라고 도전적인 주장을 하면서 '여성주의 상담', '쉼터운동' 등을 통해 여성 개인을 지원하는 한편 「가정폭력방지법」* 제정

---

\* 「가정폭력범죄 처벌에 관한 특례법」과 「가정폭력방지 및 피해자 보호에 관한 법률」.

운동을 통해 '아내폭력'을 발생·유지시키는 법질서, 관행, 사회 구조의 변화를 요구해왔다. 또한 아내폭력 실태를 고발하는 토론회와 법제정을 요구하는 공청회, 아내폭력에 관한 거의 최초의 영화인 <굴레를 벗고 서>를 제작하기도 했다. 이외에도 가정폭력 피해자의 가해자 살해를 다룬 <아주 먼 내일>을 제작하여 아내폭력(가정폭력)이 개인의 사생활이 아니라 심각한 사회문제임을 드러냈다.

이러한 '발칙한(?)' 일련의 활동에 우리 사회는 술렁이기 시작했다. 가부장들은 분노했고 여성들은 남모르게 미소를 지었다.

## 패륜인가 정당방위인가

이러던 차에 오랜 기간 아내폭력, 가정폭력에 시달려온 피해자들이 아무런 사회적 지원 없이 폭력에 무방비로 내몰리다 결국 우발적으로 가해자를 살해하는 안타까운 사건들이 일어났다.

임신 4개월의 여성이 자신을 폭행하여 유산케 하고 장을 파열시킨 남편을 살해한 '남희순 사건'을 필두로 이순심, 김명희, 전말석, 윤선화 등이 연루된 사건 등이 전국의 각 지역에서 발생했다. 우리는 이 여성들에 대한 구명운동을 전국적으로 펼쳐나갔다. 한 사건당 6개월에서 8개월 정도의 기간 동안 가족 면담과 변호사 선임, 재판 전략과 법정 모니터, 구명 서명 등 다양한 지원을 한다. 이러한 다각적인 지원을 통해 10년에서 15년의 장기형이 3년에서 5년 정도의 형으로 축소되기도 했다.

과거에, 그리고 아직도 많은 사람들은 아내(가정)폭력 피해자들의 가해자 살인사건을 가정을 위해 애써온 남편이나 아버지가 부정하고 악독한 아내를 만나 살해당한 것으로, 아내가 부정하거나 악독하지 않은 경우라도 인륜을 저버린 패륜 범죄로 치부했다. 그러나 우리는 신문에 한 단짜리 기사로 난 사건의 행간을 읽으며 그것이 아내(가정)폭력으로 인한 사건임을 찾아내곤 했다.

1995년 발생한 '전말석 사건'*이 그중 하나였다. 당시 신문에서 한 줄로 '또 하나의 패륜사건'이라고 처리된 '전말석 사건'을 읽고 나는 이 사건이 가정폭력으로 인한 사건임을 직감하고 이명숙 변호사와 함께 피의자를 접견했다. 역시 예상대로 사건은 18년간 지속된 가정폭력으로 인한 사건이었고 살인자가 된 폭력피해여성에 대한 구명운동을 전개했다. 구명운동 과정에서 법에서 말하고 있는 '정의'와 '정당방위' 개념이 얼마나 남성중심적인가가 문제로 지적되었다.

흔히 사법부는 사건에 따라 10여 년에서 40여 년에 걸친 잔인한 아내(가정)폭력의 영향과 심각성에 대해서는 침묵한 채 사건 당일 가해자가 피해자에게 얼마나 심각하게 폭력을 행사했는가에만 초점을 맞춘다. 그런데 많은 경우, 피해자들이 가해자가 술에 취해 있거나 잠들어 있는 경우에 범죄를 저지르기 때문에 '정당방위'로 인정받지 못하고 있다. 상대방이 아무 행동도 취하지 않은 상태에서의 살인은 정당하지 않다는 것이다.

가해자와 피해자 간의 기본적인 신체적 힘의 차이와 오랜 기간 폭력으로 인한 심리적 억압과 공포를 감안하지 않는 사법부의 '남성'적 관점은 너무도 쉽게 '살인' 이외의 '다른 방법'이 있다고 얘기한다.

물론 피해여성들은 폭력상황에서 벗어나기 위해서 수많은 '다른 방법'

---

\* 좀 더 자세한 운동 과정을 위해서 이 책 이화영의 글 「우리에게 아버지는 없었습니다」를 참조.

을 동원했다. 이혼을 시도하기도 하고, 집에서 도망치기도 하고, 상담소와 쉼터를 이용하기도 한다. 그러나 결국 그들은 아이들에 대한 걱정과 염려 때문에, 도망칠 경우에 친정 식구들을 모두 죽여버리겠다는 협박 때문에, 신고해도 집안일이라고 치부해버리는 경찰 때문에, 기소가 되어도 벌금형 정도니 합의하라는 은근한 검찰의 종용 때문에, 갈비뼈가 모두 금이 가도 가정폭력 가해자를 집행유예로 석방하는 법원 때문에 결국 폭력상황에서 빠져나오지 못하고 만다. 이런 이들에게 누가 과연 책임을 물을 수 있단 말인가?

구타 아버지를 죽인 아들의 어머니는 이렇게 절규한다. "내가 그렇게 도와달라고 했을 때 너희는 아무도 도와주지 않았어. 내가 경찰에 맨발로 뛰어갔을 때도 집안일이니 집에서 해결하라고 그랬지. 그런데 왜 이제 와서 내 아들을 잡아가냐, 내 아들이 내 남편 죽인 '우리 집안일'인데!"

결국 아내(가정)폭력 피해자는 심각한 폭력에 시달렸지만 그것이 가정 안에서 발생했다는 이유로 경찰을 비롯한 어떠한 사회적 지원도 받지 못하다가 결국 남편이나 아버지를 죽인 '살인범'이 되어 높은 형량을 선고받게 되는 것이다. 때문에 '내 마누라 내 자식 내 마음대로'라는 가부장적 의식을 불식시킬 제도가 필요했다. 가족 내 약자의 인권을 보호할 법이 필요했다. 가정 안에서 벌어지는 인권유린에 대해 국가가 책임을 지게 해야 했다. 이런 제도가 없는 한 개인의 인권은 가부장의 횡포에 무방비상태로 놓일 수밖에 없기 때문이다.

가정 내 폭력이 드러나고 이를 방치하는 하는 것은 국가의 직무유기라는 여성단체의 목소리가 커지면서 가족 구성원의 인권을 가부장의 지배하에 놓는 것은 불평등한 가족관계와 폭력적인 가정을 영속시키는 처사라는 주장이 공감대를 형성해갔다. 또한 여성의 사회적 지위변화와 상관

없이 여전히 사적인 영역으로 남겨져 있는 전근대적인 '가족'에 대한 사회적 담론이 힘을 받기 시작했다.


## 아내폭력, 법으로 막자

### 가정에 비바람은 들어가도 법은 들어가지 못한다?

「가정폭력방지법」 제정운동은 1994년 4월부터 시작하여 1997년 12월까지 만 3년이 넘는 시간이 걸린 입법운동이다. 이는 「성폭력특별법」이나 「성매매방지법」 제정과 단순 비교해보았을 때 다른 여성폭력 관련 법률보다 오랜 시간이 걸렸다고 볼 수 있다. 이는 '가정에 비바람은 들어갈 수 있으나 법은 들어갈 수 없다'는 우리 사회의 오랜 가부장적 의식에 기인하는 것이 아닌가 한다.

법제정을 준비해온 우리는 아내폭력을 여성에 대한 넓은 의미의 폭력(성폭력)으로 규정하고 다양한 형태의 여성에 대한 폭력을 금지하는 법안을 만들고자 했다. 그래서 아내구타와 더불어 강간, 인신매매 등을 '성폭력'으로 묶어 1991년 '성폭력관련법 입법을 위한 공청회'(1991. 4. 18)를 개최했고 이러한 내용으로 법률안을 만들기 시작했다. 그러나 오랜 토론 끝에 법조항으로 연결되는 만큼 용어와 개념 정의가 명확한 것이 좋다는 데 합의하고 성폭력 개념에 대한 일반의 이해와 법체계의 현실적인 요구에 따라 아내폭력의 문제를 좁은 의미의 성폭력(sexual violence)과 구분하게 되었다.*

---

\* 이현숙과 정춘숙이 쓴 『한국여성인권운동사』의 「아내구타추방운동사」 146쪽 참고.

또 '아내폭력'만을 다루는 법제정은 현실적으로 불가능했기 때문에 아동, 노인 단체들과 함께 「가정폭력방지법」을 만들기로 했다.

이러한 과정에서 아내폭력과 더불어 흔히 일어나는 아내강간문제는 제외되었다. 아내강간을 포함시키는 문제는 법제정 초기부터 논쟁적이었다. 우리는 강간이 폭력에 포함되므로 일상적으로 부부 간에 일어나는 강간도 범죄로 규정하고자 했다. 그러나 남성이 대부분인 국회에서 이런 법안이 통과되기는 힘들었다. 어느 남성 국회의원은 "그러면 아침에 대한민국 남자들 다 잡아가야 되겠네" 하며 불쾌해했다고 한다. 이 에피소드는 아내강간 실태와 강제적 성관계가 당연시되는 현실을 반영하며 더 나아가 아내에 대해서는 '강간'을 인정하지 않는 남성중심적 관점이 얼마나 강한지를 잘 보여주고 있다.

사실 법제정운동을 시작할 때 많은 사람들은 한국 사회에서 '정말 「가정폭력방지법」을 만들 수 있을까' 하는 의구심을 가졌다. 우리는 외국의 입법례를 조사하는 법제정 초기부터, 시행령, 시행규칙을 만들고 법이 시행되는 마지막 순간까지 전 과정을 담당했고 나는 그 모든 과정의 실무책임을 맡아 진행하면서 많은 것을 배우고 경험했다. 고비마다 매우 힘들었지만 결국 「가정폭력방지법」은 제정되었고, 그 과정은 여성의전화, 나아가 한국여성운동의 역사에서 가장 역동적이고 빛나는 순간 중 하나이자 나의 개인사에서도 가장 기억에 남는 날들이다.

### 정치, 시민사회, 문화, '여성'을 만나다

1994년 유엔이 정한 '세계 가정의 해'를 맞아 우리는 본격적으로 '가정폭력방지법 제정운동'을 시작했다. 1994년 5월 6일부터 13일까지를 '가정폭력추방주간'으로 설정하고 전국의 지부 및 다른 여성단체와 함께 다양한 행사를 전개했다. 이후 '가정폭력방지법 추진 전국연대(이하 전국연대)'가 결성되어 입법을 위한 다양한 사업을 추진했고 이 기구가 확대·개편된 '가정폭력방지법 제정추진특별위원회(이하 특위)'가 법제정을 완성하기에 이른다. 입법을 위해 외국의 입법례 조사, 외국 법안 번역, 시안 마련 간담회, 전문가 토론회, 입법청원 거리서명 등 다양한 방법이 동원되었고, 변호사, 전문가, 문화인, 시민단체, 정치인 등 다양한 집단의 노력이 결집되는 쾌거를 이루었다.

아내구타를 소재로 한 이민용 감독의 <개 같은 날의 오후>가 상영되면서 아내구타문제가 사회 이슈로 등장했다. 나는 당시 새정치국민회의 김대중 총재와 나란히 앉아 영화를 보면서 영화는 보지 않고 영화 상영 내내 왜 「가정폭력방지법」이 만들어져야 하며 그 피해 실태가 어떤지를 설명했다. 이 밖에도 노래 공모전, 음악회 등을 통해 가정폭력문제를 대중적으로 알리기 위한 다양한 작업이 이루어졌다. 또한 1996년 4월 총선을 겨냥해 법추진운동을 가시화하기 위해 총력을 기울였으며 각 당이 「가정폭력방지법」 제정을 여성정책공약으로 채택하도록 만들었다.

법안을 만드는 과정에는 많은 전문가들이 함께했다. 아동학대, 노인학대, 장애인문제를 다루는 각 기관의 활동가들과 사회복지, 법학 교수님들, 특히 함께 법률안을 만들었던 이종걸, 이찬진 변호사의 열정이 큰 역할을 했다. 이찬진 변호사는 본인은 '법률 기술자'일 뿐이니 방향과 내용은 우리가 내와야 한다며 자신의 한계(?)와 우리의 역할에 대해서 누누이 강조했다. 가끔 변호사들이 시간이 없어서 우리는 법원 근처의 설렁탕집 앞에서 가게 문이 열리길 기다리며(설렁탕집이 아침 7시에 문을 열어서 더 일찍 만날 수가 없었다) 법안을 토론하기도 했다.

나는 개인적으로 1996년 봄에 결혼해 1997년 봄에 아이를 출산했다. 한참 법안이 마무리되어가는 시점이어서 임신 8~9개월까지 한국여성단체연합(이하 여성연합)의 조영희 선배와 밤을 새워가며 법안을 마무리했다. 법안을 총정리하다 확인할 사항이 있으면 금방 헤어진 이찬진 변호사에게 새벽 2시에 전화를 했다가 이찬진 변호사의 부인이 받기도 해서 미안함에 어쩔 줄 몰랐던 적도 여러 번 있었다. 법안을 만들면서 나는 변호사들이 아내폭력의 실태와 현실을 잘 모른다는 것 때문에, 변호사들은 내가 법을 너무 모른다는 것 때문에 처음에는 많은 갈등이 있었다. 결국 수많은 토론과 논쟁과 투쟁 끝에 이러한 갈등이 해소되기는 했지만.

운동이 무르익으면서 여성단체만이 아니라 전국의 시민사회단체(범국민 운동본부)가 한목소리로 「가정폭력방지법」 제정을 요구하게 되어 가정폭력문제가 전 국민적 관심사로 떠오르게 되었는데, 여기에는 폭력에 시달리는 딸을 보다 못해 사위를 살해한 이상희 할머니의 고통이 있었다.

'이상희 할머니 사건'은 1996년 5월 자신의 딸을 지속적으로 괴롭혀온 딸의 동거남을 우발적으로 살해한 사건이었다. 이상희 할머니의 딸은 동거남으로부터 허벅지를 칼로 찔리고 목을 졸리는 등 생명의 위협을 느낄 정도의 심각한 폭력에 시달려왔다. 사건이 나기 전에도 동네 주민이 관할인 소래 파출소에 여러 차례 신고했으나 경찰은 아무런 도움이 되지 않았다. 사건 이후 이상희 할머니의 딸은 어머니 대신 자신이 동거남을 살해했다고 거짓 자수해 구속되었다가 이상희 할머니가 우리에게 와서 법률상담을 하며 사실을 털어놓았다. 결국 어버이날인 5월 8일 70대 노모는 경찰에 구속되었다. 당시 모든 일간지와 방송사가 '이상희 할머니 사건'을 특집으로 다루었고, 이상희 할머니 구명운동과 함께 관련법 제정의 필요성에 여론이 모아졌다.

## 법제정을 촉구한 아내폭력 피해자들의 죽음

범국민 운동본부는 내부 설명회까지 마친 후 전체 5장 50조로 구성된 법안을 85,505명의 청원으로 10월 30일 국회에 청원했다. 이후 신한국당, 새정치국민회의, 자유민주연합의 세 정당에서도 각각 「가정폭력방지법」의 법안을 제출했다. 그러나 「가정폭력방지법」은 노동법·안기부법 파동에 밀리며 회기를 넘기고 말았다.

1997년 1월 나는 아이를 출산한 후 3개월의 출산 휴가에 들어갔다. 「가정폭력방지법」 운동도 휴지기에 들어갔다. 1996년 말 법안이 통과될 것을 예상하며 축하연 장소를 고민했던 우리의 실망감은 매우 컸다. 1997년 4월 중순 출산 휴가를 끝내고 복귀했을 때 「가정폭력방지법」 운동은 내가 출산 휴가를 들어갔을 때 그대로였다. 이대로 법을 못 만드는 것은 아닐까 하는 걱정과 불안에 초조했다. 그러나 남편의 구타로 인해 숨진 여성들의 가족이 우리를 찾아와 도움을 요청하는 사건이 생겨나기 시작했다. 언론에 보도된 '이판순 사건' 이외에도 남편의 구타에 참혹하게 숨져간 여성의 사건은 꺼져가는 「가정폭력방지법」의 필요성에 다시 불을 붙여준 사건들이었다.

이에 우리 한국여성의전화와 범국민 운동본부는 1997년 5월 21일 신한국당 앞에서 '매 맞아 죽은 여자들을 위한 위령제'를 지냈다. 위령제에 참석한 우리들은 베수건을 쓰고 죽어간 여성들을 애도했다. 위령제 시작을 알리는 안혜경 선생의 <색동옷 곱게 입고>가 흐르자 참석자 모두가 가슴으로부터 솟구쳐 오르는 슬픔에 하염없이 눈물이 흘렀다. 유가족도 참여했으나 유가족보다 더 많이 울던 우리 활동가를 기자들이 유가족으로 오인해 인터뷰를 요청한 일은 두고두고 화제가 되었다. 이날 위령제는 TV 방송 3사의 뉴스 시간을 장식했고 더구나 같은 날 18년간 남편의 폭력에 시달리던 윤선화 씨가 남편을 살해한 사건이 발생해 사회는 더욱 큰 충격과 함께 「가정폭력방지법」의 필요성에 한목소리를 냈다.

### 그녀들의 희망

「가정폭력방지법」 제정 과정에 잊지 못할 사연이 많다. 그 하나는 1994년 우리 사회에서 아내(가정)폭력 사진전을 처음으로 열던 첫날에 있었던 일이다. 많은 사람이 몰려와 사진을 보던 와중에 한 보따리를 든 여성이 진행하던 우리를 찾아와 울며 사진을 가리키며 "제가 바로 저 사람이에요" 하는 것이었다. 갑작스런 상황에 금방 알아듣지 못했지만 곧 그가 피해자임을 알아채고 쉼터를 맡아 하시던 이문자 선생님이 그녀를 쉼터로 안내했다.

또 다른 사례는 1996년 초 내가 사무실에서 '가정폭력방지법안'을 손보고 있을 때 마침 한 여성이 무료법률상담을 받으러 들어왔다. 그녀는 우리나라에 이런 법이 있냐고 물었는데, 내가 "아직은 없고 지금 만드는 중이에요"라고 했더니 어서 빨리 이런 법을 만들라고 재촉했다.

법이 만들어진 후, 서울여성의전화에서 가해자 프로그램을 받고 있던 한 가해자의 부인, 즉 아내폭력 피해여성을 만났는데, 그녀는 가정폭력 관련법이 생겼다는 신문기사를 보고 그 기사를 오려서 안방 벽에 붙여놓고 말은 안 했지만 '나를 또 때리면 경찰에 신고한다'고 은근히 과시했다고 한다. 누가 이런 법을 만들었는지 모르지만 너무 감사하다는 것이었다.

이렇게 「가정폭력방지법」은 우리 사회의 수많은 가정폭력 피해자인 '그녀'들에게 희망이었다. 나는 「가정폭력방지법」의 제정과 개정 과정에, 그리고 그 후의 다양한 토론회에 토론자나 발제자로 참석하곤 했다. 그 과정에서 소위 전문가들과의 토론에서 백전백승했는데, 그것은 논리의 명쾌함뿐 아니라 자신들의 고통을 얘기해오는 수천 수만 명의 피해자들의 목소리에 귀 기울이고 함께해온 우리 여성의전화의 현장성과 저력에서 나온 힘 때문이었다. 이러한 저력으로 많은 사람들이 힘들다고 생각했던 「가정폭력방지법」을 만들게 된 것이다.

## 반대하지는 않지만 노력도 하지 않는 정치권

1997년 7월 우리들의 노력에도 불구하고 「가정폭력방지법」은 임시국회에서도 통과되지 않았다. 당시 한 라디오 프로그램에서 만난 모 국회의원은 이 법이 제정되지 않고 있는 것은 모든 국회의원들이 이 법에 반대하지는 않지만 이 법을 만들고자 노력하는 사람이 한 사람도 없기 때문이라고 했다. 그 후로 우리는 국회의원들이 가정폭력문제에 무관심한 것에 대해 맹공격했고, 신한국당 앞에서 '가정폭력방지법 제정 촉구대회'를 개최하고, 법사위원들을 면담하고, 「가정폭력방지법」 공청회 개최를 요구했으며, 1997년 11월 5일에는 김수환, 강원용, 강문규, 이효재, 윤후정, 김찬국, 강영훈, 서영훈 등의 연명으로 「가정폭력방지법」 제정을 촉구했다.

## 법 통과, 결코 사소하지 않은 결실

법안 검토 과정에서는 범국민 운동본부의 내용보다는 각 당의 안이 중심이 되었고, 처리기간, 피해자 안정보장문제 등에서 많은 논란이 있었다. 온갖 우여곡절을 겪으며 드디어 1997년 11월 17일과 18일 「가정폭력범죄 처벌 등에 관한 특례법」과 「가정폭력방지 및 피해자 보호 등에 관한 법률」이 각각 통과되었다.

통과되고 보니 합의된 내용과 다른 내용이 확정되기도 하여 무척 속상했던 기억이 난다. 그럼에도 '어찌 한술 밥에 배부르랴' 위로하며 법이 만들어졌다는 데 만족했다.

일단 가정 내 폭력에 국가
가 개입을 시작했고 가정폭
력이 누구나 신고해야 할 사
회적 범죄라는 것을 명시했
다는 점에 큰 의의를 두었다.
특히 변호사들의 반대에도

'누구나 신고할 수 있다'는 신고의무조항을 넣은 것은 상징적으로 큰
의미가 있다고 하겠다. 변호사들은 대한민국 국민은 범법행위를 보면
누구나 신고할 수 있는 것이 당연한데 왜 이런 조항을 넣어야 하느냐면서
이런 조항은 남들이 보면 법의 'ㅂ'자도 모르는 사람이 만든 거라고
한다고 주장했다. 그러나 나는 아내(가정)폭력을 개인의 문제, 개별 가정
의 문제로 치부하는 우리 사회의 뿌리 깊은 가부장성으로 보았을 때
반드시 필요한 조항이라고 끝까지 주장을 굽히지 않았고 결국 이 조항이
삽입되었다. 그 후 법이 제정된 이후 내가 가장 많은 질문을 받은 것도
바로 이 조항이었다.

「가정폭력방지법」 제정운동은 여성의전화의 현장성과 이슈의 대중성
의 조화로운 조합, 우리의 회원과 활동을 지지하는 보이지 않는 수많은
사람들의 지지, 그리고 전문가와 운동가의 열정과 헌신이 만들어낸 결과
이다. 이 모든 것들이 여성의전화, 나아가 여성운동의 자산이 된 것이다.
결코 사소하지 않은 결실이라고 생각한다.

법이 제정되고 나서 우리는 전국의 지부들과 함께 가정폭력 관련법의
조기 정착을 위한 전국적인 설명회를 가졌다. 당시 나의 심정은 「가정폭
력방지법」 설명을 위해서라면 아무리 먼 곳에서 무료로 설명을 부탁해도

기꺼이 달려갈 태세였다.

여성연합의 '가정폭력방지법 제정추진특별위원회'는 1998년 7월 법 시행을 앞두고 시행령과 시행규칙을 마련하는 데 함께했으며 경찰, 의사, 교사, 사회복지사, 재판부, 일반 국민에게 적극적인 교육, 홍보활동을 벌여 법이 효과적으로 집행될 수 있는 기초를 마련하는 데 노력했다.

이후 우리는 '가정폭력사건 처리 불만신고 센터'를 설치하고 토론회를 개최했다. 이 모니터링이 효과적이어서 각 지역의 경찰서에서 가정폭력 사건 처리에 좀 더 신중을 기하는 태도를 보이기도 했고 경찰청에서는 전 경찰을 대상으로 시험을 보는 등 경찰 각 개인이 이 법을 숙지할 수 있도록 노력했다.

## 개정 작업과 좌절

「가정폭력방지법」이 시행되면서 당사자들로부터 다양한 문제점이 제기되었다. 검찰의 벌금형으로 인한 가계 경제의 문제, 가해자에 대한 즉각적인 조치의 미비로 인한 피해자에 대한 보복폭행문제, 사건 이후 심하면 8개월 이후 진행되는 보호처분문제, 구상권으로 인한 치료비의 사용불가 등 여러 가지 문제가 나타났다.

우리가 당초 입법청원한 법안의 기본 방향은 가정폭력이 사회적 범죄 행위임을 명시하고 가정폭력에 대한 국가와 지방자치단체의 책임을 명시하는 것이었다. 또한 사회의 기본 단위인 '가정'의 보호법익과 '양성평등과 개인의 존엄'이라는 인권적 관점을 동시에 고려했다. 또 법제정 과정에서 주요하게 생각했던 부분은 피해자가 비용에 대한 부담 없이 이 법을 사용할 수 있게 접근권을 높이자는 취지에서 이 법의 절차를 형사사건의 일반적 과정을 따르게 했다. 그런데 법제정이 우리가 생각하는 것과는 전혀 다른 결과를 만들어내기도 했는데, 피해자에 대한 의료비 지원에 대한 구상권 집행의 경우가 그 대표적인 경우였다. 법안을 입안할 때에는 가해자에 대한 경제적 제제의 측면과 행정적으로도 무리가 없는 절차라 생각했으나, 실질적으로 이 조항으로 인해 구청 등 구상권을 행사 해야 하는 행정주체가 행정절차의 복잡함 등의 이유로 피해자나 상담소 에 치료비를 사용하지 못하게 한 엉뚱한 결과를 낳았다. 또한 가정폭력 피해자와 가해자가 생활공동체로서 가해자에게 행해진 구상권은 결국 피해자의 몫이 되어버리고, 아내(가정)폭력 피해자에 대한 국가의 책무를 면제해 아내(가정)폭력을 개인의 문제로 치부한 결과가 되고 말았다.

가정보호처분 불이행의 경우 즉각 구속하는 등의 강력한 조치를 명시 하자는 의견이 있었으나, 법원의 관례에 비추어 이것은 사법 모독이기 때문에 당연히 가중처벌 될 것으로 기대하여 미온적으로 대처한 것도 바로 문제점으로 드러났고 「가정폭력방지법」이 솜방망이라는 비아냥거 림의 빌미가 되었다. 즉, 법안이 가정보호처분을 신청할 수 있는 다양한 길을 원천적으로 봉쇄했고, 가정폭력 처리시한을 두지 않아 사건 처리가 지지부진하게 될 가능성이 있었으며, 가족 개개인의 인권보호 측면이 드러내지 못한 한계를 드러냈다.

이러한 문제로 인해 법을 개정해야 했고, 2000년부터 개정운동이 시작 되었다. 천정배 의원과 함께 2000년 12월경에 「가정폭력방지법」 개정 입법청원을 제출했으나 안타깝게도 국회 사정과 우리 조직상의 불안정 과 담당자의 잦은 교체로 인해 결실을 보지 못하고 말았다. 그 후 여러 차례 토론을 통해 의견을 수렴한 후 개정안이 2005년 6월 13일 홍미영 의원 외 87인의 발의로 상정되었다.

이 개정안의 주요 내용은 피해자 보호명령제도의 도입과 이 법의 목적이

가정의 보호 유지가 아니라 피해자의 인권보호에 있다는 점을 명시하고 가해자에 대한 적정한 처벌이 이루어지도록 했다. 또한 가정폭력에 대한 국가책임을 명시하여 예방교육과 홍보, 지역차원에서의 가정폭력방지 위원회 운영 등을 명시하여 구체적인 가정폭력정책을 세우고 이에 대한 실행을 강제하도록 했다.

이 개정안은 가정폭력 관련법 시행의 문제점을 총망라한 전면개정안으로 법제정 당시 범국민 운동본부가 제시한 「가정폭력방지법」 청원안과 매우 흡사했다. 그리고 법이 범시민운동계에서 요구한 것과 매우 다르게 통과되었다는 것을 상기하며 애초에 이런 일이 일어나지 않도록 긴장의 끈을 바짝 조였다.

우리는 법안의 통과를 위해 열린우리당 법사위 간사를 면담하여 법안의 통과를 약속받기도 했다. 그러나 여러 의원들이 가정폭력 관련 개정 법안을 제출하면서 2007년 7월 3일 법사위 안으로 통과되었다. 우리가 제안한 안은 반영되지 않은 채, 오히려 검찰의 권한을 확대하여 가정폭력 관련법을 약화시키는 '상담조건부 기소유예'가 신설되어 통과되었던 것이다.

법이 통과되자 우리는 성명서를 발표하고 국회 앞에서 집회를 하기도 했으나 이미 때 늦은 대응이었다. 잠시 방심한 틈을 타 오랜 시간 공들여  준비한 법안이 소기의 목적을 달성하지 못한 안타까운 일이었다. 개정안 작업이 너무 국회 중심으로만 이루어져 대중적인 운동으로 확산되지 못한 점 역시 아쉬운 점이었다.

# 아직도 가야 할 먼 길

## 무기가 생겼다

1997년 가정폭력 관련법이 제정되면서 아내폭력추방운동에 함께했던 많은 사람들은 상당한 변화를 기대했다. 또 아내폭력문제가 '가정폭력 관련법'의 제정과 함께 마치 모두 해결된 듯한 착각을 일으켜 많은 사람들의 관심에서 멀어져간 것도 사실이다. 그러나 2004년 여성가족부에 따르면 신체적 폭력발생이 6가구 중 1가구 꼴로 이루어지는 등 여전히 많은 가정에서 폭력이 일어나고 있고, 아내(가정)폭력으로 인한 살인, 방화, 사건이 끊이지 않는 등 가정폭력 관련법이 시행된 지 10년이 된 지금도 우리 사회의 아내(가정)폭력문제에는 별다른 변화가 없는 것 같다.

그러나 이러한 문제에도 가정폭력 관련법의 제정은 가부장적 가족질서가 강고한 우리 사회에 매우 엄청난 사건임에는 분명하다. 법은 개인적인 사건으로 치부되어 사회적 도움과 지원이 거의 전무했던 아내폭력문제를 해결하는 데 가장 효과적인 방법이었다. 법에 의해 현재 전국에 350여 개의 가정폭력상담소와 50여 개의 보호시설이 가정폭력 피해자를 지원하고 있다. 이보다 더 중요한 것은 이제 경찰과 검찰 등 사법 관리에게 들이댈 수 있는 우리의 무기가 생긴 것이다. 이 얼마나 큰 변화인가. 또한 2006년 「가정폭력 방지 및 피해자 보호에 관한 법률」의 개정으로 가정폭력 예방교육이 의무화 된 것도 매우 의미 있는 발전이라고 본다. 그러나 앞으로 가야 할 길도 매우 멀게 느껴진다.

## 제도화! 함께할 수도, 버릴 수도 없는 딜레마

1998년 가정폭력 관련법이 시행된 이후 가정폭력에 대한 국가의 개입이 시작되어 정부의 예산지원이 가능해지면서 전국에 상담소와 보호시설이 우후죽순처럼 늘어났다. 그러나 각 상담소에서 어떤 관점으로 상담을 하고 내담자를 지원하고 있는지는 알 수 없는 것이 현실이다. 제도화에 따라 이슈에 대한 주도권이 정부와 이를 따라가는 기관으로 이동하여 이제 여성운동은 이러한 정부기관과의 갈등으로 확대되었다.

이렇게 상담소와 보호시설 중심으로 아내(가정)폭력문제가 다루어지면서 아내(가정)폭력문제는 내담자 개인에 대한 서비스를 중심으로 이루어지고 있다. 이는 여성에게 여성폭력의 본질인 성차별적인 사회적 구조를 바꾸고 가부장적 가족에 도전하는 적극적 당사자가 되게 하기보다는 서비스 수혜자로서 도움이 필요한 의존자로 위치하게 할 가능성이 높다.

또한 '가정폭력'이라는 이름으로 아내폭력문제가 '제도화'되면서 아내/여성 사회적 약자만이 폭력의 피해자가 아니라 법이 포괄하고 있는 가족구성원 모두가 피해자이며 가해자일 수 있다는 논리가 가능해져 가족관계 안에 엄존하는 성별 권력관계를 간과하게 만들었다. 즉, 아내에 대한 폭력이 성차별적이고 가부장적인 사회 구조와 가족관계에서 기인한 여성문제라는 점이 드러나지 못하게 된 것이다.

「가정폭력방지법」을 만든 10년 전이나 지금이나, 아내(가정)폭력문제에서 가장 어려운 점은 아내(가정)폭력문제를 개인적인 사건이 아닌 사회적 문제로 인식하고 행동하게 만드는 것이다. 이런 어려움은 '가정폭력'이라는 용어가 가족 간에 발생하는 사소한 폭력, 가정 내 사적인 문제라는 느낌을 강하게 풍기고 여성 젠더의 문제를 은폐하기 때문이다.

또한 상담소, 기관 중심의 정책으로 아내폭력추방운동의 중심 세력이었던 활동가들은 자신들이 여성운동가로서 아내(가정)폭력을 근절시키는 것이 아닌, 정부 정책의 하부 전달체계 속에서 아내(가정)폭력을 '다루는' 서비스 전달자로 전락하는 좌절을 경험하고 있다.

그리고 법은 있으되 법이 법대로 집행되지 않아서 피해자에게 더 많은 고통을 주고 있는 것은 아닌가 하는 의구심과, 가정폭력 관련법이 가정폭력을 봐주는 것이 아니냐는 세간의 문제제기 역시 법제정의 성과를 의심하게 만들고 있다.

아직도 갈 길은 멀다. 여기까지 온 그만큼, 아니 그 이상을 가야 할지도 모른다. 법이 개정되어 법명이 바뀌어야 하고, 상담소와 시설이 여성주의에 입각하여 운영되는 등 많은 변화가 필요하다. 그런데 이러한 변화는 아내 폭력이 가족 구성원 간의 권력관계에 입각한 성별문제라는 인식과 양성 간의 관계와 가족의 변화가 필요하다는 인식이 확산되지 않고는 일어나기 힘들다.

나아가 법이 여성주의에 입각하여 개정된다 하더라도 법집행을 담보하기 위해서는 여성과 여성단체의 힘이 커져야 한다. 따라서 아내(가정)폭력을 추방하기 위한 새로운 운동방식을 끊임없이 고민하고 개발하는 한편, 여성의 힘을 키우고 사회 전반의 성(gender) 감수성을 높이는 일도 동시에 해나가야 한다.

이제 다시 시작해야 한다. 오랜 노력과 투쟁 끝에 법이 시행되던 1998년 7월 1일 나는 법이 시행된다는 설렘보다는 '아, 이제부터 시작이구나' 하는 느낌을 가졌다. 그것은 아마 법시행을 앞두고 계속된 수많은 인터뷰의 질문에서 여전히 강고한 가부장제의 모습을 보았기 때문이리라.

## 후기

나는 「가정폭력방지법」 제정운동을 하면서 여성이 겪는 문제들을 어떻게 법과 제도로 해결할 수 있는가를 몸으로 배웠다. 이 과정에서 나는 가정폭력문제의 전문가가 되었고 '법'이 무엇이며, 왜 필요하며 어떻게 만들 수 있는가에 대해 배웠다. 또한 법제정 과정에서 만난 전문가들과의 관계는 이후로도 내가 여성운동을 펼치는 데 큰 자원이 되었고 이 과정은 그들에게 여성의전화운동과 여성운동에 대해 알려주는 좋은 기회가 되었다.

그래서인지 지금 생각하면 아쉬움도 많이 있지만 지난 10년이 내게 '힘듦'으로 기억되기보다는 나의 열정을 쏟아 무언가를 만들어낸 시간으로 기억된다. 법제정운동은 나를 여성운동가로서 강화시켜주었고 여성의전화에 대한 자부심으로 가슴 설레게 했으며 '현장'의 힘을 확인시켜 주었다. 그 결과 아내(가정)폭력문제만이 아니라 가부장 사회를 바꾸는 데 필요한 힘을 받게 되었다. 나를 포함한 우리의 목표가 법제정 그 자체가 아니라 그 법을 가지고 새로운 세상을 만드는 데에 있고 따라서 법제정운동의 의미를 새로운 세상을 만드는 힘을 길렀다는 것에서 찾는다면 너무 소박한 생각일까?

❦ 정춘숙

나는 1992년 6월 상담부 간사로 여성의전화 일을 시작하여 17년 동안 계속 활동하고 있다. 상담인권 부장, 사무국장, 사무처장 등으로 일했고 현재는 서울여성의전화 회장으로 활동하고 있다. 나는 여성운동을 하면서 주변과 중심이라는 노동운동 중심의 노이로제에서 벗어났고, 다양성을 인정하게 되었으며, 여성주의적 관점에서 '여성의 눈'으로 세상을 보게 되었다.

# 다 같이 돌자 동네 한 바퀴

서울지역운동 이야기

박신연숙

## 마을 이야기

"우리 마을 공원에 화장실이 있는데 날이 저물면 이용하기가 겁나요. 거기서 성추행당했다는 소문이 파다하거든요."

"아이가 팔만 걷어올려도 멍 자국이 시퍼레요. 집에서 맨날 맞고 사는 거 같은데, 물으면 어디 부딪혀서 멍들었다고 해요."

"옆집에 폭력이 있어도 쉬쉬하니까 잘 모르지요. 그러다가 큰 사건이 나면 그제서야 아는 거죠."

"신고요? 해봤자 소용없어요. 부부싸움이라며 그냥 돌아가는 걸요."

마을에 들어가 여성들을 만나면 허다하게 듣게 되는 이야기이다. 여성운동 덕분에 법과 제도는 많이 바뀌었고 괄목할 만한 발전을 이뤄왔지만 정작 여성들의 일상적인 삶이 이루어지는 공간인 우리 마을에서 느끼는 변화 속도는 더디다. 지자체와 경찰, 학교의 정책과 관행이 좀처럼 바뀌지 않고 사회 일반의 인식과 주민들의 태도도 그다지 변함이 없다. 마을로 들어갈수록 가부장적 권위주의, 지역유지를 중심으로 한 인맥이 막강한 영향력을 발휘하고 있다. 여성들의 역할은 여전히 종속적이며, 쉽게 동원할 수 있는 대상으로 간주되고 있다. 성평등을 지향하는 여성단체들은 아직까지 지역사회 내에서 영향력이 미약하다.

마을은 가정과 일터가 있고, 아이들 초등학교를 보내고, 운동 삼아 동네 한 바퀴 산책을 하기도 하고, 장도 볼 수 있는, 모든 이들의 삶의 터전이다. '한 아이를 키우기 위해 온 마을이 필요하다'는 아프리카 격언이 있다. 한 아이를 기르기 위해서 가정뿐 아니라 마을주민이 함께 힘을 쏟고 지역사회가 서로 협력해야 한다는 말이다.

우리 마을의 6가정 중 1가정에서 가정폭력이 일어나고, 10명 중 6명의 아동이 가정 안에서 폭력을 당하고 있다. 여성폭력에 대한 우리 지역사회의 무관심과 몰이해, 대응력 부족으로 폭력을 당하면 쉬쉬하고 살거나 자신의 삶의 터전을 떠나 쉼터나 다른 곳으로 도망을 가야 하는 현실이다. 이제 나부터, 나의 이웃들이, 우리 마을공동체가 협력하여 폭력 없는 평화마을 지킴이가 되어야 한다. 한 사람의 폭력 피해자가 생존하기 위해 온 마을이 필요한 것이다!

이제 마을로 들어가야 한다. 마을 단위 운동이 필요하다.

### 지사모를 아시나요, 혹시······

1995년부터 10년 이상 여성운동을 하면서 법과 제도를 많이 바꾸었다. 거리에 나가 데모도 많이 했다. 「가정폭력방지법」을 만들라고, 남편 죽인 폭력피해주부는 정당방위라고, 호주제를 폐지하라고, 일본은 위안부 할머니들에게 사과하고 보상하라고……. 참 많이 했다. 그러는 사이 내 동안(童顔)은 어느덧 중후한 여인의 얼굴로 변해갔다(!). 그리고 여성운동을 어떻게 해야 하는가에 대한 생각도 많이 바뀌었다. 이제 그러한 운동의 성과가 과연 여성 개인들의 삶을 변화시켰는지, 여성이 안심하고 또 자존감 갖고 살 수 있는 세상이 되었는지 직접 확인해야 했다. 지역으로 들어가 여성들을 만나고 싶었다. 아니 이제 우리가 중앙에서 전개한 운동을 지역여성들이 자기 삶의 터전에서 마무리해야 한다고 생각했다.

이렇게 하여 내 삶을 다시 여성운동의 제2탄인 지역운동에 바치게 되었다. 여성들의 실질적인 삶의 변화를 위해 지역에서 살고 있는 여성이 주체가 되는 지역여성운동을 전개하기 시작했다.

내가 몸담은 서울여성의전화는 여성인권운동의 대중적 확산과 회원 중심의 여성대중조직을 위해 서울 내 지역운동에 힘을 결집했다. 지방자치시대에 걸맞은 구 단위의 조직편재 및 지역사업을 전개하여 1998년 강서양천지회를 창립하고 동성지회준비위(동대문성북지회준비위원회)를 구성했다.

그러나 쉽지 않았다. 역시 사람이었다. 오랜 활동 경험이 있는 리더가 있는 강서양천지회는 성공적으로 운영되고 있지만 그렇지 않는 동성지회준비위는 실험으로 끝나고 말았다. 그 후 2~3년간 지역운동은 소강상태에 들어갔다.

그 후, 2003년 지역여성운동의 새로운 도약을 위해 '지역운동센터'로 조직을 확대, 개편했다. 우리는 각 지역의 마당발 회원을 찾아내어 일대일로 만나고 '지사모'를 만들었다. '지사모'는 '지역을 사랑하는 자매들

의 모임'으로 이 모임을 통해 지역의 핵심 리더십과 활동회원을 확보하고
자 했다. 지역운동센터는 지사모 회원과 함께 당시 600여 명에 가까운
회원들이 어느 구에 많이 살고 있는지 조사하여 5명 내외의 인원이 모일
수 있는 경우에 구별, 권역별 지역모임을 만들었다.

사실 회원들을 모아 지역모임을 하는 것은 쉽지 않았다. 모임이 들쭉날
쭉하기 일쑤고 솔직히 그만두고 싶을 때도 많았다. 그러나 단 두 명이
모이더라도 모임을 지속한다는 마음으로 우리는 좌절하지 않고 사람들
을 모았다.

2003년 처음 만든 모임이 '영구(영등포구로구모임)', '송강초(송파강남서
초구모임)', '서마은(서대문마포은평구모임)'이었고 이들이 지역여성운동의
초동주체가 되었다. 영구와 송강초, 서마은은 강남 뉴코아에서 평화의
달 선포식, 영등포에서 성매매 예방사업, 여성의 재산권확보를 위한 대중
교육 등의 사업을 전개했다. 어려움이 있을 때마다 서울여성의전화 지회
인 강서양천지회가 등대같이 우리를 지켜보아 주었다.

그때만 해도 서울은 중앙일 뿐 지역으로 인식되지 않았다.* 그래서
회원들은 '지역운동이 뭐예요?', '여성의전화가 지역운동도 해요?'라는
질문을 하곤 했다.

---

* 서울지역은 다른 지역과 비교도 안 될 만큼 자원이 풍부하지만 그 자원은 중앙으
로 집중되어 있다. 운동세력도 예외는 아니어서 서울지역에는 대부분 중앙운동
을 하는 단체들 뿐이고, 자치구와 동 단위 지역운동단체가 거의 없다. 시민사회
단체연대회의도 서울연대회의는 없고, 여성단체연합도 서울여연은 없다.

## 나飛센터 날다!

우리는 '지역운동센터'라는 딱딱한
명칭을 나飛센터(나로부터 비상하는 지
역운동센터)로 바꾸고* 지역여성들을
만나러 나비처럼 훨훨 마을로 들어가
기 시작했다.

어떻게 하면 마을여성들을 더 많이
만나서 친해지고 그들을 모을까…….

우리의 일차 목표는 사업을 많이, 멋지게 하는 것이 아니라 마을에 사는
여성들을 모아 운동체로 조직하여 사업을 통해 지역여성들을 '주체화'하
는 것이었다. 지역여성들의 역량을 강화시키는 작업을 통해 여성들이
지역문제의 해결사가 되게 하는 것이었다. 2005년부터 이런 '주체화 사
업'은 계속되고 있다.

거대한 서울, 인구의 4분의 1이 집중되어 있는 거대한 도시 서울에서
25개 자치구별로 지역운동을 전개하기란 쉬운 일이 아니었다. 이에 시범
지역을 선정하여 경험을 쌓고, 이를 다른 지역으로 확산해가는 전략을
세웠고 이 전략에 따라 동작구를 선택했다. 동작구는 대방동에 '서울여
성플라자'가 위치해 있어서 무료로 모임방을 얼마든지 사용할 수 있었다.
또한 영등포와 구로구가 인접해서 지역모임 회원들의 조력도 용이했고
풀뿌리 지역운동이 취약한 곳이기도 했다.

---

* 여성의전화 로고는 나비를 상징한다. 애벌레에서 자유, 꿈, 희망을 상징하는
  나비로 새롭게 태어나 폭력 없는 사회로 자유롭게 날아가는 여성을 표현하고
  있다. 이런 심벌의 의미를 '지역운동센터'와 접목시킨 것이 '나飛센터'다.

### 다 같이 돌자 동네 한 바퀴……

2005년 동작구를 지역운동 시범지구로 선정하고 우선 동작구에 살고 있는 회원을 조사해보았다. 당시 동작구에는 20명 남짓의 회원이 살고 있었는데 활동 중인 회원은 거의 없었다. 한 분 한 분에게 전화통화를 한 결과 대부분 직장에 다니고 있거나, 아이가 어려서 활동이 어렵다는 답변이었다. 지역은 선정했는데 활동할 만한 사람이 없었다. 어찌해야 하나…….

머리를 짜냈다. 우리는 인접 지역인 영등포구로구모임(당시 3년째 지역모임이 운영되고 있었다) 회원들로 기획팀을 구성하여 '유후~(you who?, 당신 누구?) 여자세상!' 대중강좌를 열었고, 강좌의 후속으로 동작구의 첫 지역모임인 '동작구 유후모임'을 만드는 데 성공했다. 유후모임은 우리가 모은 지역의 첫 여성모임인 셈이다. 대중강좌를 열 때 지역여성 조직화를 목표로 계획을 짜고 실행하는 것과 그런 목표 없이 하는 것과는 조직화에서 확연히 차이가 난다는 것을 알게 되었다.

홍보 방식부터 달리했다. 중앙일간지나 홈페이지를 통한 홍보가 아니라 주택가와 아파트를 돌며 하루 종일 전단을 나눠주고 다녔다. 그리고 우선 우리 회원들이 활동하는 학부모모임이나 주변 사람들을 참여시키는 것을 기본으로 하면서 "다 같이 돌자, 동네 한 바퀴" 노래를 흥얼거리며 주택가와 아파트에 전단을 나눠주고 다니며 지역여성들을 만나고 홍보했다. 지역여성을 만나면 한마디라도 말을 붙이고 이야기를 나누었다.

전단을 돌리며 '자리가 부족하면 어떡하지?' 하는 걱정을 했는데 강좌마다 스무 명을 넘기기가 참 어려웠다. 모든 강좌는 기획팀 회원들이 돌아가며 사회를 보고 토론을 이끌었다. 매회 강좌 후에 김밥과 빵을 준비하여 1시간 정도의 공식적인 뒤풀이를 통해 새로 만난 분들과 어떻게든 서로 친해지고 교감하는 시간을 가지려 노력했다. 수강신청서에 후속 모임에 참여할 의사가 있는지, 모임에서 무얼 하고 싶은지, 가능한 시간대는 언제인지 등을 적게 하여 이후에 참고로 했다.

교육에 참여하신 분들에게 물었다.
"어떻게 해야 여자들이 몰려올까요?"
"그거, 다 입소문이에요."
아하, 홍보 플러스 동네 입소문이다!

"우리 동네에서 무얼 하면 좋을까요?"
"딸들을 위한 캠프 열어주세요."
"자녀 성교육, 경제교육모임 해요."
"남자들이 변해야 하니 남자들 교육합시다."
이어지는 대화 속에서 지역여성의 요구가 쏟아져 나왔다.

대부분이 30, 40대 전업주부인 '동작구 유후모임' 회원들은 여성의 눈으로 세상을 보는 인식의 전환을 경험하며 '아하' 무릎을 쳤고, 이런 변화가 남성에게도 필요하다고 입을 모았다. 남자들도 같이 변해야 한다며 남편들 교육을 시키자고 하여, 우리 단체의 10년 된 모임인 '평등문화를 가꾸는 남성모임'과 함께 지역에서 포럼을 개최하게 되었다. 그런데 '동네에서 여자들을 모으기도 이렇게 힘든데, 남자들이 과연 올까?'라는 의구심이 생겼다. 남편을 오게 하려면 데리고 와야 하고 남편이 오면 집에 아이들만 남게 되니 기왕에 아이들도 데리고 오면 어떨까 하는 생각이 들어 자녀 성교육도 동시에 진행하기로 결정했다.

이렇게 하여 우리는 마을에서 '성(性)에 관한 포럼'을 개최하게 되었다. 이 행사는 직장인의 참여가 가능한 일요일 오후 2~5시에 진행했고, 자녀 성교육을 준비하여 편안한 참여를 유도했다. 부부와 자녀, 한부모와 자녀, 부부, 연인, 독신 등 누구나 참여할 수 있도록 했고, 서울여성플라자에 교육실을 네 군데 빌려서 남성포럼, 여성포럼, 연령별 자녀 성교육 두 팀을 운영했다. 강의는 90분이었으며 마친 후 90분간 참가자들은 토론을 했다.

성(性)이 낯선 분위기에서 마음을 열고 터놓고 얘기하기 힘든 주제이다 보니, "이제 막 얘기가 나오려고 하는데 끝날 시간이 됐다"며 아쉬워하는가 하면 남성포럼 참가자들은 "뭐하는 줄도 모르고 아내에 이끌려 왔다", "성에 대한 진지한 토론을 하는 이런 자리는 태어나서 처음이다" 라며 얼떨떨해하면서도 "나만의 고민이라고 여긴 성문제도 열린 마음과 좋은 방법으로 더 바람직하게 풀어갈 수 있을 것 같다"는 말을 했다. 처음 동작구에서 대중강좌를 열 때와는 달리, 별다른 홍보 없이도 모임 회원들이 주축이 되고 가족과 동네 친구에게 소문을 내어 조직하니 금세 참가자가 모집되었다. 뒤풀이를 통해 못 다한 이야기를 나누며 친목을 도모하면서 이런 행사를 가끔씩이라도 주제를 정해 계속했으면 좋겠다고 입을 모았다. 유후모임 회원들은 2005년 여성의전화를 만나 여성주의를 접하고 새로운 비전을 찾게 된 것이 한 해 동안의 가장 의미 있는 일이었다고 고백했다.

### 의회에 놀러가자!

서울여성의전화 여성정책 모니터링 사업은 2003년부터 진행했는데 어려움이 많았다. 모니터링단을 모집해도 별로 호응이 없었고 결국 상근활동가가 전담하게 되어 이걸 계속해야 하나 말아야 하나 고민이 되었다. 자치구 정책과 예산을 분석해야 하기 때문에 전문적이고 딱딱하게만 여겨지고 주민 참여를 이끌어내기가 쉽지 않았던 것이다. 그러나 이러한 어려움 앞에 이대로 주저앉을 수는 없었다.

2005년에 지역여성들의 힘으로 처음부터 끝까지 함께 진행해보기로 마음을 굳게 먹고 모니터링단을 모집하니 동작구에서 문순자, 박숙, 배정아, 배문자, 조윤숙 5명이 참여했고, 이듬해 정교선, 홍경의 등이 합류했다. 역시 사람이었다. 5명 중 한 분인 문순자 회원을 만난 것이 이 사업을 성공시킬 수 있었던 비결이었다. 문순자 회원은 매사에 적극적이고 긍정적이며 열정적이었다. 그녀의 열정과 헌신이 있었기에 힘든 순간도 잘 넘길 수 있었다.

모니터링단 이름을 '참나비모임(참여하여 마을을 바꾸어가는 나비모임)'이라고 정하고, 기초교육을 실시한 후 처음 동작구의회에 놀러가 회의를 방청했다. 청소년들이나 의원이 모시고 온 주민들이 아닌 시민단체 회원들이 의회를 방청한 것은 처음이라며 동작구의회에서는 긴장하면서도 반기는 모습이었다. 의회 방청을 하면서 잠깐의 시간이었지만 20명 전원의 남성 의원들의 자질을 판단할 수 있었다.

그 후 여성위원회 의원과 인사를 나누었고, 구청을 방문하여 가정복지과장, 여성복지팀장을 만나 우리 단체를 소개하고 '참나비모임' 활동계획을 홍보했다. 또한 여성위원회 구의원을 초청하여 간담회를 열고 지역여성들이 참여한 가운데 지방의회의 역할과 지역여성의 참여에 대해 토론도 했다.

'참나비모임'은 5월 가정의 달 행사, 7월 여성주간 행사 등에 일일이 직접 참여하여 모니터링했다. 8~9월에는 본격적으로 여성정책과 예산

분석작업에 들어갔다. 보름 정도는 매일 만나다시피 하며 동작구청 홈페이지와 여성복지팀 등을 통해 필요한 자료를 확보하여 읽고, 세입세출 예산서 등을 분석했다. 또한 분석 결과를 놓고 토론하고, 토론을 통해 보고서를 작성했다. 간담회를 하기 위해 자료집을 만들고, 지역에 홍보하고, 간담회 보고문건을 파워포인트로 작성하고, 보고 리허설까지 하느라 정신이 없었다.

'참나비모임'은 이렇게 6개월에 걸친 모니터링 활동의 결과를 모아 여성정책토론회를 개최했다. 토론회는 지역주민, 단체, 구청, 구의원, 국회의원, 여성위원회, 정당, 지역 언론 등 다양한 분야에서 50여 명이 참여한 가운데 활발하게 진행되었으며, 구청에서 간담회의 정책제안을 적극적으로 반영하겠다는 의지를 표명했다.

모니터단은 적은 인원이지만 자발적 의지로 모였고, 사업의 성격상 자신이 사는 지역을 알게 되는 재미도 쏠쏠했으며 또 우리가 재미있게 진행하여 좋은 성과를 가져왔다고 생각한다. 모두가 처음 해보는 작업이어서 많이 헤매기도 했지만 끝내고 나니 자신감이 높아짐을 확연히 느꼈다. 분석내용을 지역에 널리 알리면서 네트워크를 구축해가고, 지역 내 여성정책 역량을 높이는 소중한 경험이 되었다. 모니터단은 비록 고생은 했지만 활동보고회까지 마치고 난 뒤의 그 뿌듯함과 보람을 잊을 수가 없다고 말했다.

동작구에서 모니터링 활동을 매년 진행했는데 작년에는 지역에 소재한 다시함께센터, 대방복지관 범죄피해자 상담지원센터, 마인하우스, 천주교성폭력상담소, 평화의샘과 연대하여 공동으로 진행했다. 이 연대사업이 계기가 되어 동작구에 사무실을 두고 중앙 단위의 운동을 펼쳐나가는 여성단체들이 동작구 지역에 관심을 갖게 되었다. 자치구 여성정책 및 예산 모니터링 활동을 계속 이어갈 수 있었던 것은 역량에 맞게 사업을 배치하고 쉽고 재미있게 진행해나가면서 지역의 인사들을 끌어들였기 때문이라고 생각한다.

동작구와는 별도로 서울여성의전화는 지역사회의 뿌리 깊은 성차별적 문화와 관행, 그리고 의식을 개선해나가기 위해 2005~2007년 3년간 지역모임을 주축으로 하여 '서울시 25개 자치구 여성주간행사 및 성폭력, 가정폭력정책 모니터링 활동'을 했다. 이러한 활동을 통해 서울의 여성들은 자신이 사는 지역의 살림살이에 관여하게 되었다.

### 여성리더 발굴, 발로 찾아다니다

어느 운동이든 핵심 역량을 계속 발굴 육성해가지 않으면 지속되기 힘들다. 따라서 회원뿐 아니라 지역에서 이미 일하고 있는 여성리더들 속에서 운동가를 발굴·육성하는 것이 매우 중요하다. 이는 기존의 여성 주민조직에 여성주의 관점을 불어넣어, 지역의 어젠다를 젠더문제로 인식하여 성차별적 지역사회를 변화시키는 효과를 낼 수 있기 때문에 더욱 그렇다. 그러나 이것 역시 쉽지 않았다. 지역여성을 모으는 것도 힘들었고 교육을 끝낸 후 지속적으로 함께하는 것은 더 힘든 일이었다.

우리는 2005년 학부모회, 통반장, 아파트부녀회, 교사 등을 대상으로 '마을을 바꾸는 힘! 여성리더의 힘!'이라는 제목의 리더십 워크숍을 개최하고 이들을 초청했다. 동작구는 7개 고등학교, 16개 중학교, 19개 초등학교, 70여 개 유치원이 있다. 20개 동에 약 100개의 아파트가 있고, 통장 500명 중 약 절반가량이 여성 통장이었다.

그런데 초청장을 받고 자발적으로 참가를 신청하는 분들은 거의 없었다. 일일이 전화로 워크숍의 취지를 설명하고 꼭 오시라고 권유하여 참가자를 조직해야 했다. 어떤 분들은 여성의전화의 그간의 활동과 인지도를 믿고 워크숍에 참여하기도 했다. 우리는 일주일에 한 분야씩 우리 지역의 여성리더들을 새롭게 만났는데, 매번 이번에는 어떤 분이 참여하실까 설레었고, 한편으로 이번에는 몇 분이나 오실까 노심초사하며 한 달 동안 이 사업을 진행했다. 공교롭게도 워크숍마다 꼭 12명씩 참가하여 사업팀을 포함하니 20명 정도 되었다. 우리는 이렇듯 어렵게 만난 분들과 일회성 강좌로 끝내지 않고 지속적 관계를 이끌어내고자 노력했다. 첫째 날 워크숍 참가자 중에 2~3명 정도 모범 사례를 물색하여 둘째 날 워크숍에서 사례발표를 의뢰했다. 우리 마을 사례를 듣고 나서 좀 더 심화된 내용의 조별작업이 이어졌다. 조별작업을 통해 자연스럽게 공동으로 해나갈 수 있는 사업 아이디어가 쏟아져 나왔고 이 아이디어들이 다음해 사업계획에 반영되었다.

참가자들의 머리는 반짝였고 의지는 굳어지는 듯했다.

"나부터 시작하고 참여해야겠다."

"내 가슴속에 도전으로 다가온다."

"어느 거대 회합과는 달리 가슴으로 마음으로 활짝 열어젖힌 기분이다."

"소그룹 토론을 통해 실질적인 목소리를 들을 수 있어 좋았다."

"많은 경험담을 접하면서 자신감이 생기고 더 잘해야겠다는 다짐을 하게 된다."

"여성리더의 힘을 느낀다."

"학부모로서 학교생활에 적극적으로 참여할 수 있게 동기부여를 해주었다."

"내년 수업시간에 활용해보겠다."

"네트워크 형성의 기회가 되어 좋았다. 역시 모이면 힘이 생긴다."

"여성단체에서 하는 일들이 사소한 것에서부터 큰 힘이 되고 여성단체에 박수를 보내고 싶다."

참여자들은 이렇듯 우리를 격려하고 또 스스로 굳은 의지를 표명하였다. 그래서 우리는 이들과 후속모임을 하려고 했다. 그러나 성공하지 못했다. 역시 어려웠다.

그러나 리더십 워크숍을 하고 나서 그 덕을 두고두고 보고 있다. 그들은 이삼십 년 동안 동네 궂은일을 도맡아 하면서 신뢰와 인적 네트워크를 쌓았고 지역에 대해 풍부한 정보를 갖고 있었다. 따라서 첫 워크숍 이후 어떤 사업을 하든지 그들을 찾아가 도움을 청했고 그들은 기꺼이 협조해 주었다. 이후 이런 방식, 즉 지역의 여성리더들을 찾아가 협조를 구하고 그들을 사업에 참여시키는 방식을 우리는 종종 활용하였다.

한편, 일을 하면서 깨달은 것 중 하나는 아무리 프로그램이 좋아도 지역의 여성들이 자발적으로 오기는 매우 힘들다는 것이다. 그래서 우리는 직접 발로 찾아가서 그들을 만나기로 했다.

### 뿌리내리기 1 : 학교로, 아파트로, 주민자치센터로

2006년 우리는 '학교로, 아파트로, 주민자치센터로 찾아가는 마을 강좌'를 진행하면서 더욱더 깊숙이 마을로 찾아들어갔다. 이 사업은 서울여성의전화가 가진 밑천으로 출발하기에 좋은 사업이었다. 우리는 1996년부터 성교육강사를 배출하고 성교육과 딸들을 위한 캠프를 해왔으며, '도하의 꿈', '폭력쫑! 대화쨩!', '여자와 돈에 관한 이야기' 영상물을 제작해왔다. 이렇게 쌓아온 전문성과 인적자원을 지역여성운동에 접목하여 마을에 찾아 들어간 것이다. 강사팀을 구성하고 이름을 '풀뿌리 강사활동가'라 붙였는데, 강의도 하고 지역여성들도 조직한다는 정체성을 강조한 것이다.

학교에서 성폭력 예방교육이 의무화되어 정기적으로 실시되고 있는 반면, 가정폭력 예방교육은 2006년 10월 의무화되었으나 거의 이루어지지 않는 상황이었다. 성폭력 예방교육도 전교생 집합교육이나 방송수업으로 매우 형식적인 경우가 많았다. 풀뿌리강사 활동가팀은 반별 수업을 기본으로 하고 우리 아이가 다니는 학교, 우리가 속해 있는 학부모회, 아파트부터 출발했다.

각 학교에 '가정폭력 예방교육' 협조 공문을 보내고 그 학교 학부모와 동행하여 교장 선생님 면담을 했는데 학부모회 임원이 있으면 얘기가 더욱 잘 되었다. 한 번의 수업을 위해서가 아니라 평화마을을 만들기 위한 협력관계를 맺는다는 목적으로 우리는 직접 발로 뛰면서 소통하고 관계를 형성했다.

2006년 동작구 7개 학교에서 학부모, 교사, 학생들을 대상으로 총 50여 회 2,000여 명을 교육했고, 2007년에는 동작구와 인근 영등포구에서 16개 학교와 3군데 공부방까지 총 150여 회 6,000여 명을 교육했다.

이렇게 하다 보니 마을을 위한 일이라면 두 팔 걷어붙이고 솔선수범하는 지역일꾼을 자연스레 많이 만나게 되었다. 학부모회 임원, 마을복지관 자원봉사자, 통반장, 자율방범대원, 아파트부녀회 임원, 학교 선생님, 여성공무원, 여성경찰 등, 이분들이야말로 우리 마을 실정에 대해서 누구보다 밝고 문제에 대한 해법도 갖고 있는 사람들이다. 이런 집단과의 네트워크 형성은 지역운동의 큰 자산이 아닐 수 없다.

### 뿌리내리기 2 : 평화마을축제

우리 단체는 10년 넘게 매년 여성폭력예방 캠페인을 개최해왔다. 회원들이 중심이 되어 행사 내용을 기획하고 추진했으나 사람들이 많이 모이는 인사동, 대학로, 선유도공원 등을 찾아다니며 그곳에 놀러 온 시민들을 대상으로 행사를 진행했기 때문에 조직화로 연결되지 않았다. 그래서 2006년 '제1회 동작구 평화마을축제'는 무엇보다 지역주민들이 주체적으로 참여하여 행사를 만들어가도록 기획했다.

동작구는 20개 동에 415,000명의 주민이 살고 있다. 동작구 서쪽 끝이 서울여성플라자가 있는 대방동이라면 동쪽 끝은 사당동이다. 사당동은 여성운동에서 소외된 곳이라는 정교선 회원의 설득으로 축제 장소가 사당동 삼일공원으로 정해졌다. 정교선 회원은 주민자치위원, 학부모회, 아파트부녀회 활동을 섭렵하며 자신의 역량을 키워나가고 살기 좋은 동작구를 만드는 데 앞장서고 있는 30대의 젊은 리더이다.

우리는 평화마을축제 추진위원회를 구성하여 축제를 준비했는데 그 과정에서 동작구 사당동의 훌륭한 여성리더들을 많이 만나게 되었다. 그중에서도 김영례, 김경남 회원을 만난 것은 정말 행운이었다. 김영례 회원은 20년 전 둘째 아이를 낳고 동네 반장을 시작으로 온갖 마을봉사에 앞장서는 분이다. 요즘도 매일 하루에 대여섯 명을 자원봉사은행에 등록시킬 정도로 탁월한 조직가이다. 김경남 회원의 순수한 헌신성과 추진력도 둘째가라면 서럽다.

'마을축제'라는 문화적 방식은 남녀노소 주민 모두에게 호응이 좋았다. 평화마을축제를 준비하면서 마을의 다양한 기관, 단체, 주민들을 접촉할 수 있었고 마을 내에서 영향력 있는 집단이 누구인지, 실질적인 마을 돌봄 노동을 하는 주민들은 누구인지를 서서히 알게 되었다. 동작구에는 지역시민단체가 없는 줄만 알았는데, 일을 하다 보니 소외된 계층과 더불어 살기 좋은 동작구를 만들기 위해 뜻을 함께하는 단체들과도 연결

이 되고, 학교, 지자체, 경찰서 등 공공기관과도 협력관계를 형성하게 되었다. 사당동 지역주민들이 주요 소비자인 지역 백화점에서도 마을축제에 참가자 기념품을 후원해주었다.

동작구 평화마을축제는 마을자원봉사자 150여 명, 마을주민 1,500여 명이 참여한 가운데 감동적으로 치러졌다. 지역주민들의 힘으로 만든 축제였고, 모두가 보람과 기쁨을 느끼는 순간이었다.

주민조직들과 연대하면서 예상치 못한 어려움도 겪었다. 조직과 조직 간, 개인과 개인 간 권한과 책임에 있어 긴장과 혼선이 일어나기도 했고, 의사소통이 잘 되지 않아 오해가 생길 때도 있었다. 그러나 때로는 즉시, 때로는 여유와 시간을 갖고 대화를 하면서 갈등을 해결해나가다 보니 의사소통과 팀워크의 이치를 배울 수 있었다.

지역에서 누구와 함께할까에 대한 고민도 있었다. 이슈에 따라 운동단체들과 연대한 경험은 무수히 많았지만 이번 일을 하면서 소위 관변단체와 함께할 수 있을지에 대해서 많은 고민을 했다. 또 지역단위로 가면 그나마도 거의 없지만 진보적인 운동단체 중에는 가부장적인 조직들이 많은데 이들과는 어떻게 해야 할지도 고민이었다. 이러한 고민 속에서 우리는 처음으로 새마을부녀회, 녹색어머니회, 여성자율방범대, 마을봉사단체와 함께 일하면서 도전을 받았다. 서로 다르다고 배척할 것이 아니라 우리가 가진 여성운동의 이념 및 철학과 그 조직들이 가진 조직력과 주민에 대한 영향력이 잘 조화를 이룬다면 엄청난 시너지 효과를 얻을 것 같은데 그 조화의 비법은 무엇일까, 아직도 숙제로 남아 있다.

## 뿌리내리기 3 : 평화마을 지키기

동작구에서 지역모임이 서너 개 운영되면서 리더십교육의 욕구도 높아졌다. 2007년에 모임의 핵심 리더 12명을 모아 지역지도력 강화훈련을 주민자치와 지역여성리더십, 조직의사소통과 팀워크, 사례에서 배우기 등의 내용으로 6회 진행했고 교육 수료 후 '동작구 평화마지(동작구 평화마을지킴이)'를 발족했다.

'평화마지'는 첫 사업으로 경찰지구대와 함께하는 '경찰간담회'를 추진했다. 가정폭력을 112에 신고하면 맨 처음 지구대가 출동하는데, 초동조치가 정말 중요하기 때문이다. 평화마지의 김영례, 김경남 회원은 녹색어머니회, 자율방범대 회장으로 남성지구대와 협력하여 봉사해온 분들이었다. 두 분이 주도하여 간담회를 분기별로 실시했고, 경찰, 학교 교사, 구의원, 통장, 주민자치위원, 녹색어머니회, 자율방범대, 아파트부녀회, 상담원, 여성단체가 다 참여했다.

경찰과 함께하는 사업에 아이디어를 제공한 또 한 분은 바로 권송자현 나비센터장이다. 권 센터장은 1998년 서울여성의전화에서 상담원교육을 받았으나 IMF 사태가 터지면서 남편 사업을 도와야 해서 사무실에 상담하러 오는 대신 가까운 지역에서 생활상담을 시작했고 경찰서에 피해자 상담을 하겠다고 자원하기도 했다. 권송자 센터장의 자발적 지역활동 경험은 나비센터 지역사업에 상상력을 불어넣었고, 그 결과 개인적 차원에서 해온 일을 조직적 차원으로 발전시키게 된 것이다.

지구대 간담회는 여성폭력에 대한 통념을 깨고, 여성주의 마인드를 갖도록 자극하며, 정보도 서로 공유하고 협력사업도 하는 자리가 되었다. 지역봉사활동을 솔선하고 있는 주민들이 주체가 되어 간담회를 열기 때문에 지역 내 공공기관에서도 협조적으로 나왔다. 의식화된 주민들은 일상적

인 감시자인 동시에 협력자라는 것을 드러낸 매우 소중한 자리였다.

한번은 이런 일도 있었다. 2007년 3월 동작경찰서의 늑장대응으로 집단성폭행이 방치된 사건이 언론에 보도되어 우리를 분노케 한 일이 있었다. 우리는 다음날 오전, 오후, 저녁 세 번으로 나누어 마을회원들을 긴급하게 소집하여 마을에서 발생한 사건에 대한 진상을 제대로 알고 바로 대처해야 한다는 결의를 했다. 이어서 지역단체들과 연대하여 주민대책모임을 결성하고 동작경찰서에 긴급간담회를 요구했다. 매일 아침 출근시간에는 주민들이 돌아가며 일인시위도 했다. 사건보도 나흘 후 긴급간담회가 열렸고 지역단체 및 주민들이 참석한 가운데 경찰서장이 사건경위를 설명하고 사과를 했고 나아가 개선방안을 제시했다. 주민대책모임에서는 주민들의 입장을 전달하는 한편, 경찰의 개선 방안이 책임있게 수행되도록 2차 간담회를 제안했다. 이에 따라 7월에 동작경찰서와 관내 5개 지구대 일선 실무 경찰까지 참여한 가운데 2차 간담회를 실시했다.

이러한 일련의 과정을 통해 평화마을을 만드는 힘은 주민들로부터 나온다는 것과 지역 NGO로서 경찰, 지자체 등에 대한 비판과 견제 기능을 충실히 하는 것이 민관협력의 기초가 된다는 것을 다시금 느낄 수 있었다.

평화마지 활동 중에는 '생활상담실천연구모임'이 있다. 여성의전화 하면 지역주민들은 으레 '상담', '폭력'을 떠올린다. 따라서 만날 때마다 자연스럽게 주변에서 일어난 성폭력, 가정폭력 사례를 의논해왔다. 이런 것이 바로 '생활상담'으로 자리 잡게 되었다. 생활 속에서 여성주의를 실천하고, 일상의 관계를 여성주의로 해석하고 이웃과 여성주의 상담자로서 상담하고 대화하는 것 등이 생활상담으로 다가왔다.

지역 내 폭력피해여성들이 상담을 의뢰해오는 경우도 생겨났다. 전화상담은 어디서나 할 수 있지만 면접상담을 하려면 여성의전화 상담소까지 한 시간을 가야 한다. 그러나 지역마다 동사무소, 구청, 치안센터에 상담실이 있어 우리는 그 공공의 공간을 빌려 안전하게 면접상담을 했다. '생활상담실천연구모임'을 주도하고 있는 이현자 회원은 10년 전 상담활동을 시작하면서 마을에서 이미 생활상담을 실천해온 분이다. 그렇기 때문에 나비센터활동에 누구보다 공감하고 '생활상담'을 발전시키는 사명을 즐겁게 감당하고 계시다.

동작구에 뿌리내리고 있는 풀뿌리 여성인권운동이 이제 다른 지역에 모델로 작용하고 있다. 동작구의 평화마을 만들기 사업은 서울 '지사모'의 다른 지역모임에 모델이 되어 자신감을 주고 있다.

## 하루는 웃고 하루는 울던 지난 3년

동작구에서 지난 3년간 지역활동을 한 결과 2005년 초 20명이던 회원이 매년 20명 가까이 꾸준히 증가하여 2007년 12월 현재 66명으로 3배 이상 늘어났다. 당시 활동회원이 한 명도 없었는데 3년이 지난 지금 약 30여 명이 정기적인 모임이나 사업팀에 속해서 활동하고 있다. 물론 비회원으로서 서울여성의전화와 함께하는 주민들까지 포함하면 그 이상이다.

지역여성 조직사업은 사무실에 있는 것이 아니라 마을로 찾아가서 활동을 해야 한다. 처음에는 아는 사람도 전혀 없이 활동하는 것이 두렵고, 누구와 무엇을 해야 할지 잘 모르기도 했다. 처음 만난 지역여성들과 공감대를 형성할 수 있을지 걱정도 앞섰다. 모임을 만들고 지속하기 위해 '하루는 웃고, 하루는 운다'고 할 정도로 외로움과 기다림도 많았다. 하지만 한 명의 회원이라도 함께하다 보니 이제는 회원들도 많아졌고, 우리와 연결된 마을사람들도 많아졌다. 마을주민들과 회원들과 많은 시간을 보내다 보니 이제는 오히려 사무국 활동가들과의 소통과 경험 공유가 절실한 지경이다.

넘어야 할 산은 여전히 많다. 지역사회로 갈수록 기득권을 가진 남성중심이고 성차별적인 의식과 관행, 문화가 뿌리 깊게 박혀 있기 때문에 지역사회를 변화시켜나가기는 그만큼 힘들고 더디다. 마을에서 온갖 궂은일과 자원봉사를 하는 사람은 주로 여성이지만 정작 중요한 의사결정에는 소외되어 있다. 또 지역에는 여성단체들이 많지만 성평등을 지향하는 단체보다는 가부장적이고 관변화된 단체들이 대부분이다. 이러한 지역사회의 가부장성에 도전하고 성차별적 지역사회를 변화시켜나가기 위해 우리는 풀뿌리 지역여성운동을 전개하고 있고 아직도 가야 할 길은 멀다.

조직 내적으로도 왜 우리가 지역여성운동을 하며 우리 역량으로 어느 정도까지 할 수 있나 고민이 많다. 구 단위, 동 단위 조직화가 진행될수록 구심력보다는 원심력이 커지게 되고 이러한 성장을 조직 안에서 담보해야 하는 부담이 있다. 우리의 조직력, 자원, 리더십을 중앙으로 집중하기보다는 지역으로 더욱 분권화해야 하는데 서울지역이라는 특수한 위치와 서울여성의전화의 역사성 속에서 중앙 차원의 선도적 대응과 여성주의 상담의 전문성 등을 요구받고 있어 갈등과 타협이 불가피하다.

전문성과 대중성 사이에서 줄타기는 계속되고 있다. 문턱을 낮추어

회원과 주민들의 참여를 개방하면서도 여성의식을 확산하고 젠더문제를 전문화하는 문제는 여전히 중요하다

상근활동가 중심의 사업방식을 탈피하여 회원 주체, 주민활동을 넓혀 가야 하는 것을 알지만 점점 빨라지고 많아지는 사업의 홍수 속에서 느릿느릿 시간을 내고 공들여야 하는 회원관계, 주민관계의 공식을 따르기란 쉽지 않다.

그럼에도 불구하고 가랑비에 옷 젖듯이 쉬엄쉬엄 가야 하리라. 때로는 이보 전진을 위한 일보 후퇴도 하면서.

더 주민 속으로, 더 풀뿌리 현장으로 내려가고, 그 속에서 노력하고 있는 사람들과 함께 성장해야 할 것이다.

## 후기

1995년에 상담부를 맡으며 처음 상근활동을 시작했을 때 조직가라는 말을 많이 들었다. 2000년부터 4년간 사무국장을 하면서 회원 리더십 향상에 정성을 쏟았고 사무국 중심이 아닌 회원을 주체로 세우는 조직운영을 하고자 고민했던 기억이 난다. 이렇게 거의 10년을 상근자로 활동하면서 나는 소진되었고 항상 촉촉할 것만 같던 마음도 푸석푸석해졌다.

1년간 안식년을 갖고 2005년 지역조직 담당을 자원했다. 운동한 지 10년이 넘어서야 내가 정말 하고 싶은 운동은 사람과 함께하는 풀뿌리 여성운동임을 깨달았다.

지난 10여 년간 항상 내가 무엇을 하고 싶은가, 나는 행복한가를 스스로에게 물어보았다. 낯가림이 심하면서도 사람 사귀기를 좋아했고 여럿이 함께 무언가를 해낼 때 성취감을 느꼈다. 만나면 즐겁고, 헤어지면

또 만나고 싶고, 모여서 나누다 보면 에너지가 샘솟았다.

이 글을 마치니 여성들과 함께한 순간들이 희망의 충전소였음을 알겠다. 이제 그만 쓰고 빨리 지역으로 가야겠다.

❦ 박신연숙

1995년부터 서울여성의전화 상담부, 성폭력상담센터, 사무국장 등을 역임했으며 2005년부터는 아예 마을로 들어가 여성인권운동의 풀뿌리운동 모델링을 시도하고 있다. 현재 서울여성의전화 나비센터 지역조직국장을 맡아 활동하고 있다. 놀러 오세요. 서울여성의전화 나비센터 홈페이지는 http://www.womanrights.org/nabi입니다.

# '촌년'들, '쎈' 동네에서 싸우다

농촌지역운동 이야기

이태옥

## 가부장제 드센 농촌에 '여성의전화' 깃발을 꽂다

### 낯선 땅 영광에 둥지를 틀다

'영광여성의전화'와의 만남을 설명하려면 나의 사랑과 삶을 피해갈 수 없다.

1989년에 대학을 졸업한 나는 사회운동으로 농민운동을 선택했다. 대학 4년 서울에서 농민운동을 준비하며 만난 남편과 전국농민운동총연합(현 전농의 전신)에서 1년 동안 간사생활을 한 뒤, 남편의 고향인 전남 영광 땅에 결혼과 동시에 발을 내디뎠다. 나름 촉망받던(?) 예비농민운동 부부였던 터라 운동에 대한 의욕도 농업에 대한 희망도 가득 찼었다. 그러나 현실은 녹록지 않았고 농민운동과 농업을 병행하기는 매우 어려웠다. 매년 빚 농사를 지었고, 사내아이 둘을 낳아 길러야 했다. 그러는 동안 몸의 살이 불어나는 만큼 농촌에서의 이력도 붙어갔다. 가부장적 문화가 지배적인 농촌마을에서 서울내기인 내가 여성농민운동가로 살아가는 것은 힘에 부쳤다. 늘 남편의 운동성에 자의 반, 타의 반 양보하고, 집안일에 아이들 키우다 보니 여성농민회를 꾸리는 일이 만만치 않았다. 나 말고도 서울, 광주 등지에서 농민운동 또는 결혼을 통해 모인 10여 명의 젊은 여자들이 모여 '나를 찾는 여성들의 모임'을 결성하기도 하고, 내가 살던 군남면에서 60여 명의 여성농민이 참여하여 면단위 여성농민회 창립총회라는 거사(?)를 치르기까지 나는 늦은 밤 하루 종일 노동으로 녹초가 된 마을언니들을 찾아다니며 공부하자고 법석을 떨어야 했다.

마을여성들과도 언니, 동생 하며 지낼 즈음 남편은 교통사고로 덜컥 내 곁을 떠나버렸다. 모두들 내가 서울로 떠날 것이라고 생각했지만 나는 영광에 남았다. 농민운동은 내가 선택한 삶이고 영광은 그 터전이 되었던 곳이다. 남편 없이 산다는 것도 어려운 일이었지만 영광을 떠난다는 것은 더 하기 힘든 선택이었다. 삶의 주체자인 '나'와 '영광여성'이 어느덧 힘차게 묶여 있었다.

## 하정남 교무님의 특명, 영광여성의전화를 만들라

1997년 8월 즈음 농협 부녀지도계에 취업이 되었고 첫 번째 프로젝트는 '여성대학'을 성공적으로 치러내는 일이었다. 여성대학은 당시 농협에서 흔히 하는 사업으로 문화센터와 같은 역할을 했다. 여성대학을 준비하면서 여성농민만을 만났던 나의 발품이 농촌여성들에게로 넓혀졌다.

어떻게 하면 일회성 교육이 아닌 조직화로 연결할까를 고민하며 지역전화번호를 뒤적이다가 눈에 번쩍 뜨이는 단체명을 발견했다. '여성문제연구소.'

"아니 이런 촌에 부티(?) 나는 여성문제연구소가 있다니?" 하고 탄성을 지르며 당장 전화를 걸었더니 전화선을 타고 경상도 억양의 조용한 목소리가 흘러나온다. 이차저차 하니 찾아뵙겠다며 위치를 물으니 백수 읍에 있는 영산원불교대학교(현 영산선학대학교)로 오란다. 원불교 성지에 위치한 대학의 여성문제연구소를 찾는 발걸음은 나도 모르는 흥분으로 들떠 있었다. 연구소를 찾아가니 자그마한 체구에 은은한 미소가 빛나는 하정남 원불교 교무님이 반가이 맞아주셨다. 방 안에는 사회과학서적과 여성관련 책, 자료가 빼곡했다. 이런 산골 학교에 이렇게 의식 있는 종교 인이자 학자인 여성이 있다는 것에 놀라움과 반가움의 감탄사를 터뜨리 며 우리는 순식간에 가까워졌다. 하정남 교무님은 이때 한국여성의전화 연합에 문을 두드리며, 어떻게 하면 지역여성을 꼬셔서(?) 여성운동 판을 만들어볼까 목하 고민 중이었다.

하정남 교무님과의 인연으로 나는 1년 정도 했던 농협 일을 접고 아예 여성문제연구소로 자리를 옮겼다. 그곳에서의 특명은 '영광여성의전화' 를 조직하는 일이었다.

## 농촌에서 싹 틔운 여성주의운동

여성운동의 불모지에 여성운동 깃발을 꽂는 일은 섣부르게 시작해서 도, 결기만 갖고도 진행하기 어려운 일이었다. 먼저 사람을 만들고, 여성 운동의 가치를 공유하는 일이 급선무였다. 일단 1998년 세 개의 여성학 공부모임을 꾸렸다. 앞서 소개한 '나를 찾는 여성들의 모임' 멤버인 경아, 미화, 경희, 명례 등을 끌어들이고, 농협 여성대학을 통해 만난 방경남, 채봉정, 이이재, 안금정 씨 등이 합류했다. 그리고 이들이 직장여성들인 나은미, 정윤아, 정윤숙, 최명희 씨 등을 데리고 왔다. 공부모임은 농촌이 라는 가부장적 분위기에 짓눌려 살던 여성들에게 단비와도 같았다. 그동 안 참아왔던 분노가 정리되고 나에게만 돌려졌던 책임이 우리 사회로 확대되면서 위로와 격려가 되었다.

1999년 하반기에는 영광여성의전화 지부준비위원회와 여성문제연구소의 이름을 걸고 '성교육지도자 전문교육'을 실시했다. 영광에서 보기 드물게 긴 교육기간에 5만 원이라는 거금을 들여야 하는 교육이었음에도 80여 명이 지원해 20명을 돌려보내고 60여 명의 교육생을 배출했다. 보건소와 병원간호사, 성직자, 자원봉사자, 교사 등 다양한 분야의 여성과 소수의 남성이 참여하면서 여성주의 철학의 대중성을 확인하는 자리가 되었다. 개인적으로는 관심 있는 아이템과 질 높은 교육은 얼마든지 대중의 호응을 이끌어낼 수 있다는 자신감을 갖게 되었다. 그리고 여성주의 가치가 영광에 얼마나 필요한지도 새삼 느낄 수 있었다.

여성운동을 내 삶의 방식으로 받아들이면서 관계와 소통을 여성주의로 재해석하고, 대중과의 만남을 통해 영광여성의전화라는 배를 띄우는 일은 신기루 같았다. 여성운동이 만들어준 울림의 공간에서 교육하고 조직하고 지역에 떠들어대며 2000년 2월 29일 80여 명의 회원과 지역민이 모여 창립총회를 만들어냈다.


## 여성의전화, 농촌여성운동체로 진화하다

### 도시 여성운동 모방하지 마라

두 명의 상근활동가로 시작한 첫 1년은 상담소를 개소한다, 성교육을 나간다, 여성학 소모임을 운영한다, 홍보를 한다, 상담학교를 연다 하며 부산스럽게 지나갔다. 그리고 1년여를 보낸 후 2차년도 총회를 준비하는 데 사업감사가 고통스러운 지적을 한다. 당시 사업감사였던 송정숙(전 광주여성의전화부회장) 선생님은 2001년 제2차 총회를 준비하는 지점에서 다음과 같이 우리의 사업을 평가했다.

　영광여성의전화는 회원 중심의, 지역여성 중심의, 사람 중심의 조직화가 필요하다고 봅니다. 면과 마을 단위 지역민들 속에 파고드는 현장에 기반한 활동이 되어야 합니다. 또한 회원과 활동가의 중간층을 두텁게 하는 일을 통해 영광여성의전화가 여성대중단체임을 잊지 말고 지역여성인권단체로서의 정체성을 발현해주기 바랍니다.

　　　　　　　　　　　　　　　　　— 2001년 제2차 총회자료집

　우리의 사업이 농촌지역에 위치한 여성단체의 맛을 내지도 못하고 또 지역여성을 담는 그릇을 만들지도 못했다고 지적했다. 더불어 여성단체들의 백화점식 사업방식을 우리도 답습하고 있다고 일갈한 것이다. 억울했다. 이 척박한 영광 땅에 깃발을 꽂은 것만도 얼마나 힘들었는데 이제 걸음마를 시작한 우리에게 너무 가혹한 평가가 아닌가 하는 심리적 저항이 생겼다. 그러나 며칠 동안 곰곰이 생각하고 총회를 준비하면서 이 지적에 동의할 수 있었다. 농어촌여성들의 인권단체라는 존재의 이유를 망각하고 도시 여성단체들이 하던 내용을 흉내 내려 했다는 증거가 사업 곳곳에서 포착되었다.
　감사의 지적은 지역운동단체로서 영광여성의전화의 정체성을 되새김하는 계기가 되었다. 농촌여성들과 함께하려는 의지와 고민이 역력히 부족했음을 절감했다. 그러면 무엇을 할 것인가?

## 마을로, 마을로

지역여성단체로서의 위용(?)을 자랑하기 위해서는 회원 증가와 회원 관리가 급선무였다. 2004년 회원조직화의 고민의 끝에서 나온 사업은 '오(5)! 여전사랑'이었다. 당시 15명의 열심회원이 5명씩 회원을 관리해 정회원을 빠짐없이 네트워킹하고 각 팀별로 회원 소모임을 만들도록 지원하자는 내용이었다. 약 2년 동안 진행했는데 결과는 그리 좋지 않았다. 사람에 대한 투자 없이 일과 역할만을 부여한 것이 잘못이었다. 형식만 만들고 그 일을 해낼 사람에 대한 투자가 없으면 사람 사업은 실패한다는 것을 그때 알았다. 그 후 회원사업팀을 꾸렸고, 2005년 조직개편 때는 회원협의회로 전환하여 위상과 역할을 높였지만 회원사업은 여전히 어려웠다.

회원들이 가장 접근하기 좋은 모임이 무엇일까 고민하던 중 당시 오경미 회원협의회장(현 부대표)이 천주교의 사랑방이나 기독교의 구역모임과 같이 마을모임을 갖자는 의견을 냈다. 종교의 사랑방이나 구역모임과 같이 같은 지역에 사는 사람들의 모임을 통해 자연스럽게 조직화로 연결하면 되지 않겠냐는 생각에서였다. 말인즉, 종교조직을 벤치마킹하자는 것이었다.

먼저 오경미 씨가 살고 있는 남천리에서 마을모임을 하기로 했다. 2006년 남천리 마을모임을 준비하며 무엇을 해야 하는지에 대해 고민했다. 그냥 모여서 수다만 떤다면 다음에는 사람들이 오지 않을 것이라는 의견이 많았다. 그래서 생각해낸 사업이 '천연비누 만들기'였다. 그리고 영광여성의전화 소개는 '도전 골든벨'의 형식을 이용하기로 했다.

장산아파트에 사는 회원과 그 위아래층에 사는 여성 11명이 모여 차를 마시며 퀴즈와 천연비누 만들기를 했다. 이 모임은 자연스럽게 일상적인 수다로 이어졌다. 이후 '쿠키 만들기'를 '꺼리' 삼아 10여 명이 모여 모임을 진행한 뒤 옆 마을인 교촌리모임을 꾸리기로 했다. 그러나 교촌리모임은 잘 되지 않았고 이와 연계하려 했던 법성면모임도 차질을 빚게 되었다.

마을모임은 조직의 지원과 마을회원의 자발성을 끌어내지 못하고 마을공부방, 이주여성지원사업, 양성평등사업 등 굵직굵직한 사업에 밀리기 일쑤였다. 이는 마을모임이 회원의 욕구에 의해 자발적으로 조직되지 않았기 때문이었다. 바쁘게 돌아가는 일상 속에서 회원들이 자연스럽게 모임을 갖도록 하는 방법에 대한 모색이 필요했다.

이러한 고민 속에서 2007년 7차년도 여름총회에서는 욕심내지 말고 3개 마을에서만 모임을 조직하기로 목표를 잡았다. 회원들이 살고 있는 마을만 조직화해도 20여 개가 넘을 것인데 아직 우리는 마을 속으로 들어가지 못하고 있었던 것이다. 2008년에는 회원들이 많이 살고 모임을 주도할 수 있는 마을인 단주리에 마을모임을 꾸리기로 했다. 또 다시 실패하거나 좌절할 수도 있겠지만 마을모임에 대한 시도와 고민은 멈출 수 없다.

### '가부장'과의 투쟁

우리 회원들의 대부분은 결혼을 통해 영광으로 이주한 경우가 많다. 우리도 서울에서, 광주에서, 울산에서, 나주에서 온 국내 이주여성들이었다. 그리고 보니 회원 중 정작 영광토박이는 전체의 10%도 되지 않았다. 국내 이주여성 대부분은 영광이 다른 지역보다 더 가부장적임을 강조한다. 농촌사회의 일반적인 분위기보다 '더 쎄다'는 것이 생활에서 우러나온 진단이다. 어쨌든 이런 '쎈' 지역에서 여성운동을 한다는 것이 어렵기도 하지만 오히려 투지를 불러일으키는 면도 있다.

가부장성과의 싸움은 여성들 내부에서도 일어났다. 여성학 소모임 회원 중 스스로 지쳐서 또는 남편이 눈치를 줘서 그만두는 경우가 생겨났다. 여성학을 공부하다 보니 일견 마음이 시원해지기도 하지만 현실에서 사사건건 남편이나 시댁 식구들과 부딪히게 되어 그것을 회피하고 싶어 했다. 이렇게 여성학은 멀리 있는 이론이 아닌 자신의 삶과 밀접하게 연결되어 있어 '바로 이거야' 하다가도 그만 놓아버리는 경우가 생긴다. 또한 어디서 들었는지 '여성의전화는 이혼시키는 곳'이라는 혹세무민(?)한 소문이 나면서 이탈자가 생기기도 했다. 그리고 친하게 지냈던 남성 운동가들이 슬슬 나를 피하는가 하면 사석에서는 불쾌한 심정의 일단을 드러내기도 했다. 그러나 우리가 갖는 진보성과 대중성은 가부장문화에 밀리지 않았다. '성폭력·성매매 없는 건강한 지역 만들기', '핵폐기장 반대로 여성의 건강권 확보하기', '여성농업인을 지역사회의 주인으로' 등 여성문제를 지역문제와 연결하면서 지역에서의 인지도를 높여나갔다.

특히 2003년 군산 성매매지역 화재사건을 계기로 전국에 성매매근절운동이 활성화되면서 우리도 성매매반대운동의 일환으로 교육, 조사와 홍보, 경찰과 연계한 상담활동 등을 전개했다. 지역신문 전면을 도배한 '영광지역 성매매 실태'는 영광지역 주민들을 놀라게 했다. 그러나 나에게는 성매매의 영역이 일반음식점까지 확산되었다는 사실보다 성매매 관련 지역에 여성의 접근이 철저히 봉쇄되는 현실이 더 충격이었다. 가부장문화의 극단적 모습인 성매매를 근절하려는 우리의 접근을 철저하게 봉쇄함으로써 가부장 '남성'의 위력을 보이려 했는지도 모른다. 그들만의 '성욕'에 찬 '성역'에 들어가지 못하고 멀찌감치에서 피켓 정도 들고 서 있을 수밖에 없었던 그 상황이 참담했다. 영광지역의 가부장성은 때론 완고하게, 때론 보이지 않게 힘을 쓰고 있었던 것이다. 농촌의 가부장문화 속에서 우리는 이렇게 '기 쎈 여자'가 되어갔다.


## 지역과 함께, 여성과 함께

### 핵폐기장 반대운동, 그 영광과 상처

우리의 지역운동은 '핵폐기장 반대'라는 지역 현안과 함께했다. 핵발전소로 인한 환경파괴와 위험을 감수해야 하는 영광지역주민들에게 핵의 존재는 '안전불감증'과 '공포'라는 극단의 모습으로 나타났다.

우리는 핵폐기장문제가 불거지기 시작한 2001년부터 2005년 8월 마무리되기까지 연대조직에 참여해 적극적인 활동을 벌였다. '핵발전소 반대대책위'가 '핵폐기장 반대대책위'로 전환되면서 사무국장인 내가 대책위의 실무자로 파견되고 대책위 결정단위에도 참여하였다. 이렇게 우리는 지역에서 책임 있는 단체로 부상했다. 핵폐기장 반대운동은 2003~2004년에 정점에 이르렀다. 100여 개가 넘는 단체가 대책위에 참여하는 가하면 유치위원회도 더욱 적극적으로 나와, 핵폐기장 위기가 지역민의 가슴을 짓눌렀다.

지역투쟁이 더욱 거세지면서 우리는 잠시 사업을 뒤로 미루더라도 핵폐기장문제만큼은 조직의 사활을 걸고 싸우기로 결의하고 각종 농성과 집회 등에 주체적으로 참여했다. 실무자 파견을 넘어 조직 내부에 '핵폐기장반대 특별대책위'를 꾸리고 지역주민 강좌, 회원교육, 가두 홍보, 지역신문을 활용한 홍보, 어린이 생태기행 등을 꾸준히 벌였다. 회원 교육과 홍보활동에서까지도 지역현안인 핵폐기장 반대투쟁을 최우선에 놓았다.

내부적으로는 생태여성주의적 내용을 담는 '똥살리기, 땅살리기모임'을 만들며 생태운동으로서 반핵운동의 관점을 가지려 했다. 이런 지역활동은 2005년 조직개편을 하면서 생태여성자치센터라는 활동기구를 탄생시켰고 이는 연대운동을 조직 내부로 가져오는 귀한 경험이 되었다.

연대활동은 나와 조직에 큰 깨침을 주었다. 핵폐기장 반대라는 목표를 가지고 연대활동을 하면서 의사소통이나 사업방식 등에서 남성중심의 사회단체와 여성운동조직이 많이 다르다는 것을 절감할 수 있었다. 절친했던 지역운동가들과의 갈등이 컸던 것이다. 하지만 갈등을 해결하기에 우리의 역량이 부족하다는 것을 느끼면서도 포기하지 않으려 했다. 때론 문제제기를 통해, 때론 헌신성을 통해, 때론 격한 감정을 표현하면서 아슬아슬하게 관계를 맺어오다가 조직 간의 문제로 일이 불거지기도 했다. 문제를 풀어가는 여성운동가들의 방식이 지역에서 생소했었나 보다. 어쨌든 제기된 문제의 본질은 사라지고 껍데기만 남아 우리 조직 내부까지 심한 타격을 입었다. 아직도 그 상처는 다 아물지 않았고 나 역시 그 상처의 흔적을 아직도 가지고 있다.

여성운동이 지역과 만나기 위해서는 헌신성이 필요하다. 그러나 이와 더불어 가부장문화와 소통할 수 있는 지혜 역시 필요하다. 여성주의 정신

을 견지하면서 가부장문화를 가진 사람들과 소통한다는 것은 어려운 일이지만 이러한 소통이 없으면 연대활동이 불가능하기에 반드시 이루어내야 하는 과제이다. 맹목적인 헌신성과 뒤치다꺼리가 아닌, 민주적으로 소통하고 평등하게 책임을 나

누고 상호 존중하는 연대운동이어야 하기에 더욱 그러하다.

연대운동을 하면서 우리가 간과했던 문제는 두 가지이다. 첫 번째는 우리 내부의 여성주의적 가치에 대한 공유의 문제이다. 연대조직 내에서 사업방식에 대한 문제가 제기되고 이에 대처하는 과정에서 우리 조직 내부의 균열이 생겼다. 즉 연대사업방식에 대해 외부 조직과의 견해 차이보다 우리 조직활동가들 간의 입장 차이가 더 컸다는 것이다. 두 번째는 연대활동 과정상의 수평적이고 평화로운 의사소통의 문제이다. 이는 매우 어려운 일이다. 보수적인 지역문화에서 지역단체의 사업방식이 여성단체와 달라 우리의 일거수일투족이 문제가 될 수도 있고 유연함과 원칙을 견지하기도 쉽지 않았다. 그러다 보면 '일'과 '책임'만 가져오고 우리의 입장을 밝히는 데 소홀할 수 있는데 이는 연대활동에서 반드시 경계해야 할 일이다.

### 지방자치에 참여하는 '여치모임'

지역여성운동의 주요 과제 중 하나는 지방자치에 참여하는 것이다. 지역운동을 하려면 지방자치를 알거나 참여해야 한다는 생각에서 전라남도 프로젝트 사업으로 2001년 11월에 여성자치학교를 개설했다. 자의반 타의반 시작된 교육은 지역에 신선한 바람을 일으키며 관심을 불러모았다.

먼저 농협부녀회, 생활개선회, 여성단체협의회 등 농촌여성조직의 활동적인 여성들이 많은 관심을 보여주었다. 이들을 포함해 우리 회원, 지역여성, 성직자 등 30여 명이 모였다. 여성과 생활정치, 여성의정활동 사례, 의정모니터의 의미와 실제, 여성자치운동 사례 등의 교육과 영광군의회와의 간담회 일정으로 교육이 진행되었다. 영광군의회와의 간담회는 교육생들에게는 지방자치의 현장을 체감하게 하는 좋은 기회였고 의원들에게는 일종의 압력이 되었다.

교육이 끝나고 의정모니터팀을 조직했다. 교육생과 우리 회원 그리고 원불교와 천주교의 여성성직자가 주로 참여했다. 의정모니터의 목표는 '방청'이었다. 교육활동의 일환으로 실시된 영광 초등학생들 방청과 핵발전소문제와 같은 중대 사안에 대한 일회적인 방청은 있었지만 여성단체의 목적의식적인 방청은 처음 있는 일이었다. 처음에는 의원들의 행태와 성향 파악 중심으로 방청했다. 우리 눈에 거슬린 것은 여직원이 의원들 수발을 드는 모습이었다. 물 잔이 빌 때마다 여직원이 주전자를 들고 물을 따라주는 모습을 본 회원들은 방청을 끝내고 의회의 이런 가부장성을 성토하였고 이를 계기로 의원들 책상에 물병이 올려졌다. 여성들의 방청과 성토가 압력으로 작용한 것이다. 한 달여 동안은 체계 없이 시간되는 대로 방청을 하다가 이후에는 의회일정을 파악하여 여성 관련 업무에 집중하여 3~5명씩 조를 짜서 방청을 했다. 주로 사회복지과와 농림부, 농촌기술센터, 보건소 업무와 관련한 상임위원회 방청이었다.

방청하는 데 익숙해지면서 좀 더 객관적인 자료를 통한 의정모니터를 하자는 의견이 나왔고 이에 우리는 광주YMCA 의정지기단에서 사용하는 모니터 평가지를 빌려와 모니터하는 데 사용했다. 의정모니터를 진행하면서 일의 양과 책임이 기하급수로 늘어났다. 의정모니터 사업에 대한 사회적 관심에 부응하고 또 이를 재미있어하는 모니터단의 욕구를 충족시키기 위해서는 이 일을 책임감 있게 수행할 조직이 필요했다.

지방자치운동은 우리 조직 혼자만 하기에는 힘에 부쳤다. 노인여성의 복지문제나 장애여성의 문제를 제기하면 성인지적 관점이 전혀 없는 공무원이나 의원들은 "장애인과 노인 속에 여성도 들어 있지 않냐, 역차별이다"라며 우리의 문제제기를 '일부 여성'의 '편협한 시각'으로 돌려버리곤 했다. 이런 문제에 대처하는 일 외에도 모니터단을 조직하는 일, 모니터활동을 평가하는 일 등은 우리 혼자서 해내기에 너무나 벅찬 일이었다. 모니터활동을 지속적으로 하기 위해서도 연대조직이 필요했다. 그래서 우리는 당시 천주교 내에서 지역문제와 환경문제를 고민하는 생명과 평화지기의 여성들과 원불교여성회, 그리고 영산원불교대학교 여성문화연구소 등과 함께 '영광여성자치모임(여치모임)'을 꾸렸다.

여치모임은 한 달에 한 번 모여 지방자치와 여성을 주제로 공부도 하고 지역현안에 대해 토론도 하고 또 무엇을 실천할 것인가에 대한 논의도 활발히 진행했다. 2002년 5월 지방선거 시기에는 각 후보의 여성정책을 평가하고 평가내용을 지역신문을 통해 홍보했다. 남성 위주, 후보 위주로 진행되던 선거 분위기에 여성 이슈를 제기하여 후보들이 여성공약을 고민하게 하는 계기가 되었다. 2006년 지방선거에서는 여성공약을 각 군수후보 선거진영에 요구했고, 누가 당선되든지 여성공약 실천 여부를 모니터하기로 했다. 그러나 당선된 군수가 2007년 초 뇌물수수로 구속되어 모니터가 이루어질 수 없었다.

2002년도에는 영광지역여성정책을 분석하고 토론회를 열기도 했다. 여치모임이 주최하는 행사였지만 우리가 내용 분석과 실무 전체를 맡았다. 당시 성인지적 관점에서 여성정책을 분석, 평가하는 작업이 여성운동의 주요 과제로 부상하던 때라 우리는 여성민우회 자료를 참고하여 영광여성정책에 대한 자료를 수집하고 분석작업을 진행했다. 우리가 초안을 만들면 여치모임에서 수정·보완하는 방식으로 진행했다. 토론회를 통해 분석 결과를 발표하고 영광지역에 여성정책이 부재함을 지적하였다. 토론회에 참석한 여성복지계장은 "자료를 보니 무척 고생들 하셨다. 이

자료를 참고하여 앞으로 열심히 해야겠다"고 소감을 말하기도 했다.

여치모임의 활성화에도 불구하고 참여 단체들이 튼실하지 못하여 사업 기획과 실무 대부분을 우리가 맡게 되었다. 더구나 지방자치 관련 연대사업이 많아지면서 우리 내부에서 섣부르게 연대사업을 꾸린 것은 아닌지 하는 자조 섞인 목소리도 나왔다. 다른 단체의 참여 정도가 낮은 상황에서 차라리 우리 내부에 여성자치모임을 만들자는 의견도 나왔다. 그러나 여성자치운동은 지역여성단체와 함께한다는 원칙을 정한 바 있고 또 참여 단체도 여성자치에 대해 높은 관심을 갖고 있기 때문에 연대모임을 강화하는 방향으로 의견을 모았다. 여치모임에 참여하는 각 단체의 역할을 강화하기 위해 역할분담도 시도하고 회의도 순환제로 실시하면서 어려워도 여성자치 역량을 높이기 위해 노력하였다.

## 대중과 함께하는 문화사업

1년여 동안의 의정모니터활동, 선거 시기 각 후보의 여성정책 평가와 이에 대한 홍보, 영광지역여성정책 토론회 등 2년 동안 굵직굵직한 사업들을 하면서 여치모임 활동가들 사이에서 "지친다"는 자체평가가 나오기 시작했다. 다시금 모임의 목적을 살펴보고 여성대중과 함께할 수 있는 지역사안이 무엇인지 고민하며 주위에 의견을 구했다.

"영광에는 인도가 없어서 보행권이 위협받고 있다. 인도 찾기 운동이 어떨까?", "시골에서 쓰레기 처리문제가 골치 아파. 비료포대건, 건조장 비닐이건 간에 뭣이든지 다 태워버리잖아. 환경에 치명적이라고", "영광은 너무 삭막해. 읍 단위에 가로수가 너무 없어" 등 문제가 지적되고 이를 해결하기 위한 아이디어가 쏟아져 나왔으며 결국 '문화광장'을 만들기로 의견이 모아졌다.

영광에는 여성들이나 아이들이 문화를 즐길 만한 곳이 없었다. 그래서 여치모임 회원들은 "왜 우리라고 대학로처럼 차 없는 거리나 춤추고 공연하는 광장문화를 부러워만 해야 해?" 하고 문제제기하며 우리도 한 달에 한 번 정도 벼룩시장이 설 수 있고, 또 아이들이 인라인스케이트와 자전거도 즐기는 자연스러운 문화광장을 만들자는 데 모두가 합의했다.

2003년 10월부터 시작된 문화광장은 1차 '문화야 안녕? 놀이야 놀자!'를 주제로 민속놀이터, 먹거리터, 벼룩시장터, 공연터, 인라인배움터, 성교육터, 아트풍선터 등으로 진행됐다. 한 달에 한 번씩 진행되는 사업치고는 너무나 크다는 지적에 따라 11월 문화광장은 벼룩시장과 민속놀이, 참여마당만을 담았다. 겨울을 지낸 문화광장 사업은 2004년 3월 '햇살 가득한 3월 문화광장', '꽃비 내리는 4월 문화광장', '진초록의 행복 5월 문화광장'으로 진화하며 이어졌다.

그러나 매달 행사를 치르면서 우리 부담이 너무 커졌고, 타 단체의 참여는 저조하여 연대감이 오히려 떨어졌다. 이런 상황에서 여치모임이 하기에는 버겁다는 생각에 문화광장 행사를 접기로 했다. 물론 대중의 호응이 낮아진 것이 가장 큰 이유였다. 지역주민으로 가득 차야 할 광장은 우리 회원만의 광장이 되어버렸고 지자체가 관심 갖기를 기다렸으나 끝내 모르쇠로 일관했다. 지자체의 협조는 행사 장소인 실내체육관 공터를 빌려주는 정도였으며 행사 때 사회복지과장이나 여성복지계장이 인사차 방문하는 정도였다. 비록 지속하지는 못했지만 '살고 싶은 영광 만들기 — 문화광장' 사업을 통해 우리는 여성운동이 지역운동으로 파고 들기 위해서는 탄탄한 내부조직력과 준비, 추진력, 지역민 욕구조사 등이 필요하다는 점을 깨닫게 되었다.

여치모임이 좌절만 있었던 것은 아니다. 영광의 대표적 축제인 단오제

행사의 가장 큰 볼거리로 여겨졌던 '영광굴비아가씨 선발대회'를 3년여간의 반대운동 끝에 폐지시키는 쾌거를 이루었고, 2004년 군단위로는 처음으로 '영광군여성발전기본조례' 제정을 이뤄내기도 했다.


## 농촌여성과 함께한 풀뿌리운동

한국여성의전화연합 지부 중 후발주자이면서 농촌에 위치하고 있다는 것이 지역여성운동에 대해 치열하게 고민하게 만든 배경이 되었다. 한국여성의전화의 상담활동은 이미 널리 알려져 있었고 따라서 영광여성의전화도 상담단체로 지역에 알려졌다. 그러나 농촌지역은 도시에 비해 상담 수요가 크지 않다. 그것은 가부장문화가 위세를 떨치고 있어 부부싸움이 가정폭력으로 인식되기까지는 시간이 더 필요하기 때문이다. 또 저학력, 노령여성인구가 많고 지역민들이 서로 잘 알고 지내는 작은 지역이어서 상담이 사람들이 문제해결을 위해 활용할 수 있는 수단이 되기 어렵기 때문이기도 하다.

그래서 다른 지부가 상담활동과 지역운동을 어떻게 분리할 것인가에 대해 심각한 고민에 싸여 있을 때, 우리는 농촌여성들의 욕구에 기반을 둔 활동거리를 찾아내야 했다.

### 농촌마을 공부방

우리는 2003년에 농촌 노인여성들의 문맹탈출에 대한 바람을 담아보자는 취지로 농촌여성 마을공부방사업을 시작하였다. 첫 공부방은 방경남 전 대표의 옆 동네인 장자동에서 문을 열게 되었고 여기에 회원들이

주 2회 찾아가 여성노인들에게 한글을 가르쳤다. 장자동 이안순 님 집에서 시작된 공부방은 많을 때는 15명이나 되어서 3개 반으로 분반을 했다가 중도에 포기하는 여성이 생기면서 2개 반으로 줄여서 1년여 동안 진행되었다. 우리는 장자동 공부방을 통해 소중한 경험을 했다. 농촌여성들에게 한글은 역사이고 한(恨)이고 인권문제라는 사실을 안 것이다.

여자여서 배우지 못했던 어린 시절의 서러움은 다 겪는 것이라 치더라도 결혼해서 남편과 자식, 동네 사람들에게 받은 무시와 열등감은 평생 가슴 한 번 쫙 펴지 못하는 한을 남겼다. 기역, 니은 속에 담긴 여성차별의 역사가 농축되어 나타났다. 공부하는 시간보다 푸념하고 "다 늙어서 무슨 주책이냐"라며 스스로를 꾸짖는 언사가 많아지면서 포기하는 분들도 생겨났다. 글을 배우다 보니 마을에서의 서열도 공부 잘하는 순으로 재편되면서 자존심 싸움도 일어났다. 평생 동네 왕따로 살았고 사이도 좋지 않은 누군가가 한글공부는 1등인 것을 보고 그 꼴이 보기 싫어 안 나오는 분들도 생기고 한글 배우려다 생병 나는 분들도 있었다. 이런저런 경험을 하며 첫 해 장자동 한글교실은 우리에게 오히려 많은 공부를 하게 했다. 이후 공부방사업은 단주리 공부방, 대마 공부방, 대전리 공부방, 월산리 공부방, 장수촌 공부방으로 이어졌고 적게는 몇 개월에서 많게는 1년~3년차로 현재까지 이어오고 있다. 이 사업은 2005년 조직개편을 하면서 '농촌여성다지기'라는 활동기구를 탄생시켰다.

이 사업은 공부방을 많이 운영하는 것이 중요한 것이 아니라 공부방이라는 현장을 통해 농촌여성의 문제를 드러내고 이에 대한 대책을 영광군의 정책으로 제도화하는 데 그 의미가 있다. 마을공부방을 선택하는 기준은 해당 마을에 회원이 있는지 혹은 회원이 될 가능성이 있는 사람이 있는지에 두었다. 외부에서 주2회 활동가를 투입하기가 어렵기 때문이기도 하고 또 첫 해 장자동에서 경험했던 것과 같이 마을주민 간의 예민한 문제를 파악하지 못해서 어려움을 겪었기 때문이기도 하다.

우리는 3년 정도 사업을 하고야 비로소 한글공부 자체가 농촌여성의 역량을 강화하는 것(임파워먼트)임을 알아차렸다. 이 사업을 통해 우리는 마을여성들과 연결되었고 이를 통해 우리의 역량도 강화되었다. 농촌마을 공부방이 한글공부만이 아닌 마을여성을 엮어내는 마을모임의 단초가 되고 농촌여성을 위한 정책생산의 산실이 되는 날을 꿈꾸어본다.

### 농촌여성 문화축제

농촌여성 문화축제는 1999년에 '농촌여성이 지역의 힘'이라는 주제로 기획되었고 2008년에 8회를 진행하였다. 농촌을 '삶의 터전'으로 만들고 지키는 농촌여성이 스스로 삶을 격려하고 한껏 기를 모아보자는 취지에서 시작된 축제이다. 우리는 이 축제를 통해 모성과 가부장제 이데올로기의 굴레 속에서 빛보다는 그림자로 존재해온 그녀들의 건강한 노동력과 생명력이 마음껏 발산되기를 기대했다.

축제를 시작한 처음 3년간은 흥행에 실패했다. 교통수단도 수월치 않고, 정보에도 어두운 농촌여성을 어느 한자리에 모으기란 쉽지 않았다. 실패를 거듭하며 뼈아픈 반성을 한 후 "이렇게 좋은 판을 벌였으니 와서 보고 즐기시오"라는 오만한 태도를 버리고 "50명이어도 100명이어도 좋다. 마을주민들이 하루를 즐기며 우리 조직에 관심을 가지면 된다"라는 마음으로 2004년부터 찾아가는 마을축제로 전환했다.

행사를 위해 마을부녀회를 연대단체로 삼았고, 이장단, 청년회, 영농회의 후원도 받았다. 행사 때마다 뒤치다꺼리에 부녀회가 동원되는 것을 막아보려고 먹거리는 최대한 간소화했다. 또 부녀회장이나 회원들이 사

회를 보도록 했는데 처음에는 한
사코 손사래를 치더니 무대 맛을
보고는 자신감이 생겨 나중에는
오히려 재미있어했다. 두 번째로
찾아가는 문화축제를 하면서 농
촌여성 문화축제가 일회로 끝나
지 않기 위해서는 1년 동안 마을

사업에 대한 투자가 필요하고 행사 이후에 마을조직화로 이어져야 한다
는 결론을 내렸다. 행사가 치러진 대전리의 마을회원은 그해 겨울 농한기
한글공부방을 열었다. 서너 명에 불과한 마을여성노인들이 참여했지만
선생님이나 제자들이나 모두 행복한 겨울이었다.

그 후 월산리에도 공부방이 만들어졌고, 옆 마을 장자동은 제6회 농촌
여성마을축제를 개최하겠다고 나섰다. "우리도 마을축제 하고 싶어요.
그리고 마을공부방도 열겠으니 도와주세요." 바로 이거였다. 얼마나 기
다렸던 반응이었나!

아직 많은 과제가 남아 있지만 마을축제는 농촌여성이 사업의 대상이
아니라 사업의 주체가 되는 매우 의미 있는 행사라고 생각한다.

## 결혼이주여성에게 힘주기

지금은 모두가 하는 사업이 되어버렸지만 우리가 이주여성사업을 시
작한 2003년은 아직 이주여성의 문제가 큰 이슈가 되지 않았던 때였다.
2003년 총회준비위 회의에서 한 회원에 의해 제기된 이주여성사업은
2008년 말 현재 이주여성 스스로가 활동가가 되는 '이주여성센터'가
운영될 정도로 발전하였다. 이 사업은 4년 동안 조직이 온 힘을 쏟아

부을 정도로 큰 비중을 차지했고, 이는 농촌지역에서 국제결혼이주여성과 가족들이 중요한 구성원으로 자리매김해 간다는 사실을 반영한다. 그러나 지역에서는 이들에 대한 차별의 시선을 거두지 않고 있다. 이들에 대한 호기심과 동정의 시선은 여전하고, 이주여성들은 이를 불쾌해하며 자존심의 상처를 받고 있다. 우리가 이들을 '국제결혼을 통해 자신과 가족의 비전을 찾고자 과감히 바다를 넘는 여성들'로 인식하게 된 것도 불과 1~2년밖에 되지 않는다. 이렇듯 비록 처음에는 '피해자 관점'으로 시작했지만 우리는 이주여성사업을 통해 이들이 지역여성으로 살아가는 데 손색이 없고 자격도, 능력도 있다는 사실을 그녀들에게 또 지역사회에 인식시키려 노력하고 있다.

이들에게 한국 문화를 주입시키는 것은 한국 사회와 가족, 지역사회가 충분히(오히려 지나치게 많이) 하고 있다고 판단하고 우리는 그 여성들의 역량을 강화(임파워먼트)하는 데 집중하였다. 이 여성들은 중요한 지역 구성원이기 때문에 이들의 역량을 강화하는 것이 지역여성운동의 주요 과제가 된 것이다.

베트남의 연화와 필리핀의 에드나, 몽골의 산자는 다문화교실의 활동가들이다. 그녀들은 베트남과 필리핀, 몽골의 역사와 문화를 영광지역 아이들에게 가르친다. 가난한 나라의 여성이라는 열등의식이 한 꺼풀씩 벗겨지면서 이들의 교육내용도 힘을 갖게 되었다. 자신이 태어난 나라의 역사, 문화, 제도, 법률 등을 소개하면서 이들의 어깨 또한 높아졌다. 베트남에서 온 미디엔과 연화는 이주여성 공부방의 초급반 교사도 하며 자생력을 키웠다. 원어민 영어바우처사업을 통해 조직된 4명의 필리핀 여성도 이주여성 리더십교육을 받으며 지역에서 여성으로 살아가기 위한 힘을 기르고 있다. 미디엔과 산자는 이주여성센터를 만드는 과정에 적극 참여하여 자신들의 조직을 만들어내기도 했다.

이주여성들이 지역사회에서 물리적으로 차지하는 비중이 커지고 또 이들의 사회적 역할이 변함에 따라 이들에 대한 사업 역시 변할 수밖에 없다고 생각한다. 즉 이들의 일자리가 식당, 공장 등에서 다문화사업 교사, 상담원, 활동가 등의 역할로 다양화되면서 이들에 대한 교육훈련과 사업에 대한 구체적 아이템 개발이 필요해지고 있다. 현장에서는 이들을 조직화하고 지역사회와 연계하는 일을 하고, 중앙 조직이나 연구기관 등에서는 이주여성들이 직업인으로 자기 성장을 할 수 있는 교육 과정이나 현장에서 활용할 수 있는 아이템을 개발하는 역할분담이 필요하다고 생각한다.

바다 건너 멀리서 결혼을 통해 이주해온 여성들과 타 지역에서 온 국내 이주여성들이 영광지역에서 여성으로 살아가기 위한 고민이 한층 더 깊어지고 있다.


## 예지력 있는 여성운동가를 꿈꾸며……

6년여 시간 동안 치열하게 내 삶을 불살랐던 영광여성의전화 상근활동을 접고 나는 비로소 지역사회로 나왔다. 농촌마을일을 해보고 싶었는데 마침 마을 지역아동센터에서 일하게 된 것이다. 센터에서 지역사람들과 만나면서 가슴 아픈 일, 재미있는 일, 그리고 행복한 일 등을 매일 경험하고 있다. 지역사람들 속에서 여성운동가로 살면서 나는 영광여성의전화에서 배웠던 여성주의적 가치를 세상에 전파하고 있다.

지금 농촌마을은 거대한 양로원이 되어가고 있다. 노인 중 대부분은 독거여성노인이고 이들은 도시로 나간 자녀들이 떠맡긴 손자, 손녀들 뒤치다꺼리에 허리가 휘고 있다. 한부모·장애·조손가정의 아이들도 힘 겨운 나날을 보내기는 마찬가지이다. 그러다 보니 농촌마을의 공동체의식도 많이 무너졌다.

지난해 돌봄과 교육공동체를 위한 유럽탐방 길에서 만난 사회적경제의 대가인 벨기에 학자 자크 드프르니 교수는 풀뿌리운동가의 능력 중 하나로 '예지력'을 꼽았다. 자본주의는 신자유주의를 향해 거침없이 치닫고 자본의 모순은 극대화되어가고 있다. 자본주의가 벌여놓은 문제를 뒤치다꺼리하기보다는 먼저 고민하고 실천하며 앞서나가는 운동이 필요하다는 그의 생각에 전적으로 공감한다.

여성주의는 작은 것에, 자연적인 것에, 주변적인 것에 관심을 둔다. 예지력 있는 여성운동가가 지역여성운동의 담론을 많이 만들어나가고 나도 그 길에서 여성운동 동지들과 자주 부딪혔으면 좋겠다.

좀 더 신나고 재미있는 일이 없을까?

눈을 번뜩이고 역동적인 대한민국에서 싱글맘으로 살아가는 길에 더 많은 여성과, 더 넓은 지역에서, 더 깊은 사고를 나누고 싶다.

### 후기

아직 갈 길이 멀다. 그래도 우리가 걸어온 걸음걸음에 어떤 '옹'이 박혔는지 되돌아보니 그리움이 씹힌다.

지난 몇 년간 지역과 여성을 위해 치열하게 고민했다. 그만큼 자신감도 커졌고 당당해지기도 했다. 그리고 무엇보다도 작은 지역에서 소박하게 여성운동을 하면서 참 재미있었다.

이러한 재미를 많은 이들도 눈물겹도록 느껴보았으면 한다.

🐌 이태옥

1999년 영광여성의전화 준비위원을 했고 2000년 창립 당시부터 사무국장을 맡아 2005년까지 상근했다. 현재는 영광의 시골마을에서 '살고자픈 영산마을 - 민들레세상 지역아동센터' 대표를 맡고 있다. 영광여성의전화에서는 집행위원, 이주여성센터준비위원, 조직교육팀원이다. 일반 회원틈에 끼어 영광여성의전화를 '즐감'하는 기쁨도 누리고 있다.

# 가보지 않은 길을 가다

중소도시 지역운동 이야기

최유란

'구르는 돌 안의 수줍은 제비꽃' 일명 수제비가 나의 별칭이다. 여성의
전화를 만나기 전까지 내가 여자라는 인식도, 내가 원하는 것이 무엇인가
도 별로 생각하지 않고 살아왔다. 2001년 목포여성의전화 회원으로 가입
을 하고 왜 여성운동이 필요한 것인지, 나는 누구인지, 내가 행복하기
위해서 무엇이 필요한지를 알아가기 위해 참 많이 고민하고 좌절도 하며
정신없이 7년을 보낸 것 같다. 여성의전화의 상근활동가로 살아가면서
'아이구, 힘들다. 그만 놓고 싶다'는 생각이 들 때도 많았지만 여전히
내 생각의 중심에는 여성의전화가 있고 그녀(?)를 사랑한다. 아직도 내
의식 저편에 첩첩산중 쌓여 있는 수많은 편견과 싸우고 깨지며 스스로
깨달아가고 있다. 깨달음의 여행 중에 잠시 쉬며 그동안 여성동지들과
가보지 않은 길을 간 이야기를 하고자 한다.

298  여자, 길을 내다

# 운동단체로 서기 위해 몸부림치다

## 운동단체인가, 상담소인가

목포여성의전화의 모태는 1999년 여성을 둘러싼 사회적인 편견과 차별에 대해 문제의식을 가지고 출발했던 여성상담센터였다. 이 상담센터를 모태로 2000년과 2001년 2년간의 준비위원회를 거쳐 2002년 목포여성의전화가 탄생했다. 창립 초에는 여성의전화의 다른 지부와 마찬가지로 여성주의 상담과 이와 관련된 여러 사업이 중심을 이루었다. 그러나 시대변화에 부응하여 여성운동이 새로워져야 한다는 내부의 목소리가 점차 커지면서 우리는 조직 재정비를 위한 고민을 하기 시작했다.

2002년 9월에 시작한 조직의 방향과 관련한 논의의 핵심은 조직의 정체성, 즉 '여성의전화가 운동단체인가, 상담소인가'에 대한 것이었다. 현재 우리의 조직 구조와 활동가 역량으로 운동단체로서의 역할과 상담의 전문성 강화라는 두 마리 토끼를 다 잡을 수 있는지, 또 지역에서 사후 대처가 아닌 폭력예방 및 여성인권의식 강화를 위해서는 어떤 활동이 강화되어야 하는지 등이 논의되었다. 그리고 우리는 여태까지 가보지 않은 새로운 길을 가보자는 결정을 했다.

전체 실무자가 참여하는 여섯 차례의 회의와 1년차 이상의 정회원 전체가 참여하는 두 차례의 확대회의를 통해 논의 안건이 마련되었고 2003년 2월 2차 정기총회에서 재정과 인력, 그리고 사업을 분리하여 목포여성의전화와 목포여성상담센터를 분리한다는 결정을 내렸다.

목포여성의전화와 상담소를 분리한다는 의미는 활동가들에게 희망과 함께 과제를 던져주었다. 우선 내부 활동가들의 역할분담문제, 즉 상담소와 여성의전화에 어떤 활동가를 배치할 것인가의 문제는 조직적인 차원의 문제이기도 하지만 동시에 활동가 개인의 운동 지향과 관련된 문제여서 예민한 부분이 있었다. 또한 상담소 활동가들은 활동비가 해결되지만, 여성의전화 활동가들은 재정자립도에 따라 활동비가 책정되기 때문에 상근활동인력을 탄력적으로(비상근, 반상근, 온 상근 등) 운영하는 방식을 선택해야만 했고, 상근활동가 간에 활동비문제를 합의해야 하는 어려움이 있었다.

또 다른 어려움으로는 재정 자립의 문제였다. 분리 이후 여성의전화 사무실 운영비 및 활동가들의 활동비와 기타 대외활동에 필요한 경비를 온전히 회원의 회비와 기타 수입으로 충당해야 했고, 지역의 후원 기반을 넓히는 일이 중요한 문제로 다가왔다. 당장 한 달에 최소 200만 원을 확보한다는 목표를 가지고 재정자립을 모색해야만 하는 상황이 된 것이다.

또한 그동안에는 전화라는 연결통로를 통해 폭력생존여성을 돕는 활동이 주요한 현장 활동이었다면, 이제는 여성인권운동단체로서 보다 폭넓은 활동을 통해 폭력생존여성의 다양성(가정폭력, 성폭력, 성매매, 기타 여성인권문제 등)을 지역에 알리고, 지역의 특성을 반영한 여성운동의 기반을 찾아야 했다. 또한 회원들과 지역여성 그리고 지역에서 활동하는 시민단체에 상담소와 여성의전화가 분리되어 서로 연대하는 한 수레의 두 바퀴라는 점을 명확하게 인식시키는 작업이 필요하게 되었다.

이러한 과제가 있었지만 당시 우리들에게 희망으로 다가왔던 점은 그동안 보조금지급이라는 명목으로 다양한 압력과 간섭을 해왔던 지방자치단체에 당당히 우리의 입장을 밝히고 그들을 견제하는 역할을 하게 되었다는 것이다. 이후 여성의전화는 목포시의회 모니터링 등 다양한 견제활동을 펼치게 되는데 이는 상담소 분리가 가져다준 가장 큰 이점이었다고 생각된다.*

나 개인적으로는 2002년 당시 이 논의 과정에 참여했던 상근활동가였
다는 사실로 인해 이후 목포여성의전화 활동을 하다 지치거나 힘들 때마
다 다시 마음을 다잡게 되고 조직에 대해 더 무거운 책임감을 느끼게
된다.

### 목포여성의전화, 거듭나다

2003년 2월 상담센터와의 분리 이후 우리는 각 소모임의 장들로 운영
위원회를 구성하였고 이 회의에서 월별 사업계획을 논의하여 결정하였
다. 결정한 사항에 대한 책임과 역할은 운영위원들과 소모임 구성원,
그리고 개별회원이 분담하였다. 이는 상근활동가뿐 아니라 회원활동가
들의 참여를 확대되는 계기가 되었다.

이러한 변화는 분리 이후 재정적인 어려움 속에서 힘들게 활동하는
상근활동가들에게 힘을 실어주어야 한다는 생각과 모든 것을 새롭게
만들어가야 한다는 생각이 회원들 사이에서 공감대를 형성했기 때문에
가능했다고 본다.

2003년은 우리 모두가 여성운동의 자유로움을 느낄 수 있었던 시간이
었다는 생각이 든다. 새로운 것 앞에서 두려움보다는 호기심으로 다가가
려 애썼고 서툴지만 다른 이들과 한걸음이라도 같이하려고 했던 해, 그래
서 생채기가 많은 해이기도 했지만 그것이 우리를 더 성장하게 했던
때였다.

---

* 상담소와 여성의전화의 분리에 관련한 부분은 2002년 상담부장이었으며 2003
  년 조직부장을 맡아 사무국장 대행을 담당했던 윤영아 회원과의 인터뷰를 통해
  정리한 것이다.

새로운 시작을 위해 우선 조직 내 여성주의 가치관을 확산하고, 우리 조직을 좀 더 객관적으로 보려는 시도를 했다. 여성주의 가치관을 확산하기 위해서 회원과 일반 대중을 상대로 지속적으로 여성학강의를 실시하고, 전체 활동가들과 함께 조직 분석과 활동가수련회 등 조직 내부를 다지는 작업을 진행했다. 이러한 활동이 회원들에게는 신선한 자극이 되었고 회원확대(회비확대)를 하는 데에도 일정한 도움이 되었다. 또한 목포, 무안, 영암 등 인근 지역에 흩어져 있는 회원을 어떻게 조직화하고 만날 것인가를 고민하면서 지역모임과 30, 40대 모임 등을 시도했다.*

## 지역운동의 닻을 내리다

2003년이 상담소 분리 이후 조직적인 틀을 만들어내고 회원들의 역량을 강화하기 위해 교육사업 등에 심혈을 기울이며 기초를 닦는 해였다면 2004년은 그 기초 위에서 상담사업이 아닌 다른 내용을 가지고 지역여성을 만나는 해였다. 이때는 무엇이든 우리가 꿈꾸는 일을 할 수 있다는 '미지의 영역을 열어가는 개척자'로서의 자유로움과, 해보지 않은 일에 대한 두려움과 불안정한 재정 속에서 '맨땅에 헤딩'하는 암담함이 함께 존재했던 것 같다.

---

* 2003년 활동과 관련한 부분은 2003년 조직부장을 맡아 사무국장 대행을 담당했던 윤영아 회원과의 인터뷰를 통해 정리한 것이다.

우리는 지역사업을 효율적으로 하기 위해 종래 기능중심적인 부서 배치(문화홍보, 총무, 조직교육 등)를 지양하고 조직 강화, 여성 세력화, 대중 의식개선 등 사업 중심으로 조직을 정비했다. 또한 지역여성 인권운동을 전개한다는 목표를 세우고 이 목표를 효과적으로 달성하기 위해 상근활동가와 회원활동가의 역할에 대해 고민하기 시작했다.

## 도시계획조례 개정운동

우선 우리는 지역의 현안을 여성의 눈으로 재해석하고 이를 이슈화하는 작업을 활발하게 진행하였다. 첫 사업은 도시조례 개정운동이었다. 이 운동은 2003년에 다른 단체가 연대를 제안하여 시작한 것인데 여성의 삶의 질, 여성인권의 측면에서 깊은 관련이 있어 우리가 주도적으로 진행하게 되었다. 즉 '숙박, 위락시설과 주거지역 간의 거리에 대한 개정안'이 문제가 되었는데 우리는 도시 개발이라는 미명하에 진행된 성 산업 확산을 막기 위해 필사적으로 노력하였다.

목포여성의전화 조끼를 입고 아이의 손을 잡고 시의회 복도에 모여 앉아 돌아가면서 이야기를 나누고 합의한 내용을 함께 실천했다. 이 과정에서 그동안의 연대활동처럼 대표성을 갖는 몇몇이 의사결정을 하던 관행을 과감하게 버리고 운동에 참여한 모든 이가 그 자리에서 함께 정보를 공유하고 결정 과정에 참여하는 문화를 만들어간 점은 의미 있는 발전적 모습이라고 할 수 있다. 그리고 기자회견이나 피켓 시위 등 일회성 투쟁으로 끝내지 않고 2004년까지 이어가면서 지역적 공감대를 형성하기 위한 다양한 활동을 진행했던 것도 성과라고 생각한다.

우리는 도시계획조례 개정의 필요성에 대한 설문지를 만들어 회원들이 살고 있는 마을의 놀이터, 슈퍼, 약국 등에서 설문을 실시하며 도시계획조례 개정의 공감대를 형성했다. 또한 '좋은 터를 위하여'라는 내용의 홍보물과 교육 슬라이드를 만들어 학교, 주민자치센터에서 주민설명회를 개최했다. 회원들은 직접 지역주민과 만나면서 이 운동의 필요성에 대해 더욱 확신하게 되어 한 걸음 더 나아가 시의회와 새로운 조례안을 만들기 위한 공동연구위원회를 만들어냈다. 이렇게 우리는 지역의 의사결정과정에 참여하며 하나의 세력으로 성장하였다.

그런데 우리의 끈질긴 노력으로 만들어낸 도시계획조례 공동연구위원회의 안이 목포시의회에 상정조차 되지 못했다. 2005년 3월에 목포시가 목포시의회에 상정하기로 약속이 되었던 것인데 그 약속이 이행되지 않았고 이에 대해 목포시와 시의회가 서로 책임을 전가하는 사태가 벌어졌다. 민·관 합동 공동연구위원회의 안이 무성의하게 처리된 데 대해 우리는 말할 수 없이 분노했고 이를 계기로 목포시와 시의회에 대한 지속적인 견제가 필요하다는 인식을 하게 되었다.

과연 지자체를 효과적으로 견제하기 위해 우리가 할 수 있는 일은 무엇인가? 여성들이 쉽게 접근할 수 있는 방식에는 어떤 것이 있는가? 사무국 상근활동가와 운영위원회는 이런 문제의식을 가지고 논의에 논의를 거듭했고 논의 결과 시의 정책과 의정활동에 대해 지속적으로 감시활동을 펼치기로 결정했다. 감시활동을 통해 도시계획조례 공동연구위원회 안을 시 집행부와 시의회가 어떻게 반영하는지 점검하고 아울러 시정책 전반에 대한 여성들의 정치역량을 강화하고자 하였다. 이렇게 우리의 시의회 모니터활동은 시작되었고 초기 목표는 아주 소박했다. 즉 시의회와 시정 운영에 대한 감각을 키우는 것이 목표였고 이를 위해 우선 시의회에 두려움 없이 놀러 가기로 한 것이다. 또한 힘을 모으기 위해 지역여성단체들에게 함께 놀러 가자고 제안했다.

## 시의회의 변화를 촉구하다

2005년 하반기에 지역여성단체 회원들과 함께 시의회 모니터를 진행하면서 시민들에게 다가가는 의회가 되기 위해서 필요한 것이 무엇인지 정리하여 의회에 제안하였다. 우선 시의회를 방문했을 때 가장 먼저 만나게 되는 시의회 사무국의 변화가 필요하다는 의견을 모으고 시의회 사무국에 회의 자료를 제공할 것과 권위적인 의회가 아닌 친절한 의회가 될 것을 요구했다.

오전과 오후로 나누어 모니터를 하고 점심 때는 함께 밥을 먹으며 각자의 소감을 나누고, 꼼꼼히 모니터 일지를 작성했다. 처음에는 생각보다 큰 예산과 낯선 용어들에 당황하여 의원들의 질의와 공무원의 답변을 이해하는 데 어려움이 많았다. 그러나 시간이 지나면서 이러한 문제는 자연히 해결되었고 나아가 지방자치 영역이 우리 여성들의 삶과 무관하지 않고 우리들의 실생활과 밀접한 연관이 있다는 점을 알게 되었다. 그리고 하면 할수록 이런 여성들이 중심이 된 지속적인 모니터링에 대한 필요성이 강하게 다가왔다. 이와 아울러 '해보니 어렵지만 할 수 있겠다'는 자신감도 생겼다. 이러한 경험을 바탕으로 2006년과 2007년에도 모니터활동을 지속적으로 진행했고, 모니터 평가서를 가지고 시의회와 간담회를 열어 시의회의 변화를 촉구했다.


# 지역운동, 진화하다: 마을로, 당사자 중심으로

## 숨 고르기

돌이켜보니 힘들었지만 신나게 일했던 것 같다. 우리는 다른 이들의 눈에 발칙하게 보일 정도의 자유로움을 가지고 기획부터 노가다까지 완벽하게 소리 없이 해냈다. 소수의 상근자만이 아니라 회원활동가들이 함께 활동하는 모습은 다른 단체들이 "도전을 받았다", "신선하다", "에너지가 느껴진다"라고 평가할 정도로 단체활동의 새로운 모델로 부각되었다.

그러나 거침없이 달려온 두 해를 보내고 맞이한 2006년과 2007년은 우리에게 새로운 과제를 제시했다.

첫째는 그동안 활발한 활동을 하던 회원들이 개인적으로 바빠지고 사업에 대해서는 침묵하기 시작했다. 운영위원회, 소모임 등이 제대로 가동되지 않으면서 조직 자체가 침체 위기에 빠지게 된 것이다. 회원 중 몇 명은 육아, 아이 학원 등 자녀문제와 취업이나 부업 등으로 바빴고 몇 명은 대학에 진학하기도 했고, 또 몇 명은 새로운 개인적 욕구를 풀 수 있는 지역사회의 다른 교육·문화 프로그램에 참여하는 등 모두가 무언가를 하기 시작했다. 개인적으로 바빠지면서 사무실에 나오는 회원도 점점 줄어들었다.

함께 모여 울고 웃던 우리들은 개별화되어갔고 기껏해야 끼리끼리가 되어갔다. 이제 함께 성장하는 것보다 개인의 선택과 개인의 성장이 중요한 이슈가 되어갔다. 경제적인 가치 우선, 그리고 불확실한 미래를 위한 개인적 투자라는 사회적인 화두가 구체적인 현실로 우리에게 다가온 것이다.

아이디어를 내놓고, 상상의 나래를 펴면서 낄낄거리며 유쾌한 수다를 나누던 회원들이 침묵하기 시작했다. 우리를 분노하게 했던 지역의 현안들에 대해서, 또 가정폭력·성폭력의 문제도 뜻은 동의하나 당장 나와는 거리가 먼 이야기, 나는 안하고 네가 열심히 했으면 하는 일로 외면되어지면서 우리들은 지쳐가기 시작했다.

두 번째는 우리가 지역에서 처음으로 시도했던 사업들, 즉 성평등 인권교육, 소외계층여성 힘실어주기 사업, 5월 문화행사, 살림장터 등이 동 주민자치센터, 교회, 복지관등에서도 우리와 비슷하게 진행되고 있다는 것이다. 그들은 풍부한 재정과 탄탄한 인력으로 어떤 점에서는 우리보다 진일보한 방식으로 사업들을 추진해나가고 있었다. 지역에서 우리가 가졌던 차별성이 점점 없어지면서 새로운 돌파구를 찾아야 했다. 이제 무엇을 할 것인가?

이 질문을 가지고 우리는 회원들을 만나고 활동가를 중심으로 토론했다. 거듭된 토론을 통해 얻은 결론은 개인이 일상에서 경험하는 문제에서 다시 출발하자는 것이었다. 왜냐하면 일상의 문제를 가지고 접근해야만 실천을 이끌어낼 수 있고 구체적인 변화를 만들어내야 실천이 지속될 수 있기 때문이다.

그래서 우리는 구체적 변화를 가져올 수 있는 단위, 스킨십이 가능한 관계에 관심을 두고 마을과 당사자 중심의 사업에 착수했다.

## 지역 속으로 들어가기

첫째, 우리는 사무실이 아닌 회원들이 살고 있는 마을로 사업을 가져가 마을사업을 진행하기 시작했다.

2006년 회원들이 많이 살고 있는 용해동에서 여성강좌와 한여름 밤의 음악회를 개최한 것을 시작으로, 2007년에는 용해동과 상동 두 지역에서 마을사업을 지속적으로 진행했다.

여성들의 주 근거지인 생활 현장으로 들어가 여성폭력근절 캠페인뿐만 아니라 여성강좌, 성평등교육, 회의 등을 단계적으로 진행하였다.

이렇게 여성들과 지속적인 접촉을 가지면서 마을에서 살아가면서 느

끼는 문제들과 개인적인 어려움
들을 수다로 풀어가기 시작했
다. 수다의 결실로 진행된 노래
자랑과 음악회에도 많은 주민들
이 참여하여 마을여성이 주체가
되는 지역공동체문화를 만들 수
있다는 가능성을 보여주었다.

둘째, 우리는 여성의 빈곤을 고민하는 사업팀을 중심으로 당사자 중심
의 여성빈곤 극복운동을 펼쳐나가기 시작했다. 이 사업의 일환으로 2006
년에 한부모 여성가장의 욕구와 실태를 알아보기 위한 질적 조사를 하고,
상동지역에서 빈곤 탈출을 위한 토론회를 개최했다.

이러한 실천을 통해 여성빈곤문제를 여성의전화에서 중점적으로 고
민하고 있다는 것을 지역사회에 알렸다. 토론회에서 발표된 사회연대은
행, 아낙과 사람들 등 빈곤극복을 위한 민간의 사업 사례 역시 토론회에
참여한 사람들에게 새로운 정보와 희망을 주는 기회가 되었다. 토론회에
설문조사와 질적조사에 참여했던 분들이 함께 참석하여 질문을 하는
등 높은 관심을 보였다. 또한 상동지역에서 살고 있는 여성들이 토론회에
참여하여 의견을 개진하고 문의를 하는 등 적극적인 관심을 표현했다.

질적조사 과정에서 만난 한부모 여성가장들의 이야기와 토론회를 통
해 여성의 빈곤을 고민하는 사업팀(여빈팀)은 사업에 대한 새로운 아이디
어를 구상하게 되었고 빈곤여성 당사자 중심의 활동이 될 수 있도록
빈곤여성들을 모아내고 드러내는 작업을 하게 되었다. 이 작업의 일환으
로 2007년에 빈곤여성 자아강화 프로그램인 '언니들공부방사업'을 시작

했고 이들이 스스로 빈곤을 극복하도록 '자치능력 키우기(자치능력=스스로의 삶을 스스로 이루어내며 공동체적 삶을 지향하고 이를 실천하는 것: 희망의 인문학 참조)' 프로그램을 운영하였다.

먹고살기도 팍팍한데 철학이며 사회학, 경제학, 미학, 마음 공부가 무슨 소용이냐는 반발이 있지 않을까 걱정했지만 결과는 뜻밖이었다. 이 과정에 참여한 언니들은 편견 없이 자신을 바라보는 사람들과 함께하는 것이 행복했고, 이 속에서는 자신의 이야기를 할 수 있다고 말하며 마음속에 가지고 있던 꿈들을 조금씩 꺼내놓기 시작했다. 언니들의 2학년에 대한 욕구에 부응하고 전 과정에서 미흡했던 점들을 보강하기 위해 언니들공부방 2학년 과정을 2008년 5월까지 7개월 과정으로 진행했다.

셋째, 풀뿌리 지역운동 여성조직가를 길러내기로 하였다. 조직에 대한 기본 감각을 배우고 익히는 과정으로 진행한 풀뿌리 여성조직가 교육 과정은 광주와 영광여성의전화 활동가들, 전남여성장애인연대 활동가들과 함께 기획하고 진행하였다. 2007년 무더운 여름부터 겨울까지의 교육 과정을 통해 각 단체에서 중심적 역할을 담당하고 있는 여성활동가들은 각 조직에서 안고 있는 문제를 공유하며 서로에 대한 신뢰를 쌓게 되었다.

## 발칙한 상상은 계속된다

목포여성상담센터와 5년간의 동거를 끝내고 우리는 독립적인 공간으로 둥지를 옮기게 되었다. 2006년과 2007년의 조금은 버거웠던 사업들을

성공적으로 마치고 나니 조금씩 희망의 조짐이 보이는 것 같다. 이것저것 반찬을 챙겨 사무실을 오는 회원들이 늘어나면서 유쾌한 수다가 조금씩 살아나고 있다. 발칙한 상상력으로 고정관념들을 가볍게 뒤집어버리는 수다 속에서 여성들은 상처를 드러내고 서로가 비슷함에 위안을 받으며, 내적인 힘을 키우고 있다. 수다가 끝나면 그녀들은 뭔가를 만들어내고 바로 실천하고 있다. 소근소근 나누는 수다가 마을에서 마을로 전파되고, 유쾌한 수다를 통해 작은 변화가 일어나기를 기대한다.

조직의 생명력은 사람이고, 우리가 꿈꾸는 것은 변화라고 생각한다. 사람을 키우고 변화를 가져오기 위해서 긴 호흡이 필요한 시기인 듯싶다.

### 후기

원고를 쓰면서 2001년 여성의전화 회원으로 출발한 7년여 동안의 나의 활동과 목포여성의전화의 역사를 뒤돌아보게 되었다. 나 자신에 대한 회한과 반성과 더불어 수많은 얼굴들이 스쳐 지나가며 여러 감정들이 교차했다. 그래서 그런지 원고를 완성하는 과정이 쉽지 않았다.

그 쉽지 않은 과정 속에서 '나에게 여성의전화는 무엇인가'라는 질문을 해보았다. 집에서 아이를 키우다 30대 중반에 만난 여성의전화는 나에게 자궁과 같은 존재라는 생각이 들었다.

여성의전화는 삶의 많은 생채기들 속에서 나 자신을 망가뜨리지 않고 온전히 버티게 해준 힘이었다. 그녀를 통해 수많은 여성의 경험에서 나온 지혜들을 전수받으며, 조금씩 기다릴 줄도 알게 되고, '안되면 되게 하라' 가 아니라 안 되면 다른 방법을 찾아보는 재미도 느끼게 되고, 길을 가다 문득 만난 하늘의 아름다움과 개미의 노곤함도 살필 줄 아는 멋진 여성으로 성장하고 있다. 이 성장의 기쁨을 많은 사람과 나누고 싶다. 그리고 고단함과 슬픔으로 길을 닦으신 선배 활동가들에게 존경의 마음 을 보낸다.

원고를 끝내고 나니 그동안 써야지 하며 미루어놓았던 일기를 쓴 것 같은 느낌이 든다.

개운한 느낌, 참 좋다.

🍎 최유란

> 2001년 친구의 권유로 호기심에 여성의전화 회원에 가입했으며, 여성이 아이를 데리고 사회활동을 한다는 것이 얼마나 힘든 일인가를 절절히 느꼈 다. 2002년 목포여성의전화가 창립되면서 인권운동부장, 사무국장, 대표 등을 역임하며 지역여성의 든든한 버팀목이 될 수 있는 사례를 만들어가고 자 하고 있다. 개인적으로 흐르는 물처럼 부드럽고 자연스러운 감동을 줄 수 있는 사람이 되기 위해 열심히 성찰하고 실천하고 있다. 언젠가 독립적으 로 빈곤여성을 위한 센터와 여성은행을 만들어보겠다는 야무진 꿈도 꾸고 있다.

# 인권운동의 새로운 지평을 열다

## 쉬운 이혼은 없다 — 이혼당사자운동

2004년 가족 '위기' 담론 속에서, 이혼에 대한 사회적인 터부와 편견은 더욱 강화되고 있었다. 높아지는 이혼 원인에 대한 분석이나 맥락적 이해보다는 가족 '해체'로 인한 사회적 문제라는 결과만을 강조하면서 정작 이혼당사자와 이혼가족의 삶은 더욱 힘들어지고 있었다.

### 이혼은 가족 해체인가, 아니면 새로운 가족의 탄생인가

가구 형태가 변했다고 해서 가족 해체라고 말할 수 없고, 구성원 몇몇이 달라졌다고 해서 비정상적인 가족이라고 말할 수도 없다. 또한 이혼했다는 사실이 그 사람의 모든 것을 입증할 수는 없고 이혼의 힘겨운 과정은 오히려 삶을 성찰하는 계기가 되어주기도 한다. 하지만 한국 사회에서 이혼은 여전히 터부이고 이혼당사자와 그 가족에 대한 왜곡된 시선은 강화되고 있었다. 이러한 상황에서 한국여성의전화연합은 정책토론회를 통해 혼(婚)과 비혼(非婚)으로 사람의 진정성을 가늠하고, 정상과 비정상을 판단하려는 시도들을 담론의 차원에서 바꾸어야 한다는 의지를 모았다.

## 이혼, 당사자가 말하게 하라

우리가 25년 동안 가정폭력이 가족 안에서 일어나는 사적인 문제가 아니라, 사회적 범죄임을 알렸지만 아직도 사회는 가해자가 아니라 '남편'이라고 생각하며, 당연한 가해자 처벌에 대해서도 "(가해자가 아닌) '남편'을 감옥에 넣다니 너무 심하다"라고 생각하는 경향이 크다. 25년간 부단히 외쳤지만 가정폭력 가해자 처벌이 어려운 것은 가정폭력이 담론의 전환으로 이어지지 못했기 때문이다. 이렇듯 담론을 바꾸는 것(전환하는 것)은 힘들고 지난하다.

이혼을 둘러싸고 쉽게 들려오는 말들이 있다. '요즘 사람들 이혼을 너무 쉽게 해', '이혼을 두 번이나 했대' 등이 그것이다. 이러한 말들에는 겉으로 드러나지는 않지만 은근히 비난이 내포되어 있고 도덕적으로 뭔가 잘못되어가고 있다는 암시를 풍기고 있다.

그렇다면 이혼에 대한 터부와 사회적 편견은 어떻게 바꿔야 할까?

우리는 토론회를 통해 담론 바꾸기는 법과 제도를 바꾸는 운동과는 다른 성격을 가진다는 문제인식을 함께했고 기존의 이혼담론이 잘못되었다면 잘못되지 않은 이야기, 즉 이혼당사자의 온전한(왜곡되지 않은) 경험을 모으는 것이 필요하다는 데 공감대를 형성했다. 이혼당사자 스스로 자신의 경험을 드러내고 담론을 바꾸어내는, 당사자운동을 전개해나가기로 했다.

당사자운동은 두 가지 지점에서 필연적인 듯했다. 하나는, 당사자의 경험이 갖는 진정성에 있다. 우리가 하고자 하는 새로운 담론 만들기,

즉 이혼에 대한 '다른' 이야기는 이혼에 대한 속설이나 편견에 찌들지 않은 '담담하고 진실한' 목소리여야 하는데, 당사자의 경험이 아니라면 이혼이야기는 또다시 '왜곡'될 수 있다고 보았다.

당사자운동이 필연적인 두 번째 이유는 당사자의 언어가 갖는 저항의 힘에 있다. 편견을 경험한 사람이 문제의 본질을 보다 정확히 꿰뚫을 수 있으며 본질에 접근할 때에 문제해결의 실마리는 가까워진다는 점에 있었다. 요컨대, 당사자의 경험과 언어와 행위가 지금까지의 왜곡된 이혼담론을 바꿀 대항담론을 만들고 담론을 전환할 힘을 갖는다.

하지만 이혼당사자가 처음부터 알아서 모이고 알아서 행동하며 알아서 문제를 해결하지는 않는 상황에서 보다 구체적이고 단계적인 전략이 필요했다. 이를 위해 우리는 2006년 이혼사업을 기획하고 총괄할 '이혼정책팀'을 구성하고, 단계적으로 당사자모임을 만들어 운영하기로 했다.

## '당나귀'는 알고 있다

우리는 별거 중인 사람, 이혼 과정인 사람, 이혼을 완료한 사람 등 서로 다른 입장의 사람들로 모임을 만들고 그 모임을 '당나귀', 즉 '당당

한 나의 목소리에 귀 기울이는 모임'이라고 이름 지었다. 첫해의 모임에서는 다양한 입장을 가진 사람들이 모인 관계로 다양한 이해와 요구가 표출되기도 했지만, 당사자들은 공통적으로 '쉬운 이혼은 없다'고 단순하면서도 담담하게 그러나 명쾌하게 마음을 모았다.

오랜 별거를 지낸 사람에게도, 이혼을 하고 싶지만 여전히 끝이 나지 않는 사람에게도, 이혼을

완료한 사람에게도, 이혼은 결코 쉽지 않다는 것이다. 참으로 어렵고 힘들다고 그들은 한결같이 입을 모았다.

2007년 당나귀모임은 이혼을 완료한 당사자로 한정했고, 모임의 성격을 사회를 바꾸는 실천운동으로 방향을 정했다. 이혼을 완료한 사람으로 한정한 이유는, 지난 1년의 모임을 통해 별거 등 '아직' 이혼하지 않은 사람과 이혼을 완료한 사람의 차이를 발견했기 때문이다. 두 집단은 동시에 '이혼'을 말하지만 아직 이혼하지 않은 집단은 이혼으로 인한 삶의 변화에 대해 잘 알지 못했다. 이혼을 오래 고민했고 별거 등을 통해 이혼을 준비하고 있지만, 결국 이들도 이혼 후 삶을 경험하는 것이 아니라 '추측'하는 한계가 있었다.

월 1회 모임을 갖는 당나귀는 모임마다 숙제가 주어진다. 미리 생각하고 고민하고 몸을 움직여보면서 말로만이 아니라, 사회 속에서 자신의 위치를 확인하고 사회가 이혼을 어떻게 인식하고 있는지를 체험하는 시간을 갖기 위함이다. 무겁고 부담되지 않는 선에서, 현실의 문제를 비판적으로 볼 수 있는 눈을 키우는 것이 과제물의 목적이다. 예를 들어 본인 및 자녀의 호적등본과 주민등록등본을 떼어보기라든가, 호주제 폐지 후 2008년부터 시행되는 「가족관계 등록 등에 관한 법률」 예습 하기, 자녀와의 관계를 좋게 하는 노하우 적어오기 등이 그것이다. 과제를 통해서 당나귀는 할 말이 생기고, 현재의 이슈 중심에서 자신을 위치 짓고, 보다 역동적으로 해석해내는 힘을 만든다. 그것은 남의 문제가 아니라 바로 '나'의 문제이며, 내가 입을 열지 않을 때 그 문제는 영원히 지속될 것임을 당나귀는 알고 있기 때문이다. 이러한 문제의식은 당나귀모임 속에서 고민을 공유하고, 문제로 공식화하는 과정을 거치면서 개인의 사적인 문제에서 정치적인 문제, 즉 사회적인 문제로 재구조화된다.

### '쉬운 이혼은 없다'

'쉬운 이혼은 없다', 이 말은 우리의 이혼사업을 함축적으로 표현하는 표어가 되었다. 이혼사업이 자리를 잡아가고 언론의 인터뷰도 늘어갔다. 언론은 이혼을 이혼당사자가 말하기 시작했다는 것부터 관심을 가졌다. 사회적으로 낙인찍힌 사람들의 커밍아웃은 그 자체로 주목받았다. 하지만 언론의 관심은 부작용도 따라와서, 이혼당사자의 동의 없이 사례를 무단 기재하는 등의 일이 발생하기도 했다. 이혼담론을 바꾸는 데 있어서 언론을 활용하는 것은 일면 효과적이지만, 언론의 단순한 호기심은 종종 이렇게 이혼당사자의 용기를 다시 왜곡시키기도 했다.

2008년에 3년째 활동을 이어가고 있는 당나귀는 점차 회원을 늘려가며, 비록 느리기는 하지만 조금씩 입소문을 타면서 성장하고 있다. 여성의전화 몇몇 지부는 지역에서 이혼당사자모임 만들기를 시도하고 있다. 2007년 이야기마당을 통해 만난 당나귀 2기들은 정기모임과 당나귀 캠프, 이야기마당, 작가와의 만남 등의 행사를 통해 더 많은 당나귀들과 만나고 있다.

짧은 기간이지만 이렇듯 이혼사업의 성과가 가시화되고 있는 것은 그만큼 이혼당사자운동이 사회적으로 절실히 필요했기 때문이다. 또 당사자모임인 당나귀가 안정적으로 지속되는 것 역시 당사자의 이해와 맞닿는 부분이 크기 때문이다. 이혼당사자들은 사회와 소통할 통로를 갖지 못했고 따라서 그들의 목소리는 들리지 않았다. 오랜 기간 그들에 대한 왜곡된 담론만이 무성했을 뿐이다. 이런 상황에서 최근 불쑥 튀어나온 그들의 목소리는 생소하긴 해도 참으로 신선했고, 사회는 이에 귀를 기울이기 시작했다.

2008년 들어 우리는 '새로운 이혼담론을 만들고 확산한다'는 목표를

세웠다. '쉬운 이혼은 없다', '이혼
가정의 자녀는 힘들(었)다. 하지만
잘 살고 있다'는 담론을 지속적으
로 확산하고 당사자모임을 활성화
하는 것, 당사자 목소리를 통해 보
다 구체적인 경험들을 듣고 또 모
으는 것이 올해의 사업방향이다.

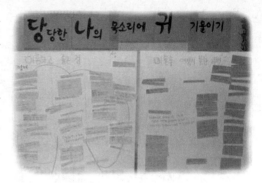

당사자들은 말한다.

"분명한 건, 내가 당당해지면 아이도 당당해진다는 사실이다. 그런
의미에서, 자식을 위해서라도 이 문제는 당사자들인 우리가 나서서 풀어
야 될 문제다."

이혼당사자들은 무수히 많은, 새로운 말을 한다. 이혼이 쉽지 않다는
말과 함께(특히 이혼에 대한 편견이 심한 우리 사회에서), 이혼 과정을 어떻게
극복했는지, 자녀와의 관계는 어떤 변화를 겪었는지, 친구의 어떤 말에서
상처를 입는지, '이혼'에 대한 반응은 어떤 종류가 있고 그중에서 어떤
반응이 합격점인지 등 그들 ─ 우리 ─ 의 말은 끝이 없다.

이 많은 말들을 모으고 기록하고 전달하고 알리는 것은 분명 사회를
더 성장하게 하는 데 기여할 것이다. 개개인의 삶에 대한 선택권을 인정
하고 다양한 삶을 존중하는 것, 그리고 그러한 인정과 존중이 배여 있는
문화를 만들어나가는 것이 결국 우리 사회의 경직된 가족문화를 바꾸어
나가는 지름길이라고 생각한다. 앞으로 이혼사업은 이혼담론의 변화와
함께 삶의 패러다임을 바꾸는 당사자의 힘을 보여줄 것이라 기대한다.
삶은 지속된다. 그리고 변화한다.                            | 김홍미리

👻 김홍미리

(김홍)미리는 한국여성의전화연합에서 이혼담론 바꾸기 운동을 담당하고 있다. 당사자운동과 지역여성운동에 관심이 많다. 풀뿌리 보수주의가 일상을 지배하는 이때, 풀뿌리 지역운동과 당사자모임이야 말로 운동가가 집중해야 할 과제가 아닐까 고민한다. '기몽(김홍)'이라고 불리길 좋아한다.

## 당신은 우리의 자매입니다 — 결혼이주여성 인권운동

세계화로 인한 빈곤이 전지구적으로 심화되는 가운데 빈곤의 여성화와 이주의 여성화는 급속히 진행되었다. 1990년대에 들어서면서 인구 유입국이 된 우리나라 역시 세계화의 영향으로 이주의 여성화가 가속화되었다. 여성들은 노동자로, 성·인신매매여성으로, 또 국제결혼여성으로 대거 유입되었으며 아직도 진행 중이다. 이 중 결혼이주여성의 유입 속도는 매우 빨라, 2006년 혼인통계에 따르면 2006년 외국인과의 혼인은 총 39,700건으로 2000년 12,300건보다 3배 이상 증가했다. 즉 6년 사이 약 3배 이상 증가한 것이다. 이런 증가에도 불구하고 이들이 사회적으로 '가시화'되기 시작한 것은 불과 몇 년이 되지 않는다.

여성의전화가 이 여성들에게 관심을 갖기 시작한 것은 2003년도이다. 당시 이미 수많은 외국 여성들이 우리나라 남성들과 결혼하여 전국 방방곡곡에 살며 외국인으로서, 또 여성으로서 고통스럽게 살고 있는데도 이들은 보이지 않았다. 이들이 가부장적인 농촌가정에서 모욕을 당하고 구타를 당하며, 때로는 아무도 모르게 죽어가고, 도망가고, 쉼터에 숨어서 살고 있는데도 여성복지 관련 공무원은 물론, 많은 여성운동단체들조차 이들을 주목하지 않았다. 이들은 그때까지도 보이지 않았고 아무도 보고 싶어 하지 않았다.

## 아무도 보고 싶어 하지 않는 여성들, 우리가 만나다

그러나 우리 여성의전화는 전국의 지부에서 상담을 통해 이들의 고통을 듣고 있었고 시부모의 학대와 남편의 구타에 시달리는 이들에게 쉼터를 제공하며 이들의 문제를 고민하고 있었다. 이들은 인권의 '사각지대'에서 가정폭력과 국적취득의 어려움, 이혼 및 그에 따른 양육의 문제 등의 문제로 고통을 받고 있으며 살고 있었다. 그리고 이런 고통은 근본적으로 언어의 문제, 문화의 문제, 농촌지역의 철옹성 같은 가부장적 가족과 외국인 여성에 대한 비하의식에 그 뿌리를 두고 있다.

2003년도 창립 20주년을 맞이하여 그간의 활동을 성찰하면서, 우리는 늘어나는 외국인 여성과 이들이 겪는 인권의 문제를 보다 집중적으로 다루어야 한다고 결의하고 이 문제를 본격적으로 다루기 위해 '이주여성정책연구팀'을 만들었다. 또 2003~2004년 2년간 결혼이주여성 관련 사업을 하는 지부와 연구자, 그리고 외부단체 등과 함께 이들이 처해 있는 현 상황에 대해 분석해내고 우리가 어떻게 대처해나갈 것인지를 회의와 워크숍 등을 통해 모색했다.

우리가 이렇게 발 빠르게 결혼이주여성 인권운동을 시작할 무렵 필리핀 여성이 남편의 가정폭력을 피하려다 아파트 베란다에서 떨어져 사망한 사건과 베트남 여성이 남편의 구타로 사망한 사건이 일어났다. 우리 여성단체가, 그리고 정부가 좀 더 일찍 이들에게 관심을 보였다면 이 여성들이 이렇게 비참하게 죽지는 않았을 것이다. 우리는 이 사건들을 지원하면서 이들의 인권을 지키는 운동을 더 적극적으로 해야겠다는 결의를 다졌다.

2004년 이주여성폭력 전문 상담원교육을 이주여성인권연대와 공동으로 진행하며 각 활동단체와 연계를 구축해나갔다. 나아가 법과 제도의 개선을 통한 시민권확보, 폭력피해예방 및 피해자지원, 의식개선운동을 통한 다문화가치 확산, 나아가 국제연대강화 등으로 사업을 확장해나갔다.

## 여성주의 관점으로, 인권의 관점으로

결혼이주여성들의 삶이 고통스럽고 또 이들에 대한 지원이 없는데도 불구하고 이 여성들의 국내 유입은 급속도로 증가해갔다. 이들은 대도시에서 다양한 서비스업에 저임금, 비정규직으로 일하거나 고령화되어가는 농촌의 주요한 구성원으로 자리 잡아갔다.

아무런 준비도 없는 상태에서 이렇듯 밀려드는 새로운 사회 구성원에 대해 정부는 2005년에 이르러서야 부랴부랴 정책을 세우기 시작했다. 여성단체를 비롯한 민간단체의 지속적인 문제제기에도 불구하고 침묵하던 정부가 외국에서 일어난 이주민 자녀들의 폭동사태를 접하면서 뒤늦게 움직이기 시작한 것이다. 여성부, 농림부, 행자부 등에서 제각기 가시적 실적을 올릴 수 있는 사업들을 내놓기 시작했다.

여성부에서 결혼이주여성지원을 위한 각종 교재를 개발하고 지역거점을 마련하는 등 전국적 사업을 추진하면서 결혼이주여성 및 가족에 대한 이슈가 제도화되어갔다.

우리도 2년여의 심도 있는 논의와 사업을 통해 전체 26개 지부 중 11개 지부가 이 사업에 적극 참여하게 되었다. 지부에서의 활동은 주로 이주여성상담, 지역실태조사, 한글공부방운영 등을 시작으로 이주여성들의 자조모임 구성도 지원하고 있다.

이들에 대한 정책이 급격히 확대되면서 정부의 많은 사업들이 민간단체에 위탁되어 진행되었다. 이러한 과정에서 미처 준비되지 않은 단체들이, 그리고 우리처럼 일찍이 이 문제에 눈을 뜬 단체들도 마찬가지로 사업의 방향에 대해 심도 있게 고민할 시간을 갖지 못한 채, 사업에 뛰어들어 부작용이 속출되기도 하였다.

대부분의 단체들은 이 사업을 '여성' 관점이 아니라 '가족' 관점으로 접근하여 이 여성들을 가족 유지를 위한 도구로 취급하고 있다. 그리고 말로는 '다문화사업'이라고 하지만 내용은 '동화사업', 즉 이들을 한국인으로 만드는 사업을 하고 있다. 이는 정부의 정책기조에 따른 것이다.

이러한 접근으로 인해 아무리 이들에 대한 사업이 증가한다 하더라도 '여성의 인권'은 향상되기 어렵고 오히려 도구화되는 위험이 커지며 동화정책 속에 민족우월의식과 인종차별의식은 그대로 남아 있게 된다.

이런 문제인식하에 우리는 그동안의 활동이 국제결혼한 '여성'을 위한 것이 아니라 국제 '결혼'한 여성을 위한 사업이 아니었는지 반성하는 시간을 가졌다. 그리고 가족을 지원하는 방식보다는 여성들을 만나고 조직하며 그들의 힘을 키우는 방식으로 사업을 해야 한다는 데 의견을 모았다. 우리는 다른 단체와는 달리 여성운동단체로

서의 정체성을 분명히 하며 이 사업에 새롭게 접근했다.

## '우리는 상품이 아니다'

결혼이주여성들이 매우 빠른 속도로 유입하는 데는 우리나라의 놀라운 경제성장으로 인한 '코리안 드림'과 '한류열풍'이 큰 역할을 하고 있지만 이들의 유입을 통해 돈을 벌고자 하는 국제결혼중개업체의 반여성적이며 반인권적인 상술이 크게 작용하고 있다. 국제결혼광고 및 국제결혼 과정에서의 인권침해행위 등이 더 이상 간과할 수 없을 정도의 심각한 수준에 이르렀다.

'100% 후불'

'초혼, 재혼, 장애인 가능'

'절대 도망가지 않습니다'

'베트남 숫처녀'

'피부색이 곱고 남편 말을 잘 듣는······'

더 이상 참을 수 없었다. 이 기막힌 문구들은 우리 사회가, 아니 좀더 정확하게 말하면 남성들이 결혼이주여성을 어떻게 바라보고 있는지를 잘 보여주고 있다.

우리는 결혼이주여성 인권운동을 펼치는 몇몇 단체와 함께 '성·인종차별 국제결혼광고반대 공동행동(이하 공동행동)'을 결성하고, 이 문제에 조직적으로 대응하기로 했다. 공동행동은 결혼이주여성을 대신해서 하는 '대리운동'이 아니라, 그들과 일반시민들이 '참여'하는 운동으로 사업을 진행했다. 이런 방향에 따라 네티즌이 직접 차별적인 문구의 광고물을 올릴 수 있도록 기획웹페이지를 구성하여 시민들의 직접참여를 유도했다. 준비하는 과정에서 우리는 '이 문제에 얼마나 관심을 가질까', '누가 사진을 올릴까' 하는 걱정을 했다. 하지만 걱정도 잠시, 한 달 내에 약 400건 이상의 사진이 올라오고 1,000명 이상이 서명을 하는 것이 아닌가! 감동 그 자체였다. 동시에 이렇게나 많이 전국 곳곳에 퍼져 있는 플래카드와 전단지 등의 사진을 보며 탄식을 멈출 수가 없었다.

일반 시민들 사이에서도 이러한 현실이 지속되어서는 안 된다는 여론이 자발적으로 조성되었다. 여기에 몇몇 단체들이 공동 대응하여 다양한 집단의 자발적 행동을 유도했고 마침내 이주여성들이 나서게 되었다. 이주여성들이 스스로 자신들의 목소리를 드러내는 과정은 우리 사회에 경종을 울리고 우리 모두를 숙연하게 만들었다. 특히 급증한 베트남 여성들의 국제결혼과 이에 따른 광고물의 홍수를 지켜보던 재한 베트남인들은 이에 분노하여 공동행동과 함께 시위를 조직했다. 약 50여 명의 대규모 재한 베트남인이 참석한 가운데 평화롭게 거리시위를 진행했지만 시종일관 '우리(여성)는 상품이 아니다'라고 외치는 이들의 메시지는 날카로웠다. 시민들은 '무슨 일 때문에 시위하는지 알겠다', '나도 그런 광고를 본 적이 있다'며 자발적으로 서명을 하는 모습을 보였다. 이뿐이 아니었다. 당사자들은 이후 진행된 각종 기자회견, 토론회 등에 적극적으로 참여하여 자신들에 대한 차별과 이에 대한 느낌들을 전달했다.

우리는 이 모든 행동들을 자료화하여 지부에서 수집한 자료들과 함께 국가인권위원회에 제소했으며 기자회견 등을 통해 이 문제를 사회적으로 확산시켜나갔다. 이러한 노력으로 2007년에는 미 국무부에서 발간하는 세계인신매매보고서에 우리나라의 차별적인 내용의 현수막 사례가 소개되기도 하고, 여성차별철폐협약에 따른 5, 6차 정부보고서에 대한 심의권고문에서는 이러한 국제결혼브로커에 대한 규제를 촉구하는 등의 성과를 얻어내었다. 국내적으로는 2008년 「옥외광고물 등 관리법」이 개정되는 등의 성과를 거두었다.

또한 국제결혼중개업체의 문제와 결혼 과정에서 여성이 겪게 되는 인권문제에 대한 이해를 돕기 위해 2005년, 2007년 두 차례에 걸쳐 우리는 지역의 활동가들과 함께 베트남, 필리핀, 몽골, 중국, 캄보디아 등의 국가를 방문했다. 차제에 현지의 여성인권운동단체와의 교류를 확대하고 현지실태조사(여성들의 국제결혼에 대한 의식조사 포함)도 실시했다. 이때 구축된 우리와 해당국가의 NGO 간의 네트워크가 이혼 후 본국으로 돌아가려는 혹은 돌아간 여성들을 지원하는 데 큰 역할을 했다. 또한 이 프로그램은 활동가들이 이주여성의 문제를 보다 거시적으로 바라보고 고민할 수 있는 계기가 되었다.

공동행동은 다양한 방식으로 사회적으로 '결혼이주여성'의 문제를 환기시켰고, 관련 활동을 하는 단체들이 함께 연대하여 정책적 대응력을 키우고자 '이주여성정책네트워크(이하 네트워크)'를 구성했다. 이 네트워크에는 우리를 비롯해 국제이주기구 서울사무소, 아름다운재단 공익변호사그룹 공감, 이주여성인권연대, 한국이주여성인권센터 등 총 5개 단체가 포함되었다.

### '속 깊은 고민'이 없는 정책

결혼이주여성이 눈에 띄게 증가하자 정부는 이들이 겪고 있는 문제에 관심을 갖고 '결혼이민자가족정책' 및 「국제결혼 중개업체 관리법」, 「다문화가족 지원법」 등의 법과 제도를 쏟아내기 시작했다. 지역에는 결혼이주민지원센터를 설치하여 이들을 관리하기 시작했다. 그러나 어디에고 이 여성들에 대한 '속 깊은 고민'은 찾아볼 수 없었다.

사회문제로 부상한 저출산문제의 해결책으로, 또 농촌지역의 인구증가 대책으로 정부는 이 여성들에게 관심을 갖기 시작한 것이다. '다문화 사업'이라는 포장을 한 수많은 사업들에 배정된 예산은 급격히 증가했고 부서마다 경쟁적으로 이들은 행사장으로 불러내기 시작했다. 2000년대 초까지도 사회적 무관심 속에 소외되던 이들이 마치 우리 사회, 특히 농촌의 문제를 해결해줄 '천사'라도 되듯 환영받기 시작한 것이다.

그러나 과연 그 많은 사업들이 '다문화' 사업인지, 과연 우리가 진정으로 이들을 우리와 동등한 '시민'으로 인정하는지, 또 과연 이들의 인권이 보호받고 있는지, 물어볼 것이 많다.

관련법도 만들어지고, 정책과 예산도 급격하게 증가하는 등 많은 변화가 있었지만 정책의 기조는 여전히 '가족 유지'이고 이들은 가족을 유지하기 위한, 농촌총각을 장가보내기 위한 존재에 불과하다.

실제로 우리가 2007년에 농어민 국제결혼비용 지원정책에 대한 전국 현황과 문제점을 살펴본 결과, 무려 전국 지자체의 45%가 비용지원을 하고 있을 정도로 정부의 결혼이주여성사업은 파행적이었다. 마치 우리나라의 정부가 공식적으로 알선업을 하는 듯했다. 상업적 국제결혼알선이 불법인 베트남과 필리핀 등과는 외교적으로도 문제가 있는 정책이었지만 정부는 여성들이 인권침해를 당하지 않고 차별받지 않도록 환경을 조성하는 일에는 관심 없이 오로지 '결혼알선과 성사'에만 연연하고 있었다.

네트워크는 토론회를 통해 이에 대한 전반적인 문제제기와 함께 해남역에서 시행되고 있는 국제결혼비용 지원사업의 문제점을 사례로 들며 비판의 수위를 높였다. 이는 특히 언론의 주목을 많이 받아 공중파 TV가 집중보도를 하는 등 20회 이상의 보도를 통해 많은 사람들에게 문제의 심각성을 전달했다. 이는 전국적으로 알려져 '우리 지역에서는 그 사업을 하지 말아야 한다'며 자료를 요청한 공무원이 여럿 있을 정도였다.

네트워크는 이러한 사업의 목적이 적절치 못할 뿐 아니라 사업보조금 집행조차 불투명한 사례가 있어 국민감사를 청구하기로 하고 이를 위해 시민의 서명을 받았다. 그러나 감사원은 당시 범정부 차원에서 '농어촌 지역의 경제개발 등의 시책 등'을 시행하고 있기 때문에 감사를 실시할 수 없다는 결정을 보내왔다. 정부가 저출산 및 노령화로 인한 인구감소의 문제를 해결하기 위해 결혼이주여성을 정책대상화하고 있음을 여실히 보여주는 결정이었다.

우리는 가족정책의 일환으로 국제결혼가정을 지원하는 방식으로 진행되는 결혼이주여성정책 모델을 비판하며 여성들의 역량강화(임파워먼트)에 초점을 맞추어나갔다. 이런 방향에 따라 지부에서는 이주여성의 역량을 강화하기 위한 상담 및 한글반 운영, 문화프로그램들을 진행했다.

### 다양성과 평등이 공존하는 사회로 <날자>!

이주여성의 역량을 강화(임파워먼트)하기 위한 사업의 일환으로 우리는 2007년 삼성생명과 한국여성재단의 지원으로 '이주여성과 가족들의 친정나들이 <날자> 프로젝트 2007'을 실행했다. 실제로 지역에서 만나는 이주여성들 중 형편이 어려워 한 번도 가족과 함께 친정을 방문하지 못한 여성들을 지켜보며 지역의 활동가들은 마음 아파했다. 그 오랜 숙원이 드디어 이루어진 것이다.

우리는 총 2억 원의 지원금으로 베트남, 필리핀 출신 결혼이주여성의 가족 총 129명을 선발하

여 친정 방문을 실시했고 이 과정에서 각 지역의 이주여성 담당활동가들이 적극 결합해 임파워먼트가 가능하도록 프로그램을 기획하고 진행했다. 여성뿐 아니라 남편과 아이들까지 동행했다.

친정 방문 중 밤새 이야기꽃을 피워 목이 쉬어버린 여성참가자도 있고, 처가가족들의 사랑을 느끼며 뜨거운 눈물을 흘린 남편도 있고, 이들을 맞아 잔치를 열어준 마을도 있었다. 이 프로젝트에 참가한 가족들은 서로 살아가는 이야기를 나누며 정보도 교환하는 등 자연스럽게 네트워킹을 하게 되었다. 수많은 에피소드들을 남긴 친정 방문 여행은 우리 모두에게 연대의식과 공동체의식을 심어주었다. 특히 여성들의 경우 결혼 후 친정을 방문하지 못한 데서 오는 마음의 짐을 벗어놓으며 잠시나마 친정가족들과 혈육의 정을 나누며 타국에서 열심히 살겠다는 의지를 다지는 모습을 보였다.

이후 창원지역에서는 <날자>를 모델링한 친정 방문 프로그램을 지역 내 국제결혼가족을 대상으로 진행하기도 했다.

## 결혼이주여성들의 세력화를 부추기다

2008년 현재, 결혼이주여성에 대한 사회적 관심은 매우 크다. 정부에서도 관련 예산을 4배 이상 증액하는 등 물적 지원을 아끼지 않고 있는 실정이다. 다문화가정에 대한 언론방송의 관심과 배려 역시 이미 확고해져 TV에서 국제결혼가정의 사돈끼리 만날 수 있는 자리를 주선하는 프로그램도 진행하고 있는 실정이다.

그러나 아직도 이주여성들이 겪는 인권문제는 체류문제부터 폭력, 차별의 문제까지 매우 광범위하며 심각하다. 여성의 입장에서, 인권의 관점으로 더 깊이 고민하고 논의해야 한다.

아울러 이제는 당사자들의 목소리를 들으려는 사회적 노력이 필요하다. 우리의 지난 5년간의 활동을 통해 당사자만이 자신들의 문제를 가장 효율적으로 드러내고 해결할 수 있는 주체임을 알았다. 그들이 자신의 인권을 주장하고, 자신이 당당한 주민이며 시민이라는 것을 표명할 때 비로소 이들에 대한 비하적 시선과 차별적 대우가 없어질 것이다.

이제 우리 여성의전화는 이주여성의 인권을 지원하는 단체로 확고히 자리매김했다. 이 문제에 처음 접근한 2003년도에 비해 지부참여도도 높아져 이미 15개 이상의 지부가 이 사업에 참여하고 있고 우리가 여성주의와 인권의 관점으로 개발한 다양한 프로그램은 타 단체에 벤치마킹되고 있는 실정이다.

이제 우리는 결혼이주여성이 당당한 시민으로, 당당한 여성으로 이 땅에 삶의 뿌리를 내릴 수 있도록 그들과 자매애로 어깨동무를 더욱 굳게 하고 그들이 자신의 목소리를 내며 세력화해내는 과정을 함께할 것이다.

다양성과 평등이 공존하는 사회로 우리 사회를 바꾸기 위해 지난 5년 힘들었다. 이제 다시 또 다른 5년을 꿈꾸며 그녀들과 즐겁게 놀 것을 상상한다.     ı 김은경

🍎 김은경

대학생 시절 여성의전화에서 자원활동을 시작하여 2002년부터 2008년 현재까지 약 6년 동안 상근활동가로 일하고 있다. 주로 이주여성인권대응과 여성폭력근절을 위한 국제활동을 담당하며 현재 이주·국제연대 팀장으로 일하고 있다.

## 국경과 경계를 넘어 연대하다 — 국제연대활동

혹자들은 '국제연대는 허공에 대고 말하는 것 같다'며 구체적인 성과가 없질 않느냐며 묻는다. 이런 질문을 받으며 혹시 우리가 스스로 국내와 국제란 경계를 나누고, 국내 활동에만 집중한 것은 아닌지 반성해본다. 1990년대 중반부터 시작해 눈만 뜨면 듣고 있는 '세계화'는 이미 사람들과 그들의 삶에 영향을 미치고 있건만 이에 비해 인권활동을 세계화하려는 노력은 부족했던 것이 사실이다.

'우리'는 누구이며, '우리 사회'는 대체 어디까지인가.

결혼이주여성들이 입국 전에 겪는 결혼주선 과정에서의 인권침해문제, 필리핀에서 있었던 여성인권운동가에 대한 표적 살해, 쓰나미 같은 자연재해 이후 사회안전망 부족으로 일어나는 여성에 대한 폭력 등 주변의 이웃에게 일어나는 인권문제들은 '우리'의 문제가 아닌가?

이미 인권 이슈들은 스스로 국경을 넘어 진화하고 있다. 우리도 이제, 지구화된 시민사회에서 인권운동가로서 국가라는 경계 안에서만 인권활동을 하는 것이 가능한 것인지 물어야 한다.

시민사회 내에서 국제연대는 그 필요성은 절감하지만 여러 가지 여건상 실제로는 매우 하기 힘든 사업이다. 따라서 여러 활동들 가운데 항상 우선순위에서 밀려 다른 사업보다 다소 늦은 감이 있다. 그러나 2000년대에 들어서면서 운동에 대한 성찰과 반성을 시작으로 '지구화된 시민사회'에 대한 구상과 인권이슈대응의 확장, 아시아지역사회에 대한 관심과 연대 등이 적극적으로 제기되기 시작했다.

## 국경을 넘어 사람을 만나다.

1983년 창립 이후 우리 여성의전화는 아시아태평양 여성·법·개발 포럼(Asia Pacific Forum on Women, Law and Development: APWLD)에 참여하고, 세계여성폭력 추방주간을 우리나라에 처음 소개하고 지속적으로 캠페인을 진행해오는 등 꾸준히 국제연대를 이어왔다. 이러한 소중한 경험들로 인해 조직적 차원에서 국제연대에 보다 적극적으로 임해야 할 필요성이 공유되었다. 국제교류와 연대를 통해 한국여성운동의 경험을 나누고 소통하여, 인식과 경계를 넓히는 계기로 삼고자 했다.

2003년도 여성의전화 창립 20주년이 되는 해에 선포된 비전 중 하나인 '아시아지역에서 일어나는 여성문제에 관심을 갖고, 연대하고 소통하겠다'는 선언이 구체화된 계기는 바로 이듬해 일본에서 주최된 '한일여성인권심포지엄'이었다. 『한국여성인권운동사』가 야마시다 영애의 번역으로 일본어판으로 출판된 것을 계기로 마련된 이 심포지엄은 형식적인 출판기념회가 아닌 한국과 일본의 교류를 증진해보자는 취지에서 마련된 것이었다. 이 심포지엄은 여성의전화와 한국의 여성인권운동을 충분히 소개하고 전달하는 기회가 되었다.

2004년도의 일본과의 네트워킹을 시작으로 2005년도에는 보다 적극적으로 아시아지역의 여성인권운동단체들과 연대를 추진했다. 우리는 우리나라에서 개최된 9차 세계여성학대회에 참여하여 아시아를 기반으로 활동하는 여성단체들과 경험의 폭을 넓히고 연대의 장을 모색하기 위해 '아시아지역의 가정폭력추방운동: 지역네트워크와 전략마련을 위해'라는 국제심포지엄을 진행했다. 심포지엄에는 몽골의 국민폭력방지센터(National Center

Against Violence), 일본의 전국쉼터네트워크(All Japan Shelter Network), 필리핀의 리훅필리피나(Lihok Filipina), 중국의 홍풍부녀심리상담센터(The maple women's psychological counseling center in beijing), 그리고 우리 한국여성의전화연합이 참여했다. 이 심포지엄은 각 나라의 운동의 경험과 차이점, 연대의 필요성에 대한 공감대를 확인하는 자리가 되었다.

이 심포지엄에서 가정폭력의 근절을 목적으로 활동하는 단체들의 고민과 현실, 그리고 너무나도 흡사한 가정폭력의 현실에 대해 진지한 고민들을 나눈 5개국의 여성단체들은 이를 타개하기 위해 운동의 경험을 서로 나눌 뿐 아니라 이를 국제적인 활동을 통해서도 드러내자는 합의에 이르게 되었다. 이렇게 하여 '세계 여성폭력 추방주간'에 아시아지역에서 공동캠페인을 진행하게 되었다.

이 심포지엄을 통해 우리는 함께 교류할 단체들과 신뢰관계를 형성했고 소통의 물꼬를 텄다. 이를 시작으로 5개국의 여성단체는 가칭 아시아여성네트워크(이하 네트워크)를 형성하여 상호 신뢰를 바탕으로 느슨한 형태이지만 지속적으로 연대하여 활동하기로 했다.

사실상 국제연대의 가장 큰 어려움은 '언어(language)'와 '소통(communication)'이다. 서로 다른 언어를 사용하면서, 문화와 사회적 맥락이 다른 상황에 대한 소통을 한다는 것은 결코 쉬운 일은 아니다. 그래서 국제연대는 더욱 긴 호흡으로 바라보고 진행해야 한다. 처음 마련되었던 국제심포지엄은 이러한 기조에 따라 각 단체의 활동 및 국가배경(정치·사회·문화적) 등을 충분히 설명하고, 네트워킹한다는 것의 의미와, 방식의 구체화를 너무 무겁지 않게 의논하기 시작했다.

네트워크는 상시적으로는 온라인을 기반으로 서로의 소식과 의견을 주고받았으며, 2005년 이후로는 세계 여성폭력 추방주간에 공동캠페인을 매년 진행해왔다. 이 밖에도 다양한 국제연대활동을 통해 지속적인 만남을 계속하고 있다.

## 네트워크가 또 다른 네트워크를 낳다

몽골의 여성단체인 국민폭력방지센터는 국회의원과 관련부처 장차관 등을 조직하여 한국가정폭력방지업무 시찰단을 조직했다. 코디네이터 는 여성의전화가 직접 맡아 몽골사회에서 변형하여 적용 가능한 정책 등을 소개하는 데 주력했다.

또한 우리는 결혼이주여성의 인권문제에 근본적으로 대응하기 위해 대표적인 송출국을 방문했다. '글로벌 리더십 역량강화 프로젝트: 더 넓은 세상으로의 전/진/'이라는 프로그램을 통해 이주여성 관련 인권단 체를 방문하고 활동가의 글로벌리더십을 향상시키고자 했다. 이 프로그 램은 위에서 언급한 제9차 세계여성학대회에 참여한 단체들의 연계망을 바탕으로 이루어진 것이다. 이 프로그램은 애초 기획 단계부터 활동가들 이 적극 참여하여 '세계화와 여성인권', '방문국가에 대한 이해' 등을 직접 공부하고, 스스로 관련단체와 연계하여 현지일정을 짜는 방식으로 이루어졌다. 당시 참여자들은 처음에 단순한 '방문'으로 간주하고 참여 신청을 했다가 당황하기도 했다.

송출국 방문을 통해 국제활동의 필요성이 더욱 부각되었고 참여했던 활동가들이 지역에서 만나는 이주여성들을 이해하는 데 큰 도움이 되었 다. 송출국의 관련 단체들을 방문하면서 기존의 네트워크가 강화되고 새로운 네트워크가 형성되기도 했다. 활동가들은 국제결혼가족의 친정 을 방문하는 등 현지에서 많은 사람들을 만나면서 단기적이지만 '이주 자' 혹은 '이방인'이 되는 경험을 했고, 차이를 드러내고 인정하는 방식

등을 배웠다.

2005년과 2007년에 이루어진 이 프로그램에서는 현지방문은 물론 현지의 여성인권운동단체와의 교류 및 현지실태조사(여성들의 국제결혼에 대한 의식조사 포함)도 실시했다.* 또한 이때 형성된 연대는 결혼이주여성 지원을 위한 국제연결망으로도 활용되어 개별 사건을 지원하는 데 여러 번 도움이 되기도 했다.

네트워크는 참여 단체들이 자국 내에서 연계를 맺고 있는 단체를 소개하거나 간담회를 개최하는 등 다양한 방식의 운동을 전개했다. 이 네트워크를 통해 단체 간의 연결망이 거미줄처럼 형성되어갔다. 우리는 다양한 국제적인 프로그램을 개최하고 참여하면서 국제연대활동의 필요성에 대해 공감대를 확산하고 다층적 네트워크와 더불어 이미 형성된 모임을 어떻게 활용하고, 발전시킬 것인지 고민하게 되었다.

네트워크 멤버들은 2006년 중국에서 개최된 동아시아여성포럼에서 다시 모여 전략회의를 했다. 멤버들은 이 포럼에서 여성폭력에 관련된 의제를 다루지 않는 것을 비판하며 이 의제가 다루어지도록 로비를 진행했다.

2007년도에는 일본의 전국쉼터네트워크가 주관하여 국제 심포지엄 'No more Domestic Violence'를 진행했는데 여기에 네트워크 단체들이 모두 참여했다. 이 국제 심포지엄을 통해 일본 정부에 압박을 가하고

---

* 이 책 김은경의 다른 글 참조.

여성에 대한 폭력 관련 법개정을 위한 전국연대모임도 구성했다. 이렇듯 누가 주도한다고 할 것도 없이 네트워크는 자가발전을 지속해나가고 있다.

네트워크 활동의 영역이 확장되고 멤버 단체에 대한 신뢰도가 높아지면서 우리나라에 결혼이주한 몽골여성을 몽골단체를 통해 지원하는 등 이슈 대응의 수준이 높아지고 대처 방식도 다양해졌다. 아시아태평양 여성·법·개발 포럼에서도 기존에 참여하여 활동했던 정치참여분과에서 여성폭력분과로 이동하여 이슈연계성을 강화했다.

이와 같은 활동을 통해 힘을 키운 우리는 필리핀 사회 내의 정치살해문제에 공동대응하고, UN개혁의 성인지성을 촉구*하는 등 국제사회에서 목소리를 키워가고 있다.

### 경계를 넘는 자원활동

위와 같은 활동들이 지속되기 위해서는 사실 외부로 부터 많은 도움이 필요하다. 특히 언어와 소통의 장벽을 극복하기 위한 도움이 절실했다.

이에 대해 여성인권운동에 대한 애정과 국제연대에 대해 관심을 갖고 있는 분들이 많이 자원하여 도움을 주셨고 나아가 조직적으로 지원하기 위한 자원활동가들의 모임이 구성되었다. 자발적으로 구성된 이 모임은 이름을 '경계를 넘는 자원활동가모임(Volunteers Crossing Borders For Women's Rights)'으로 정하고, 초기에는 통·번역을 지원했다. 국제연대를 위한 국내외 사람들의 연대가 이루어진 것이다. 이 모임에 재한

---

\* 촉구성명서의 제목은 'Gender Equality Architecture'이다.

외국인들의 참여가 늘어나 현재 60명의 내·외국인이 활동하고 있다. 모임이 활발해지면서 '몽골여성쉼터 지원기금마련행사' 및 '한국여성의전화연합 여성인권운동 기금마련행사' 등을 자발적으로 진행하기도 했다.

이러한 자발적인 참여는 감동을 낳았다. 국제연대활동에 도움이 되고자 스스로 사업을 기획하고 진행한 이들은 후에 '이 활동에 참여할 수 있는 기회를 주어 정말 고맙다'고 말하며 주위의 활동가들을 감동시켰다. 각자 가지고 있는 개인네트워크들을 통해 이러한 감동과 메시지는 꼬리에 꼬리를 물고 전달되어 국제활동에 대한 자원활동은 확장되고 있다.

### 국제연대, 이제부터 다시 시작이다

지난 몇 년간 우리는 여성폭력 근절 네트워크를 만들고, 단체연결망을 상호 공유하고, 국내 지원그룹을 만드는 등 국제연대활동을 구체화시켰다. 이런 과정을 통해 자료를 공유하고 상호 방문도 하며 신뢰를 구축했다. 이제 이런 기반 위에 아시아지역에서 여성인권운동의 지형을 그리고 실천하는 네트워크로서 활동할 시기가 되었다.

꾸준한 만남과 논의와 더불어 공동행동을 조직하고 실천하는 일, 이제부터 다시 시작이다. ▎김은경


## '폭력방송' 잡아라 — 미디어운동

이 책의 다양한 이야기에서 보이듯이 우리는 오랫동안 폭력피해여성에 대한 지원사업에 몰두하여 그들의 인권보호와 폭력방지에 힘써왔다. 그런데 우리가 이렇게 열정적으로 일하는 데도 여전히 여성들은 다양한

폭력의 표적이 되고 또 실제로 여전히 피해가 줄지 않고 있다. 이런 문제로 고민하던 차에 우리가 운영하던 성폭력, 가정폭력상담소 등이 제도화되면서 운동 범위와 방식을 확장해야 한다는 고민이 전 지부적으로 심각하게 제기되었다. 그래서 우리는 2003년 창립 20주년을 맞아 그동안의 운동의 성과를 정리하고 새로운 희망을 만들기 위해 '차별과 폭력을 넘어 평화의 세상으로'라는 슬로건 아래 대중의식 개선사업의 일환으로 미디어운동을 본격화하였다.

우리는 2003년 미디어운동센터를 설치하여 미디어를 통한 여성폭력 추방운동을 전개했고 2006년 지역여성 미디어운동 '네잎찬' 운동본부로 발전시켰다. 이를 통해 중앙 중심의 방송시청자 운동을 탈피하여 지역의 풀뿌리 수용자 주권운동을 활성화하고, 지역방송문화의 질을 향상하며 나아가 지역문화 발전을 꾀했다.

### '폭력 방송' 잡아라

2003년 실시한 '여성주의적 관점에서 본 방송의 폭력성 모니터' 분석에는 목포, 청주, 천안, 진해, 창원 지부 등 총 5개 지부가 참여하여 지상파 방송 3사의 보도프로그램, 버라이어티 프로그램, 드라마를 대상으로 '폭력성'에 대하여 집중 분석했다.

이를 위해 5개 지역에서 지부회원을 대상으로 미디어교육을 실시했다. 강의를 맡은 이동훈 위원은 비행기를 타고 5개 지역을 다니는 수고를 아끼지 않았다. 이러한 교육은 당시 송종길 본부장과 이동훈 위원이 몸담고 있던 한국방송영상산업진흥원의 후원이 있었기에 가능했던 일이다. 모니터교육 후 우리는 7월에서 11월까지 뉴스, 드라마, 연예오락 등 각 프로그램에 대한 모니터링을 실시했고 12월 9일 방송회관 세미나실에서 그 결과를 발표했다.

모니터 결과, TV 프로그램의 성불평등성은 단순히 일상적인 일회성 표현에 있는 것이 아니라 구조적 문제와 깊숙이 연결되어 있음이 드러났다. 예를 들어 드라마에서 남성의 경우 연령별로 고르게 등장하고 있는 것과 달리 여성의 경우 20대에 집중되어 중장년층 여성이 상대적으로 소외되고 있는 점 등이 드러났다. 또, 직업에 있어서도 여전히 여성을 전업주부와 일반 사무직 중심의 직업군에 제한하고 있는 것이 드러났다. 뉴스에서도 남녀앵커의 역할 차이는 드러나지 않았으나 여성앵커의 역할이 단순한 사실보도 위주인 것을 발견할 수 있었다. 이렇듯 TV 프로그램에 나타나는 성불평등성이 각각의 장르적 특성에 기반해서 구조화된 불평등에서 발생하는 것을 알 수 있었다. 이러한 TV 프로그램의 문제들은 여성에 대한 가부장적 시각을 고착화한다는 점에서 반드시 시정되어야 했다.

### <풀하우스>와 <파리의 연인>

2004년에는 부천과 군산지부가 당시 시청률 50%라는 경이로운 기록을 세웠던 <풀하우스>와 <파리의 연인> 등 2개 드라마를 대상으로 '언어폭력'에 대한 모니터링을 했고 결과는 11월 26일 서울여성플라자에서 발표했다.

분석 결과, 두 드라마 공통적으로 주인공에 해당하는 남녀 등장인물들의 구도가 남성 주인공을 중심으로 여성 등장인물 간의 극단적 대립구도가 형성되어 있는 점을 주목할 수 있었다. 언어폭력면을 보면, <파리의 연인>에서는 왜곡된 여성성을 강조하거나 가부장적 사고방식을 강조하는 표현이 가장 많았고, <풀하우스>에서는 가부장적 사고방식 표현과 여성의 사회성을 비하하는 언어표현이 많았다. 예를 들면, 남성주인공이 여주인공을 <파리의 연인>에서는 "애기야"로, <풀하우스>에서는 "닭대가리", "밥통" 등으로 부른 점이다. 이러한 문제들은 두 드라마의 기본 골격이 신데렐라 신드롬에 근거한 극단적 남성중심 구도에서 비롯되었기 때문이다.

이날 세미나에 대한 네티즌의 관심은 뜨거웠다. 드라마에 나타난 여성에 대한 폭력적 구도와 표현 등에 대한 지적을 지지하는 사람들도 많았고 이에 반대하며 여성을 비하하는 댓글을 올린 사람도 많았다.

### 좋은 프로그램, 괜찮은 여성, 수다로 찾다

2005년에는 회원의 참여를 확대하고 지역여성도 참여할 수 있는 새로운 사업방식을 시도했다. 그동안 했던 코딩방식을 이용한 모니터링은 전문적으로 훈련된 활동가만이 참여할 수 있어서 이를 대중적인 운동으로 이끌어내기에는 많은 한계가 있었다. 따라서 미디어운동을 시청자운동으로 이끌어내기 위해서는 많은 여성들이 참여할 수 있는 방식을 개발해야만 했다. 여러 차례의 논의와 고민 끝에 여성들에게 친근한 '수다'를 활용한 '수다로 찾는 괜찮은 방송프로그램'(네잎찬운동)이라는 모니터 방식을 개발했다.

이 방식은 현실성, 창의성, 공익성, 지역성 등 네 가지 기준을 중심으로 진행되었고 이를 네잎클로버로 이미지화하여 '네잎찬운동'으로 표기했다. 네잎클로버가 행운을 뜻하지만 찾기 쉽지 않다는 이미지를 차용하여 '괜찮은 방송프로그램' 역시 찾기는 힘들지만 우리의 삶을 윤택하게 해줄 수 있다는 뜻을 '네잎찬운동'에 담았다.

'현실성'은 다양한 모습과 생각을 가진 사람들이 살아가는 우리 사회의 현실, 인생살이, 진솔한 삶의 진실을 있는 그대로 보여주어야 한다는 것이고, '창의성'은 사실을 바탕으로 하되 현실을 뛰어넘는 상상력을 자극하고, 매일 반복되는 일상의 진부함을 넘어 잊고 있었던 희망이나 꿈, 낭만을 느끼게 해야 한다는 것이다. 또 '공익성'은 우리 사회의 약자, 소수자, 소외된 사람들에 대한 관심을 가지고 그들의 입장을 고려해야 한다는 것이다. 특히 여성들에 대한 편견이나 고정관념을 없애고 여성들에게 힘을 주어야 한다는 것을 '공익'의 최우선적인 의미로 설정했다. 끝으로 '지역성'은 중앙 정부나 서울 소식보다 해당 지역 소식을 전하고, 지역사람들의 생각과 삶의 모습을 보여주는 것을 의미한다.

2005년 '수다로 찾는 괜찮은 방송프로그램' 평가단 활동에는 부산, 대구, 광주, 목포, 익산, 전주, 청주, 천안, 수원, 강릉 등 총 10개 지역의 지부들이 참여했다.

1년 동안 워크숍, 4개 권역에서의 교육, 통합 숙박교육, 온라인 교육 등이 지속적으로 진행되었다. '수다로 찾는 괜찮은 방송프로그램' 지침서를 활용한 지역여성 만나기가 7월부터 11월까지 10개 지역에서 총 130회 동안 진행되어 2,703명의 여성을 만나는 성과를 이루어내었다. 지역여성만나기를 통해 미디어교육을 실시했고, '수다로 찾는 괜찮은 방송프로그램'의 모니터활동을 홍보했다. 특히 홍보 중에 방송프로그램에 나타나는 여성에 대한 차별과 폭력에 대한 교육도 진행했다. 주로 지역의 여성모임인 부녀회, 학부모운영회, 유치원자모회 등과 회원 개인의 모임인 친목계, 친구모임, 동창회 등을 대상으로 지역여성 만나기가 이뤄졌으며 지역 내 중고등학교, 대학, 교회, 회사, 문화센터 등에서도 교육이 진행됐다. 10개 지역의 회원들이 발로 뛰어 지역의 여성들을 만나는 커다란 성과를 내왔다.

이후 지역방송과 중앙 지상파 방송에서 각각 11개의 작품, 총 22개의 작품을 선정했다. 지역방송과 달리 공동으로 모니터를 실시했던 중앙 지상파 방송에서는 여러 지부에서 동일한 프로그램을 선정했다. 가장 많이 선정된 프로그램은 MBC TV 드라마 <굳세어라 금순아>로 4개 지부에서 선정했고, KBS 2TV <인간극장>은 회를 달리한 프로그램으로 3개 지부에서, KBS 2TV 드라마 <장밋빛 인생>과 EBS TV <똘레랑스>는 각각 2개 지부에서 선정했다.

MBC TV 드라마 <굳세어라 금순아>는 우리 사회에서 앞으로 수용해야 할 다양한 '가족상'을 제시했으며, 당당한 여성의 모습과 여성의 삶을 여러 각도에서 보여준 점에서 좋은 평가를 받았다. 그러나 신데렐라형 드라마 구성을 벗어나지는 못한 점은 아쉬운 한계로 지적됐다.

KBS 2TV <인간극장>은 진솔한 생활에서 자연스럽게 사람 사는 모습을 생생하게 보여줌으로 우리 사회의 살아 있는 모습들이 전달하여 함께 살아가는 사회를 긍정적으로 제시하고 유도했다는 점에서 긍정적인 평가를 받았다.

KBS 2TV 드라마 <장밋빛 인생>은 평범한 소재이지만 지극히 현실적이었던 점에서 긍정적 평가를 받았다. 다만 본부인과 두 번째 부인의 사투리가 지역성을 조장할 수 있다는 지역여성들의 평가가 있었다.

EBS TV <똘레랑스— 이 땅의 딸로 태어나 딸들의 권리 찾기 그 후>는 우리 사회에 존재하는 여성 차별을 다루고, 갈등을 해결하고 상생할 수 있음을 제시한 점에서 선정됐다.

이렇게 우리는 지극히 평범한 여성의 눈과 입으로 방송프로그램을 평가하는 시청자운동을 전개했다. 이 사업의 성과는 수동적인 시청자에 불과했던 지역의 여성(특히 전업주부)들이 직접 좋은 프로그램을

골라보면서 주체적인 수용자로 변모하고, 또 변화의 욕구를 느끼게
된 점이다.

이 사업으로 회원들은 미디어비평과 프로그램 선정활동이 전문가만
의 영역이라고 생각했던 선입견에서 벗어나 스스로 미디어운동가라는
자부심을 갖게 되었고 아울러 여성들도 지역미디어운동의 주체가 될
수 있다는 자신감을 갖게 됐다.

### 여성후보에 대한 보도, 눈 치켜뜨고 보다

2006년에는 미디어운동을 본격적으로 하기 위해 '지역여성 미디어
'네잎찬' 운동본부'를 구성했다. 경기대학교 다중매체영상학부 송종길 교수
를 본부장으로 하고 기획위원으로 주정민(전남대 교수), 김금녀(상명대학원
교수), 이동훈(배재대 교수, 당시 한국방송영상산업진흥원 연구원), 이화행(동
명대 교수), 최용준(전북대 교수), 이강형(경북대 교수), 로리주희(줌마네 부대
표), 김은경(여성정책연구원 연구원) 등을 영입했다.

지부에서는 부산, 대구, 울산, 광주, 목포, 익산, 전주, 청주, 천안, 수원,
강릉 등 총 11개 지부가 참여했다. 이번에는 '동시지방선거'가 열렸던
2006년 10개 지역을 중심으로 '제4회 동시지방선거에 대한 지역방송의
여성후보 보도 태도'에 대해 분석했다. 5·31 지방선거 후보자 등록일인
5월 16일부터 선거운동 마지막 날인 5월 30일까지 전국 10개 도시의
지역방송과 지역케이블 등 총 32개 방송사의 주요 뉴스 보도프로그램
각 1개 프로그램의 분석을 실시했다.

분석 결과를 보면, 후보자 보도는 광역단체장, 기초단체장 중심이었고
그나마 여성이 입후보로 진출하고 있는 지방의회(광역, 기초)의원은 소외
하고 있었다. 그러나 보도 건수로 보면, 전체 보도 1,492건 가운데 15.3%

에 해당하는 228건의 보도에서 여성후보가 다뤄졌는데 이것은 여성후보가 전체 후보자(12,213명) 가운데 11.6%(1,411명)임을 감안할 때, 적지 않은 보도였음을 보여주었다. 물론 여성후보를 다룬 전체 보도건수 228건 중 광역단체장 관련 보도가 61.0%에 해당하는 139건으로 단체장 중심의 후보자 보도가 이뤄지고 있었다는 것과 따라서 여성이 많이 진출하고 있는 지방의회 보도가 소외됨으로서 여성후보가 많이 부각되지 못한 점을 주목해야 한다. 이러한 보도 행태로 인해 정치적 소수계층인 여성은 더욱더 불리한 싸움을 할 수 밖에 없는 것이다. 지방선거에 대한 각 지역 매체들의 적극적인 보도가 필요한 지점이다.

### 일상의 아름다운 손을 찾아라

2007년 들어서 주요 3개의 포털사이트에서 음란성 UCC 노출사건이 벌어졌다. 사회적 물의 속에서 우리는 음란성 UCC로 인해 온라인공간에서의 표현과 창작의 자유가 제한되어서는 안 된다는 생각과 공익적 기능을 하는 주체로서의 UCC가 필요하다는 인식을 하게 되었다. 이에 우리는

시민들의 참여를 통한 온라인 공간의 공익적 기능을 위해 '일상의 숨은 아름다운 손을 찾아라, UCC 공모전'을 실시했다. 처음 예상과는 달리 450여 명이나 되는 사람들의 참여로 성황을 이룬 공모전은 사이버공간에서의 공익적 담론 형성의 가능성을 보여주었다.

공모전을 통해 우리는 낯선 오지에서의 만남을 의미 있게 담아낸 손, 일하는 손, 다른 사람을 돕는 손, 수족화가의 아름다운 손, 어린이의 희망이 담긴 손 등 우리의 일상에서의 아름다운 '손'을 찾아냈다.

만남의 시작(2등, 김종섭)

발이라는 이름으로(3등, 지태성)

간절한 마음(3등, 이명현)

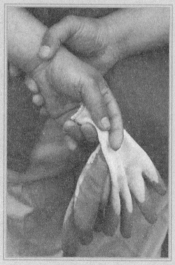

또 다른 일하는 손(4등, 김미경)

공모전을 치르면서 다양한 사람들과 사연을 만날 수 있었고 '손'을 통해 우리의 삶을 다시 한 번 되돌아볼 수 있는 계기가 되었다.

UCC 공모전의 성공을 계기로 우리는 여성 UCC 활성화를 모색하기 위한 심포지엄을 개최하여 여성들의 UCC 참여를 통해 여성들의 이야기로 건강한 사회문화를 만들어내자고 결의하고 장기적인 공모전으로 안정적인 여성들의 참여 창구를 만들기로 했다. 또한 UCC를 여성들의 삶과 이야기가 공감과 연대로 소통되는 공간으로 만들고 여성미디어공동체를 통해 건강하고 유익한 공동체문화를 확산하자고 의지를 모았다.

## 여성연예인의 인권 지키기

다매체시대에 시청자의 눈을 고정시키기 위해 매체 간 치열해진 시청률 경쟁으로 공영성을 우선에 두어야 할 지상파 방송은 물론이고 수십 개도 넘는 케이블 방송에서 도를 넘은 선정적 프로그램이 기승을 부리고 있다. 매체들은 제작의 특별한 노력과 비용이 필요 없는 여성출연자의 몸을 내세워 자극적이고 선정적인 프로그램을 만들고 있다. 방송프로그램에서의 여성연예인 '성 상품화'는 여성에 대한 왜곡된 의식을 형성할 뿐 아니라 남성과 여성 간의 관계, 성문화, 인권의식 등에 영향을 주기 때문에 그대로 방치할 수 없었다. 그래서 우리는 이러한 제작풍토와 프로그램을 '성 상품화'라고 규정하고 미디어의 여성비하 관행에 칼을 대기로 했다.

우선 일반 시민들이 방송에서 나타난 여성연예인의 성 상품화를 어느 정도 인식하고 있는지 그 실태를 조사했다. 대구, 부산, 김해, 광주, 익산, 목포, 강릉, 청주, 수원, 성남, 김포 등 11개 지역 일반 시민 1,470명을 대상으로 설문조사를 한 결과, 대부분의 시청자들이 연예인 성 상품화의 심각성을 인식하고 있으며(85.98%), 방송미디어의 제작풍토를 그 원인으로 지목하고 있었다.

다음, 보다 체계적인 분석을 통해 방송에서의 성 상품화 실태를 알아보기로 했다. 이를 위해 어떤 현상을 '성 상품화'로 볼 것인지 내부적으로 공유할 필요가 있었다. 방송미디어에서의 '성 상품화'라는 개념은 사람마다, 사회문화적 환경, 프로그램의 상황, 맥락에 따라 다양하게 전개되어 개념을 정의하는 것은 매우 어려웠다. 수개월에 걸친 논의와 전문가 자문을 통해 방송에서의 '성 상품화'는 내용 혹은 주제와 무관하게 여성 연예인의 '몸'이 부각되는 것, 필요 이상으로 여성연예인의 '성적 매력'을 부각하는 것, 진행 중 내용에서 벗어난 화제와 대화로 여성연예인을 집중시키는 것 등으로 정의했다. 즉, 성 상품화는 방송프로그램을 통해 출연자와 출연자, 제작자와 출연자, 제작자와 시청자 간의 상호 작용의 초점이 프로그램의 내용이 아닌 여성의 '몸'이 되는 것을 말한다. 다만 '성 상품화'에서 '노출'은 거론하지 않기로 했다. 공식행사, 공공장소 등에서 노출이 자연스러워진 사회 맥락에서 방송미디어라는 특수한 상황을 고려한다면 '노출의 수위'로 '성 상품화'의 여부를 가름하기에는 많은 한계가 있기 때문이다.

분석작업을 위해 지상파, 4개 지역 지역방송, 케이블TV의 연예오락 프로그램 전체를 대상으로 기획의도와 프로그램 내용 등을 검토한 후 상대적으로 성 상품화의 빈도가 낮게 나타난 지역방송과 지상파 방송프로그램을 제외한 케이블 TV 프로그램을 모니터링하기로 했다.

대구, 광주, 익산, 강릉, 수원, 성남, 창원 8개 지역 회원이 참여해 총 11개 케이블 '30개 프로그램, 111회'에 대해 모니터하고 그 결과를 분석했다. 다양하게 이루어진 분석 결과 중 몇 개만 소개하면, 기획의도에서 성 상품화가 드러난 프로그램은 총 30개 프로그램에서 17개 프로그램이었으며, 해당 프로그램에서의 성 상품화가 나타난 것은 633건(59.71%)이었다. 반면, 기획의도에서 성 상품화의 내용이 전혀 드러나지 않았던 13개 프로그램에서조차 40.09%인 427건의 성 상품화 장면을 찾을 수가 있었다.

성 상품화의 유형 실태를 보면 '선정적 표현에 의한 성 상품화'(409건, 38.58%)와 '여성 몸의 도구화'(189건, 17.83%)가 절반을 넘으며 이는 제작자의 연출에 의한 경우가 많기 때문에 프로그램에서의 성 상품화가 제작자에 의해 좌우된다고 볼 수 있다.

### '여성'과 '지방'을 아우르다

본회 미디어운동은 지역방송에 대해 감시와 견제를 했다는 점, 그리고 무엇보다도 여성들의 참여를 이끌어냈다는 점에서 운동적 성과가 크다고 하겠다. 중앙 방송을 중심으로 감시와 견제활동을 하고 있는 미디어단체들과 차별화되고, 여성의 감수성으로 감시활동을 시작했다는 것은 '여성'과 '지방'이라는 이 시대의 두 가지 주요 주제를 아울렀다는 점에서 시민운동사적으로 의미가 크다고 하겠다.

이 사업을 통해 여성의전화의 주요한 과제인 '차별과 폭력 근절'을 새로운 방식으로 모색하게 되었고 더불어 사이버공간에서의 자유로운 창작과 참여활동을 보장하며 공익적 담론을 형성할 수 있는 가능성을 열게 되었고 나아가 지방방송에 대한 관심을 증대시키는 효과도 보게 되었다.

이러한 성과가 있기까지 '네잎찬'운동본부의 당찬 위원과 회원들의 헌신이 있었다. 지방에서 오는 회원들에게 세 시간의 회의 참석은 꼬박

하루가 걸렸으며, 적잖은 교통비는 상당한 부담이 되었다. 모니터를 위해 몇 번이고 들여다봐야 하는 분석작업은 아이 양육과 집안일을 책임져야 할 여성에게는 고단한 일임에는 분명했다. 하지만 우리가 하고자 하는 일이 결과의 중요성만큼 과정을 중시하는 것임을 누구보다도 '회원'이 먼저 알기에 서로의 어려움을 격려하며 조금씩조금씩 아주 느린 속도로 '성 평등한 방송문화 만들기'라는 큰 목표를 향해 나아가고 있다. ｜ 지향

☙ 지향

지향은 1997년 회원활동을 시작으로 여성의전화에 발을 디뎠다. 서울, 부천 지부에서의 상근활동을 거쳐 현재 한국여성의전화연합에서 미디어/기획팀 장으로 미디어와 재정기획업무를 맡고 있다. 문화운동에 대한 고민 끝에 현재 대학원에서 문화예술경영학을 전공하고 있다.

## 당당한 주체로 서기 위하여 — 여성의 경제권확보운동

콩나물 하나라도 더 얻어내려는 여인네에게는 알뜰한 아줌마의 표상이라 찬사를 보내고, 재산을 남편과 함께 등록하려는 여인네에게는 의심의 눈초리를 보내던 것이 우리의 오래된 관행이었다. 시대가 변하여 이제는 부동산에 '기막힌 혜안'을 가진 아줌마부대에 대해 찬사를 보내다 못해 '왜 당신은 누구 같지 않느냐'고 따지는 남편도 있다는 우스갯소리가 나돌 정도로 시대가 변했다.

그런데 여성들의 관심이 콩나물에서 아파트로 옮겨가면서 여성의 경제권이 공고히 되고 있는지, 아니면 재테크의 도구로 전락되어 또 다른 기생적 삶을 강요받고 있는 것은 아닌지 의심이 든다. 아울러 이렇게 변한 여성에 대한 경제적 기대가 과연 우리 사회의 성평등성을 나타내고

있는지 묻고 싶다.

여성이 경제적 주체로 나선다는 것은 어떤 것일까?

여성에게 경제란 도대체 어떤 의미일까?

여성인권운동하는 우리가 왜 뜬금없이 여성의 경제권운동에 뛰어든 것인가?

### 기가 막히고 살길도 막막한……

어느 날엔 꼭 도망갈 거라고 아이 업고 도망갈 거라고 생각하며 모은 돈, 아이가 아픈 바람에 다 날리고, 친정으로 도망갔지만 다시 붙들려와 감자탕 집에서 식모같이 일했지. 어느 날에는 너무 맞아서 온몸이 시퍼렇게 멍들었는데도 그 인간이 하도 귀신같게 때려서 얼굴하고 반팔 옷 밑으로는 멍이 안 들게 때렸더라구. 그 인간이 우리 동네 파출소 자율방범대원이어서 감히 신고할 엄두도 못 냈었지. 강제로 성관계를 하여 낳은 첫째 아이에 이어 둘째 아이가 임신이 되었는데 막달이 되어가면서 이렇게는 살 수 없다는 생각이 들더라고. 그래서 그냥 도망 나왔는데 첫째 아이가 불쌍해. 그래도 설마 자기 자식 죽이기야 하겠어.

이혼하고 싶어도 이혼할 수 없었어요. 생각해보세요. 집 나오면 어떻게 애들하고 살아가요? 수중에 돈 한 푼 없는데…… 난 한 번도 돈을 벌어본 적이 없어요. 남편도 싸울 때마다 한 푼도 줄 수 없다고 하는데…… 사실 난 가난해도 살아남을 수 있어요. 어렸을 때부터 익숙하니까…… 우리 엄마가 아버지의 외도 때문에 이혼하신 후 우리 세 모녀는 정말 힘들게 살았어요. 밥 굶어본 적 있어요. 저는 등록금은 둘째 치고 밥 먹듯이 굶은 적이 많아요. 하지만 내 아이들에게 내가 겪은 가난을 물려줄 순 없어요. 이렇게 맞다가 어느 날 죽더라도…….

이제는 더 이상 참고 살고 싶지 않아. 때리고 바람피우고, 특히 그 모멸을 더 이상 견디고 싶지 않아. 같이 살 수가 없어. 하지만 남편은 한 푼도 줄 수 없다지, 아이들은 엄마 하나 참으면 집안이 다 조용하다고 하지 어떡해……. 50년 넘는 결혼생활에 내 이름으로 된 통장 하나 없이 더 이상 남편의 큰소리에 숨죽이면서 죽을 때까지 살고 싶지 않아. 나도 인간답게 살고 싶어.

수많은 가정폭력상담을 지원하면서 여성의 경제권 확립은, 보석반지 하나를 더 사거나 어디 가서 비싼 음식을 먹고 싶다거나 남편의 재산을 자신의 재산으로 빼돌려 그것을 누리고 싶은 것이 아닌, 가정폭력에서 벗어나 아이들과 안전하게 살아남기 위한 생존의 몸부림이라는 것, 최소한의 인간적인 품위를 유지하기 위한 자존심 지키기라는 것을 재확인했다. 여성에게 경제는 폭력과 모멸로부터의 해방의 문제이다.

1999년 '황혼이혼'이 여론의 도마에 오르면서 여성들은 그 할머니의 사연이 너무 자기 자신과 비슷해서, 남성들은 자기가 저 남편과 같이 당할까 봐(?), 모두들 한마디씩 했던 기억이 난다.

## 일은 했으나 경제력은 없다

그러면 여성들이 자신의 생존과 최소한의 인간적인 품위를 지키지도 못할 정도로 경제력이 없다는 것, 이것이 문제가 아닌가.

여성들은 놀기만 했나? 남성만 일하고 여성은 일을 하지 않았나?

아이 다섯 낳고 키우고, 온갖 고생해서 좀 사나 했는데 남편이 바람이 난거야. 2,000만 원 줄 테니 조용히 나가라는 거야. 하기야 그때는 그 돈이 크긴 컸어. 하지만 조그만 아파트 하나 살 수도 없었다니까! 변호사를 찾아갔는데 **변호사가 하는 말이 여태껏 뭐 한 일이 있냐는 거야! 돈을 벌어왔냐는 거지. 내가 뭘 한 일이 있겠어. 아무것도 없는 남편 만나 알뜰살뜰 살림하고 아이들 키웠지. 물론 일이 있는 대로 부업도 했지만 증거가 없잖아.** 난 한 번도 편하게 산 일이 없었다구. 했지. 죽어라 일해왔다구. 하지만 그런 것 소용이 없다고 하더만.

재산? 내가 무슨 그런 것이 있어요. **집이요? 그것은 당연히 남편 명의로 되어 있죠.** 남편이요? 일은 무슨 일! 여태껏 내가 가게해서 먹었지요. 아이들도 교육시키고. 결혼해서 여태껏 하얀 양복 말끔히 갈아입고 나가서 돈이 떨어지면 돌아오는 것이 집이었어요.

여성들은 '일'로 인정되지 않는 일을 하는 존재이다. 가사노동은 '노동'으로 인정받지 못하고 있으며 따라서 주부들은 '일하지 않는 존재', 혹은 '노는 존재'로 여겨지고 있다. '죽어라고 일한' 여성 스스로도 사회노동을 안 했기 때문에 '내가 뭘 한 일이 있겠어' 한다. 그리고 사회노동을 한 여성들도 그 일의 결과인 재산을 '당연히' 남편 이름으로, 남편 재산으로 등록하고 있다.

그렇다. 여성이 일을 안 한 것이 아니라 그 일이 사회적으로 인정을 받지 못했다는 것, 그리고 사회적 일을 해도 노동의 결과로 형성된 재산에 대한 권한을 갖지 못했다는 것, 바로 이것이 아직도 주부로 대표되는 여성이 경제의 주체가 되지 못하고 폭력과 모멸의 올가미에서 벗어나지 못하게 한 주범들이다.

오랜 세월 동안 세계의 많은 여성운동가들과 소수의 여성주의 경제학자들은 가사노동의 경제적 가치를 역설해왔다. 출산, 육아, 식사준비, 빨래, 청소, 아이들 교육, 노인이나 장애를 가진 가족을 돌보는 일 등 수없이 많고 다양한 가사노동의 경제적 가치를 주장하고 계산하기 시작한 것이다. 그러나 사회의 가장 친밀한 영역에서 이루어지는 가사노동에 화폐적 가치를 부여하는 일은 쉽지 않은 일이었고 괜스레 문제를 일으키는 시끄러운 여자들의 악쓸으로 취급되어온 것이 사실이었다. 많은 여성들은 이러한 환경에서 주체적인 삶을 살지 못하고 기생적인 삶을 이어가야 했고, 이혼의 과정에서는 기껏해야 가정폭력 가해자인 남편이 던져주는 몇 푼의 위자료로 자신의 삶을 다시 시작해야 했다. 이런 방식으로 여성은 빈곤의 나락으로 떨어지고 경제적 주체로부터 멀어지게 된다.

## 우리 자신을 속이는 굴레를 벗어나

어차피 다 내 것이에요. 통장도 다 내가 관리하고 내 맘대로 쓰는데요! 명의가 누구로 돼 있든 무슨 상관이에요.

우리 시어머니는 맨날 당신은 너무 억울하게 살았다고 해요. 자신의 통장 하나 있어본 적이 없다나요! 하지만 제가 벌은 돈으로(남편은 그때 학생이었음) 우리 부부가 처음으로 산 아파트를 제 명의로 한다니까 난리를 쳤다니까요. 남편의 기를 죽인다⋯⋯.

여성들을 만나 여성의 경제권을 이야기하면 가장 많이 듣는 말들이다.

평생을 가정주부로 아이 키우고 한푼 두푼 아끼며 살림하고, 산더미 같은 인형에 눈알을 붙이는 부업을 하고, 직장을 다니며 월급을 꼬박꼬박 생활비에 보탰어도 힘들여 마련한 재산을 자신의 이름으로 하고자 할 때, 또 남편과 함께 마련한 아파트를 공동명의로 하고자 할 때 여성들은 남편과 시댁의 '눈치'를 보아야 한다. 그 '눈치'는 우리 여성들로 하여금 자기검증의 방식으로 작동하여 우리 스스로를 얽매는 동시에 남들도 가둬놓고 있다.

심지어 남편에게 모든 권력을 위임하고 의존해서 사는 것을 '행복'이라 여기며 사는 여성이 아직도 많다. 그러나 그 '행복'은 여성이 자신의 이름으로 된 통장이라도 하나 가지려는 경우부터 더 이상 참을 수 없는 폭력에 이혼이라도 하려고 하는 경우에까지 여성이 하나의 경제적 주체로서 살고자 하는 즉시 산산이 부서지기가 일쑤다. 그 화려한 착각은 그리 오래가지 않는다.

### 여성인권운동, 경제권확보운동으로부터

상담의 여러 사례에서 우리는 여성에 대한 폭력의 기저에는 소유에 대한 힘의 논리가 존재하고 있음을 재확인했고 사회의 여러 통념이

여성이 경제적 주체로 서는 것을 다양한 방식으로 막고 있으며 이것을 변화시키는 것만이 여성에 대한 폭력을 없애고 사회를 좀 더 평화롭게 한다는 것을 절실히 느끼기 시작했

다. 이러한 배경 속에서 우리는 1999년 11월 정책협의회에서 여성의 인권문제로서 여성의 재산권운동을 펼쳐나가기로 결정하고 운동의 초점을 법개정 작업과 의식변혁문화에 두었다.

2000년 인권센터의 주요 사업으로 부부공동재산운동을 결정하고 다양한 의견을 수렴하며 구체적인 계획을 세웠다. 우선 가정폭력방지운동을 통해 우리는 법조차 여성들의 생존에 대한 권리와 노동에 대한 권리를 보호하고 있지 못하다는 것을 알았기 때문에 재산권운동에서 우선적으로 법과 제도적인 문제점에 관심을 가지지 않을 수 없었다.

우선 부부재산제도 관련 법안을 검토하기로 했다. 개정방향은 우선 현실적으로 접근하기 쉬운 점부터 시작하는 의미에서 부부별산제도를 일부 수정하는 것부터 시작했다. 법개

정 작업을 위해 이찬진 변호사가 함께하기로 했다. 우리는 많은 상담 사례 중, 재산이 있는데도 모두 남편의 이름으로 되어 있어서, 혹은 법적으로 부인 모르게 빼돌려서 이혼사유가 남편에 있어도 몇 푼 받지 못하고 나와야 하는 안타까운 일들에 대한 문제를 제기했다.

이 문제를 해결하기 위해 우리는, 우선 자산의 투명성이 담보되어야 하므로 그를 위해 자산을 조회할 수 있게 하고, 혼인 이후에 취득한 재산은 공동재신으로 추정, 특유재산은 그 주장하는 사람이 입증하게 하고 공동주거용 부동산의 경우에는 무조건적으로 서로 합의되어야 처분할 수 있도록 법개정이 이루어져야 한다고 제안했다. 또한 실제적인 현황

을 살펴보기 위해 '부부재산 소유현황 및 의식조사'를 했고 하반기에는 이 조사를 바탕으로 '여성의 정당한 재산권확보를 위한 토론회'를 열어 재산권운동의 기본 방향을 제시했다.

또한 재산권운동은 구체적인 생활실천운동으로 이어져 우리의 중요한 운동과제가 되었다. 2001년부터 '평등한 가족, 평등한 부부 만들기'라는 슬로건을 내걸고 전국의 지부들과 함께 '부부공동명의 캠페인'을 전개했다. 나아가 재산공동명의운동 관련 소책자도 발간하여 전국적으로 배포하는 등 여론을 형성하고 홍보하기 위해 노력했다.

이렇게 시작한 여성의 재산권확보를 위한 운동인 부부재산 공동명의운동은 2002년 정기총회에서 한국여성의전화연합의 중점 사업으로 결의되면서 더욱 탄력을 받게 되었고 부부재산관련법에서 남녀차별적인 조항에 대한 개정작업과 부부재산 공동명의운동을 전국 지부를 중심으로 전개하게 되었다. 이를 위해 지부별 부부재산 공동명의 캠페인과 교육은 물론이고, 보다 적극적인 방법도 동원되었다. 즉, 실제로 이미 명의가 되어 있는 경우 공동명의를 하는 과정은 비교적 복잡한 데 비해 집을 새로이 장만할 때 아예 공동명의를 하면 좀 더 쉬워진다는 점에 착안해, 전국 부동산중개업협회를 방문하여 부부재산 공동명의운동에 대한 협력을 요청하고 업소에 게시할 수 있는 포스터를 제작하여 배포했으며 실제로 부동산중개인들이 계약할 때 구체적인 도움을 줄 수 있도록 교육도 진행했다.

법제화운동의 일환으로 다음해인 2003년에 세법에 나타난 성차별의 문제를 성인지 관점에서 제기했다. 즉, 배우자 명의의 재산을 공동명의로 바꿀 경우에 내야 하는 세금의 문제, 아무 내용 없이 알아서 하라는 '부부재산약정'의 법조문을 가지고서는 부부재산계약을 할 수 없는 문제, 그리고 여성을 경제적 무능력자로 보는 각종 세금제도의 문제점들을 제시했다.

나아가 2004년도에는 전국 10개 지부를 중심으로 부부공동명의운동 캠페인을 진행했고 차별적인 이혼 사례 수집, 내부 활동가교육도 실시했다. 또한 2005년에는 부부공동명의와 아울러 부부재산계약을 적극 홍보하고 민법을 개정하는 것에 초점을 맞추었다. 보다 체계적인 홍보를 위한 교육과 함께 활동가 매뉴얼도 제작했으며 민법의 친족, 상속편 조항 가운데 특히 문제가 되는 부부재산제 부분에 대한 개정을 추진했다.

이렇게 우리 여성의전화는 전국 지부들과 함께 꾸준히 홍보 및 교육 활동을 전개했다. 즉, 대중홍보용 소책자를 발간하여 배포했으며 지역주민들에게 편안하게 다가가기 위해서 '여자— 경제와 만나다', '여성의 경제세력화 개사곡 부르기' 등 가족단위의 문화행사를 지부단위로 진행했다.

한편 2005년 여성의전화의 중장기적 방향 마련을 위한 제6차 비전위원회에서 여성의 재산권운동을 '빈곤의 여성화'라는 현실과 접목하며 새롭게 개념화했다. 즉, 여성의 경제력은 주체적인 삶을 위한 기본 조건이기 때문에 '인권운동을 하는 우리는 지속적으로 여성의 경제세력화를 주요 운동과제로 삼아야 한다는 결의를 한 것이다.

## 법개정, 벽에 부딪히다

이렇듯 다양한 노력과 결의가 계속되는 가운데 특히 2006년에는 '부부공동재산제로의 민법개정 및 관련법 개정활동'에 집중했다. 2월 부부재산제 민법개정안 '부부공동제산제' 발의 및 기자회견을 시작으로 법무부의 공청회, 당과의 간담회,

행자부 국회 여성가족위원회 전문가 간담회 등 개정활동을 전개했다.

그러나 지속적인 민법개정의 노력에도 불구하고 우리가 발의한 법안이 그대로 통과되지 못하고 2007년 12월 법무부의 개정안에 재산분할청구권 보전을 위한 사해행위취소권* 신설(안 제839조의 3 신설)만이 반영되어 통과되었다. 부부재산분할 시 부과되는 등록세 및 취득세를 비과세하는 개정안을 발의했으나, 등록세는 면세가 불가하고, 취득세는 이혼한 자의 재산분할신청 건에 한해 비과세하는 것으로 지방세법 개정안이 통과되었다.

실망스러웠다. 그래도 위안을 삼는 것은 우리의 노력으로 법무부 민법개정안에 성평등한 재산제에 대한 인식이 포함되었다는 것이다. 우리는 민법개정시안 공청회, 가족법 법안 재조명 토론회 등에 적극 참여하여 의견을 제시했고 이 문제와 관련하여 방송 출연 및 인터뷰 등에 열심히 참여했다. 또한 전국 12개 지역에서 2회에 걸쳐 대중교육과 캠페인 그리고 다양한 문화행사 등을 개최하여 부부공동재산제에 대해 홍보하고 여론을 형성했으며 여성도 경제주체라는 인식을 확대해나갔다.

---

* 사해행위란 채무자가 고의로 재산을 줄여서 채권자가 충분한 변제를 받지 못하게 하는 행위이다. 사해행위취소권은 부부간 재산분할청구권 행사 시 상대방에 의해 이런 행위가 일어나는 것을 막아 재산분할청구권을 보전하기 위해 신설된 조항으로 사해행위 발생 시 그 취소 및 원상회복을 법원에 청구할 수 있도록 한 것이다. 이에 따라 재산명의자가 남편인 경우가 많은 현실에서 명의자가 아닌 여성의 재산권이 법적인 보호를 받을 수 있게 되었다.

## 재산권운동의 방향, 새롭게 모색하다

우리가 전개한 여성의 재산권운동은 다양한 평가를 받았다. 실질적 성평등을 위해 여성의 정당한 재산권에 대한 논의를 전개하고 여론을 조성한 것에 대해서 긍정적으로 평가를 받았다. 그러나 부부재산 공동명의운동이 기혼 여성만을 대상으로 한다는 점, 남녀 간 결혼이 전제되어 있는 점, 재산이 있는 계층만을 위한 운동이라는 인상을 준 점, 따라서 중산층 이상의 여성에게만 적용되는 듯 보일 수 있다는 점 등이 문제로 지적되었다. 이러한 지적에 대해 심도 있는 검토와 논의를 거쳐 2007년에는 부부재산 공동명의 및 부부재산 계약운동의 범위와 관점을 '여성의 경제적 권리 찾기'로 확대했다.

본부에서는 제도를 중심으로 한 운동, 즉 법시행 과정을 모니터링하고 관련법들의 개정에 박차를 가하며, 지부에서는 재산권과 관련한 상담 사례를 발굴하고, 여성의 경제적 권리를 확보하기 위한 교육, 캠프, 축제 등 다양한 대중활동을 전개하여 나갔다.

2008년에는 법개정에 주력했던 지금까지의 방식에서 벗어나 여성의 '경제적 권리'와 부부공동재산운동을 함께 고민하고 있다. 즉, 이제는 경제적 권리 확보운동의 장기적인 전망 속에서 운동 방향을 만들어갈 시점이라 보고, 부부공동재산제에 대한 논거를 마련하고 여성의 경제권 확보를 위한 실천운동을 발굴하는 활동에 초점을 맞추고 있다.

## 10여 년의 재산권운동을 정리하며……

여성의 재산권운동을 시작한 지 10여 년이 지나 돌이켜보니, 운동의 결과 실제적으로 많은 생활상의 의식변화가 일어났고, '부부공동명의'라는 단어가 더 이상 낯설지 않게 되었으며, 이혼법정에서도 예전의 판례에서보다도 더 많은 여성의 재산기여도를 인정받게 되는 등의 결실을 맺고 있다. 물론 아직도 가야 할 길은 멀고도 험난하지만 우리의 재산권운동이 단지 피해자만을 도와주는 소극적 활동에서 그 피해자를 둘러싼 사회문화적 환경을 바꾸는 적극적인 사회문화변혁운동으로 확대되었다는 점에서 발전적이라고 할 수 있다.

다양한 여성들이 여성의전화를 만난다. 피해자로, 교육생으로, 상담가로, 또 여성운동가로 여성의전화에 오는 길이 나를 찾는 길이었다면, 여성재산권운동은 '나를 찾은 내가' 나를 묶었던 그 사회·문화·경제적 억압구조에 다시 들어가지 않고 당당한 주체로 서게 하는 운동이다. 그래서 우리는 부부공동재산제운동을 성평등 사회문화운동이라고 주장하는 것이다.

우리 여성의전화는 한국 사회에서 여성의 재산권문제를 처음으로 제기하고, 법개정운동 및 지역에서의 다양한 실천활동 등을 꾸준히 전개해왔다. 운동을 전개하면서 우리는 이 운동이 여성의 주체적 삶의 실현과 실질적인 평등을 이루기 위해서 반드시 필요한 운동이라는 확신을 갖게되었다. 나아가 생활 속의 실질적인 변화를 이루기 위해서 더욱 대중적으로 파고들어 가고 대중을 설득시킬 수 있는 논리개발에 박차를 가해야한다는 과제를 안게 되었다.

우리는 법과 제도를 넘어선 일상생활 속에서 여성의 지위를 높이고 실질적 성평등을 실현하기 위해 여성의 경제적 권리 확보운동을 지속적으로 전개해나갈 것이다. 다시 시작이다.　　　　ㅣ 박명숙·고미경

## 박명숙

불평등과 차별에 대한 오랜 분노의 기간을 넘어 나로서의 아름다움을 찾고자 했을 때 만난 사람들과 안양여성의전화를 만들고 가꾸는 일을 했다. 정원 가꾸고 차 마시는 것, 친구들과 세상에 대해 이야기하길 좋아한다. '살되, 네 생명을 살아라. 생각하되, 네 생각으로 하여라. 알되, 네가 깨달아 알아라'라는 차미리사 선생님의 말씀에 빠져서 덕성여자대학교 총동창회 회장으로 일하고 있다. 앞으로 통일의 역군으로 살다 늙고 싶다.

## 고미경

2002년 여성의전화와 만나다. 그전에는 부산여성회에서 활동했다. 2002년 한국여성의전화연합 조직국장, 수석국장을 거쳐 현재 사무처장으로 활동하고 있다. '나의 행복과 자유를 찾게 해준' 여성주의와 여성의전화와의 만남의 소중함을 새기며 오늘도 묵묵히 길을 걷고 있다.

# 사회를 바꾼 사건, 이렇게 대처했다

## "단지 그대가 여자라는 이유만으로" — 강간미수사건

12년 전쯤 내가 여성의전화를 모르던 시절, 집 근처 외진 곳에서 강도를 만나 엄청나게 맞고, 목이 졸려서 3번이나 실신하고, 가까스로 도망쳤던 경험이 있다. 강간미수였다. 당시 대학생이던 나는 술도 한잔했고, 밤늦게 집에 가고 있었다. 그 후 부모님은 내가 밤길 다니는 것을 많이 걱정하셨다. 나 역시 맞은편에서 다가오는 모든 낯선 남성들을 두려워하고 경계했으며, 그 공포스러운 경험을 떨치기 위해 당시 상황을 수백 번 말하곤 했다. 정말 수백 번······.

이렇게 하며 나의 공포는 조금씩 줄어들었지만, '내가 여자이기 때문에 그런 일을 당했다'는 생각에 분노는 점점 더 커져 갔다. 어느 나라를 막론하고 여성이라면 누구든 예외 없이 그 공포에서 벗어날 수 없는 성폭력, 얼굴이 흉기라고 농담처럼 말하던 나도 역시 예외는 아니었다.

'단지 그대가 여자라는 이유만으로'

여성인권운동사를 모르는 사람도 한 번쯤은 들어
본 적이 있는 영화제목일 것이다. 나 역시 여성운동
을 모르던 시기에 얼핏 이 영화제목을 들어본 적이
있다. 이 영화는 1988년도에 발생하여 사회적으로
큰 이슈가 됐던 성폭력미수사건을 영화화한 것이다.
당시는 이 영화의 배경이 된 변월수 씨(이하 변 씨)

강간미수사건 외에도 경찰관 2명이 여성을 윤간한 사건, 경찰이 임신한
여성을 강간하여 자살하게 했던 사건 등으로 성폭력에 대한 관심이 모아
지던 시기이다. 이 사건은 성폭력 위기에 처한 여성이 취할 수 있는 '정당
한 방위'가 무엇인가에 대한 논쟁을 야기했다는 점에서 성폭력추방운동
사에서 매우 주요한 위치를 점한 사건이 되었다.

## 피해자의 인권보다 가해자의 혀가 더 중요하다?

1988년 2월 26일 새벽 변 씨(당시 33세)는 이웃에 사는 동서 집에 갔다
돌아오는 중 두 청년에게 골목으로 끌려가 강간하려고 제압하는 가해자
한 명의 혀를 잘라 위기의 순간을 모면했다. 변 씨는 며칠 후 누군지도
몰랐던 가해자의 신원을 경찰서의 연락을 통해 알게 되었고, 혀를 잘린
가해자로부터 상해에 대한 위자료 2,000만 원 배상을 요구하는 민사고소
의 피의자가 되었다. 3월 변 씨는 가해자들을 강간치상으로 고소하는 한편,
피해자임에도 불구하고 가해자의 혀를 자른 것을 이유로 구속되었다. 1심
형사재판에서 강간미수범 신 모와 권 모는 강제추행치상으로 공소명이
바뀐다. 변 씨에게는 과잉방어로 인한 징역 1년의 구형이 내려졌다.

이 사건은 1988년 9월 10일 모 일간신문 사회면에 "폭행범 혀 깨문

주부에 1년 구형"이라는 머릿기사로 크게 실려 세상에 알려지게 되었다. 우리는 이 사건이 성폭력이 만연한 현실에서 발생한 여성인권유린사건이고 유죄판결이 우리 사회에 보편화된 성차별적 편견을 상징적으로 보여준다는 점 때문에 이 사건을 여론화하기로 결정했다.

갑자기 이 사건을 접한 우리는 비록 준비가 충실하지 못한 상황이었지만 9월 20일 성폭력추방을 위한 긴급시민 대토론회 '강간에 대한 정당방위도 죄인가'를 개최했다. 이 토론회는 100명에 가까운 사람들이 참석한 가운데 진행되었으며 10여 개의 언론사가 취재하는 등 큰 관심을 받았다. 토론회를 통해 우리는 성폭력은 여성의 인간으로서의 권리를 침해하는 것으로 '인권'이라는 사회의 소중한 가치를 파괴하는 범죄임을 주장했다. 또한 여성에 대한 성폭력을 정조와 분리해서 생각할 것을 주장했다. 나아가 이러한 일련의 사건들이 여성의 성억압을 보여주는 단적인 증거임을 드러내기 위해 노력했다. 변 씨 남편의 증언, 노영희 대표의 여성강간 현실에 대한 고발, 심영희 교수의 강간의 사회구조적 원인 규명, 조창영 변호사의 강간처벌법에 대한 발제 등이 있었고 이어서 항의문도 채택되었다. 우리는 강간범의 위증에도 불구하고 변 씨를 구속수감한 사법행정의 관료주의와 과잉방위로 그녀에게 1년형을 구형한 검찰에 대한 항의문을 채택하여 전달했다.

한 달 뒤 이 기사를 접한 캐나다 교민이 우리에게 재판부의 가부장적인 의식을 비판하는 편지를 보내왔다.

…… 바지를 벗기고, 손을 넣어 음부를 더듬고, 2주의 치료를 요하는 폭행을 가하여 쓰러뜨린 후 키스를 하며 강간하려 했다고 하는데, 이러고도 강간할 의사가 없었다고 변명하는 사람이 있다면 그는 정신병자

이지 정상인은 아닐 것이다. 이때의 변 여인의 행동은 상황이 강간 직전이고 강간은 대개 폭행이나 살해를 수반하는 사실에 미루어볼 때 확실히 생명의 위협을 당하고 있는 상태에서 취한 행동이 분명한데 어찌 정당방위가 아닐 수 있겠는가? 이와 같은 상태에서는 혀를 물어뜯는 것은 물론이고 칼이나 총으로 가해자를 죽였다고 해도 그 행위가 정당방위 이상일 수는 없는 것이다(2주의 치료를 요하는 상해와 잘린 혀는 움직일 수 없는 확고한 증거인 것이다). …… 그때 그녀가 할 수 있는 최선의 방법이 무엇이었겠는가? 재판부는 반항하거나, 소리를 지르거나, 혀를 조심스럽게 깨무는 정도를 원했는지 모르나 사람이 몸에 심한 충격을 받게 되면 반항은커녕 소리칠 힘조차 없게 된다는 것은 상식에 불과하며, 혀를 깨문다고 조심을 하다가 위기를 모면하지 못하고 오히려 더 큰 불행을 당했다면 그 책임은 누가 져줄 것인가?

바다 건너 사는 교민이 재판부를 성토하는 편지였다. 이 밖에 이 소식을 접한 많은 사람들이 탄원서 등을 통해 안타까움을 전해왔다. 이 사건을 처음으로 보도했던 신문사에는 가정파괴범, 추행범에 대한 검찰의 엄중한 심판을 촉구하는 독자들의 항의전화가 빗발치기도 했다.

### 아! 대한민국

그러나 이러한 항의에도 불구하고 1심 재판부는 판결문에서 다음과 같이 판결했다.

…… 그의 혀를 힘껏 물어뜯어 버려 그의 혀를 1/3 가량 절단시켰는 바 위와 같은 혀를 물어뜯는 행위는 혀를 깨무는 행위와 혀를 분리시키

는 뜯는 행위의 두 행위로 이루어지는데 위 변○○의 방어행위와 상대방의 현재의 부당한 침해행위는 위 변○○의 먼저 행위, 즉 혀를 깨물어 고통을 주는 행위로서 종료되었다 할 것이고, 이에 더 나아가 혀를 분리시키는 두 번째 행위, 즉 뜯는 행위는 새로운 법익침해행위가 아니면 방위행위로서의 한계를 넘은 과잉방위라고 볼 수밖에 없고 앞서 나아가본 바와 같이 범행 장소가 상가가 밀집한 지역이고 상 피고인들이 아무런 흉기를 소지하지 않고 있었던 점, 상 피고인 등이 황○○가 자신을 쫓아내기 위하여 사주하여 보낸 사람으로 착각하여 혼을 내어주겠다는 의도가 있었던 점 등을 고려할 때 변○○의 위와 같은 과잉방위 행위는 야간 기타 불안스러운 상태에서 공포, 경악, 흥분 또는 당황으로 인해 일어난 것으로도 보기 어렵다 할 것이므로 결국 변호인의 주장은 받아들일 수 없다.

이런 판결과 함께 변 씨에게 징역 6개월 집행유예 1년을, 성폭력 가해자 신 모에게는 징역 2년 6월, 권 모에게는 3년형을 선고했다.

이 사건에서 변 씨는 강제추행피해를 당했음에도 불구하고 당시 술을 마신 상태였고, 야심한 시각에 길을 가고 있었고, 이혼 경력이 있고, 동서와 불화가 있었던 것 등으로 인해 '행실이 부정한', '보호받지 않아도 될 여성'으로 몰렸다. 이러한 가해자들의 공세와 여성의 인권보다는 남성의 혀를 더 중요하게 생각하는 재판부의 성차별적인 의식으로 인해 변 씨는 이루 말할 수 없는 고통을 받았다. 특히 재판부는 가해자들의 전과 경력, 번복되는 진술, 사문서 위조, 위조된 증거 사용 등에도 불구하고 변 씨의 일관된 진술보다는 가해자들의 진술을 그대로 신뢰했다. 이런 모습들은 그로부터 20년의 세월이 흐른 최근까지도 수사 및 재판 과정에서 쉽게 볼 수 있다.

몇 년 전에 서울여성의전화에서 지원했던 사건이 갑자기 생각난다. 성폭력상담을 위해 찾아온 20대 여성은 자신을 가해한 고등학생을 걱정하고 있었다. 그 여성은 성폭력으로 고소를 하게 되면 가해 학생이 학교를 못 다니게 돼서 미안할 것 같고, 인생을 망치게 될 것 같다며 성폭력 고소를 놓고 고민하는 모습을 보였다. 너무 착한 그녀!

가해자의 안위를 피해자 인권보다 우선적으로 고려한다는 점에서 이 여성은 변 씨가 연루된 강간미수사건의 재판부와 맥을 같이한다. 이 사건에서 재판부는 가해자를 옹호하며 강간을 당하지 않으려고 피해자가 취한 행위를 '과잉방위'로 판단하고, '정당한 방어'행위를 가해자에 대한 '부당한 침해'로 몰아갔다. 우리가 만났던 그 20대 여성 역시 성폭력 고소라는 자신의 정당하고 적법한 권리를 행사할 수 있음에도 불구하고 가해자의 학업중단을 걱정하며 '성폭력 고소=가해자에 대한 부당한 침해'라고 생각했던 것이다.

피해여성과 재판부가 같은 생각을 한다는 것, 아이러니가 아닐 수 없다. 가부장사회의 남성중심 가치관을 두 집단이 공유하기 때문이다. 남성의 혀는, 어떤 짓을 하더라도 보호받아야 한다고 한다. 왜? 남자니까. 여성은 남성에게 어떤 폭력을 당하더라도 가만있어야 한다고 한다. 왜? 여자니까. 이런 점에서 성폭력은 젠더문제이다. 여성이 성폭력을 당할 뻔했는데 이를 문제 삼는 것이 아니라 여성이 성폭력당하지 않으려고 입안에 들어온 남성의 혀를 깨문 것을 문제 삼는 현실, 정말 어처구니없는 현실이다. 이 사건을 '성폭력미수사건'이 아닌 '혀 깨문 사건'으로 몰아가는 우리 사회, 정말 '아! 대한민국'이다. 가해자와 피해자의 성이 바뀌었어도 같은 식으로 처리했을까? 성폭력에 쉽게 노출되고, 피해를 당했음에도 당당하게 말하지 못하거나 당당하게 말하면 피해자가 아니라고 의심받고, 필사적으로 죽기 살기로 저항했는지를 증명해야 하는 것 등이 여성이기 때문에 겪는 부당한 침해인 것이다.

### 끝까지 싸우리라

우리는 다음날 강간범을 옹호하는 안동지원의 유죄판결에 항의하는 성명서를 발표했고 무죄판결이 날 때까지 계속 싸우겠다는 입장을 발표했다. 바로 항소심 변론을 위한 공동변호인단 7명을 구성하고, 항소장을 접수했으며 위자료 300만 원 배상판결에 대한 항소이유서를 제출했다. 한편 신촌로터리 등에서 시민들의 항의 서명을 받는 운동을 전개하고, 한국여성단체연합과 함께 각 단체 및 대학 관련 기관에 '주부강간 유죄판결에 대한 항의서명운동 협조'를 요청했다. 이렇게 모아진 1,286명의 서명과 탄원서를 고등법원에 제출했다.

11월 30일 1차 공판에서 심문이 진행되었다. 여성단체 회원 100여 명이 지켜보는 가운데 가해자 측의 변호사는 "언제 재혼을 했느냐", "왜 술을 마셨느냐", "내의를 입었었느냐"는 등의 모욕적인 질문을 하여 방청객들의 항의성 야유를 받았다. 또 우리 여성의전화 회원 및 대구지역의 여성단체 회원과 여대생들은 집회를 열어 '강간범 혀 깨문 변 여인의 행위는 정당방위이다. 무죄를 선고하라'는 구호를 외쳤다.

수차례의 공판 끝에 항소심 재판부는 신 모와 권 모가 일관성 없는 진술을 했고 증거를 위조했다는 것을 지적하며 일관된 진술과 의심의 여지가 없는 증거를 갖고 있는 변 씨의 손을 들어주었다. 재판부는 "……당시 술을 마셨다거나 식당을 경영한다거나 밤늦게 혼자 다녔다거나 하는 등의 사정이 정당방위의 성립을 저해하지 않음은 물론이다"라는 논지를 펴며 변 씨의 항소를 받아들여 무죄를 선고했다.

## 그녀의 행위, 어떤 점에서 '정당한 방어'인가

이 사건으로 성폭력 위기에 처한 여성이 취할 수 있는 '정당'한 방어가 무엇인가에 대한 많은 논쟁이 일었다. 즉, 이 사건은 방어의 '정당성'을 어디서 찾아야 하는가에 대해 논쟁을 불러일으켰고 가부장적인 성담론에 도전하는 계기가 되었다.

정당방위론을 주장한 사람들은 두 가지 입장으로 나뉘었다. 여성운동이나 인권운동하는 사람들은 변 씨의 행동이 강간당할 위기에서 강간당하지 않기 위해 취한 행동이므로 강간당하지 않을 권리가 있는 인간이 취할 수 있는 정당한 방어라고 주장했다. 즉, 인권의 관점으로 그녀 행동의 정당성을 주장했다.

그러나 이들 소수를 제외한 다수의 일반인들에게 그녀가 취한 행동의 정당성은 유교적 윤리에서 나온다. 즉, 여성의 정조는 마땅히 보호되어야 하고 여성 스스로도 어떻게 해서든지 지켜야 하는 것이므로 변 씨가 몸을 지키기 위해 강간범의 혀를 자른 것은 '정당'한 것이다. 이러한 정조의 관점에 의해 정조를 지키겠다는 여성, 정조를 지키려고 끝까지 저항한 여성은 마땅히 사회가 보호하고 위로해주어야 하는 것이다. 변 씨의 행위는 비록 상대에게 상해를 입히기는 했으나 유교의 윤리인 '여성＝정조'에 따른 것이므로 마땅히 무죄판결을 받아야 한다는 것이다.

우리는, 여성운동가로서, 당연히 정조의 관점이 아닌 인권의 관점에서 이 문제를 풀고자 했다. 그러나 법정투쟁을 하면서 생각보다 높은 가부장제의 벽에 부딪혔다. 당시 여성에게 인권의 관점을 적용하는 것을 여론도 판사도 이해하지 못했던 것이다. 인권의 관점으로 밀고 나가다가는 법정

싸움에서 질 것이 너무 분명했다. 이런 상황에서 우리는 여론의 힘을 얻고 판사들의 마음을 얻어 '무죄판결'을 받아내기 위해 정조의 관점을 택할 수밖에 없었다.

변호인단과 여성의전화를 비롯한 여성단체는 항소이유서와 성명서를 통해 변 씨의 자기방어는 정조를 지키기 위한 것이라고 주장하며 재판부에 선처를 호소했다. 따라서 탄원서 및 서명지의 제목과 내용에 있어서 한편으로는 남성편향적인 판결을 하고 있는 재판부를 비판하면서도 사법부와 일반 시민들의 가부장적인 사고를 상당히 의식하여 여성의 정조를 지켜야 할 덕목으로 강조했던 것이다.

여성운동을 하면서 여성을 옥조여왔던 '정조관념'에 의지한다는 것, 대단한 모순이다. 그러나 어찌하랴. 원칙을 고수하다 한 여성이 억울하게 당하게 할 수는 없지 않은가.

변 씨에게 무죄판결을 받아내기 위해 어쩔 수 없이 '정조' 논리에 의존한 것은 참으로 안타까운 일이었다. 혹자는 이를 여성운동의 한계라고 하지만 나는 오히려 시대의 한계라고 생각한다. 이러한 시대적 한계로 인해 기존의 성폭력담론을 극복하지 못한 것이라고 생각한다.

성폭력추방운동의 결과로 사회의 인식이 많이 바뀌었다고는 하지만 아직도 우리 여성의전화에 걸려오는 상담 중에는 폭력피해여성의 남편이나 오빠, 혹은 남자친구, 즉 가족(혹은 미래 가족) 내 남성의 상담이 많다. 남성이 내 누이, 엄마, 아내가 성폭력을 당했다며 분노를 표출한다. 마치 자기 소유물이 침해를 당했다는 듯이 억울해하면서. 이러한 가족에 의한 (대리)상담은 주위 사람들의 동정을 얻는 효과는 있지만 여전히 '여성은 정조가 생명이다'라는 전통적이며 가부장적인 논리에 호소함으로써 여성인권운동의 취지를 퇴색시킬 위험이 있다.

## 이 사건은 무엇을 남겼나

여성운동의 측면에서 볼 때 우리가
배격해야 할 정조 관점에 편승했다는
문제 외에도 성폭력에 대한 사회·정치·
경제적 배경에 대한 분석 및 근본 대책
을 제시하지 못한 점, 지속적인 성폭력
추방운동으로 연계하지 못한 점 등이

아쉬움으로 남는다. 또한 무죄판결을 위한 법정투쟁에만 매몰되어 여성
대중과 함께하지 못했던 점, 그리고 특히 회원들의 강간에 대한 인식을
변화시켜 그들의 관심과 참여를 적극적으로 이끌어내지 못한 점 등이
한계로 평가되고 있다.

이러한 시대적 한계와 우리의 한계에도 불구하고 2심의 무죄 판결은
여성의 자위권을 법적으로 인정했다는 점에서 의미가 크다고 하겠다.
지금까지의 판례를 뒤엎고 무죄판결이 내려짐으로써 이후의 성폭력사건
에 대한 판결의 기준을 세운 점은 성폭력추방운동사에 남을 일이다.

이 사건은 우리나라 여성인권의 현주소를 고발하고 성폭력 현실을
폭로했으며, 강간에 대한 사회적 편견과 사법부의 성차별적 편견을 드러
내어 이에 대한 시정을 촉구하는 계기가 되었다. 특히 이를 통해 성폭력
추방운동의 필요성이 제기되었고 후에 「성폭력특별법」이 제정되는 성
과를 거두었다.

## 그녀의 용기에 박수를 보낸다

이런 성과가 나오기까지 우리 여성의전화를 비롯한 다양한 시민사회
의 지원도 있었지만 무엇보다도 변 씨의 용기와 확고한 의지가 중요했다.

자신이 강간당할 뻔했다는 사실이 온 천하에 드러나고, 연일 자신의 이름이 신문에 오르내리고, 재판 과정에서 모욕을 당하고, '남자 혀 자른 여자'로 불리는 등 얼마나 힘들었겠는가.

그녀는 이러한 고통을 어떻게 이겨냈는지 다음과 같이 말한다.

"죽고 싶은 생각이 들다가도 강간이 여성에게 얼마나 큰 고통인지 이번 기회에 알려야 한다는 각오로 견뎌왔다."

그녀의 용기에 다시 한 번 박수를 보낸다.

강간의 위기에서 살아남은 여성이 오히려 자신의 무죄를 얻어내기 위해 법정투쟁을 벌인 황당한 일이 있은 지 20년이 지났다. 그동안 「성폭력특별법」도 만들어졌고, 여성인권에 대한 인식도 많이 개선되었다. 이러한 역사의 발전 뒤에는 이렇듯 '황당한 일'을 이겨낸 여성의 용기가 있었고 그녀를 위해, 아니 여성의 인권을 위해 길에서 싸운 여성운동가가 있었음을 잊지 말아야 할 것이다.  | 이화영

❤ 이화영

졸업 후 사회에 나온 10년 중 9년이 서울여성의전화와 함께한 시간이다. 인권홍보, 교육조직, 지역운동센터, 사무국장, 그리고 올해는 재정과 건축을 맡고 있다. 먼 미래 '이화영'이란 이름 석 자를 떠올리면 '참 괜찮은 여성운동가'로 남고 싶지만 지금은 여성인권회관을 큰 탈 없이 짓는 걸 꿈꿔본다.


## 여성에게 '정당방위'란 없다, 아직은 — 아내강간사건

### '살인'과 '상해치사'

12년 동안 남편으로부터 폭행을 당한 여성(김정미, 가명)이 폭력을 휘두

르는 남편에게 강간당하지 않기 위해 방어하다 남편을 죽게 한 사건이
발생했다.

그동안 가정폭력 피해여성이 때리는 남편을 방어하다가 남편을 죽게
한 경우는 '살인'으로 기소되어왔고, 20~30년간 일상적으로 반복적으
로 폭력을 일삼던 남편이 아내를 때리다가 죽게 한 경우는 '폭행치사'로
기소되는 것이 통상적인 관례였다. 가부장제의 성차별성이 극명하게 드
러나는 대목이다.

관례대로라면 이 여성은 '살인죄'로 기소되어야 했다. 그런데 매우
이례적으로 검찰은 그녀를 '살인'이 아닌 '상해치사'로 불구속기소했다.
그녀가 '상해치사'로 불구속기소되어 나왔을 때 우리는 물론 모두가 놀
랄 수밖에 없었다. 특히 당사자인 김정미 자신은 더 놀랐다. 그녀가 강간
위협에 있었다는 것이 인정된 것이고 '아내강간'이 인정된 것이다.

2000년 4월 23일에 발생한 이 사건으로 인해 그해 5월, 신문과 방송은
그야말로 떠들썩했다. "폭력남편 살해한 주부 이례적으로 불구속기소"
라는 헤드라인으로 온갖 언론의 스포트라이트를 받았다.

이 사건을 계기로 가정폭력 피해여성들은 아내강간을 소리 내어 말하
기 시작했다.

우리는 한겨레신문 사회면을 통해 이 사건을 알게 되었고 당시 이문자
회장님은 어떻게 된 사건인지 내용을 알아보라고 했다. 강동경찰서에
전화하여 가족과 접촉을 시도하던 중 동생 김정화(가명)가 1366을 통해
전화를 걸어왔다. 김정미를 조사하던 경찰관이 여성단체에 전화하면 도
와줄 것이라고 하여 김정화가 전화를 했고, 우리는 바로 그녀를 만나
사건의 전말을 듣게 되었다. 김정미의 동생으로부터 사건을 소상하게
전해 들은 우리는 이 사건을 지원하기로 결정했고, 최일숙 변호사와 이문

자 회장 그리고 인권홍보담당자 이화영이 강동경찰서로 가서 사건의 당사자 김정미를 만났다.

## 살 수 없어 이혼하려니, 이제는 죽이려 든다

김정미는 12년 동안 아무에게도 말하지 못하던 자신의 삶을 담담하게 얘기했다. 결혼생활 동안 경제적으로 무능력하고 낭비벽이 있는 남편 때문에 생계의 대부분은 김정미가 웨딩회사에 취직하여 책임져왔다. 남편은 의처증을 보이며 김정미에게 자주 폭행, 협박을 가하고 강제적 성행위를 요구하곤 했다. 그러던 중 김정미는 1999년 10월경 남편과의 이혼을 결심하고 친정으로 갔으나 남편은 계속 찾아와 집기를 부수고 칼로 위협했다. 문을 걸어 잠가도 전봇대를 타고 올라와서 행패를 부렸다. 이웃의 신고로 하루에 경찰이 4~5번 출동한 적도 있었다. 결국 친정에서 나와 따로 세를 얻어 살면서 2000년 1월 이혼소송을 제기했다.

사건 당일 4월 23일 10시경, 남편이 찾아와 문을 흔들자 김정미는 남편이 행패부릴 것을 염려하여 부엌의 식칼 2개를 침대 밑에 치워놓고 문을 열어주었다. 남편은 집안으로 들어오자마자 칼을 찾았고, 칼이 없자 칼을 내놓으라며 부엌에 있던 주방용 가위를 들고 김정미의 머리채를 끌고 방 안으로 들어가 가위로 위협했다. 도망가려던 김정미는 다시 붙잡혀서 들어왔고, 남편은 "이혼하면 죽여버리겠다"고 위협하고, 가위로 넥타이를 자르며 "너도 이렇게 잘라 죽이겠다"고 협박했다.

남편은 김정미의 옷을 강제로 벗기고 강간을 하려고 했고 침대 아래쪽으로 도망가는 김정미의 다리를 가위로 찍고 목에 가위를 들이대고, 목을 졸랐다. 남편이 가위를 치켜들고 죽이겠다며 침대 아래쪽으로 내려오는 순간 김정미는 침대 밑에 치워두었던 칼을 들어 가위를 치켜들고 죽일

듯이 덤비는 남편의 가슴을 찔렀다. 남편은 찔린 후에도 김정미로부터 칼을 뺏으려고 덤벼들었다. 둘은 잠시 몸싸움을 했고, 이를 뿌리치며 뛰어나오면서 김정미는 남편이 움직이지 않는 것을 보고 남편이 죽었다고 판단해 경찰에 신고했다.

## 언론의 선정적 보도

순식간에 벌어진 사건에 김정미는 어쩔 줄 몰라했지만 불행 중 다행으로 이 사건이 검찰에 의해 '상해치사'로 기소되어 불구속 상태에서 재판을 받게 되어 6살, 10살 된 두 아이를 돌볼 수 있게 된 것에 매우 행복해하는 듯했다.

그러나 김정미는 사회가 자기한테 집중하고 있다는 사실에 대해 점점 부담스러워했고, 불안해했다. 12년 동안 폭력과 성학대에 시달린 사실을 누구에게도 털어놓을 수 없었기 때문에 TV와 신문기사를 통해 자기의 얘기가 공론화되는 것에 대한 부담이 있었다.

시댁 식구들은 사건 초기에는 우호적인 입장으로 재판에서 선처를 호소했다. 그러나 언론이 '변태섹스'를 부각시키는 등 선정적으로 기사를 쓰자, 아들의 명예가 훼손됐다며 기자를 고소하고, 이런 것들이 김정미 때문이라고 생각하여 나중에는 그녀를 처벌해달라고 입장을 바꾸었다. 이런 일련의 상황 속에서 고소당한 기자들이 여성의전화에 전화해서 도와달라고 도움을 요청하는 사태가 벌어지기도 했고 또 1심 재판 과정에서 입장이 바뀐 시댁 식구들이 김정미에게 남자가 생긴 것 같다며 매도하는 발언을 서슴지 않고 해대기도 했다.

시댁 식구의 입장변화, 언론의 공세, 남편이 죽었다는 죄책감 등으로 인해 김정미는 점점 자기방어를 못 하는 상황에 몰리게 되었다. 당시 서울여성의전화에서도 이런 김정미 씨의 심경의 변화를 놓친 점이 지원 과정에서 한계로 지적되었다. 상담을 통해 심경변화를 알아채고, 갈등이 일어날 수밖에 없는 상황에 대해 지지해주었어야 하는데 그렇지 못하고 사건지원에만 매달렸던 것이 못내 아쉬움으로 남았다.

### '정당방위' 판례 만들기

이 사건을 지원하면서 의미 있었던 점은 초기에 변호사를 통해 사건의 기소명을 '살인'에서 '상해치사'로 바꾼 것이다. 특히 폭력을 당하고 있는 상황이었고, 침해의 정도가 심각했기 때문에 정당방위로 새로운 판례를 만들기에 좋은 사건이었다. 그래서 사건지원의 시작을 '기소명 바꾸기 — 살인에서 상해치사로'로 접근했다.

1심 재판이 진행되는 동안 최일숙 변호사는 '정당방위' 논리로 김정미를 변론했고, 서울여성의전화는 1달 만에 '여성인권과 아내강간'이라는 주제로 신속하게 토론회를 준비, 진행했다. 토론회 이후에는 종묘공원 앞에서 집회를 진행했다. 또한 사람들이 많은 곳, 대중행사가 있는 곳에 찾아가 열띤 서명운동을 진행하여 3,000여 명의 서명과 탄원서를 받아 재판부에 제출했다. 또한 정당방위와 관련된 사례들을 찾아 '가정폭력 피해여성의 가해자 살해, 정당방위 인정될 수 없는가?'라는 제목으로 긴급토론회를 진행했다.

### 혹시나 했더니 역시나

그러나 이런 노력에도 불구하고 1심 재판부는 김정미의 행위가 '정당방위'라는 변호인의 주장을 받아들이지 않고 징역 3년에 집행유예 5년을 선고했다.

…… 피고인의 위 행위는 상대방의 불법한 공격으로부터 자신을 보호하고 이를 벗어나기 위한 저항수단으로서의 소극적인 방어의 한도를 넘어 상대방에 대한 적극적인 반격행위에 해당한다고 할 것이며, 위 행위가 자기의 법익에 대한 현재의 부당한 침해를 방어하기 위하여 사회 통념상 허용될 만한 상당한 이유가 있는 행위라거나, 방위행위가 그 정도를 초과한 경우에 불과하다고 할 수는 없으므로 변호인의 주장은 받아들이지 아니한다.

역시 재판부는 정당방위를 해석함에 있어, 늘 그래왔듯이, 가정폭력의 특수성을 무시했다.

때리는 남편과 일방적으로 당하는 아내는 실제로 지배와 복종의 관계로 오랜 기간 살아왔고, 그 관계는 구조적인 것으로 개인의 의지와 능력을 넘는 것이었다. 이런 관계 속에서 적절한 방어를 한다는 것은, 특히 긴급한 상황에 처해 있는 여성에겐, 불가능한 일이다. 또 일상적으로, 반복적으로 발생하는 침해에 그때그때 일일이 반격을 가한다는 것은 불가능한 일이다. 하물며 이 사건에서처럼 밀폐된 공간에서, 그것도 무기로 목숨을 위협하는 상황에서 어떻게 합리적으로 '적당하게' 자신을 방어할 수 있겠는가.

재판부는, 반복된 폭력을 경험한 피해자의 경우 자기방어능력을 상실하고 무기력한 상태에 있기 때문에 그렇지 않은 상황에 있는 성인 남성이 보이는 방위행태와는 다른 양상으로 자신을 방어하게 된다는 것을 감안하지 않았다. 폭력피해여성의 특수한 상황을 고려하지 않고 남성의 행태를 '정상'의 기준으로 보기 때문에 폭력피해여성의 행태를 제대로 이해하지 못한 것이다.

재판부는, 특히 형법의 정당방위에 대한 법조문을 그대로 해석하는 오류를 보였다. 형법의 정당방위는 대등한 힘의 관계를 전제로 한다. 따라서 현실적으로 여성과 남성이 결코 대등한 관계(물리적·사회적 측면에서)가 아니라는 것을 인정한다면 형법의 정당방위 조항을 그런 식으로 해석할 수는 없는 것이다. '정당방위' 개념 역시 성인지적 관점에서 접근해야 한다. 목숨이 남편에게 달린 여성의 경우 어떤 선택도 의지적 선택이었다고 볼 수는 없다.

형법의 정당방위 조항을 그대로 적용한다 하더라도 사건 당시 김정미는 밀폐된 공간에서 도움을 요청하거나 도망칠 수 없는, 형법에서 정당방위가 인정되는 '야간 기타 불안스러운 상태'에 있었다고 볼 수 있다.

한국에서 1990년에서 2002년 13년 동안 발생한 살인사건 중, 살해당한 여성의 21.2%가 자신의 배우자에 의해 살해되었고, 내연이나 동거관계에서 살해당한 경우(25.2%)까지 포함하면, 살해된 여성피해자의 46.4%는 자신의 남성파트너로부터 죽음을 당한 것으로 조사되었다. 아직도 매일같이 죽음의 위협을 당하는 여성, 통계에 포함되지 못한 살해된 여성의 수를 감안하면 그 수는 상상을 초월할 정도로 높다. 그러나 재판부는 이런 통계가 있음에도 불구하고 12년간 당해왔던 김정미의 진술과 증거를 참작하기보다는 죽은 폭력남편의 진술을 짐작하여 과잉방위 판결을 내린 것이다.

### '정당방위' 판결을 향한 고군분투

정당방위와 아내강간의 수많은 논란에도 불구하고 징역 3년, 집행유예 5년의 판결을 받은 김정미 씨는 죄책감으로 인해 '더 이상 이런 과정은 겪고 싶지 않다', '재판은 하고 싶지 않다'며 항소 제안을 거절했다. 그러나 검사의 항소로 인해 다시 2심 재판을 받아야 했다. 김정미에 대한 변론을 맡은 최일숙 변호사는 피고가 항소를 하지 않은 상태에서 정당방위를 다시 논하는 것은 쉽지 않겠다고 하면서 2심 재판에 임했다.

2심 재판에서 재판부는 가족들도 생각하지 못한 죽은 폭력남편의 심리까지 헤아리는 남성편향성을 보였다.

> …… 5개월간 가까이 별거하던 피해자가 피고인에 대하여 성행위를 요구한 것은 육체적인 욕구를 만족시키려는 면도 있었겠으나 그보다 피해자의 열등의식 등을 어느 정도라도 해소하고 피고인을 지배하고 싶은 심리적인 요인도 크게 작용한 것이 아닌가 여겨진다.

재판부는 또한 '남편의 학대를 지속하다가 이를 거부한 것은 이해할 수 없다'며 의도적인 살인으로 몰고 갔다. 또한 어린 딸을 증언대에 세워 "엄마가 아빠를 칼로 찔러 죽인 건 알고 있니?"라고 심문하며 상처받은 아이에게 한 번 더 상처를 주는 발언을 서슴지 않았다.

재판부의 생각대로라면 몇십 년 동안 흉기를 동반한 가정폭력과 강제적인 성학대가 있더라도 남편의 행동은 죽일 의도가 아니기 때문에 참고 견뎌야 하며, 이혼소송 중이라도 부부관계는 해소된 것이 아니기 때문에 남편의 요구에 당연히 응해야 한다. 이런 반인권적인 사고방식은 가해자가 남편이고 피해자가 아내이기 때문에 가능한 것이다. 한마디로 가부장적 성차별주의의 극치를 보여주는 사고이다.

## 아직도 높은 가부장들의 벽

김정미는 가부장적이고 시대착오적인 판결로 인하여 2001년 2월 6일

법정에서 실형 2년을 선고받고 법정에서 구속됐다. 우리는 며칠 후 항소심 재판에 대한 항의집회를 진행했으나 우리가 뭔가 하기에는 이미 너무 많은 것들이 결정되었다. 지원 과정에 참여했던 많은 사람들은 분노하고 허탈해하면서 발길을 돌려야 했다.

그 후 대법원 상고를 했으나 대법원 판결에서 역시 "…… 따라서 피고인의 이 사건 범행은 정당방위 또는 과잉방위에 해당하지 아니하므로, 항소를 제기하지 아니한 피고인의 정당방위 주장에 대하여 원심이 직권으로 판단하지 아니했음을 탓하는 상고이유는 받아들일 수 없다"며 5월 15일 기각되고 원심확정 판결로 이 사건은 종결되었다.

그 후 안양교도소에서 만난 김정미는 "지금은 마음이 편하다. 죄 값을 치르고 있다고 생각하니 마음이 편하다"고 했다. 자기가 보낸 12년의 고통의 시간은 없고, 오로지 남편의 죽음에 대한 죄책감을 갖는 것은 김정미뿐만이 아닐 것이다. 우리 사회는 여성을 이렇게 착하게(?) 길들였던 것이다!

### 이제는 선처를 구걸하지 않겠다

우리나라에서 정당방위는 판례도 많지 않을뿐더러 가정폭력 피해여성이 때리는 남편을 살해한 경우 정당방위 판결을 받는 경우는 현재까지도 전무하다. 또 과거에는 부부였지만 지금은 가해자와 피해자가 된 둘 사이에 있던 아이들을 돌봐줄 사람이 없는 경우에만 '남겨진 아이를 생각해서' 선처에 호소했고, 재판부도 '선처'하기에 어떤 제약도 없는 상태에서만 '선처에 대한 호소'를 받아들이고, 감형했던 것이다.

가부장 사회가 남성을 떠난 여성과 죽을 때까지 맞거나 맞아 죽지 않고 자기를 방어하려 남편을 죽인 여성에게 얼마나 가혹한지 사법부의 판결이 잘 보여주고 있다. 재판부는 정의를 지키는 방향으로 법을 적용하는 것이 아니라 남성 젠더를 지키는 방향으로 법을 적용하고 있다.

고무부착형 홍보물 A

서울여성의전화는 이 사건을 지원하면서 형량을 줄이기 위해 선처에 호소하는 전통적인 방식에서 벗어나 '정당방위' 판례를 만들어보자고 결정했다.

고무부착형 홍보물 B

이런 결정에 따라 가정폭력 피해여성은 '12년 동안 맞고 산 불쌍한 여성', '아이들을 키워줄 사람이 없는 여전히 불쌍한 여성'이 아닌 '자신의 생명을 지키기 위해 방어한 여성'으로 재개념화되었다.

이 사건으로 '아내강간'도 성폭력으로 인식되기 시작했다. 물론 아직까지도 남성들은 폭력 후 강압적인 성관계를 '화해'로 해석하고, 이를 거절하는 여성들을 화해를 받아들이지 못한 '속 좁은 여성'으로 간주하는 경향이 많다. 이 사건은 이처럼 '화해'로 왜곡되었던 성학대가 아내강간으로, 성폭력으로, 그리고 여성의 성적 자기결정권에 대한 침해로 인식되는 단초가 되었고 이를 계기로 여성들이 본인의 피해경험을 말하기 시작했다. 이 사건은 지원하는 과정에서 한계도 많고, 아쉬움도 많이 남는 사건이었지만 여성인권운동사의 새로운 장을 연 의미 있는 사건이었다.

| 이화영

## "우리에게 아버지는 없었습니다" — 폭력생존자의 존속살해사건

1995년 별거 중이던 어머니를 찾아와 폭행한 아버지를 죽인 '전말석(가명, 당시 17세) 사건', 1998년 일상적으로 어머니를 폭행하는 아버지를 죽인 대학생 '이 모 씨 사건', 어머니를 때리는 아버지를 말리다가 죽인 1999년의 '장 모 씨 사건'과 2001년의 '황 모 씨 사건', 등 21세기의 문턱에서 우리 사회는 가정폭력과 이에 따른 존속살인사건으로 얼룩지게 되었다.

여성의전화는 우리 사회의 가정폭력의 심각성을 제기하여 문제를 예방하고 피해자를 보호하기 위해 설립되었다. 따라서 이러한 일련의 존속살인사건들은 우리 모두를 경악케 함과 동시에 이 문제를 더 이상 방치하면 안 된다는 위기의식을 심화시켰다.

2002년 10월 27일 가정폭력 가정에서 자란 아들(이상민, 가명)이 아버지를 죽인 사건이 발생하여 우리는 또 한 번 좌절했고 사건을 처리하면서 다시 한 번 가정폭력의 범죄성에 치를 떨어야 했다.

아버지가 엄마를 폭행하는 것을 보면서도 아버지보다 힘이 없기에 아버지에게 매달리며 엄마를 때리지 말라고 애원하는 아이들, 자신을 때리는 아버지에게 아프다고 때리지 말라고 울 수밖에 없던 자녀들, 그렇게 살아남았던 아이들이, 아내구타가정의 숨겨져 왔던 또 다른 피해자이자 생존자들이, 존속살인자가 되고 있다.

### 야구방망이로 맞았어요

이 사건의 당사자인 이상민(가명)은 초등학교 때부터 아버지에게 야구방망이로 무차별 구타당해왔다. 신체적 구타뿐 아니라 학업이나 직업선택에 이르기까지 자신의 의사를 존중받지 못하며, 그렇게 30여 년을 견뎌야 했다.

아버지는 자신의 며느리, 즉 이상민의 부인을 성추행하여 아들 부부를 이혼에 이르게 했고, 이상민의 여자 친구도 성추행하여 이 씨에게 씻을 수 없는 마음의 상처를 안겨주었다. 아버지는 어머니와 누나의 옷을 벗겨가며 때리기 일쑤였고 아내의 조카(이 씨의 외사촌 누나)까지 20여 년간 성폭행을 자행해왔다. 누가 이 남자를 아버지라고, 남편이라고, 고모부라고 할 수 있겠는가. "남편의 말이 곧 법이었고 아무도 감히 저항할 수 없었다"는 어머니 말대로 이 씨 가족은 폭력에 무방비상태로 노출되어 하루하루를 살아내야 했다.

그러던 중 어머니가 구타당할 것을 염려한 아들 이상민은 아버지를 혼내줄 생각으로 강도로 위장하여 아버지 집으로 갔다. 인기척을 느낀 아버지가 이상민의 야구방망이를 잡자 이상민은 아버지와 실랑이를 하다가 그만 야구방망이로 아버지를 치게 되었다. 아버지가 쓰러진 것을 보고 집을 나와 자신의 집에 돌아와서야 누나의 전화를 받고 아버지가 돌아가신 사실을 알게 되었다. 장례식 때 조사하러 온 경찰관에게 그는 자수했다. 이렇게 하여 폭력가정에서 자란 아들이 아버지를 죽인 살인자가 된 것이다.

어머니는 11월 4일 1366을 통해 도움을 요청해왔다. 다음날 당시 가정폭력상담소 소장이던 황경숙 인권운동센터 담당자가 어머니와 면접상담을 했고, 그녀는 32년간의 가정폭력 사실에 대해 어렵사리 입을 열었다.

아버지는 자기 뜻대로 일이 잘 안 되거나 식구들이 마음에 들지 않으면 일상적으로 욕설과 폭력을 사용했으며, 심지어 어머니가 아이를 업고 있는 상태에서도 폭력을 썼다. 아버지는 이상민의 외사촌(어머니의 친정 조카)을 성폭행하기까지 했는데, 그녀는 자신이 거부하면 고모가 맞기 때문에 차마 거부할 수 없었다고 했다. 어머니와 누나가 맞을 때면 이상민은 대신 맞기 일쑤였다고 한다.

이상민의 누나는 서울여성의전화로 보낸 편지를 통해 절규하듯 말한다.

> 모르는 사람들은 아버지를 죽인 못된 놈이라고 손가락질하고 욕하겠
> 지만 우리 가족들은 어떤 드라마보다도 더 드라마 같은 세월을 살았기
> 에 동생을 이해합니다. (중략)
> 지금 자유로워진 것은 칼을 칼집에 넣고, 주방에 놓고 쓸 수 있다는
> 것, 우리가 먹고 입고 자고 마시는 데 자유로워진 것이 조금씩 실감이
> 납니다. 그전에는 어느 때 칼부림이 날지 몰라 숨겨놓아야 했으니까요.

### "우리에게 아버지는 없었습니다"

어머니가 서울여성의전화를 찾아왔을 때는 이미 경찰조사가 끝난 상태였다. 하지만 우리는 '여성평화를 위한 변호사모임'의 최은순 변호사를 바로 선임하고, 법률기금 100만 원을 긴급 마련하여 지원에 착수했다. 회원들과 상담원들을 조직하여 서명운동과 재판방청을 계획하고, 사건지원을 위해 홈페이지를 만들었다. 수십 년간 폭력에 시달려왔던 여성, 어머니에 대한 상담도 동시에 진행했다.

우리 사회는 가부장제 사회라 직계존속에 대한 살인이나 학대 등에 대해 엄중히 처벌하고 있다. 존속살해의 경우 사형이나 무기징역, 혹은 7년 이상의 징역형에 처함으로써 다른 사건보다 무겁게 처벌하고 있다. 이 사건에 대해 1심 재판에서 검사는 20년을 구형했고, 재판부는 7년 실형을 선고했다.

1심 재판부는 판결문을 통해 폭력가장의 윤리적이지 못한 행동이 죽

음을 자초한 면이 있다고 지적하는 등 종래의 가부장 편향적인 시각에서 벗어나는 모습을 보여주었다.

> …… 이 사건 범행은 우발적이 아니라 계획적으로 저질러진 것이고, 범행대상이나 범행수법의 잔인성, 결과의 중대성 및 범행 후의 정황 등에 비추어볼 때 피고인에 대하여 중형을 선고함이 마땅하나, 피해자가 집안에서는 상습적으로 피고인과 피고인의 모, 누나, 동생을 폭행하고 (중략) 아버지나 남편으로서의 권리만을 내세운 채 그 의무를 이행하지 아니하고 윤리적 한계를 넘어서는 행동으로써 피고인에게 정신적인 충격을 안겨준 피해자에게도 상당부분 그 책임이 있다고 할 수 있고……

우리는 수많은 존속살해사건을 지원하면서 가정폭력생존자에게 부과될 형량을 최소화하기 위해 가정폭력의 폐해와 후유증을 구구절절이 설명해왔다. 따라서 재판부의 이런 판결이 한편으로는 반갑기도 했다. 그러나 안타깝게도 이번 재판부 역시 폭력가정의 자녀들이 갖게 되는 피해후유증에 대해서는 간과하고 있었다.

이상민처럼 아내구타가정의 아동은 폭력이 분노표출의 방법이며, 다른 사람을 통제하는 수단이 된다는 것을 무의식중에 학습하게 된다. 또한 폭력가정에서 자란 자녀들은 폭력을 간접적으로 경험하든, 직접적으로 경험하든 폭력과 관련된 심각한 스트레스 반응을 보이게 된다. 최근 의학적으로는 폭력가정에서 자란 자녀들이 ADHD(주의력결핍 과잉행동장애)와 외상 후 스트레스장애에 시달리고 있다고 보고하고 있다.

이와 같이 가정폭력은 구성원에게 씻을 수 없는 신체적, 심리적, 사회적 상처를 깊게 남기는 범죄행위이다.

서울여성의전화는 1심 및 2심의 변호사를 지원했고, 회원들과 함께 재판에 참석하고, 이 사건의 여론화를 위해 MBC가 <우리시대>라는 프로그램에 "우리에게 아버지는 없었습니다"라는 제목의 기사를 만드는 데 적극 협조했다. 특히 우리는 언론에서 가정폭력에 대해 자극적이거나 감정에 호소하는 프로그램을 만드는 것에 반대하여 프로그램 제작 과정에 적극 개입했다. 세 차례 오프라인에서 서명운동을 전개했고, 직접 제작한 인권지원 홈페이지를 통해 사이버 서명운동을 했다. 또, 네티즌 의견 게시판을 만들고 진행경과에 대해서도 상세하게 기록하여 보다 많은 사람들이 서울여성의전화가 지원하고 있는 사건들을 공유하고, 함께하도록 했다. 이를 시작으로 홈페이지는 단체 홍보의 1차원적인 기능을 벗어나 여성인권운동의 소통과 참여의 장이 되었다. 이 기간 동안 수천 명의 네티즌이 서명에 참여했고 모금도 이루어졌으며 이상민에게 편지쓰기도 함께 이루어졌다. 홈페이지를 통해 받은 2,208건의 서명과 MBC <우리시대>에 방송되었던 방송 녹화테이프, 탄원서 등은 항소심 재판부에 제출되었다.

항소심 변론은 배삼희 변호사가 맡아 재판부에 이상민에 대한 정신감정을 신청했다. 아내구타가정에서 자란 자녀에게 가정폭력으로 인한 외상 후 스트레스 장애가 인정되었다. 재판부는 6월 24일 항소심 선고공판에서 징역 5년형을 선고했고, 이상민은 상고를 포기하여 사건은 종결되었다.

이상민은 5년간 복역하면서 서울여성의전화로 편지를 보내왔다. 우리는 편지를 통해 그에게 꾸준히 지지를 보내곤 했다.

## 가정폭력 예방교육을 학교에서

이 사건은 아내구타가정의 자녀의 문제가 아동기에 끝나지 않고 성장 이후에도 피해가 지속되어 가정폭력이 악순환되고 있음을 극단적으로 보여준 사건이다.

폭력가정의 자녀문제는 이미 가정에서 해결할 수 있는 문제가 아니다. 때문에 폭력가정의 자녀가 발생했을 때 쉽게 아이를 발견하고, 도움을 줄 수 있는 학교, 교사를 통한 접근이 필요하다.

폭력가정의 자녀문제의 심각성은 2000년 '아내구타가정의 자녀폭력의 실태 및 대안마련을 위한 토론회'에서, 40%가 넘는 자녀들의 가정폭력상담에서, '그대여 이제 그만 마음 아파해라'라는 자조카페를 통한 폭력가정 자녀들의 고민과 상담에서, 2003년 청소년 이성 간 폭력 실태 및 대안 토론회 등에서 이미 여러 번 확인되었다.

우리는 이상민처럼 가정에서 문제 해결을 기대하기 어려운 청소년들을 위해 학교 내 가정폭력 예방교육을 정책으로 제안했다. 학교 내 가정폭력 예방교육은 폭력가정의 청소년의 문제가 가정의 문제, 학생 개인이 겪는 문제가 아니라 학교의 공적인 영역, 사회에서 해결할 과제라는 것을 인식시키고, 학생에게 교사라는 신뢰할 수 있는 어른 지지자를 만들어주는 데 그 의미가 있다. 우리의 제안은 받아들여졌고 2006년 10월 29일부터 개정 시행된 「가정폭력방지 및 피해자 보호 등에 관한 법률」에 학교에서 가정폭력 예방교육을 의무적으로 실시하도록 명시되었다.

## 언론·방송의 인권침해행위

이 사건은 또한 가정폭력 피해자의 신변을 유출한 언론·방송의 인권침해행위의 심각성을 알리고, 나아가 피해자의 신변을 유출한 방송사를 상대로 언론·방송의 사회적 책임을 물은 사건이다.

이 사건을 여론화하기 위해 '신변사항 유출 절대불가'를 원칙으로 2003년 6월 11일 방송될 SBS <뉴스추적> "'끝나지 않는 비극'—폭력에 무너지는 가정' 프로그램에 가정폭력 피해자 이상민의 어머니 인터뷰를 주선했다. 인터뷰를 하기 전에 프로그램에 본회의 입장을 충분히 반영하기로 하고, 신변보호를 위해 전·후·좌·우 모든 측면 모자이크 처리할 것, 음성 변조할 것, 방송 전 시사할 것 등을 약속했다. 그러나 방송 전 시사는 편집이 늦어진다는 이유로 확답을 받을 수가 없었고, 6월 7일 같은 내용으로 방영된 KBS <추적 60분> 때문에 이 모 씨 어머니의 출연분량이 줄어 3~4분에 그칠 것이라고 하며 KBS보다 더욱 확실한 모자이크 처리를 할 것이니 안심하라고 했다.

그러나 실제 방송에서는 피해자의 뒷모습만 모자이크 처리가 되었을 뿐, 정작 얼굴을 클로즈업한 부분은 모자이크 처리가 되지 않은 채 총 4회가 방영되었다. 또한 방송 전 프로그램 광고에 어머니를 모자이크 처리하지 않은 채 메인으로 등장시켰으며, 이러한 프로그램 광고는 방송 전 수차례 방영되었다. 이는 공중파 방송으로서 피해자의 인권을 보호해야 하는 사회적 책임을 저버린 것일 뿐만 아니라, 「가정폭력 범죄의 처벌 등에 관한 특례법」 제18조 2항("이 법에 의한 가정보호사건에 대하여는 행위자, 피해자, 고소인·고발인 또는 신고인의 주소·성명·연령·직업·용모 기타 이들을 특정하여 파악할 수 있는 인적사항이나 사진 등을 신문 등 출판물에 게재하거나 방송매체를 통하여 방송할 수 없다")을 위반한 엄연한 범법행위이다.

이로 인해 피해자와 피해자의 가족은 자신들뿐 아니라 친척들에게 피해가 있을 것을 우려해 밤새 걱정으로 잠이 들지 못했고, 현재까지도 계속 불안해하여 생활을 제대로 하지 못하고 있다.

또한 6월 11일 방송분에는 피해자가 가해자를 피해 고층아파트에서 떨어지는 장면을 수차례 방송했고, 경찰의 자극적인 멘트를 그대로 방송하여 선정적인 보도까지 서슴지 않았다.

이런 방송의 행태에 대해 서울여성의전화는 기자회견을 통해 방송의 인권침해를 고발하고, 방송의 공익적 책임을 물었다. 또한 본회를 신뢰하고 인터뷰를 수락한 피해자에게 2차 피해를 주게 될까 걱정하여 SBS <뉴스추적>에 항의했다. 담당 기자는 "어머니의 눈물을 보여주는 것이 시청자들에게 호소력이 클 것 같아 고심 끝에 모자이크 처리를 하지 않았다"며 미안하다고 했다.

뉴스추적은 6월 18일 본방송 이전에 신변이 유출된 피해자에 대한 사과내용은 빠진 채 "6월 11일분 방송 중 피해자의 모자이크 처리를 제대로 하지 않아 피해자 섭외에 도움을 준 서울여성의전화에 피해를 입힌 점을 사과한다"는 내용의 사과방송을 했고 VOD 서비스를 중단했다. 그리고 방송위원회는 6월 19일 SBS <뉴스추적>에 경고 및 책임자경고 조치를 내렸다.

피해자 보호의 원칙을 간과하고 선정적으로 보도하는 언론의 인권침해 현실이 심각하기 때문에 이에 경종을 울리고자 우리는 형사고발 및 민사상 손해배상을 청구했다. 그러나 아쉽게도 형사고소는 증거불충분으로 불기소처분되었고, 항고했으나 2004년 5월 6일 기각되었다. 민사소송은 이상민 어머니 및 그 가족에 대해 2,700만 원의 배상판결이 선고되었다.

언론·방송이 독자의 이목을 끌기 위해 선정적인 보도를 하는 과정에서 피해자의 인권이 아무렇지도 않게 밟혀지는 현실을 우리는 경험했다.

그리고 이러한 부당한 행위를 묵과하지 않고 법적으로 대응하여 부분적으로 이김으로써 우리는 또 다른 인권운동을 전개한 셈이다. 글을 마치며 『꽃으로도 때리지 말라』는 어느 책 제목이 떠오른다.                    ∣ 이화영

## 항거하지 않았으니 성폭력이 아니다?
— 지적장애여성 성폭력사건

여성의전화가 강릉에 문을 연 것은 1998년 3월 IMF 위기 지원 상담센터를 시작하면서부터이다. 다른 지역보다 더 보수적이고 가부장적이었던 강릉에서 '여성도 인간이다'라고 말하는 진보적인 여성단체의 힘이란 당시 여성의전화 사무실 크기만큼 작았다.

그로부터 약 2년 후인 2000년 1월 어느 날, 여성신문사로부터 한 통의 전화가 걸려왔다. 강릉 모 지역에서 정신지체인 듯한 여성(김 씨, 당시 21세)이 7여 년간 여러 명의 마을 남자들에게 성폭력을 당했다는 제보였다. 이 전화는 성폭력사건 중에서도 잘 드러나지 않았던 장애여성의 인권 침해문제와 강릉에서 비주류로 그저 조용히 일만 하고 있던 우리들을 세상에 드러내는 계기가 되었다.

### 사건의 전모는 이러하다

정신지체 여성인 김 씨(2000년 당시 21세)는 4남 1녀의 막내로 사건 당시 부모님 슬하에서 두 오빠와 함께 살고 있었다. 김 씨의 아버지는 농사를 지었으며 부모 모두 지능지수가 떨어져 주변의 상황을 제대로 파악하고 판단하는 것이 어려운 상황이었다.

사건이 드러난 1999년 6월 초, 피해자 김 씨는 가해자 홍 모(후에 김 씨를 성폭행한 자로 드러난)로부터 소개받은 한 남자와 동해에서 사실혼 관계를 맺고 있었다. 감기가 약국 약으로는 낫지 않자 1999년 10월 병원에 갔다가 임신 7개월이 된 사실이 알려져 옥계 친정집으로 쫓겨온 김 씨는 동네 아주머니들에게 도움을 요청했다. 이에 따라 아이의 아버지를 찾는 과정에서 김 씨가 초등학교 6학년 때부터 홍 모에게 성폭행을 당했으며, 그 외에 여러 명의 동네 남자들에게 상습적으로 성폭행을 당해왔던 사실이 드러났다.

여성신문사에 사건이 접수되었을 때는 이미 동네주민들이 피해자 가족의 동의를 얻어 7명의 가해자 중 범죄가 심각하다고 판단된 홍 모를 고소·고발한 후였다. 하지만 위계나 위력의 사용을 입증하기 어려워 죄가 성립되지 않는다는 이유로 구속영장은 기각되었고 김 씨의 부모가 홍 모에게 200만 원을 받고 합의하여 '공소권 없음'으로 무혐의처리가 된 상태였다.

한 마을주민 5명이 정신지체 장애를 가진 초등학생을 7여 년간 성폭행한 이 사건이 모두의 분노를 자아내기에 충분할 만큼 심각한 인권유린임에도 불구하고 '공소권 없음'으로 주범 홍 모가 무혐의 처분을 받았다는 사실은 마을사람들을 크게 실망시켰다. 또 무혐의 처리 후 가해자 홍 모가 피해자 측과 피해자를 도와준 마을주민들을 협박하는 등 횡포가 심각해지자 이를 지켜본 마을주민 이승민 씨가 여성신문사에 사건을 제보하게 된 것이었다.

### 강릉여성의전화, 중심에 서다

사건을 제보받은 우리는 집단 성폭력사건이라는 것에 대해 놀랐고,

장애인에 대한 전문성이 없는 상태에서 장애여성 성폭력사건을 어떻게 접근해야 할지 난감하기만 했다. 그러나 이 사건을 장애여성의 인권문제라는 관점으로 접근해야 한다는 여성신문사와 한국여성의전화연합의 의지로 힘을 모으기 시작했다.

우선 당시 우리 강릉여성의전화 정순교 대표와 최은경 사무간사는 지역의 장애인 그룹홈 '좋은친구'를 운영하고 있는 황옥주 원장에게 도움을 요청했다. 고맙게도 황옥주 원장은 장애여성의 문제를 '내 새끼의 문제'라고 생각하고 끝까지 함께해주었다.

나중에 안 일이지만 이 사건은 강릉의 다른 상담소에 접수가 된 적이 있었다. 하지만 그것이 공론화되지 못하다가 여성의전화로 사건이 접수되면서 여론이 형성되자 초기 상담을 접수했던 상담소에서는 몹시 불편해했다.

우리는 여성신문사 박이은경 기자와 황옥주 원장을 대동해서 강릉시 옥계면 남양1리 노인회관에서 김 씨 가족을 포함한 마을주민 100여 명과 함께 이 사건에 대한 대책을 논의했다. 사건이 확대되면서 마을공동체는 심한 충격에 빠졌고 이장과 부녀회장을 중심으로 주민 회의를 열어 공동체의 도덕성 회복을 위해 정신지체가 의심되는 피해자와 가족들을 도와 2000년 2월 가해자를 강릉경찰서에 다시 고소·고발하기에 이르렀다.

한편, 사건의 심각성을 체감한 우리는 먼저 지역의 시민사회단체들과 사건해결을 위한 연대체를 구성함과 동시에 전국 단위의 공동대책위원회(이하 공대위)를 조직했다. 공대위에 참여한 시민단체를 보면 우리 강릉여성의전화를 중심으로 한국여성의전화연합과 21개 지부, 강릉YWCA, 강릉오성학교 어머니회, 영동정신지체 부모회, 장애인그룹홈 '좋은친구', 강릉종합사회복지관, 반부패강릉연대, 참여자치강릉연대, 강릉경실련, 강릉지체장애인협회, 동해YWCA, 속초YWCA, 원주YWCA, 춘천

YWCA, 동해종합사회복지관, 춘천여성민우회, 원주여성민우회, 한국성폭력상담소, 경남여성회 - 성가족상담소, 장애우권익문제연구소, 한국여성장애인연합 등 23개 단체로 구성되었다.

이후 공대위에서 마을사람들과 연대고발 했고 강릉경찰서가 형법의 심신미약자 간음으로 접근하여 강간범들에 대한 구속영장을 청구했다.

그러나 법원은 김 씨가 심신미약자임을 인정한다 하더라도 성폭력특별법 제8조에 의한 항거불능이 입증이 안 되고, 또 가해자 홍 모가 위계·위력을 행하지 않았다고 판단하여 그를 노환 등의 이유로 2000년 3월 불구속기소했다.

4월 열린 1차 공판에서 김 씨는 가해자를 유인한 것으로 몰렸고 홍 모가 김 씨가 정신지체인 것을 몰랐다고 발뺌하는 등 사건이 예기치 못한 방향으로 흘러갔다.

그 후 피해자를 도운 마을주민들을 향한 홍 모의 횡포는 더 심해졌다. '피해자 가족 모두 마을을 떠나야 한다', '남자는 그럴 수도 있다. 열계집 싫다는 남자가 어디 있느냐'며 일부 주민들이 가해자를 두둔함에 따라 이 사건을 둘러싸고 마을주민들의 갈등이 심화되기도 했다. 또한 이장과 일부 마을주민들은 "내 비용 써가며 사건을 고소했고 욕먹고 다녔는데 결국 포기해야 하는 상태가 되었다"며 우리 여성의전화에서 가해자를 처벌하는 데 적극 나서주기를 요구했다. 마을사람들 중 김 씨의 상처를 안타까워하는 사람들은 이미 가해자 홍 모로부터 "XX를 찢어놓겠다" 등의 협박을 받고 두려워하고 있었다.

이 사건을 두고 마을공동체가 사분오열하는 가운데 우리 강릉여성의전화를 중심으로 한 대책위에서는 가해자 처벌을 위해 가두시위, 정기화요서명운동, 장애여성 성폭력 실태 및 대책토론회, 여성장애인 성폭력

근절과 대책을 위한 공청회 등의 활동을 통해 사건을 여론화하여 가해자 처벌을 이끌어내는 데 온 힘을 기울였다.

### 장진원 PD와 김영자 씨

공대위가 전국적인 규모로 확산될 수 있었던 것은 무엇보다 여성신문 사와 <PD수첩>의 역할이 컸다. 특히 강릉 MBC의 장진원 PD는 이 사건을 적극적으로 취재하여 <PD수첩>에 방영했다. 당시 장 PD는 김 씨가 잠시 거주했던 모자원에 가서 그녀를 인터뷰하여 진실을 알리는 데 누구보다 앞장섰다. <PD수첩> 김태현, 김학영 PD는 강릉에 보름간 머물면서 피해자의 관점에서 프로그램을 제작하는 데 혼신의 노력을 다했다. 장진원 PD를 중심으로 <PD수첩> 관계자들이 언론인의 역할을 충실히 해준 덕분에 이 사건이 여론의 힘을 적극적으로 받게 되었다. 더 나아가 강릉MBC에서는 김 씨의 정신감정을 받는 비용까지도 후원했다.

이 사건이 공론화되는 데 또 한 사람의 공신은 바로 '건이 엄마'로 불리는 김영자 씨였다. 김영자 씨는 김 씨와 가깝게 지내던 사이로 가해자 홍 모의 협박에도 불구하고 이 사건을 사회에 드러낸 여성이었다. 사람들은 이구동성으로 건이 엄마가 아니었다면 이 사건은 그냥 묻혔을 것이라고 말하곤 했다.

### 항거하지 않았으니 성폭력이 아니다?

이 사건에서 우리를 법적으로 힘들게 했던 것은, 항거불능상태를 입증하라는 「성폭력특별법」 제8조였다. 이 조항을 정신지체 장애인의 특수성을 고려하지 않고 다른 성폭력사건과 동일하게 적용했기 때문에 이 사건이 이런 식으로 왜곡되어 진행된 것이다.

이런 문제를 우려하여 검찰도 정신지체 장애인의 '항거불능'을 강조했다. 즉, 홍 모에 의한 첫 성폭력은 미성년자 성폭력으로 인정될 수 있지만, 그 이후에 가해진 폭력에 대해서는 이미 길들여진(수차례의 성폭력을 통해) 피해자의 성행동으로 인해 화간으로 의심되지 않을까 검찰도 염려했던 것이다.

법원은 정신지체 장애인에게 "너는 스스로 왜 성폭력에 대항하지 않았느냐? 그러니 네가 좋아서 한 것이 아니냐?"라고 하며 '피해'를 인정하려 하지 않았다. 당시 홍 모는 김 씨를 성폭행한 후 여러 차례 과자 사먹으라고 몇천 원을 주곤 했고, 김 씨가 이 돈을 받았으므로 성폭력이 아니라는 것이다.

김 씨의 항거불능을 입증하는 문제는 강릉경찰서 담당형사의 도움으로 장애인 그룹홈 '좋은친구'를 운영하는 황옥주 원장의 대리 진술이 받아들여짐에 따라 풀 수 있었다. 우리는 담당형사 또한 폭행이나 협박을 수반하지 않는 경우 일종의 '화간'으로 보는 검찰과 법원의 관행에 의한 피해를 최대한 막으려 노력했다.

또한 검찰 측의 담당검사를 만난 황옥주 원장은 "어린이 성폭행에 대해서는 큰 처벌을 주면서 13세보다 낮은 사고 능력을 가진 정신지체 장애여성에게 어떻게 항거하라고 할 수 있냐"고 항의했고 이에 담당검사가 설득되었다고 한다.

동해에 있는 병원에서 정신감정을 한 결과 김 씨의 IQ 지수는 51로 나왔고, 법원에서도 재판 진행 중에 별도로 서울대학교병원에 김 씨의 정신감정을 의뢰했는데 결과는 IQ 45미만으로 정신연령 5~6세에 불과한 정신지체 2급이었다.

긴 시간 동안 우리 강릉여성의전화와 황옥주 원장, 그리고 지역과 전국의 언론, 시민사회단체 등의 단결된 노력은 '항거하지 않으면 화간이다'라는 해묵은 그러나 아직도 강력하게 힘을 발휘하고 있는 가해자 중심의 사고방식과 관행을 극복하고 가해자 홍 모를 파렴치범으로 처벌하기에 이르렀다. 가해자 홍 모는 징역 2년 선고를 받고 구속되었고, 가해자 임 모와 김 모는 각각 징역 1년 6월에 집행유예 3년을 선고받았다. 그러나 항소심에서 홍 모는 징역 2년 집행유예 3년의 선고를 받게 되었다. 민사상 손해배상 청구에 대해서는 홍 모가 1,000만 원, 임 모가 600만 원, 김 모가 400만 원을 지급하도록 합의했다.

이후 공대위에서는 장애인들도 성폭행을 부끄럽게 생각하고 있으며, 전문상담기관에서 상담받은 자료를 법적인 자료로 인정해줄 것과, 장애 정도에 따라 법률을 구체적으로 만들 것을 주장했다. 강릉의 사건이 언론을 통해 보도된 후 김해 등 전국에서 비슷한 사건들이 불거져 나왔고, 그동안 드러내지 못하고, 말하지 못했던 이야기들이 쏟아져 나왔다. 묻혀 있던 정신지체 장애여성에 대한 성폭력이 이 사건을 계기로 사회에 드러나기 시작한 것이다.

김 씨는 그 후 장애인 그룹홈 '좋은친구'에서 한글 교육과 성교육을 받았고, 돈 계산하는 법을 배워 현재 장애아동을 둔 부모가 운영하는 곳에서 일하며 평범하게 살아가고 있다.

### 우리가 해낸 것들

이 사건이 여성운동사적으로 중요한 것은, 첫째, 그동안 사각지대에 놓여 있던 여성장애인의 성폭력문제를 가시화시켰다는 점과 장애여성들이 비장애여성보다 더 심각한 수준으로 권리를 포기당하고 이중 삼중의 고통을 안고 살아가고 있음을 확인해준 점이다.

둘째, 가해자를 형사상 처벌하고 또 민사상으로 손해를 배상케 함으로써 이후의 여성장애인 성폭력사건의 중요한 이정표가 되었다.

셋째, 「성폭력특별법」 제8조의 장애인에 대한 강간조항이 신체 또는 정신상의 장애로 항거불능의 상태일 때 강간으로 성립되는데, 이를 좀 더 구체화하여, 장애 정도와 유형에 따른 특수성을 충분히 감안한 「성폭력특별법」 개정의 필요성을 제기했다.

넷째, 정신지체자의 모자원 입소가 허용되지 않는 현실에서 이 사건은 성폭력피해 장애여성이 성폭력 피해자의 보호, 상담, 치료를 받을 수 있는 전문 상담소와 쉼터의 필요성을 제기했다.

마지막으로 이 사건은 시민과 언론 및 방송의 힘이 모아질 때 어떤 변화를 가져오는지를 보여준 본보기라 할 수 있다. 앞서 언급한 전국 단위의 시민단체, 언론은 물론 지역의 강원일보, 강원도민일보, 장애인복지신문 등도 이 사건을 적극적으로 기사화하여 여론을 형성하는 데 일조했다.

### 여성의전화의 힘, 자매애의 힘

1998년에 개소한 우리 강릉여성의전화는 영동지역 최초의 진보적 여성단체로 어렵게 일하고 있던 중 이 사건이 계기가 되어 지역사회에서 여성인권운동단체로 자리매김하게 되었다. 우리는 시민들의 마음을 움직이고, 또 힘을 모으는 구심점이 되어 여성의전화의 저력을 지역사회에 유감없이 발휘했던 것이다. 여성신문사 박이은경 기자는 당시 평가에서 "여성의전화는 네트워킹을 잘해냈다. 여성의전화 혼자서는 할 수 없는 일을 힘을 모으니까 되더라. 네트워킹 리더십,

그것이 여성의전화의 힘이었다"고 말했다.

조직만 성장한 것이 아니었다. 당시 20대의 상근자로 밤낮으로 뛰었던 최은경은 이 사건을 계기로 현재 사회복지사가 되어 장애아동과 장애여성을 위한 일을 하고 있다.

강릉여성의전화는 올해로 설립 10주년을 맞이한다. 요즘 우리의 화두는 다양성에 대한 인정이다. 장애여성에 대한 성폭력사건을 계기로 장애여성의 아픔이 무엇인지, 그들의 권익을 위해 우리가 무엇을 해야 하는지 고민하게 되었다.

그동안 여성이라는 이유로 차별받고 장애라는 이유로 더 소외되었던 장애여성의 삶은 우리의 지속적인 관심 없이는 행복해질 수 없을 것 같다. 세상을 바꾸고자 하는 뜨거운 함성으로 장애여성이 행복한 그날이 빨리 오기를 간절히 소망한다.

| 김복자

👋 김복자

> 2000년부터 강릉지역 인터넷방송 '감자넷'에서 기자로 활동했고 여성의전화를 만나 1여 년의 회원활동을 한 후 2005년 11월 강릉여성의전화 사무국장이 되어 상근활동을 시작했다. 여성의 눈으로 세상을 보면서 끊임없이 자기성찰을 하는 현재의 삶을 즐기고 있으며 상지대학교에서 여성학공부도 하고 있다.

## 가해자 이름으로 사건을 명명하다 — 아내폭력사건

2000년 4월 9일 아침 사무실은 뭔가 심상찮은 기운으로 술렁이고 있었다. 큰소리도 낼 수 없었으며 다들 숨죽인 목소리로 어젯밤에 일어난 가정폭력사건을 확인하는 것이었다.

피해의 정도가 도저히 상상할 수 없을 정도로 심각했다. 끓는 물로 온몸을 데었고, 전기고문까지 당한 상태였다. 인간으로서는 도저히 할 수 없는 만행을 주부가 당한 것이다. 얼굴만 무려 200바늘이 넘는 수술을 했고, 부엌칼로 하복부가 난도질당해 소장이 천공된 상태에서 2~3시간 방치되어 복막염이 발생했다. 피해자의 생존율은 20%에 지나지 않았다.

그녀를 죽음의 문턱으로 몰고 간 사람은 다름 아닌 남편이었다.

## 가해자인 남편의 이름을 따서 사건을 명명하다

가해자가 구속되었다는 사건보도를 보고 우리 인천여성의전화는 피해자의 가족과 만나고자 노력했다. 드디어 피해자 가족이 사무실로 우리를 방문하여 타 기관에서 피해자를 돕기 위해 함께하고 있다는 얘기를 전하면서 인천여성의전화에서 사건을 맡아달라고 요청했다.

피해자 가족으로부터 이런 요청을 받은 우리는 사건이 대단히 심각하다는 데 의견을 모으고 이 일을 맡기로 했다. 우선 사건 명칭을 가해자인 남편의 이름을 따서 '정선호 사건'이라고 했다. 흔히 가정폭력이나 성폭력의 경우 피해자의 이름을 넣어 사건을 명명하는데 우리는 이러한 관행이 잘못된 것이라고 생각했다. 사건을 일으킨 사람의 책임을 묻는다는 의미에서 그 사건을 일으킨 사람의 이름으로 부르는 것이 맞는다고 생각한 것이다. 사건의 명칭을 만들어놓고 우리는 피해자가 위급한 상태임을 고려하여 피해자가 진정될 때까지 언론에 공개하는 것을 보류하기로 했다. 그다음 우리는 피해여성의 치료를 위해 관할구청에 의료보험 적용을 요청했다.

폭력사건의 경우 늘 그러하듯이, 이 경우에도 피해자 가족들은 사건이 언론에 알려지는 것을 매우 꺼려했고 피해자와의 접촉 또한 반대하여 우리조차 피해자를 만나지 못하고 있었다. 남편으로부터 고문에 가까운 폭행을 당한 피해여성은 두려움에 떨며 외부의 어느 누구와도 만날 수 없었다.

이러한 상황에서 검찰에 제출하는 진술서를 작성하는 데도 많은 어려움이 있었다. 다행히 피해자 가족들이 사진을 찍어와, 그 사진을 검찰에 제출하는 진술서에 첨부할 수 있었다. 진술서를 받은 담당검사는 사건에 대한 정확한 수사를 위해 우리에게 면담을 요청했다.

이렇듯 끔찍한 사건을 접한 지역사회는 어떻게든 피해여성을 도와야 한다는 데 뜻을 같이하고 구청사회복지사, 피해자 거주 동사무소 사회복지사, 삼산복지관 관장 등이 모여 회의를 하여 다음과 같이 역할 분담을 하기로 결의했다.

― 삼산복지관에서는 부녀회를 통하여 바자회를 열어 모금운동을 한다.
― 인천여성의전화는 거리 서명과 모금운동을 한다.
― 부평구청은 피해자를 1급 생활보호대상자로 지정하여 의료보험 적용을 받을 수 있도록 계속 노력한다.

모든 것이 피해자를 만나 보지 못한 상황에서 전개되었다.

사건 발생 13일이 지난 4월 21일, 우리가 인천지검의 가정폭력담당 팀장인 강현민 검사와 이 사건담당 김태우 검사를 만났을 때, 그들 또한 어떻게 인간이 이렇게까지 할 수 있냐고 치를 떨며 우리의 가해자 중형 처벌 요구가 당연하다고 입을 모았다.

### "그 사람 다시 보지 않게 해주세요"

가정폭력사건을 처리하는 것은 여러 가지를 포함한다. 우선 피해자를 안전하게 보호해야 한다. 다음은 폭력사실을 지역사회에 알려 가해자를 중형 처벌하는 것이다. 또한 피해자가 상처를 치유하고 새로운 삶을 살도록 경제적, 심리적, 의료적 지원을 하는 것이다.

우리는 가해자를 중형 처벌하기 위해 이 사건을 언론에 보도하여 여론을 조성코자 했다. 그러나 피해자와 그 가족들의 두려움과 꺼림으로 이 일을 성사시키기가 쉽지 않았다. 우리의 간절한 설득으로 사건 발생 13일이 지난 21일 처음으로 ≪인천일보≫에 정선호 사건에 관한 보도를 의뢰할 수 있었다.

드디어, 사건 발생 15일 만에 우리의 끈질긴 설득과 헌신적인 활동에 감화된 피해자는 가족을 통해 우리의 방문을 허락했다. 당시 박인혜 회장님과 활동가 몇 명이 병원을 방문했다. 피해자와의 첫 대면에 우리 모두는 긴장했고 폭력으로 얼룩진 그녀의 얼굴과 온몸을 본 순간 우리는 할 말을 잊었다.

우리를 처음 본 순간 그녀가 한 말이 아직도 기억에 생생하다. "그 사람 내 눈앞에 다시 보이지 않게만 해주세요." 그녀는 이 말을 반복하면서 울기만 했다. 두려움과 분노에 떠는 그녀에게 우리는 끝까지 함께하겠다는 약속을 하며 안심시켰다. 그 후 우리는 매일같이 병원으로 출근을 했으며, 하루 종일 그녀와 함께하면서 우리의 뜻을 전달했다. 이 사건을 언론에 알려 서명운동을 통해 많은 사람들의 힘으로 가해 남편이 중형을 받을 수 있게 하자고 그녀를 설득했다. 드디어 3일이 지난 후에 그녀는 우리가 하는 어떤 운동방법도 동의한다는 의지에 찬 말을 했다.

이제 되었다. 드디어 그녀가 우리와 함께 싸울 용기를 갖게 된 것이다. 사건 발생 18일 만에 우리는 그동안 준비해왔던 모든 자료를 동원하여 '정선호 사건'을 각 언론에 공개하고 가해자를 엄벌에 처하기 위해 본격적으로 거리 및 인터넷서명 작업에 돌입했다. 이와 함께 피해자 돕기

모금운동도 시작했다.

## 그녀에게 쏟아지는 국민적인 성원

2000년 당시 우리 인천여성의전화는 시민단체로서 발 빠르게 홈페이지 개설을 한 상황이었다. 홈페이지 덕분에 사건을 매우 효과적으로 알려낼 수 있었는데 지지의 글들로 홈페이지가 여러 차례 다운되기도 했다. 검찰에 제출하기 위한 서명지 인쇄 또한 다 하지 못할 정도로 서명자가 넘쳐났다. 서명지 제출 당시 사과박스 2박스를 제출하여 재판부를 놀라게 했다.

또한, 사건 발생 후 2달 동안 인천 전 지역은 물론 서울 마로니에 공원까지 찾아가 사건 당시 자행된 끔찍한 피해자 사진전을 했고 이를 통해 서명 및 모금운동을 펼쳤다.

당시 전국의 네티즌, 학교 및 단체에서 답지한 성금은 총 11,895,920원(개인기탁금 190명 7,025,000원, 단체기탁금 27개 단체 4,870,920원)이나 되었다. 보내주신 성금의 액수는 2,000원부터 100만 원에 이르기까지 다양하다. 성금을 보내주신 분들 가운데는 인터넷을 통하여 사건을 알게 된 사람도 있고, 자신의 아픔을 떠올리며 안타까운 마음을 가지신 분들도 있다. '오마이뉴스'의 기자단들이 자신의 원고료를 성금으로 보내기도 했다. 거리에서 말없이 성금함에 돈을 넣어주신 분들, 참으로 고맙다. 정성과 사랑으로 모아진 이 성금을 피해자의 계좌로 입금했고 6월 22일에 본회 교육실에서 성금 전달식을 가졌다.

## 그런 끔찍한 폭행을 한 사람이 바보라고?

한편 가해자 정선호는 2000년 7월 8일 3차 공판에서 검사의 구형대로

15년형의 판결을 받았다. 당시 가정폭력 가해자에 내려진 형량으로서는 최대였다. 이에 우리는 재판부의 판결을 환영하는 성명서를 발표했다.

하지만 가해자 정선호는 항소를 했고 2000년 12월 28일에 서울 서초 고등법원 300호 법정에서는 이를 뒤집는 판결을 내리고 말았다.

범행수법이 정상인으로서는 도저히 할 수 없는 행동으로 1심의 판결 은 종래 이루어진 판결로는 과중한 형량이므로 매우 적절치 않다.

즉, 가해자가 정상인이 아니므로 15년의 형량은 과중하다는 논거로 징역 7년형을 선고했다. 판사는 정선호에 대한 정신감정을 의뢰했고 정신감정 결과 '지능이 바보와 보통 사람의 경계선 수준'으로 나왔다는 것이다. 이에 판사는 "바보를 열심히 처벌해달라는 것이 타당한가?"라며 이러한 판결을 내리고 만 것이다.

우리는 이런 어처구니없는 논거와 판결에 도저히 승복할 수 없다고 분노했다. 하지만 더 이상의 법적인 절차를 진행하고 싶지 않다는 가족들의 요청이 있어 법적투쟁을 접기로 했다. 다만 성명서를 통해 이번 재판 결과가 가부장적인 사고에서 내려진 결과이며 또 하나의 법의 횡포라는 것을 분명히 했다. 또한 앞으로도 지속적으로 피해자에 대한 심리적 지원을 아끼지 않을 것을 약속하고 그동안 관심과 성원을 보내주신 국내외 수많은 네티즌과 시민들께 감사의 말을 전했다.

이 사건을 통해 우리는 남들이 하지 않은 일, 즉 가해자 이름을 사건이름에 넣어 그 가해자가 영원히 사람들에게 기억되도록 했다. '정선호 사건'은 이런 의미에서 가정폭력

추방운동사에서 주요한 위치를 점하고 있다.

그렇게 남편으로부터 모질게 폭행을 당한 그녀, 김계환은 인천여성의 전화의 자매들로부터 위로와 지원을 받아 상처를 치유하고 있으며 자신감을 회복해가고 있다. 그녀의 꿋꿋한 삶의 모습은 이 땅의 모든 피해여성들에게 용기를 주는 사례가 되고 있다.* ㅣ 배임숙일

## 가해자 명예를 훼손했다고? ― 대구 성폭력 역고소사건

2001년 9월에 우리 대구여성의전화가 지원한 두 건의 성폭력사건의 가해자가 자신의 명예를 훼손했다고 공동대표 2명을 고소한 일이 일어났다. 그들은 경일대에서 조교를 강간한 금 모 교수와 경북대에서 학생을 성추행한 이 모 교수였다. 두 교수는 우리가 자신들의 실명을 본회 회지와 홈페이지에 게재했다는 것을 걸어 사이버 명예훼손으로 이틀 간격으로 우리의 공동대표 2명을 고소했던 것이다.

기가 막힌 일이었다. 2001년 9월에 역고소당하여 2005년 판결이 나기까지 대구는 이 어이없는 일을 중심으로 여성운동단체와 시민사회가 하나가 되어 여성인권운동사의 획을 가르는 만든 역사의 현장이 되었다.

이 기막힌 일의 발단은 대구지역에서 2000년 5월과 7월에 발생한 두 건의 교수에 의한 성폭력사건이다. 한 건은 5월달에 일어난 경일대 금 모 교수 조교강간사건이고, 또 다른 사건은 경대 이 모 교수 학생 성추행

────────

* 이 책의 김계환의 글 참조

사건이다.

## 말 바꾸는 뻔뻔한 교수: 경일대 사건

2000년 5월 11일 경일대학교 교수가 조교에게 학과 일로 할 이야기가 있다며 호텔 객실로 데리고 가서 성폭행한 사건이 언론에 보도되었다. 이 사건을 접하면서 당시 인권부장을 맡고 있던 나는 이 사건이 교수에 의한 조교 성폭력사건이기 때문에 권력에 의해 유야무야될 가능성이 있다고 판단하여 우리가 맡아 피해여성을 지원해야겠다고 생각했다. 조교는 우리의 지원 제안에 대해 처음에는 망설였다. 충분히 이해할 수 있었다. 그러나 바로 다음날 그녀는 고심 끝에 우리와 함께 싸워보겠다며 상담에 응했다.

다행히도 피해자인 조교는 5월 12일 성폭력사건이 있고 난 후 병원에 가서 진료를 받았으며, 가해자가 잘못을 시인하는 말을 녹음해둔 상태였다. 피해자의 이러한 철저한 대비는 사건을 처리하는 데 매우 중요했다.

우리는 성폭력 가해자가 교수이기 때문에 그 권력을 이용하여 회유나 협박으로 피해자를 위축시킬 가능성이 많다고 보았다. 또 이와 유사한 서울대 교수사건(조교를 성희롱한)에서 보듯 특히 교수와 조교라는 권력관계에서 조교로서 피해여성이 당하는 노동권 침해문제가 발생할 가능성이 있다고 보았다. 이런 가능성들을 고려하면서 우리는 직장 내 성폭력의 근절과 아울러 교수라는 직위를 악용한 가해자의 엄중처벌을 바라는 성명서를 발표했다. 그리고 경찰조사 과정에도 동행하여 피해자를 지원했다.

가해자인 교수는 경찰조사에서 "호텔 방에 들어간 것은 사실이지만 술에 취해 소파에서 잠만 잤을 뿐 성폭력한 적은 없다"면서 혐의 사실을 전면 부인했다. 그러나 피해자와 가해자의 대질신문 후 긴급 체포되었다.

가해자는 계속 범행사실을 부인하다가 정액에 대한 과학수사가 진행되려 하자 '동의하에 한 성관계였다'고 말을 바꾸더니, 가해자의 정액이 보관상의 잘못으로 증거가 되지 못하게 된 것을 안 후 '성폭력 사실도, 성관계 사실도 없었다'고 말을 바꾸었다. 경찰이 왜 말을 바꾸냐고 하자 성관계로 시인하면 형량이 작아질 것이라고 판단하여 거짓말을 했노라고 발뺌을 했다. 성폭력 가해자의 99%가 성폭력 가해사실을 인정하지 않는 것과 같은 맥락에서 가해자가 이리저리 말을 바꾸면서 자신의 범행 사실을 끝까지 부인했지만 결국 긴급체포 그 다음날 구속되어 검찰에 송치되었다.

이 사건은 피해자의 일관된 사건 해결 의지와 신속한 증거 수집 등으로 원활하게 진행되었다. 우리는 가해자 금 모 교수의 엄중 처벌을 위해 법원에 진정서를 제출했고 이에 따른 재판이 5차까지 열렸다. 10월 10일 네 번째 재판에서 검사가 2년 구형했고 11월 7일 다섯 번째 재판에서 판사가 2년 실형을 선고했다. 이에 금 모 교수는 항소했고 2001년 3월에 징역 2년에 집행유예 3년을 선고받았다.

### 여학생이 유혹했다고?: 경북대 사건

경일대학교 교수사건으로 한참 바쁜 2000년 7월 경북대 이 모 교수가 같은 학과 여학생을 성추행한 사건이 발생했다. 이 모 교수는 같은 과의 한 여학생에게 지속적으로 전화와 이메일 등으로 성희롱을 일삼았다. 또 여름방학 중에 과외를 해주겠다고 자신의 연구실로 불러 강제로 껴안고 자신의 성기를 만지게 하고, 거부하는 피해자를 완력으로 눌러 강제로 얼굴과 목 등에 키스를 했다. 또한 소파에 강제로 눕히는 등의 행동을 하고 이에 놀라 비명을 지르는 피해자를 위협했다.

그 여학생은 7월 31일 대구여성회와 우리 여성의전화에서 상담했으며 8월 3일 대구지방경찰청 기동수사대에 고소장을 접수했다. 이 사건에서도 역시 당시 인권부장인 내가 실무간사를 맡아 가해 교수의 직위해제, 학내 성폭력 근절을 위한 학칙제정, 가해 교수에 대한 엄중처벌 등을 촉구하는 성명서를 발표했으며 경찰과 검찰의 대질신문에도 동행하는 등 법적 지원을 했다.

이번 사건에서도 역시 가해 교수는 뻔뻔했다. 경찰의 조사 과정에서 가해자는 변호사를 대동하고 나타나 피해 사실을 전면 부인하며 오히려 피해자에게 언제 그런 일이 있었냐면서 피해자를 압박했다. 또한 자신의 잘못을 시인하기는커녕 여학생이 자신을 유혹하여 합의가 이뤄진 애정 행각이었다는 허위사실을 유포했다. 교수가 어떻게 이렇게까지 뻔뻔스러울 수 있을까 하며 모두 분노했다.

이 사건은 피해자인 여학생에 대한 인신공격이 난무하여 피해자는 물론 우리 모두를 힘들게 했다. 힘든 싸움이었다. 성폭력사건에서 피해자가 문제가 있다는 사회적 통념이 그대로 작용하여 그 여학생은 피해자임에도 불구하고 사생활이 어떻다는 등 악의적인 소문들에 시달려야 했다. 피해자가 받는 이중고통이라는 것이 바로 이런 것임을 모두 절감했다.

지역에서 조직된 대책위원회에서는 이 모 교수의 직위해제와 엄중처벌을 위해 다각도로 노력했으며 서명 작업도 진행했다. 경찰수사 과정에서 이 모 교수는 구속되어 검찰로 송치되어 기소되었다. 그러나 이 사건에 대해서 부담을 느낀 여학생의 부모가 합의를 하는 바람에 그는 10월 구치소에서 풀려나게 되었다. 그러나 다음해 2월 그는 소속대학 징계위원회에 회부되어 해임되었으며, 대책위원회에서는 가해 교수의 해임 결정을 환영하는 성명서를 발표했다.

## 역고소? 웬 날벼락인가

힘든 싸움을 그래도 잘 싸워냈다고 서로 위로하고 격려하며 다시 본래의 업무로 돌아간 우리는 갑자기 예상치 못한 날벼락을 맞게 되었다. 2001년 9월에 두 사건의 가해자가 우리가 자신들의 실명을 우리 회지와 홈페이지에 게재하여 자신들의 명예를 훼손했다고 우리의 공동대표 2명을 고소했던 것이다.

당황스런 가운데 본회 공동대표와 부장들은 경찰 및 검찰의 조사를 받아야 했고 증거자료를 제출해야 했다. 지역의 시민사회단체, 한국여성단체연합, 지역 교수 및 일반시민 등 다양한 집단들이 검찰에 탄원서를 제출하여 역고소 사태를 성토했다.

2002년 1월 8일 우리 공동대표는 각각 200만 원의 벌금형으로 약식기소되었다. 이어 5월에서 10월까지 4차에 걸친 공판이 열렸고 이 기간에 우리는 담당검사를 면담하고 법원 앞에서 피켓 시위를 하는 등 무죄판결을 끌어내기 위해 다양한 방법을 동원했다. 이러한 노력에도 불구하고 10월 17일 1심 선고공판에서 공동대표 각각에게 200만 원 벌금형이 선고되었다.

경일대 금 모 교수로부터 고소된 사건의 1심 재판부는

"······ 금 모 교수가 술에 마취약을 넣어 피해자를 실신시킨 사실이 없는 이상, 피고인들이 '술에 마취약을 넣어 실신시킨 후 강간한 사건이 발생했습니다. 계획적으로 마취제를 술에 탄 것으로 보아 상습범일 가능성이 높습니다'라는 취지의 글을 게재한 것은 허위의 사실을 적시한 것······"이라고 판시했다.

경북대 이 모 교수로부터 고소된 사건의 1심 재판부는

"······ '경북대 이 모 교수가 제자를 성추행했다'고 그 신분과 실명을 명시한 점, 인터넷 홈페이지 등에 위와 같은 글을 게재함으로써 인터넷을 사용하는 사람이라면 누구나 위 내용을 볼 수 있는 상태였던 점, 상당히 장기간에 걸쳐 위 내용이 계속 게재되어 있었던 것으로 보이는 점 등의 사정을 참작하면, 위와 같은 사실의 적시가 오로지 공공의 이익에 관한 것이라거나 이 모 교수를 비방할 목적이 없었다고 할 수는 없다 할 것이다……"라며 지원단체의 공동대표 2인에게 유죄판결을 내렸었다.

## 유죄라고? 받아들일 수 없다

여성인권 차원에서 이 판결을 그대로 받아들일 수 없었다. 성폭력범죄의 특수성이 전혀 고려되지 않은 반여성적 판결이기 때문이었다. 우리는 바로 항소했다. 또한 성폭력 역고소 대책위원회를 수차례 열고, 역고소 반대 1만 명 서명운동을 전개했으며, '성폭력 가해자 역고소 관련 토론회'를 개최했다. 이러한 노력에도 불구하고 2002년 4월 11일 명예훼손 항소심에서 두 공동대표는 각각 100만 원의 벌금을 선고받았다.

가해자에게 고소를 당한 이 기막힌 현실에서 우리 활동가와 회원들은 1심과 2심이 진행되는 과정을 하나도 빠짐없이 지켜보았다. 그리고 무슨 대가를 치르더라도 대법원까지 가서 반드시 승리할 것을 총회에서 결의했다.

우리는 공동대책위원회 대구특별위원회(이하 특위)를 구성하여 운영하며 다양한 활동을 전개했다. 2005년 4월 대법원에서 판결이 날 때 재판 분석 토론회 개최, 1인 시위 27회, 무죄 주장 의견서 보내기 우편발송 28회, 대법원 앞 집회 개최 등 할 수 있는 모든 방법을 동원하여 우리 역사상

초유의 '역고소사건'에 저항했다.

2005년 4월 29일 대법원은 원심을 파기하고 대구지방법원으로 사건을 환송하는 판결을 했다. 이날 판결을 지켜보던 우리 공동대표와 회원, 한국여성의전화연합, 한국성폭력상담소, 한국여성민우회 등 대책위원회

단체 회원들은 환호하며 이 판결을 대환영한다는 성명서를 발표했다.

드디어 7월 19일 대구지방법원에서 최종 판결이 있었는데 두 사건에 대해 다른 판결이 내려졌다. 즉 경일대 금 모 교수로부터 사이버 명예훼손으로 역고소된 사건에 대해서는 공동대표에게 각각 70만 원의 유죄를 선고했고, 경북대 이 모 교수로부터 고소된 사건에 대해서는 가해 교수의 실명과 성폭력 사실의 공개 부분에 대한 공익성이 인정이 되어 무죄판결을 내렸다.

### 명예훼손 아니다

물론 가해자의 인권과 명예도 보호해야 한다. 그러나 성폭력과 같은 특수한 경우에는 사건을 예방하고 피해자를 보호하기 위한 사건화 과정에서 가해자를 드러내지 않을 수 없는 경우가 많다. 이런 의미에서 금 모 교수와 이 모 교수에 대한 대구여성의전화의 사건공개활동은 수많은 은폐된 성폭력 피해와 잠재된 피해에 대해 강력한 문제제기이자 보호조치라고 할 수 있다. 특히 이 사건의 경우와 같이 권력자인 교수와 학생 간의 폭력은 피해자의 대응을 무기력하게 만드는 구조적인 문제가 있기 때문에 사건의 공개는 특별한 의미를 지니며 반드시 필요한 과정인 것이다.

특히 이 모 교수는 국립대학의 교수로 공인의 경우에는 사생활의 자유가 확고하게 보장되는 일반 사인과는 달리 국민의 알권리의 대상이다. 게다가 제자를 성추행했다고 하는 사실은 이미 알려졌고, 비록 피해자와 합의가 되어 정식재판에 이르지는 않았다 하더라도 성추행 사실로 인하여 경북대로부터 해임되었기 때문에 인터넷에 이름이 올랐다 해서 명예가 더 실추되었다고 보기는 힘들다. 그리고 대학 내에서의 성폭력, 특히 제자에 대한 교수의 성폭력사태의 심각성은 2000년대를 기점으로 심각한 사회문제로 제기되고 있는 상황이어서 이러한 성폭력사실의 공론화는 우리 사회의 건전한 성문화 정착이라는 점에서 공익성이 충분히 인정되는 것이다.

경일대 조교를 성폭행한 금 모 교수 사건도 마찬가지이다. 비록 경일대학이 사립대학이기는 하지만 대학 교수는 우리 사회에서 여론을 주도해나가는 지식인이기 때문에 그가 저지른 행위는 최근 우리 사회에서 주요 관심거리가 되고 있는 대학 교수 성폭력사건이라는 점에서 충분히 공론의 대상이 된다고 생각한다. 그러나 사법부의 판단은 우리와 달랐고 우리에게 새로운 과제를 던져주었다.

### 역고소사건의 의미와 우리의 과제

이 성폭력 역고소사건은 성폭력 가해자의 범행 직후부터 우리가 피해자들에 대한 구조활동을 시작한 결과 가해자들이 처벌되었고, 그 후 성폭력 가해자들의 고소로 우리 대표들이 명예훼손으로 형사고소되어 1, 2심 법원을 거쳐 대법원 판결까지 받음으로써 역고소사건에 있어 새로운 장을 열었다고 볼 수 있다.

이 사건이 대법원 판결에서 갖는 큰 의의는, 우리가 갖는 공익성을 사법적으로 인정받게 되었으며, 우리의 성폭력 피해자 구호활동이 공공의 이익을 위한 것임을 인정하고, 그 결과 특별한 사정이 없는 한 위법성이 조각*되고, '비난의 목적성'은 부인되는 것으로 판단했다는 점이다.

　사실 여성단체가 성폭력 피해자 구조활동을 함에 있어 그 활동이 '공공의 이익'을 위한 것으로 볼 수 있을 것인지, '비난의 목적'이 없다고 할 수 있을 것인지 등에 대해 확립된 판례가 없었기 때문에 항상 법률적 위험성에 노출되어 있다. 그러나 대법원은 우리가 행한 각종 성폭력 피해자구호와 그 과정에서의 각종 활동이 '공공의 이익'을 위한 것임과 '비난의 목적'이 없었음을 인정함으로써 같은 활동을 하는 여성단체가 그러한 위험에서 해방되었다는 점은 이 사건의 가장 큰 의미라고 할 수 있다.

　그러나 대법원 판결은 여성단체가 풀어야 할 중요한 과제를 남기고 있다. 대법원 판결은 '강간죄에 있어 강간의 방법은 중요한 요소인데 경일대 금 모 교수가 술에 취한 뒤 피해자를 강간했음에도 술에 마취약을 넣어 피해자(조교)를 실신시킨 다음 강간했다고 게재한 점을 비추어보면, 우리(대구여성의전화)가 피해자에 대하여 적시한 사실은 허위의 사실'이라고 본 다음, '우리가 피해자의 강간사건을 특별히 조사한 바도 없고

---

* 위법성조각은 법률적으로 위법을 했으나 그 잘못을 없애준다는 의미이다. 조각(阻却)은 한자 그대로 위험함을 버린다, 즉 잘못을 없애준다는 의미이다. 우리가 성폭력 가해자의 실명을 공개한 것은 공공의 이익이기 때문에 법률적으로 잘못이 없다는 해석이다.

피해자에 대한 판결이 선고되기도 전에 피해자의 일방적인 진술만으로 위와 같은 사실을 적시한 점 등에 비추어볼 때 피해자에 대한 적시 사실이 허위라고 인식했거나 적어도 허위라는 점에 대한 미필적 인식은 있었다'라고 판시하고 있다.

위 판시취지에 따르면 비록 성폭력 피해자가 자신의 성폭력 사실을 여성단체에 알려 도움을 요청하고, 여성단체가 피해자의 진술을 신뢰하여 각종 구호활동을 펼쳤다 하더라도 사후에 그 진술 내용이 사실이 아닌 것으로 드러나거나 그것이 사실임을 입증하지 못하는 경우에는 여성단체도 허위의 사실을 적시한 것이 되어 비록 그 활동이 공공의 이익을 위한 것으로 인정된다 하더라도 위법성이 조각되지 않을 위험이 있다는 것이다.

그런데 성폭력범죄는 대체로 은밀하게 이뤄지므로 현실적으로 범죄를 입증할 증거가 부족한 경우가 대부분이다. 더구나 여성단체가 수사권을 가지고 있는 것도 아니다 보니 여성단체의 활동 단서는 대부분 성폭력 피해자의 진술에 기초할 수밖에 없는 것이고, 피해여성이 사실과 다른 진술을 하더라도 여성단체 입장에서는 그것이 허위임을 밝힐 방법이 거의 없다. 그렇다고 검찰의 조사와 판결로 사실관계가 드러날 때까지 지원을 유보할 수는 없는 것이 아닌가.

## 역경을 이기고 다시 일어서다

가해자에 의해 역고소되는 이 황당한 일을 당하여 5년이라는 긴 시간 동안 참으로 많은 사람들이 인내하며 몸과 마음을 다해 싸웠다. 고소를 당한 두 공동대표는 물론 활동가와 회원들, 그리고 한국여성의전화연합과 공동대책위원들의 노고가 참 컸다. 우리는 서로의 노고를 치하하고

더 열심히 싸울 것을 결의하는 의미로 최종 판결이 난 후 2005년 12월 7일에 '성폭력 가해자에 의한 대구 성폭력 명예훼손 판결 분석 토론회'를 열었다. 이두옥 대표의 개회사로 시작하여 당시 사무국장이었던 내가 사건경과와 개요에 대해 발표했으며, 성폭력 역고소 공동대책위원회에서 우리 대구 여성의전화에게 두 사람분의 벌금액 1,400,000원을 성금으로 전달했다. 이어 이미경 성폭력상담소 소장이 '반(反)성폭력운동과 성폭력 역고소 사건의 운동적 의의'에 대해, 또 이 사건의 변론을 맡은 이춘희 변호사가 '대구 성폭력 역고소사건의 법률적 의의'에 대한 발제를 했다. 우리는 이춘희 변호사와 성폭력 역고소 공동대책위원회에 그동안의 노고에 대해 감사패를 증정했다. 5년간의 역고소사건을 이 토론회로 마무리 지으면서 우리는 이 땅에서 성폭력이 추방되는 날까지 더욱더 열심히 운동을 하리라는 결의를 다졌다.

### 성폭력추방운동사의 한 페이지를 장식하다

길고도 아픈 싸움이었지만 그 의의는 매우 컸다. 우선 조교와 학생을 성적대상으로 삼고도 자신의 행동을 부끄러워하고 반성하기보다는 자신의 명예가 침해되는 것에만 급급한 '비양심'에 대한 철저한 응징이었다.

둘째 성폭력의 특수성, 즉 우리 사회의 성의 이중구조로 인하여 피해여성이 주눅 드는 점과, 이 사건처럼 권력관계에 의해 발생했고 따라서 피해자가 저항하거나 사후 책임을 묻기 힘든 점, 따라서 외부의 지원과 다양한 공론화 과정이 반드시 필요한 점 등을 고려하지 않은 성맹적 (gender blind) 재판에 대한 공개적인 항의였다.

이런 의미에서 이 역고소사건과 이에 대처했던 많은 사람들의 노력은 성폭력추방운동사의 한 페이지를 장식하기에 충분하다.

가해자로부터 고소를 당하며 당황했던 우리는 5년간의 투쟁이라는 긴 터널을 지나오며 한층 성숙해졌다. 성폭력으로 유죄판결을 받은 사람이 자신의 명예가 침해당했다며 오히려 피해자 측 사람들을 고소하는 일도 있을 수 있다는 것을 뼈아픈 교훈으로 삼게 되었다.

또한 이 사건으로 그리도 오래 운동해왔건만 기성세대에게, 또 제도권에 아직도 성폭력의 특수성과 우리 사회가 성별사회라는 것이 제대로 인지되지 못하고 있다는 사실을 확인하게 되었다. 앞으로 어떤 방향으로, 어떤 전략으로 여성운동을 해야 하는지 이 사건을 계기로 더 고민하게 되었다.

여성인권운동단체들은 역고소라는 위험부담 속에서도 결코 놓고 갈 수 없는 희망인 "성폭력 없는 자유롭고 평등한 세상을 만들어가는 일"을 앞으로도 사이버 공간과 오프라인에서 다양한 방법으로, 더욱 열정적으로 지속해갈 것이다.

| 조윤숙

🍎 조윤숙

대구여성의전화 대표. 내 삶에 가장 잘한 선택이 여성운동을 시작한 것이라고 할 만큼 여성운동은 나의 삶에 있어서 중요한 부분이다. 여성운동을 하면서 참 지난하고 힘든 시절이 많았지만, 우리의 아이들이 성평등한 세상에서 마음껏 살아갈 수 있기를 꿈꾸며 열심히 운동하고 있다. 이 생애 나의 사명이 여성운동을 하는 것이라고 생각하며 죽을 때까지 언제 어디서나, 어느 자리에서나 여성운동을 해나갈 것이다.

3부 여성의전화 조직을 만들다

# 이 땅에 여성운동 깃발을 꽂다

여성의전화 이야기 1(1983~1993)

한우섭

여성의전화의 역사를 이야기하는 것은 우리나라 여성운동 이야기를 하는 것이고 나아가 여성이 인권을 찾아가는 긴 여정을 이야기하는 것이라 생각한다. 아무도 가보지 않았던 길을 가는 만큼 우리가 가는 길은 미로처럼 여겨졌고, 그 미로 속을 헤쳐오는 사이에 25년이라는 세월이 흘렀다.

그동안 여성운동은 많은 변화를 겪었다. 여성들의 지위 향상과 함께 성평등 정책도 자리를 잡아가고 있다. 이러한 역사의 뒤안길에는 늘 고민하는 개인들과 함께 움직인 조직이 있었다. 여성의전화는 일찍이 이러한 역사를 만들어낸 조직이고 그 조직을 만들기 위해 많은 여성 그리고 남성들이 몸과 마음을 바쳤다.

당시의 역할을 불문하고 창립 초기에 활동했던 사람들을 떠올려보자. 대표자 급으로 이현숙, 이계경, 김희선, 이화수, 손덕수, 정희경, 노영희,

이문우, 김계정, 임원진에 이인호, 김주숙, 김광일, 정동철, 박성수, 그리고 공식 직함은 없었지만 임원 못지않게 초기에 우리를 지원해주었던 사람으로 이삼렬, 이우재가 있다. 1기 상담원교육을 받은 창립 멤버 격인 사람은 '크리스챤아카데미'의 주부회원들인 주부아카데미 회원들과 '청녀회' 회원들이다. 지금까지 여성운동 주변에 있는 활동가로는 1985년부터 활동한 이상덕, 용지연, 양홍업, 김인숙, 신윤옥, 박혜경 등이 있다.*

이 글은 바로 초기 10년간 헌신해온 이들의 활동과 조직의 형성 및 변화에 대한 이야기이다. 창립의 주역인 몇 분 선배들의 기억이 훼손되기 전에 그들의 도움으로 여성의전화 이야기를 하고자 한다.


## 1. 역사의 격동기에 여성의전화 창립하다

### 여성의전화, 창립하다

여성의전화 상담사업은 이현숙, 이계경 두 사람이 각자 가지고 있던 아이디어가 일치하여 시작된 것이었다. 여성문제 상담사업은 당시 미국에서 교포들에 대한 아내구타상담사업을 한 경험이 있는 이화수(당시 크리스챤아카데미의 부원장)의 제안으로 아내구타문제에 초점을 맞추게 되었다. 여성의전화가 만들어지게 된 정황을 이현숙과 이계경은 다음과 같이 회고하고 있다.

나는 1979년 '아카데미사건' 이후 1980년부터 크리스챤아카데미에서

---

* 이후 모든 인물의 호칭이나 직함은 생략하기로 한다.

일을 하게 되었는데 '아카데미사건'으로 교육생이 모아지질 않아서 고민하던 끝에 '생명의전화' 사업에서 힌트를 얻어서 전화상담을 하면 좋겠다고 생각하게 되었다. 아카데미는 교육을 하는 곳이었지만 교육만이 능사가 아니다, 대중 속으로 가서 운동으로 풀고 가자는 생각을 한 것이다. 그래서 이 문제를 이화수 부원장과 의논하니 아내구타상담을 하자고 제안했다. 우리나라에 무슨 '매 맞는 아내'가 있냐며 반대했더니 그러면 설문조사를 해보라고 하셔서 설문조사를 하게 되었다. 직전 크리스챤아카데미 여성사회 간사였던 이계경 씨와 의논하니 당시 그와 함께하던 '청녀회'와 함께하자며 찬성했다. — 이현숙

청녀회가 여성문제 상담사업을 기획하고 여성의전화라고 이름을 지어놓고 있던 터에 마침 이현숙 선생님도 비슷한 제안을 해오셨고 나중에 아내구타 쪽으로 초점을 맞추고 함께 일하게 되었다. (크리스챤아카데미) 주부들도 참여했지만 '청녀회' 회원들은 이 사업을 자신들이 주도한다는 생각으로 초기에 사무실을 만들 때 물적 지원을 많이 했던 기억이 있다. — 이계경

사회조사로 아내구타의 피해자가 43%라는 놀라운 결과를 접하면서 아내구타사업의 필요성을 확인하게 되어 크리스챤아카데미에서 이 사업을 준비하게 되었다. 당시 우리나라에는 아내구타문제가 전혀 소개되지 않았기 때문에 미국에서 이 문제의 경험이 있는 이화수의 경험과 제안이 많이 반영되었다.

지금은 너무도 당연하게 필요하다고 여기고 있는 '쉼터'도 "미국과

유럽에는 셸터 하우스(Shelter House)가 있는데 우리도 이런 걸 마련해야 한다"는 이화수 선생님의 얘기를 듣고서야 정말로 필요한 일이구나 하고 생각할 정도였다. 그만큼 아내구타문제는 우리에게 생소했다. 창립 초기에는 이 문제가 사회적으로 충격적이었고, 우리는 폭력남편들의 돌출적 행태와도 자주 마주쳤다.

내가 운영위원장 하면서 방송에 여러 번 출연했는데, 한번은 내가 출연하는 중에 어떤 남자가 방송국 스튜디오에 나와서 소리 지르고 해서 몰래 피해서 나온 일도 있었다.

주부아카데미 회원과 청녀회 회원으로 이루어진 창립준비 멤버들은 창립 이전에 자체 학습을 했는데 여성문제에 대하여서는 이미 학습이 되어 있던 터였으며 이화수 선생님이 1983년 2~3월경에 아내구타문제에 대한 내용을 위주로 지도했다. 이 문제의 중요성, 현상, 통계 등 미국에서의 경험을 4회 가량에 걸쳐서 강의했고, 후에 정동철, 박성수 같은 상담전문가를 모셔다 정식으로 상담원교육을 했고, 델 마틴의 책을 소개하여 번역하기도 했다.
— 이화수와의 인터뷰

1983년 6월 11일 토요일 쌍용빌딩 18층 강당에서 여성의전화가 출범했다. 아내구타를 이슈로 한 여성운동으로 시작되었지만 운영위원장에 남성인 이화수, 총무를 이계경이 맡아 남녀가 함께하는 조직이었다. 운영위원에는 박성수, 박인덕, 박현경, 손덕수, 이인호, 정동철, 문인숙, 정동철, 이현숙 등이 있었다.

그 밖에 참여했던 사람을 살펴 보면, 주부아카데미 회원 중에는 이숭리(전 여신학자협의회 공동대표), 강혜숙(동양의학 강사), 김계정, 김 영자, 전정희, 박형옥, 안양자, 한현 실 등이, 청녀회 회원으로는 김금 래(현 국회의원), 박현경(현 서울여성

재단 대표), 서명선(전 한국여성정책연구원장), 한혜경(현 호남대 사회복지학과 교수) 등이 있었다. 또 두 조직에 속하지는 않았지만 임인옥(현 여성신문 이사), 손효경(여성평론가, 문화복지협의회 이사), 박유희(현 인간교육실현학부 모연대 이사장)가 초기에 많은 역할을 했는데 혼자서 교육, 상담, 홍보의 몇 가지 역할을 담당해야 하는 나를 도와 임인옥 선생님은 교육을, 손효경 과 박유희는 회보제작을 도왔다. 소액이나마 활동비를 받았던 나에 비해 그분들은 모두 자원활동을 하는 상담원이나 자원활동가 들이었다. 당시에 는 회원 제도가 없었으며 자원활동가의 대부분은 상담원도 겸하였다.

김금래의 주선으로 뽀빠이 이상룡 씨가 마포구 합정동의 '어린이보호 회' 지하를 무료로 내줘서 창립 2개월 만에 사무실을 옮겼다. '어린이보 호회' 건물은 잔디가 넓은 아름다운 정원과 강당까지 있어서 바자회나 부부프로그램, 상담원교육, 호신술교육, 여성폭력을 다룬 연극을 하기에 아주 좋았다. 그래서 우리는 이 건물을 수년간 아주 편리하게 사용했다. 성산동에 수해가 나던 해에 한강물이 역류하여 사무실에 물이 무릎까지 찼던 일을 빼면 지금까지 부대시설이 그렇게 훌륭했던 공간은 그때가 처음이자 마지막이었다.

## 여성인권운동으로 시작하다

우리나라에 '매 맞는 아내'*가 43%가 된다는 설문조사 결과를 중심으로 아내구타문제를 대대적으로 홍보했을 때 사회적으로 큰 반향이 일었다. 그 이유는 첫째, 구타당하는 아내들의 수가 많고 폭력의 정도도 예상보다 매우 심각했고, 둘째, 여자가 맞을 수도 있다는 생각이 팽배하던 때 그걸 문제 삼았고 더구나 '안방에서 일어나는 개인적인 일'을 사회문제화했기 때문이다. 실제로 모 일간지가 여성의전화에 대해 사적인 영역인 부부간의 일을 제3자가 문제 삼는 것은 잘못이라는 취지로 사설을 쓰기도 했다. 우리는 이에 대해 공개적인 항의를 하여 사과를 받아냈다.

당시에 우리가 자주 사용했던 말은 '여성의 인간화'였고 초기의 슬로건은 '가정의 평화는 사회의 평화'**였다. 분명한 것은 여성의전화가 우리 사회에서 아내구타와 성폭력을 추방하고자 하는 상담사업이며 여성운동의 일환이라고 밝힌 것이다.

---

* 선진국에서 이미 사용되고 있었던 'battered wife'는 우리말로 '매 맞는 아내', '구타당하는 아내'로 번역해서 사용했는데 이 말들은 우리나라에서 처음 사용하는 개념이자 용어였으므로 용어 사용에 대해 당시에 내부 논의가 있었다. '매'라고 하는 것은 '사랑의 매'에서처럼 훈육적 체벌이라는 긍정적 의미까지도 내포할 수 있으므로 적절하지 않다는 의견이 있었음에도 델 마틴의 『Battered wive』의 번역본을 출판하면서 제목을 '매 맞는 아내'로 했다.
** 이 슬로건은 당시에 조형 교수로부터 비판을 받았는데 아마도 이 말이 사회보다는 가정에 초점을 맞춘 것과 관계되었던 것 같다. 우리도 그 점은 조 교수와 인식을 같이했지만 사회적 관심을 이끌어내기에 효율적인 쪽을 선택했던 것이다.

우리가 상담의 전문성을 높이면서 발전된 여성운동조직체로 가려고 애쓸수록 '운동이냐 상담이냐'라는 정체성에 대한 질문은 커졌다. 물론 애초의 취지가 여성운동으로서의 상담이었으므로 상담과 운동이 분리되는 것은 아니었다. 그러나 상담은 현상의 치유적 측면에 초점을 맞추는 것이고 운동은 문제의 근본적인 해결을 모색하는 것이기 때문에 이 둘은 일면 상충되기도 한다. 따라서 상담을 강조하는 입장과 운동을 강조하는 입장이 갈등을 일으킬 소지는 충분히 있다. 여성의전화가 상담을 통해 여성운동을 하는 단체라고 할 때 개념적으로나 실천적으로 혼란의 여지가 있는 것이다.

　이에 대해 이현숙 이사가 회보를 통해, 상담과 운동의 비중은 같은 것이며 기능이라는 면에서 동전의 양면과도 같다고 정리한 것이 생각난다. 여성의전화는 상담의 형식을 빌려 남성들의 폭력으로 훼손된 여성들의 인간성을 일깨워주고 자립의 용기와 새 삶의 희망을 부여하며 그들을 지원하는 벗들이 있음을 상기시켜주는 역할을 담당한다고 정리한 것이다. 이 논쟁에 대한 이현숙 이사의 정리를 아직도 많은 이들이 기억하고 있다.

　이러한 정리에도 불구하고 지금까지도 조직 내외에서 여성운동단체가 아닌 상담소로 오해받는 경우가 있는데 이러한 혼동의 빌미를 창립 당시 만들었던 내규에서 발견할 수 있다. 즉 내규 2조는 "이 회는 위기에 처한 여성을 돕는 것을 목적으로 한다"로 하여 단체의 목적을 '여성에 대한 지원'으로 규정하고 있다. 그러나 내규 8조에서는 "운영위원은 여성운동에 관심을 가지고 이 사업의 목적에 찬동하여……"로 운영위원의 자격을 여성운동가나 여성운동 지지자로 제한함으로써 단체의 목적이 여성운동임을 간접적으로 표명하고 있다. 이렇듯 운영규칙상으로는 상담소와 여성운동단체의 정체성이 혼재하는 것으로 나타나고 있다.

초창기 주역들인 이현숙, 이계경, 김희선 등에게서 여성운동의 공감대가 있었고 박인덕 운영위원이 개원 기념식에서 '한국여성운동과 여성의전화'라는 제목으로 강연을 하며 우리의 정체성을 분명히 했음에도 불구하고 이 혼란은 오랫동안 지속되었다.

그러나 창립취지문은 여성의전화의 운동이 여성인권의 침해를 없애기 위한 것임을 분명히 하고 있다. 즉 "전 세계 여성은 강간, 매춘, 육체폭행, 정신적 잔인한 행위 같은 여성의 인권침해를 없애는 데 단합해야 한다"는 1975년 멕시코 선언문을 인용하면서 여성에 대한 폭력문제가 여성의 인권문제임을 분명히 하고 있다.

여성인권에 대해 여성의전화가 공식적으로 주창한 것은 그 이후에도 계속된다. 1991년 여성의전화가 주관한 1회 세계 여성폭력 추방주간 행사* 결의문 내용은 여성에 대한 폭력이 여성인권문제임을 천명하고 있다.

우리가 여성인권운동의 씨앗을 뿌린 것은 이처럼 창립 초기부터이지만, 시대 조류보다 앞선 상품이 팔리지 않듯이 시대의 조류보다 너무 앞선 우리의 주장은 대중에게 제대로 전달되지 못했던 것 같다. 사회적으로 '여성인권'이 화두가 된 것은 훨씬 뒤 북경여성대회가 있은 후 인

---

\* 미국 러트거스 대학 여성리더십센터가 주최한 워크숍에는 세계 23개국 여성들이 참여했다. 여기서 여성에 대한 폭력은 여성의 인권문제라는 점을 확인하고 각국 대표들이 귀국하여 세계 여성폭력 추방주간 행사를 개최할 것을 결의했다. 나는 우리나라 대표로 참가했는데 그때 이후 지금까지 11월에 이 행사를 이어오고 있다.

1990년대 중반 이후이기 때문에 마치 우리나라에서도 여성인권운동이 이때부터 시작된 것처럼 인식하는 경향이 있다. 그러나 우리나라의 여성 인권운동은 1983년 여성의전화의 창립과 더불어 시작된 것이다.

## 2. 여성운동단체로 자리매김하다

우리는 일을 해나가면서 초기의 여러 가지 혼란들을 정리해내며 여성 운동단체로서의 정체성을 확실하게 하는 작업을 꾸준히 해나갔다.

박인덕이 2대 운영위원장이 되고 몇 개월 뒤인 1984년에 의사결정 단위였던 운영위원회가 이사회로 변경되면서 남성 상담전문가들이 임 원진에서 물러나게 되어 외형적으로 여성단체의 모습에 가까워졌다. 여성단체로서의 초대 이사장은 정희경이 맡았지만 상담소를 염두에 두고 이사장을 수락했던 그는 몇 개월 만에 사임했다(김희선, 이현숙과의 인터뷰). 남성 전문가들은 운영위원을 물러난 이후에도 수년 동안 강의 와 후원하는 방식으로 여성의전화에 참여했는데 한양대 정신과의 김광 일 교수는 그때 이래 지금까지도 여성의전화와 연을 맺고 있다.

### 상담원교육

상담원교육의 기획은 이현숙, 김희선, 이계경 3인이 했다. 당시 크리스 챤아카데미 교육부장이었던 이현숙이 진행을 담당했고 자원간사였던 내가 보조(?)했다. 여성상담이 대두되기 이전이었지만 이현숙은 여성문 제는 전통적인 심리학이나 상담으로는 접근할 수 없다는 것을 인지하고 강사와 커리큘럼을 여성주의적인 관점으로 준비했다. 초기 멤버였던 김희선은 이를 다음과 같이 기억하고 있다.

> 2기 상담원교육부터는 이현숙이 '여성상담'*이라는 것을 의식하면서
> 커리큘럼을 짰는데 그때 아무도 그런 생각을 하지 못할 때였지. 이
> 부분은 이현숙의 공이 참 크다. '여성상담'에 근접한 내용으로 정원식,
> 정동철, 김광일 선생님의 자료를 구하여 교육생들에게 나눠주었다.

상담원교육은 창립 이후 봄, 가을로 일 년에 두 차례씩 실시했는데
우리 운동의 동참자들을 모으는 유일한 창구였으므로 우리는 교육에
우선순위를 두고 정성을 기울였다. 활동가 외에도 여러 사람들이 교육사
업에 참여했다. 처음에 이현숙이 틀을 잡았던 상담원교육은 교육생 한
사람 한 사람을 배려하고 상호 작용하여 중도 탈락자를 최소화하는 데
힘썼다. 특징적인 몇 가지 방법은 강의 이후 2시간의 토론으로 강의
내용 내면화하기, 숙박교육, 촉진자의 적극 활용, 비공식 회합을 통한
상호 작용, 역할극, 공동체 과정으로 교육의 효과성 높이기, 매회 교육에
대한 평가와 반추 등이었다.

당시 상담원교육의 어려움 중 하나는 심리학, 상담학 분야에서 여성의
입장에서 강의할 강사진이 절대적으로 부족했다는 것이다. 초기의 운영
위원이었던 김광일, 정동철, 박성수 등 소수를 제외하고는 성평등의 관점
에서 강의를 하는 전문가를 찾기가 어려웠다.

------

* '여성상담'이라는 용어를 사용한 것은 이보다 훨씬 뒤의 일이었고 이때는 여성운
  동과 상담이라는 두 가지 측면의 가치와 방법을 함께 가지고 갔을 뿐이었다.

이런 과정에서 '여성주의 상담론'이 대두되었다. 내부의 소그룹 학습을 통해서 우리는 여성심리의 피학성과 남성의 가학성을 말함으로써 여성비하와 아내구타를 합리화하는 프로이트 심리학을 비판했고 이를 대체하여 우리의 운동을 지지해줄 여성주의적 심리학과 상담이론이 필요했다. 이때 연세대의 김소영 박사와 충북대의 정진경 교수가 우리에게 '여성주의적 치료(Feminist Therapy)'를 소개했다. 이후 상담의 전문성을 높이고 상담원들의 성장에 대한 욕구를 채워주기 위해서 1년 과정의 전문상담원교육 과정을 준비했으나 이후 조직의 불안정으로 추진되지 못하여 아쉬웠다.

### 회보 ≪베틀≫과 문화활동

초기 사업 중 회보 발행은 상담만큼이나 중요했다. 12면에서 16면 정도의 작은 분량이었지만 매체가 많지 않았던 시절에 우리의 생각을 사회적으로 알리는 유일한 도구였기 때문이다. 제호인 ≪베틀≫은 씨줄과 날줄이 만나 베를 짜는 도구라는 점에서 여성의전화의 사회적 역할을 의미했고 그 베틀로 '우리 사회에 평화를 짜자'는 의미도 포함했다. 제호는 박용길 장로에게 부탁하여 받은 것이다.

초창기 나 혼자서 모든 실무를 해야 했던 시기에 전문 편집인이었던 손효경과 박유희가 초기에 기틀을 잡는 데에 큰 역할을 했다. 삽화 한 컷, 시 한 편도 ≪베틀≫지를 위해 다듬어진 작품들이 실렸는데 편집의도에 부합할 때까지 몇 번씩 수정했다. 초창기 몇 년간은 내부자의 글에는 필자 이름을 쓰지 않게 한 방침으로 인해 내가 쓴 글은 물론 손덕수 등이 쓴 글도 거의 다 필자 이름이 없이 나갔다. 또한 호수를 거듭하면서 조선일보의 조선이, 중앙일보의 박금옥, 매일경제의 홍승희 기자 등 일선 기자들 그리고 박광숙, 박인혜 등 문필가나 전문 출판인의 참여가 적극적이었음에도 ≪베틀≫지 어디에도 편집위원들의 이름이 없는 것 또한 지금 생각하면 잘못되었다. 회보가 '여성의전화'라는 공동체의 홍보의 수단이라는 것을 중시했을 뿐 이것이 역사적 기록이며 참여자 개개인의 기록이기도 하다는 의식이 약했기 때문이라고 생각한다.

여성의전화의 문화활동은 주부아카데미 출신으로 <기생관광>과 같은 연극활동을 했던 노혜경, 한현실, 이영자 등에서 비롯되었지만, 연극반 활동 경험이 있는 이상덕이 교육부장으로 오고 풍물교실 등이 만들어지면서 활기를 띠게 되었다. 상담에서 나타나는 여성문제들을 사회극, 역할극 또는 연극의 형태로 공연하여(<우리 동네 어머니>, <꽃다운 이내청춘> 등) 홍보할 수 있었고, 재정마련에도 한몫을 하여('단오장터'* 등) 당시 여성의전화가 하는 대외 행사에서 없어서는 안 되는 활동이었다. 아내구타를 주제로 한 첫 영화 <굴레를 벗고서>에 회원들도 다수 참여했고 당시 출연했던 은희 주는 현재까지 서울지부에서 활동하면서 많은 사람들에게 웃음을 주고

―――

* 그 무렵 시작된 '밸런타인데이' 같은 서양의 상업적 문화를 비판하면서 전통적인 단오명절에서 여성의 명절을 찾고자 한 노력으로 수년간 해마다 단오 시기에 지속했다. 담장 안에서만 생활하던 여성들이 바깥나들이를 하고 마음껏 놀이를 즐길 수 있었던 날이라는 면에서 여성해방의 날로 의미부여를 하면서 여성들의 놀이판을 벌이고 중고물품 바자도 함께하는 여성 축제의 날이었으며 부수적으로 재정사업도 되는 행사였다.

있다. 당시 문화부 회원인 엄인희, 김정자, 이연형 같은 이들은 거의 프로급이었고 오순애, 이만현, 박명숙, 노형미, 한순희 등은 '젊은 여성 모임' 출신의 회원들이었다. 회원들이 공동작업하여 직접 대본을 쓰고 출연도 했는데, 엄인희가 쓴 대본을 몇 번씩 수정케 하여 미안해했던 기억이 난다. 엄인희는 나중에 등단하여 좋은 글을 여러 편 남겼으며 아직도 그의 작품이 공연되고 있는데 병으로 세상을 떠나 여성운동을 위한 훌륭한 작가 한 사람을 잃었다는 아쉬움을 남겼다. 소설가 이경자는 여성의전화 상담 사례들을 가지고 『절반의 실패』라는 소설을 써서 작가적 명성을 얻기도 했다.

## 성폭력문제를 처음으로 제기하다

여성의전화가 여성의 입장에서 상담을 받는다는 것이 대중에게 알려지면서 미혼여성들이 겪는 성폭력에 대한 상담 요청이 새롭게 나타났다. 우리는 이미 1984년에 일어난 경찰의 여학생추행사건에 대해 '여대생추행사건 대책협의회'를 구성하여 대응했다. 또 1985년 성차별문제에도 적극적으로 관여하여 '25세 여성조기정년을 철폐하기 위한 여성단체연합'이 구성될 때 우리 단체의 김희선 원장이 회장을 맡을 정도였다. 또한

1986년에 부천경찰서 성고문사건을 권인숙 씨가 직접 폭로하여 사회에 파문이 일 때도 우리가 앞장서 기독교회관에서 밤새워 농성을 하기도 했다. 이 사건이 군사정권 퇴진운동의 단초가 되자

이에 용기를 얻는 성폭력 피해자들이 상담하는 사례가 늘어났다. 그때만 하더라도 성폭력 피해자가 상담을 요청하는 것이 거의 드문 때였는데 이런 변화가 일어났다는 것은 매우 고무적인 일이었다.

1985년에는 '성폭력 간담회'를 열어 우리나라에서 처음으로 성폭력문 제를 사회에 제기했다. '아내구타'라는 말을 우리가 처음 사용했던 것처럼 '성폭력'*이라는 용어도 이때 우리가 처음으로 사용했다. 이 간담회 때 제시된 성폭력의 개념은 좁게는 "성을 매개로 한 차별로 인하여 자신의 뜻에 의하지 않고 물리적, 심리적 힘에 의해 관철당하는 것"이었다. 성폭력이냐 성관계냐의 기준은 현상으로 파악될 수 없으며 자의에 의한 것이냐 아니면 타의 또는 반대급부에 의한 것이냐로 판단될 수 있었다. 그러나 넓은 의미의 성폭력은 성차별의 폭력적 발현형태로써 성폭력의 구체적 범위는 아내구타, 강제적 성관계, 강간, 경제적 유혹에 의한 성관계, 직장 내에서의 여성구타, 여성 경시적 언행 및 성희롱, 출산 결혼퇴직 강요 등이다. 지금 읽어보면 성폭력의 개념을 설명하기엔 좀 미흡한 데도 있고 쉽게 알 수 있는 내용을 작위적으로 개념규정을 하려고 한 것으로 보이지만 성폭력이라는 말도 없었던 때에 그 말과 개념을 규정하려다

---

* '성폭력'은 젊은 여성 학습동아리를 운영하면서 읽었던 영어 원서 본에서 섹슈얼 바이얼런스(sexual violence)를 '성적 폭력' 혹은 '성폭력'으로 번역하면서 그 용어를 사용하기 시작했다. 필자가 주도했던 이 소모임 멤버로는 현재 웅진출판사의 최정순과 이화여자대학교 교육학과 석사과정에 있었던 김진숙, 이상덕 등이 있었다. 이 모임은 성폭력의 개념, 원인을 토론하여 간담회 자료로 문건화했다. 공식적인 정책 단위는 아니었지만 자발적으로 정책 논의를 하여 이사회 등에 의견을 개진했던 실제적인 정책 그룹이었다.

보니 그리되었다고 변명해본다. 성폭력을 '여성에 대한 모든 폭력(gender violence)'의 개념으로 넓은 의미로 보았으므로 아내구타도 성폭력의 범주에 두었다.

성폭력 간담회 이후 언론의 보도 요청이 더욱 쇄도하여 일하는 시간의 대부분을 기자들과의 인터뷰에 할애해야 했다. 우리를 홍보할 수 있는 좋은 기회였지만 담당자였던 나는 업무시간을 지나치게 빼앗긴다고 느껴 언론에 대해 그다지 친절하지 못했던 것 같아 지금도 미안하다.

1988년 6월 5주년 기념일에 손덕수 중앙위원이 '여성해방과 성폭력'이라는 주제로 강연을 했다. 강연에서 손덕수는 매카피 브라운(MacAfee Brown)의 폭력의 개념을 인용하면서 여성에 대한 폭력을 '여성을 물리적·정신적으로 침해하고, 무시하고, 여성을 악용하며 부정하는 모든 행위'로 규정했다. 그리고 여기에 해당하는 것으로 가부장제 이념과 제도, 남성중심적 가치관과 규범, 자본주의적 경제체제, 군사문화 등을 말하고 그것을 하나하나 분석했다.

## 젊은 여성 모임

당시 우리는 여성에 대한 차별과 폭력이 자본주의와 군사독재 때문*이라고 생각하여 군사정권에 대해 극렬히 저항했다. 그러나 성폭력문제에 대한 언론의 관심은 개인적이었고 그들은 '성폭력'이라는 말 대신 '성폭행'을 쓰면서 여성에 대한 폭력의 범위를 성적 폭력(sexual violence)으

---

\* 이것은 여성의전화의 공식적 관점은 아니었으며 젊은 여성들의 학습동아리의 워크숍의 입장이라고 함이 정확하다.

로 축소하려고 했다. 이에 저항하며 우리는 민상담사업에 적극 나서게
되었다. 나는 스스로 '젊은 여성 소모임'*을 조직하여 퇴근 후 밤 시간을
이용하여 여성학이나 성폭력문제를 학습하기 시작했다. 성폭력과 관련
한 국내 도서가 없어 힘겹게 영문 자료를 강독하기도 했다.

그때 마침 손덕수가 독일에서 여성수첩을 가지고 와서 우리도 이걸
만들자고 한 것이 1985년 처음 제작된 여성수첩이었다. 여성수첩은 '젊
은 여성 모임'의 첫 성과물이었다. 여성수첩의 제작 의도는 기존의 달력
이 남성 위주의 역사(history)를 기록하고 있다는 점에서, 여성들의 삶의
이야기인 여성의 역사(herstory)를 담아 기억하고자 한 것이 첫째였고 여성
들에게 실질적인 도움이 되는 간단한 여성학, 여성폭력문제, 여성단체에
대한 정보를 손쉽게 제공하는 핸드북 역할을 하고자 한 것이 둘째였다.

이후에 이러한 기초적 활동들이 토대가 되어 '젊은 여성 소모임'이
공식적인 조직이 되면서 활동가들이 각자 한 개씩의 소모임을 조직하여
운영했고 그들은 문화부 활동, 직장여성교육, 회보 《베틀》 편집에 적
극 참여했다. 직장여성교육은 직장여성들에 대한 여성의식화교육으로

---

* 처음에는 이 모임이 조직체계 속의 모임은 아니었으며 자발적 학습동아리에서
  시작하여 나중에 공식조직으로 채택된 후 '젊은 여성 모임'이라 명명하고 지속
  적으로 참가자를 모았다. 이 모임들이 성장하여 회원제로 체제개편을 할 때는
  젊은 여성회원이 주부 상담회원보다 숫자가 더 많았다. 젊은 여성 모임은 여성
  의전화가 상담 이외의 다양한 운동을 하는 운동체로 커가는 데에 꼭 필요한
  역할을 했다. 이들이 없었다면 '여성의전화'가 차지하는 상담사업의 영역이
  훨씬 작아졌을 것이다. 이들의 유입 경로는 드물게는 상담원교육을 통해서였지
  만 여성운동에 관심을 갖는 대졸 여성들의 학습동아리가 위주였다.

몇몇은 후에 여성운동가나 노동조합의 지도자로 성장했다. 상담사업의 한 축이었던 '직장여성 고발창구' 사업도 이러한 젊은 여성들의 활동과 직장여성교육과 연계되어 채택되었다. 회원 대상이 주부 상담원들을 중심으로 하는 조직에서 출발하여 젊은 여성들의 참여가 이루어지면서 상담의 범주도 직장여성들의 문제로 확대되었고 활동의 폭도 보다 다양해졌다.

## 민주화운동과 함께 가다

김희선 원장이 민통련의 장기표 선생님을 은닉한 혐의로 구속되었다. 그때 나와 이상덕은 개인적으로는 남편의 수배나 해직으로 가족운동을 하면서 조직 책임자의 빈자리를 채우면서 옥바라지도 함께하느라 서로 많이 의지했다. 역사의 역동적 변화의 와중에서 하루하루가 힘겹고 긴장된 나날이었지만 여성의전화에서 일하면서 가장 보람된 시기였는지도 모르겠다. 걸핏하면 경찰에 잡혀가고 미행당하는 일이 일상화된 분위기에서 상담활동만을 기대하고 교육받고 활동하던 상담원들 중에 자신이 반정부활동을 하는 여성의전화에서 활동하는 이유로 공무원인 남편이 승진되지 않았다고 생각하여 탈퇴하는 회원들이 생겨나기도 했다.

성폭력사건 중 1985년 6월에 톰보이 불매운동이 있었다. 당시 당국이 노동운동을 탄압하는 과정에서 톰보이 회사의 여성노동자들의 속옷을 벗기는 등의 성폭력을 자행하여 여성단체들이 무교동의 톰보이 매장 앞에서 불매운동 시위를 벌였다. 경찰이 들이닥쳐 10여 명을 연행했고 플래카드를 들고 있던 나는 종로경찰서로 붙들려갔다. 영등포 경찰서에서 2주간 구류를 살았는데 짧은 기간의 구금이었지만 동료들이 나를

무척이나 대우(?)해주었다고 기억된다. 이 사건은 내가 기억하기로 1980
년대 이후 여성단체 활동가들이 성폭력을 이슈로 경찰에 구금된 유일한
사건이었다. 이 사건이나 김희선 원장의 구속은 이사회나 상담원들이
민주화운동에 더 관심을 갖는 계기가 되었다.

이 무렵 진보적 여성운동 진영에서는 노동문제를 여성문제의 본질이
라고 보고 여성의전화가 노동문제가 아닌 성폭력문제를 다루기 때문에
서구의 자유주의적 여성운동이라고 폄하하기도 했다. 그러나 이러한 평
가와는 달리 실제로 우리는 여성의 노동문제와 민주화운동에 매우 적극
적이었다. 성고문사건 등에서처럼 노동문제와 민주화운동에서 성폭력
이슈를 찾아내어 그것을 전국 단위로 조직화하는 일은 여성의전화가
없었다면 가능하지 않았을 것이다. 또한 진보적 여성운동을 한다는 다른
조직에는 없는 중산층 주부들의 조직이라는 점이 여성의전화의 강점이
었기 때문에 여성운동 내에서의 우리에 대한 평가와는 달리 우리는 언제
나 앞장서는 위치가 되었다. 당시 여성운동에서 굵직한 사건들이 모두
여성의전화가 핵심적으로 앞장섰던 성폭력문제였기 때문에 운동 사회에
서나 대중적으로 여성의전화가 '영향력 있는 조직'이 되어갔다. 여성운
동권의 이러한 분위기에 대해 김희선은 이렇게 전한다.

여성운동에서 여성의전화의 역할이 얼마나 컸는가 제대로 규명해야
한다. 당시에 우리를 여성운동단체로 취급을 하지 않는 분위기 속에서
도 87년 6월 항쟁에서 여성의전화가 큰 역할을 했다. 중산층 주부들이
최루탄 맞는 데모 대열에 가담한 것은 여성의전화뿐이었다. 당시 상담
원 KM과 KY 같은 이들은 상류층 여성들이었음에도 데모에 열심인
사람들이었으니까. 우리는 상담에 관심을 갖고 모인 중산층 여성들에

게 사회적인 눈을 뜨게 만들었다. KBS 시청료 거부운동을 여성계로 확산한 일, 여성단체연합이 결성되기 이전에 25세 조기정년제철폐를 위한 여성단체연합을 결성하여 여성운동의 연대를 앞장선 일, 대한투 자신탁의 결혼퇴직사건 같은 일들이 모두 당시 여성운동에서 우리가 처음으로 제기한 운동들이었다.

우리가 민주화운동에 적극 가담한 것은 국가권력의 반민주성으로 여 성에 대한 폭력이 가중된다고 보았기 때문이며 여성에 대한 폭력문제가 노동문제, 통일문제를 이슈로 한 민중 민족 민주운동에 비해 부차적인 운동이라 여겼던 것은 아니었다.


## 3. 성장통을 앓다

### 회원 운동체로 조직을 개편하다

1984년에 상담소 체제에서 여성들만의 여성운동조직으로 전환했으나 조직적 체계나 의사결정 방법은 아직도 기구적인 성격이었다. 이사회가 결정 기구였고 재정, 상담, 문화활동 등 실질적으로 회원활동을 하고 있었던 상담원들은 자원활동자로 머물렀으며 총회가 없으니 아무런 의 사결정권을 가질 수 없었다. 그대로 지속하다가는 참여자들에게 갈등을 줄 수 있었다. 젊은 여성들이 참여할 수 있는 통로가 없어 비공식적인 방법으로 이름 없는 활동을 하고 있었다. 비밀결사를 조직하듯 조직체계 에도 없는 학습동아리를 운영하고 있었던 나는 하루 빨리 회원조직으로 바꾸어나가야 할 필요성을 절실히 느꼈다.

이러한 문제의식에 모두 공감했다. 1987년 9월에 회원제로의 개편 총회를 하여 공동대표로 김희선, 노영희, 이현숙을 선출하고 이들 중 김희선을 상임대표로 정했다. 의결기구는 중앙위원회가 되었다. 그동안 상담원이나 젊은 여성 모임 구성원으로 활동하면서도 회원으로서 의무나 아무런 권리도 지니지 못했던 조직원들에게 민주적 참여의 길이 열리게 된 것이다.

### '여성운동단체'의 정체성 논쟁

1980년대 우리 역사의 가장 중요한 과제는 군사독재의 종식과 민주화였다. 이러한 과제를 중심으로 당시 여성운동과 재야운동은 민중, 민족, 통일 같은 이슈에 집중했고 여성노동자문제를 다루거나 민주화운동, 통일운동을 해야만 여성운동단체로 인정하는 분위기였다. 이러한 문제들은 성문제에 우선하는 문제이므로 여성문제를 해결하기 위해 이런 문제들이 선결되어야 한다는 논리였다. 성폭력이니 가정폭력이니 하는 문제는 당시의 치열한 역사적 현실에서 볼 때 상대적으로 한가한(?) 얘기로 치부되었던 것이다.

이러한 역사적 현실과 분위기에서 여성의전화 지도부, 상근자, 주부 회원들까지도 민주화운동의 최전선에서 투쟁했다. 1987년에는 정부의 4·13 호헌 조치에 반대하여 '민주헌법쟁취 국민운동본부'에 참가했고, 이어서 6·10 국민대회, 6·18 최루탄 추방대회, 6·26 평화대행진에 상담원들까지 동참했다. 상담원들을 민주화운동에 이렇게 조직적으로 참여케 하자니 회원교육이 무척 강화되었다. 매월 월례회의에서는 여성학 외에도 김근태, 장기표 등 당시 재야지도자의 민주화운동 관련 강의를 통해 회원들의 정치의식을 강화하고자 했다.

이렇듯 우리는 운동단체로서의 역사적 임무에 충실하고 여성문제 해결을 위한 민주화운동의 중요성에 적극적 공감하면서도 여성운동단체로서 여성에 대한 폭력문제 해결을 최우선 과제로 삼았다. 그러면서도 결과적으로 '상담의 전문성' 같은 과제는 '매우 소중하지만 시급하지 않은 문제'로 인식되어 시급한 정치적 상황에 밀려났던 것이 아닌가 한다. 그것은 어쩌면 절박했던 역사적 상황에서 불가피한 일인지도 모른다.

앞서 기술한 조직개편 총회에서 발표된 정책 방향은 바로 이러한 과제의 우선순위와 시대적 흐름을 반영하고 있다.

1. 여성의전화는 가정폭력, 성폭력, 성차별적 이데올로기 등 당면한 여성억압의 현실 극복을 위해 일한다.
1. 여성의전화는 여성노동권 확보를 위해 일한다.
1. 여성의전화는 민중생존권 획득을 위해 일한다.
1. 여성의전화는 자주적인 통일민주사회 실현을 위해 일한다.

그러나 이렇듯 분명한 과제의 우선순위에도 불구하고 조직은 정체성 논란에 휩쓸리게 되었다.

1987년 민주화운동 전성기를 맞아 김희선 대표가 국민운동본부 집행위원장으로 가면서 노영희가 상임대표를 맞게 되었다. YWCA에서 해고되어 시작(詩作)활동을 하고 있던 노영희 대표는 외부에서 영입된 경우였다. 노영희 대표는 우리의 활동이 보다 진보적이길 원하여 여성의전화가 청년회원들 중심으로 사무직 노동운동을 포함한 민족 민주운동에 보다 적극적으로 활동해야 한다고 생각했다. 당시 매일경제신문 기자였던 홍승희 등 새로운 인물들이 이러한 주장에 가담했고 이에 동의할 수 없는 나와 이상덕은 사직했다. 나와 이상덕은 노영희 등의 생각이 회원들 다수가 중산층 주부들인 조직의 성격과 맞지 않으며 무엇보다 조직의 정체성에 어긋난다고 생각했던 것이다. 여성의전화는 여성인권운동단체로 출발했고 가정폭력과 나아가 여성에 대한 모든 형태의 폭력의 철폐를 운동의 주요 목표로 설정해왔다는 것이 우리(나와 이상덕 등)가 가진 소신이었다.

노영희 대표가 조직을 이끈 약 3년간은 한국 사회가 민주화 열기로 가장 들끓었던 시기인데, 여성의전화는 이 시기에 민주화운동, 노동운동뿐 아니라 여성에 대한 차별과 폭력에 대항하여 많은 성과를 내었다. 즉, 변월수 씨 사건을 승리로 이끌었고 독일의 박재신 선생님을 접촉하여 이후 10년간 독일의 녹색당으로 부터 연 1억여 원을 지원받게 되었고, 지부 조직을 시작하여 전국조직의 단초를 마련했으며, 연대활동으로 「가족법」 재개정과 「남녀고용평등법」 제정을 위해 힘썼다. 또한 이 시기에 이현승 감독과 함께 가정폭력 영화 <굴레를 벗고서>를 제작했다. 또한 AIDS 추방운동, 대구 강○○ 씨에 대한 경찰의 윤간사건, 파리바 은행 박현옥 씨에 대한 부당해고사건 등도 주도적으로 이끌었다.

직장 내 여성폭력문제나 성차별문제들이 주로 여성의전화로 상담이 의뢰되었고 우리 활동가들의 노력으로 사건화되었으며 여성단체연합(1987년 발족)을 비롯한 타 단체와의 전국 연대를 통해 해결되었다. 이러한 활동이 가능했던 것은 성차별도 넓은 의미의 성폭력으로 보았고 직장 내 성차별문제에 대한 접근을 위해 '여성문제 고발창구'를 개설하여 이를 상담의 범주에 두었기 때문이었다.

여성의전화는 중산층 주부들의 조직답지 않게 활발한 활동을 했던
터라 항상 언론의 큰 관심을 받았으며 조직적으로도 회원조직으로서
안정을 찾아갔다. 그러나 아쉽게도 사무국 활동가들의 분규로 운동의
단절이 일어나게 되었다.

### 무너지고, 다시 일어나다

역사적 격동기에, 사회의식이 투철하고, 운동에 대한 자기주장이 강한
사람들이 모이면 그 갈등은 심각한 수준으로 발전하기도 한다. 위에서
언급했듯이, 민주화운동이 한창이던 1980년대 말에 노동운동을 주장하
던 노영희 대표를 중심으로 조직이 움직이면서 나와 몇몇 사람이 사직했
고, 1990년대 초에 노 대표의 외부활동에 대해 사무국 실무자들이 문제
제기를 하면서 또 한 번의 조직분규가 일어 실무진들과 상임대표가 모두
사임하는 사태가 벌어졌다. 창립한 지 10년이 가까이 된 시점에서 조직은
다시 한 번 큰 위기를 맞게 되었다.

이런 상황에서 여성의전화를 다시 살려야 한다는 손덕수의 설득으로
나는 사무국장으로 복귀했다. 그러나 와해된 상근자 조직을 다시 추스리
는 것이 쉽지 않았다. 여성의전화를 사랑하고 아끼는 선배, 동료들의
힘으로 실무자가 없는 상태에서 김계정이 상담회원 출신으로는 처음으
로 대표를 맡았고 이현숙, 이영자 등이 이사로 적극적으로 활동했으나
실무 책임을 맡은 나로서는 활동가들이 절대 부족하여 매우 힘들었다.
당시에 가장 절박한 과제라고 여겼던 것은 전문 상담원교육*과 성폭력

관련법 제정이었다. 여성에 대한 폭력을 방지하고 피해자를 보호하기 위해서 법제정이 필요하다고 느끼고 있었으나 실무 여력의 부족으로 추진하지 못했던 것이다.

이러던 차에 이를 촉구하는 사건이 일어났다. 그 무렵 상담활동을 하던 이문자 선생님이 상근으로 활동하게 되었다. 1991년 1월 내가 외부 출장 중이었을 때 이문자 당시 상담부장을 포함한 3인이 인신매매 혐의로 마포경찰서에 연행되었다. 폭력남편이 여성의전화가 자신의 부인을 인신매매했다며 경찰에 신고했기 때문이다. 우리는 즉각 언론에 경찰에 대한 공개항의서를 배포했다. 활동가들은 그의 아내가 간 곳을 가르쳐주고서야 경찰에서 풀려나올 수 있었다.

이 일을 절호의 기회로 잡아 그동안 마음속의 숙제였던 「성폭력특별법」 제정을 위한 공청회를 개최했다. 성폭력 관련법이 없어 성폭력추방운동을 하는 여성의전화가 경찰에 의해 인신매매범으로 몰렸다는 논지를 펴면서

사회적으로 호소했다. 이어서 정당인 초청 간담회, 8월에 4개 단체가 '성폭력특별법 제정추진위원회' 결성 등을 하면서 입법운동을 연대활동으로 확대했다. 가정폭력문제가 계기가 된 「성폭력특별법」 제정은 타 단체들과

---

* 기존 상담원들에 대한 여성주의적 상담교육의 심화로 전문성을 높이는 교육을 기획함.

연대하는 과정에서 결과적으로 가정폭력을 제외한 좁은 의미의 성폭력만을 다루는 법이 되고 말았다. 그렇게 될 줄 알았으면 애초에 성폭력이 아닌 가정폭력 관련 입법운동으로 시작할걸 하는 후회도 했다.*

우리가 이렇듯 활발히 활동을 하고 영향력 있는 조직으로 성장하는데는 운동만큼이나 적극적으로 추진했던 재정적 활동이 있었기 때문이다. 우리는 '평화의 잔치'로 명명한 후원 행사, 바자회 등을 통해서 재원을 마련했다. 창립하던 해 12월 15일에 롯데호텔에서 1회 후원의 밤 행사를 한 이래로 매년 호텔에서 후원행사를 했는데 호화 행사라고 외부로부터 비난도 받았지만 하루의 행사로 일 년 사업비와 기금을 마련했기 때문에 비난에도 불구하고 이 행사를 이어나갔다.

또한 지금은 매우 일반화되었지만 당시로서는 우리가 처음 시도했던 중고 물품 바자회도 큰 도움이 되었다. 쓰던 물건을 사고파는 것이 익숙지 않았던 시절이라 처음 중고품 바자를 할 때 사당동의 빈민 지역에 홍보하여 그들이 집단으로 방문토록 하니 장사(?)가 잘 되었다. 당시 강남에서 교장을 하던 정희경이 학생들에게 물품을 걷어 트럭으로 실어와 어린이보호회관 잔디에 물건을 풀어놓으니 산더미 같았다. 바자회 전날 마당에서 잠을 자며 물건을 분류했던 기억이 난다.

또한 우리는 사무실에서 일하면서도 일 년 내내 주변의 친지들에게 뭔가를 팔아야 했다. 제도적으로 어떤 물적 지원 체계도 없던 시절이었지만 우리의 재정 목표치는 타 여성단체들에 비해 높은 편이었기 때문에 모금을 열심히 했고 그 덕분에 우리 상근자의 임금이 단체들 중 상위에 속했다. 주부들의 다양한 '살림 능력'이 조직에서 잘 발휘되었다고 느껴진

---

* 이 책 신혜수, 정춘숙의 글 참조.

다. 1990년대 이후에 단체들이 재정문제에 적극성을 띠게 되면서 우리에게 조언을 구하는 예가 빈번했던 것도 바로 이런 이유에서였다. 모금활동에 있어서도 운동 못지않게 우리에게 선견지명이 있었다고 생각한다.

이러한 재정후원활동에는 이름 없는 수많은 사람들이 참여했는데 윤명선이 중심이 되었던 이화여대부속유치원 자모회인 이싹회 회원들의 자원활동과 경제적 후원, 최초의 남성회원이라 할 수 있는 남성특별회원들의 후원활동이 지금도 생생히 기억된다.

역사의 격동기에 여성운동을 표방하며 시작한 여성의전화는 두 번의 정체성 논란으로 조직이 위기를 맞게 되고 그 위기를 극복하면서 차츰 여성인권운동단체로서 공고해졌다. 1993년 6월 이문우가 회장으로 취임하고 나와 신혜수가 부회장이 되면서 조직은 대한민국 제1의 여성인권단체로 흔들릴 수 없는 지위를 갖게 되었다.

돌이켜 아쉬운 점 중의 하나는 내가 부회장이었을 때 처음으로 강서에서 지부를 설립하려다 무산된 일이다. 내가 당시 거주했던 강서구에서 개인적으로 여성문화원을 운영했는데 불가피하게 내가 더 이상 운영을 계속할 수 없는 사정이 생겼다. 여성문화원의 수백 명의 '괜찮은' 여성조직이 아까웠던 나는 이를 여성의전화 지부로 전환할 것을 제안하여 몇 개월 실무자를 파견했으나 끝내 회장을 선출하지 못하고 문을 닫게 되었다. 후에 김지선이 강서지부를 다시 조직하기는 했지만 흩어져 버린 그때의 조직이 너무 아깝다는 생각이 든다. 지부를 만들려는 주요한 시도였는데 여성의전화 역사에서 지워 져버린 것이 자못 아쉽다.

# 후기

창립한 1983년부터 1993년까지의 세월, 생각해보면 우리 역사에서 참 힘든 시기였고 조직적으로도 어려운 시간들이었다. 상담단체냐 운동단체냐 하는 논쟁과, 여성노동운동을 해야 하냐 여성인권운동을 해야 하냐는 논란 속에서 많은 사람이 모였다가 흩어졌다 하면서 현재의 여성의전화로 발전하게 된 것이다.

25주년이 된 지금, 그동안 인력과 재정이 부족한 가운데 힘든 시간을 함께한 선배, 동료, 후배들이, 비록 함께하지 못하더라도, 늘 마음속의 벗으로 남아 있다. 서로 만나지 못하고 지낼지라도 내 마음속에 그들이 있는 것처럼 서로의 마음속에 서로를 기억하고 있으리라 생각된다. 때로는 어깨동무하고, 때로는 티격태격 싸우는 자매로서 함께 여성의전화를 만들어온 동지들이었기에.

김희선이 당부했듯이, 오늘이 있기까지 우리의 동지인 피해여성들의 드러나지 않은 공로가 있었음을 잊지 말 것을 다시 한 번 다짐한다. 그들이 우리에게 와서 상담하고 함께 이야기했기에 우리의 활동이 가능했다는 점을 말이다.

🍎 한우섭

> 나는 여성의전화가 창립을 준비하던 1982년 가을, 이현숙 선생님의 요청으로 자원간사로 일하기 시작하여 몇 년간의 휴지기를 거쳐 사무국장, 상근 부회장, 가정폭력센터장, 사무처장 등과 공동대표를 역임했다. 이러한 경력 때문에 여성의전화 이야기를 쓰게 되는 듯싶다.

# 전국으로 퍼져나간 여성인권운동

여성의전화 이야기 2(1993~2007)

박인혜

여성의전화 25년의 역사에 있어 그 전환점은 1993년이다. 전반 10년이
'여성의전화'라는 여성인권운동 조직체가 만들어지고 여성에 대한 폭력
(이하 여성폭력) 추방운동의 기틀이 다져진 시기라면, 후반 15년은 여성인
권운동이 전국적으로 확장되고, 여성폭력을 근절하기 위한 법적, 제도적
체계가 만들어진 시기라고 할 수 있다.

공교롭게도 나는 변화의 시기였던 1993년 8월 인천여성의전화 창립준
비위원으로 여성의전화 활동을 시작했고, 그 후 지금까지 지방과 중앙에
서 조직의 대표를 역임하면서 조직의 변화 과정을 직접 경험했다. 이러한
나의 경험을 바탕으로 여성의전화 후반 15년의 역사를 더듬어보고자
한다.

## 1. 전국조직으로 성장하다

### 지역여성, 상담사업으로 만나다

1983년 여성의전화가 창립되자 기다렸다는 듯이 전국에서 상담전화와 서신이 폭주했다. 상담하러 서울까지 올라오는 여성들도 많았다. 그것으로도 모자라 1980년대 말부터는 대구, 전주, 광주 등 지방에서도 우리와 비슷한 성격의 조직들이 자생적으로 생겨났다. 여성상담활동이 지역에서도 필요하다고 느낀 지역의 여성들이 직접 서울에 있는 우리 사무실에 와서 여성상담을 배워 지역에서 여성의전화를 만들었던 것이다. 이들은 우리와 조직적인 연계는 없었으나 우리로부터 상담이나 인권활동의 조언을 얻고, 1991년부터 시작된 「성폭력특별법」 제정운동도 함께 전개했다.

그러던 중 1993년 12월, 「성폭력특별법」 제정을 앞두고, 변화될 운동상황에 공동대응하기 위해 우리 한국여성의전화*는 처음으로 여성상담을 주 사업으로 하고 있던 7개 단체와 함께 '상담단체 연대모임'을 개최했다. 이 모임에는 대구애린회(1987년 창립), 광주여성의전화(1990년 창립), 부산기독쉼터(1990년 창립한 부산여성의전화 전신), 전북여성의전화(1991년 창립) 등과 당시 지부설립을 준비하고 있던 인천여성의전화 창립준비위원회 등이 참석했다.

---

\* 여성의전화는 지역에 여성의전화들이 만들어지자 1990년대 초반부터 한국여성의전화라는 명칭을 사용한다.

이 모임에서는 「성폭력특별법」에 따른 상담교육, 상담원 확보방안 등에 대해서 논의하는 한편, 여성상담사업을 하고 있는 단체 간의 연대방식을 모색했다. 두어 차례 모임이 진행되면서 여성폭력추방운동을 효과적으로 하기 위해서는 관련단체들이 협의하는 수준에서 벗어나 좀 더 강력하게 연대해야 한다는 합의에 이르게 되었다.

특히 지역단체들이 더 '강력한 연대'를 원했다. 서울에 비해 여성운동의 조건이 열악할 수밖에 없는 지역은 연대를 통해 힘을 얻기를 기대했던 것이다. 이때 공유한 '강력한 연대'의 의미는 지역활동의 독립성과 자율성을 보장하면서도 한국여성의전화를 본부로,* 지역을 지부로 관계맺고 하나의 조직, 사단법인체가 되어 공동의 목표와 사업을 수행하는 것이었다.

## 지역여성, 전국조직화하다

이에 따라 우리 한국여성의전화는 전국조직화와 전국 사단법인화를 동시에 추진했다. 사단법인은 이문우 대표를 중심으로 추진되었으며, 여성폭력추방운동에 대한 여성의전화 내부의 변화된 인식을 반영하는 것이었다. 즉, 정부와 여성단체가 대립관계가 아닌 파트너십을 가지고, 여성폭력 피해자 지원활동이 법률에 근거한 공적인 활동으로 자리매김되어야 여성폭력에 대한 일반 대중의 인식을 바꿀 수 있다는 것이었다. 그러기 위해서 제도 밖의 존재가 아닌 제도 안의 존재가 될 필요가 있었던 것이다. 운동단체가 사단법인이 되는 것은 거의 처음 있는 일로서, 당시 민주화운

---

* 따라서 여성의전화 내부에서는 한국여성의전화, 한국여성의전화연합을 본부로 통칭하기로 했다.

동 진영 일부에서는 부정적인 시선으로 바라보기도 했다.

1994년 1월, 인천이 첫 지부로 개원했고 이어서 울산, 수원, 강화, 성남 4곳에서 준비위원회가 발족되었다. 8월에는 서울에 본부를 두고 광주, 전북, 부산, 인천, 울산, 강화, 수원, 성남의 8개 지부를 가진 '사단법인 한국여성의전화'가 탄생했다. 대구애린회는 '애린회'란 이름을 버릴 수가 없어 지부 가입을 유보하다가 1년 후에 가입했다. 1996년에 대구, 청주, 창원이 가입했고, 1997년에는 서울여성의전화가 창립되었다.

한국여성의전화연합으로 개편된 1998년에는 시흥, 안양, 익산, 군산, 강릉, 천안, 강서양천(서울여성의전화지회)에서, 1999년에는 광명, 2000년에는 영광, 김해에서, 2001년에는 부천, 진해, 김포에서, 2002년에는 목포에서 여성의전화가 창립되어 10여 년 사이에 25개 지부와 1개 지회를 가진 전국조직으로 발전했다.

목포를 마지막으로 지부조직사업을 마감했는데 이는 지역 조직을 지원할 수 있는 내부 역량이 한계점에 이르렀다는 판단 때문이었다. 물론 지금도 지부 창립을 타진하는 전화가 심심치 않게 걸려온다. 그러나 이제는 무조건 조직을 확장하는 것이 운동의 발전은 아니며, 굳이 중앙의 조직과 연계 맺지 않더라도 지역에서도 자립적으로 여성운동을 할 수 있는 환경이 많이 조성되었다고 보기 때문에 정중히 사절하고 있다. 대신 다양한 유관 단체와의 연대를 더 많이 하려고 노력하고 있다.

## 조직화의 전통을 만들다

전국조직이 되어가는 과정에서 우리는 몇 가지 전통을 만들어나갔다. 먼저 중앙에서 지역으로 내려가 조직을 만든 것이 아니라 지역에서 활동하던 여성들이 자생적으로 모임을 꾸려 조직을 만들고 활동을 준비했다는 것이다. 그리고 이는 자연스럽게 주부, 전문직, 종교인, 학생운동 출신, 노동운동가 교수 등 다양한 지역여성들이 참여할 수 있는 환경을 만들어주었다.

광주와 대구는 지역의 여성교수들과 지역여성들이 함께 뜻을 모아 시작했다. 인천과 부천은 노동운동, 주민운동, 학생운동 등 다양한 분야에서 민주화운동을 하던 여성들이, 성남은 여성노동자회 활동을 하던 여성들이 중심이 되었다. 전주는 의사, 아나운서 등 전문직여성들과 주부들이, 울산과 수원은 여성신문 지사를 운영하던 여성들이, 김포는 김포미래신문의 여성회원들이 준비했다. 부산은 기독쉼터가, 강화는 함께 여성학공부를 하던 기독교, 가톨릭, 불교 등 여성종교인들이, 영광은 원불교 교무와 여성농민운동가가 앞장섰다. 또한 충북여민회의 상담사업 부문이 독립하여 청주여성의전화로 가입했고, 창원은 지역에서 활동하던 경남여성회 활동가들이 만들었다. 시흥은 강화의 초대 회장이, 목포는 전 광주 회장이, 강서양천은 전 인천 부회장이, 진해는 창원의 사무국장이 지역여성들과 함께 만들었다. 익산과 군산은 전주에서 상담교육을 받은 주부들이, 김해는 부산에서 김해로 전근한 노동자의 아내들이 부산에서 상담교육을 받고 시작했다. 광명과 안양, 천안은 주부들이 주축이되었다.

이렇듯 들불이 일듯 지부가 조직된 것은, 때마침 가정폭력사건이 집중적으로 발생하여 여론의 주목을 받았다는 것과 「성폭력특별법」이 제정되어 상담소에 대하여 정부의 재정지원이 가능하게 된 것이 지역의 잠재된 여성인력들을 자극한 측면이 있다. 그러나 무엇보다도 당시 여성의전화가 독보적으로 진행하던 여성상담사업이 여성들의 구체적인 문제를 다루고 또 여성운동의 초보자도 누구나 쉽게 접근할 수 있을 정도로 대중적이기 때문이 아닌가 한다.

지부 조직 지원 과정에서 가장 중요하게 생각한 것은 여성운동을 하겠다는 정체성과 조직운영 역량이었다. 따라서 준비위원회 기간 동안에는 상담사업은 할 수 없도록 하고 대신 여성학 학습과 지역조사와 회원조직사업, 재정사업만을 하도록 유도했다. 여성의전화를 상담소로만 생각한다거나 여성주의 리더십이 불분명하고 자립가능성이 적다면 1년의 준비위원회 기간을 1년 더 연장해서 재수를 하게 하거나 아예 가입 승인을 하지 않기도 했다. 이런 원칙에 의해 어떤 지역은 재수하여 가입했고 어떤 지역은 재수에도 불구하고 가입이 불허되기도 했다.

### 여성인권운동의 정체성을 강화하다

이렇게 준비 과정에서 여성운동의 정체성을 갖도록 이끌면서 여성인권운동단체, 대중조직, 회원조직이라는 입장을 분명히 했다. 그러나 다양한 여성들에 의해 자생적으로 만들어진 지부들은 아직 이런 정체성을 충분히 공유하지 못하고 있었다. 오히려 자원이 부족하여 회원조직사업이나 대중을 향한 활동보다는 상담사업에 대부분의 역량을 투여하는 지부들이 많았다.

이런 문제를 해결하기 위해 전국 지부들이 참여하는 활동가 연수를 지속적으로 개최하여 여성운동단체로서의 정체성을 확고히 다져나갔다. 이와 아울러 활동가들이 여성운동가로서의 정체성을 갖게 하는 리더십 훈련을 강화했다.

전국조직화를 통해 여성상담이 여성운동의 주요한 방법이자 도구로 자리매김하게 되었고 나아가 여성운동의 폭을 확장했다. 이를 위해 여성주의 상담론을 정립하고 여성주의 상담 현장을 확대하여나갔다. 또한 여성폭력을 유발하는 가부장제 사회를 변화시키기 위한 다양한 활동 ― 법제정운동, 성교육·캠페인·대중교육·문화활동 등의 의식변화운동, 대정부 정책 활동, 민주화운동 참여, 회원조직사업 등 ― 을 전개해나갔다.

물론 역량이 부족한 상태에서 상담사업이 우선시되면서 많은 지부에서 '우리가 상담단체냐, 운동단체냐' 하는 문제가 제기되기도 했다.* 이런 문제제기가 '정체성 논란'으로 표출되기도 했지만 이는 상담사업을 여성운동으로 확장하기 위한 성찰의 과정이었다고 할 수 있다.

### 여성주의 조직을 추구하다

전국조직은 통상 권위적이거나 관료적인 조직이 될 위험이 있다. 따라서 우리는 이러한 위험에 빠지지 않기 위해 처음부터 수많은 회의와 토론을 거쳐 여성주의 가치가 반영된 조직 운영원칙을 만들었다.

먼저 조직의 주요한 의사결정은 상향식 원칙에 의하기로 했다. 즉, 지도부가 아닌 회원으로부터, 본부가 아닌 지부로부터의 의견에 충실하

---

\* 목포의 사례가 이 책 최유란의 글에 잘 나와 있다.

기로 한 것이다. 따라서 지부 대의원으로 구성된 총회가 최고의사결정기구이며 지부 대표자로 구성된 운영이사회가 일상적인 최고의사결정기구 역할을 하기로 했다. 또한 모든 사업결정과 집행단위에 지부가 참여할 수 있는 구조를 만들기로 했다. 지부의 의사결정구조도 회원총회를 최고 의사결정기구로 하고, 회원들이 참여하는 이사회나 운영위원회가 일상적인 의사결정을 담당하기로 했다. 본부와 지부는 위계적인 상하관계가 아니라 각자의 역할을 수행하면서 수평적 관계를 맺는 네트워크로 설정했다.

또한 조직의 크기나 역량에 관계없이 모든 지부들의 권한과 위상은 동일하다는 원칙을 만들었다. 따라서 지부가 본부에 내는 회비도 모든 지부가 동일하게 분담하기로 했다.

끝으로 운동의 주체가 지역여성이며 지역여성을 위해 활동한다는 것을 명확히 하기 위해 단체명에 단체가 소재한 지역명을 우선적으로 명기한다는 원칙을 세웠다.

## '연합'이라는 전국조직 형식을 만들다

1998년에 그동안 서울지역의 사업까지 관장하던 한국여성의전화의 역할을 나누어 서울여성의전화를 분리시켰다. 여기에는 본부역할에 대한 기대, 서울지역을 대상으로 하는 조직활동의 필요성 등이 그 배경이 되었다. 분리를 통해 한국여성의전화는 전체 여성의전화의 대표성을 가지고 지부조직과 교육, 국제연대, 정책개발 등의 역할을 맡고, 서울여성의전화는 서울지역의 대중조직으로서 서울지역에 대한 영향력을 높이고 한국여성의전화를 인적·물적으로 뒷받침하는 가장 주요한 지부역할을 하게 된 것이다.

서울여성의전화를 분리, 창립한 후 본격적으로 본부의 틀을 만드는 일에 착수했다. 여성의전화의 본부에 걸맞은 단체명과 목적을 만드는 데 많은 시간을 할애했다. 단일 조직이기 때문에 연합이라는 명칭보다는 연맹이라는 명칭이 걸맞지만 전국조직체로서의 위용을 보여주기 위해 '연합'이라는 명칭을 쓰기로 했다(1998년 2월).

'연합'으로 다시 태어나면서 여성인권운동의 내용을 함축적으로 담아낸 미래지향적이고 지속가능한 목적을 다음과 같이 분명히 했다.

> 본회는 여성인권운동단체로서 모든 폭력으로부터 여성의 인권을 보호하고, 여성의 복지증진과 나아가 가정·직장·사회에서 성평등을 이룩하고, 정치·경제·사회·문화 등 모든 영역에 여성들이 주체적으로 참여함으로써 이 땅의 평화와 민주사회 실현에 기여함을 목적으로 한다.

정관에 명시할 이 한 문장을 만들기 위해서 장충동의 한 허름한 여관방을 빌려서 총준위원들이 밤을 새웠던 기억이 난다. 피곤한 몸을 추슬러가며, 지난 몇 년간 토론해온 여성의전화의 비전과 사명, 정체성 등을 짧지만 수려한 문장에 담아내었다. 지금 보아도 참 잘 만들었다는 자부심이 느껴진다.


## 2. 여성폭력을 막을 제도를 만들다

조직의 성장과 함께 우리는 성폭력·가정폭력 근절을 위한 법제화운동을 활발히 전개했다. 여성에 대한 폭력을 추방하고 폭력피해여성을 보호하기 위해서 법제정이 반드시 필요하다는 주장을 우리가 처음 제기했으며, 「성폭력방지법」, 「가정폭력방지법」 법제화운동을 주도했다. 이러한 과정을 통해 우리는 전국조직화라는 성과를 이루어냈고 여성인권운동 조직으로서의 체계를 갖추게 되었다.

## 가해자가 된 아내폭력 피해자 석방운동

1990년대 전반기에는 유난히도 폭력피해아내들에 의한 살인사건이 많았다. 여성의전화가 처음으로 가해자가 된 아내폭력 피해자 구명운동을 벌인 것은 1991년의 남희순 사건이었다. 당시 임신 4개월이었던 남 씨는 사건 당일 남편의 심각한 폭력으로 태아를 사산하고 장이 파열되었다. 결국 남 씨는 남편을 살해했고 살인죄로 구속되었다. 여성의전화는 대대적인 구명운동을 전개했다. 이후, 1993년 부산의 이형자 사건, 1995년 안산의 김명희 사건, 1996년 인천의 이옥자, 양명숙 사건이 이어졌다. 또한 피해자는 아내로 그치지 않고 아들이 어머니를 구타하는 아버지를 살해하거나(1995년 전말석 사건), 딸을 구타하는 사위를 살해한 장모(1996년 이상희 사건)도 있었다.*

우리는 이들 상담 사례를 근거로 아내에 대한 폭력은 범죄이며 시급히 해결해야 할 사회문제임을 주장했다. 또한 폭력피해여성들의 남편 살인 행위는 정당방위이며 무죄임을 주장하면서 법적 지원과 함께 탄원서제

---

* 구체적인 사건 사례를 위해서는 이 책 이화영의 글 3편과 김복자, 배임숙일의 글 참조.

출 서명운동 등의 구명운동을 벌여 집행유예로 석방시키곤 했다.

## 「성폭력특별법」 제정운동*

창립 초기부터 형법이 여성폭력의 현실을 반영하지 못하고 있다고 판단하여 아내구타에 대한 법제정의 필요성을 강조해온 우리는 가해자가 된 아내폭력 피해사건이 빈발하자 먼저 '성폭력특별법 입법을 위한 공청회'(1991년 4월)를 열어 법제정운동을 제안했다. 우리는 여성들이 광범위하게 연대하여 법제정운동을 추진한다는 전략을 세우고 관련된 여성단체들과 연대 기구를 꾸리는 데 주력했다.

이때 우리가 제정하고자 했던 법은 '여성폭력방지법'이었다. 이에 호응한 여성단체들과 함께 본격적인 법제정운동을 위한 '성폭력특별법 제정추진위원회'를 결성하고 '성폭력특별법 제정을 위한 청원서'를 국회에 제출했다. 청원서를 제출한 뒤 한국여성단체연합(이하 여성연합) 산하에 '성폭력특별법 제정추진특별위원회(이하 성특위)'를 구성하고 전국적인 제정운동에 착수했다.

그러나 법안을 만드는 과정에서 성폭력개념 논쟁이 일어났다. 성폭력을 남녀 간의 힘의 불평등에서 비롯된 여성에 대한 폭력(gender violence)으로 정의해온 우리는 법에 아내구타, 아내강간, 인신매매, 성매매까지도 포함하려고 했다. 아내구타가 여성폭력이 아니라 가정폭력으로 따로 분리될 경우 가정폭력에 아동학대, 노인학대 등도 포함시켜야 하는 문제가 발생한다고 주장했다. 그러나 여성연합과 한국성폭력상담소 등은 아내구

---

* 이 책 신혜수의 글 참조.

타를 성폭력 범주에 포함시킬 때 발생할 문제를 지적하며 성폭력을 아내구타를 제외한 성적인 폭력(sexual violence)에 한정할 것을 주장했다. 이에 성특위는 곧 '성폭력추방운동을 위한 정책토론회'를 열어 이 문제를 공개적으로 논의했고 결국 한국 사회의 정서와 법체계의 문제를 이유로 들어 아내구타, 아내강간, 성매매를 제외한 협의의 성폭력 개념으로 합의했다. 이렇게 하여 우리가 「성폭력특별법」을 제안한 지 3년 만에 가정폭력을 제외한 협의의 '성폭력(sexual violence)특별법'이 제정되고 말았다.

### 「가정폭력방지법」 제정운동*

우리는 다시 「가정폭력방지법」 제정운동에 착수했다. 1994년은 마침 유엔이 정한 '세계 가정의 해'여서 우리는 5월의 한 주간을 가정폭력추방 주간으로 설정하고 전국적인 캠페인을 벌였다. 이는 현재 '5월 가정폭력 없는 평화의 달' 캠페인으로 발전하여 매년 5월 전국에서 진행되고 있다. 이 캠페인의 마지막에 '가정폭력방지법 추진 전국연대(이하 전국연대)'를 결성했다. 이어서 1995년 10월~1996년 3월까지를 「가정폭력방지법」을 가시화하는 시기로 정하고 다양한 문화활동을 전개했다.

아내구타를 소재로 한 영화 <개 같은 날의 오후>를 만든 제작사와 광고사, 그리고 우리가 공동으로 극장 앞에서 '가정폭력방지 기금마련을 위한 바자회'를 개최하고 「가정폭력방지법」 기금마련을 위한 재즈콘서트를 열어 운동자금을 확보했다. '평등과 평화를 가꾸는 가족'이라는 주제로 노래공모전을 가졌으며 서울여성의전화와 부산에서는 TV방송국(MBC)이 후원하는 '가을음악회'를 열었고 '가정평화를 위한 시민한마당'

---

* 이 책 정춘숙의 글 참조.

도 열었다. 또한 전국 지부를 통해 법제정촉구 거리서명운동을 전개하는
등 1996년 4월 총선을 목표로 법제정 촉구활동을 활발히 펼쳐나갔다.

　1996년 여성연합이 「가정폭력방지법」 제정운동을 중점 사업으로 채
택하고 산하에 '가정폭력방지법 제정추진특별위원회(이하 특위)'를 구성
하자 우리는 '전국연대'를 해소하고 '특위'의 간사단체를 맡아 운동을
주도했다. '특위' 산하에 전국 11개 지역의 여성의전화 지부들은 '가정폭
력방지법 제정추진을 위한 지역운동본부'를 결성하고 200～300여 개에
이르는 광범위한 시민사회단체의 동의와 자원을 끌어냈다. 여성연합은
이 운동을 전 시민사회로 확대시키기 위해 '가정폭력방지법 제정추진
범국민운동본부(이하 운동본부)'를 결성했다.

　운동본부는 전국에서 9만 명의 서명을 받아 여성연합 출신의 여성국
회의원의 발의로 국회에 법제정을 청원했다. 우리는 당시 여당이었던
신한국당 앞에서 '매 맞아 죽은 여자들을 위한 위령제'를 열고, 국회의원
들에게 엽서를 보내는 등의 온갖 방법을 동원하여 국회를 압박했다. 1997
년 11월, 1991년 법제정을 제안한 지 6년 만에 마침내 「가정폭력방지법」
이 제정되었다.

## 3. '연합' 조직의 리더십을 구축하다

### 흔들리는 리더십

　1998년 한국여성의전화연합 체제로 조직이 전환되면서 본부 사무처
는 대부분 새로운 활동가들로 충원되었다. 사무처장조차 여성의전화 경

험이 충분치 못한 활동가였다. 이런 상태에서(1998년 한국여성의전화연합 체제로 조직이 전환되고 독립적인 사무처 사무실이 마련되면서 명실상부하게 본부와 서울여성의전화가 분리되었으나, 전환된 후 본부 사무처가 제 역할을 할 수 있기까지는 시간이 많이 걸렸고 제도적 보완도 필요했다) 설상가상으로 총회가 끝난 지 얼마 안 되어 본부와 서울여성의전화의 다리 역할을 하던 이상덕 상근 부회장(서울여성의전화 회장 겸임)이 당시 출범한 여성특별위원회의 대외협력국장으로 발탁되었다. 이는 전혀 예상하지 못한 일이어서 당장 리더십의 공백이 생겼다. 당시 회장, 부회장은 1995년에 선출되어 전국조직화 과정을 리드해온 중심 리더십인데다 새로운 리더십을 양성하기에는 시기상조인 상태였기 때문이었다. 리더십을 보강하기 위하여 일단 3명의 부회장(이현숙, 민경자, 박인혜)를 새로 선출했다. 이때 처음으로 지부를 대표하여 청주의 민경자, 인천의 박인혜가 부회장으로 선임되었다.

이렇게 리더십이 빠져나가는 것을 막기 위해 '임원의 정계 및 공직진출에 관한 규정'을 만들었다. 이 규정에 의하면 정계 출마자는 공천신청 이전에 임원직을 사퇴하여야 하며 공직 진출자는 정식 임명 전이라도 내정되면 즉시 임원직을 사퇴하여야 한다. 또한 배우자가 출마하는 경우에도 휴직해야 한다.

이런 규정까지 만들었지만 그 후에도 본부의 지도부가 임기 중에 조직적 논의 없이 공직으로 가는 비슷한 사건이 간간이 계속되었다. 2003년에는 공동대표 한 명이 조직적 합의 없이 국회의원 비례대표로 공천받아 언론에 발표되는 일이 발생했다. 결국 임시총회까지 열어서 제명하는 초유의 상황이 벌어졌다. 안타까웠지만 조직의 기강확립을 위해 불가

피한 일이었다.

이런 어려움에도 불구하고 여성의전화운동 15년을 기념하는『한국여성인권운동사』를 출판하는 한편, '창립 15주년기념 전국대회'(1998년)를 개최하여 전국조직화된 여성의전화의 위상과 위용을 대내외에 보여주었다. 지역에서 올라온 회원들과 활동가들은 끈적끈적한 연대의식과 자매애를 경험하며 자부심을 느끼면서 여성인권운동가로서의 결의를 다졌다. 그 열광으로 행사장의 의자가 수십 개 파손되었던 해프닝은 두고두고 회고되고 있다. 5년 후 같은 자리에서 개최된 '창립 20주년기념 전국대회'에는 전국에서 700여 명의 회원들이 버스를 대절하여 올라와서 그동안 성장한 역량들을 아낌없이 보여주었다. 또한 조직적 어려움을 극복하고 새롭게 도약하려는 다짐을 담은 비전도 선포했다.

### 공동대표 체제로 전환하다

리더십을 보강하고 조직적인 운영을 통하여 본부를 이끌어가고자 했으나 본부 사무처의 불안정이 계속되었다. 그러자 지방의 대학 교수를 겸임하고 있던 신혜수 회장은 결단을 내려 대학 교수를 사임하고 상근하는 회장이 되었다. 리더십을 더욱 확고하게 하기 위하여 2000년 13차 정기총회에서 회장, 부회장 체제를 공동대표제로 전환하고, 4명의 공동대표(신혜수, 이문자, 이승렬, 이재희)를 선출했다. 대표를 4명으로 한 것은 2명의 지역 대표와 서울여성의전화 회장은 당연직 대표라는 원칙을 세웠기 때문이다.

또한 논의 중심의 위원회를 집행 중심의 센터 체제로 전환하여 가정폭력추방운동센터, 성폭력추방운동센터, 인권센터, 지역운동센터를 만들었다. 센터장들은 대개 지부 회장들이 맡았다.

본부의 틀이 잡혀나가면서 리더십의 문제와 민주적 조직운영의 문제
가 주요한 의제로 부상했고 이를 위해 여성의전화운동의 방향, 정체성,
조직, 리더십 등을 주제로 한 다양한 교육과 훈련이 1999년부터 2003년
까지 전국 차원에서 지속되었다.

## 조직 컨설팅으로 조직을 강화하다

이런 노력에도 불구하고 사무처는 여전히 불안정했고 사무처 활동가
들의 사기는 매우 낮은 수준으로 떨어졌다. 결국 2001년 6월, 본부 사무
처 활동가 3명이 여성의전화 지도부에 '리더십 부재'로 요약되는 사무처
조직 전반의 문제를 제기하는 사태가 벌어졌다. 이들은 지부의 활동가들
이 느끼는 조직문제들을 구술하여 자료집으로 만들어 회람시키며 지도
부의 역할을 촉구했다. 이에 지도부는 느슨했던 임원회의를 상설체제로
돌려 역할을 강화시키는 한편, 사무처 활동가들과 조직워크숍을 열고
대화하는 자리를 가졌다. 이어서 11월에 전국의 활동가들이 모이는 정책
협의회를 열어 조직의 문제를 허심탄회하게 논의하며 대안 모색에 머리
를 모았다. 이런 고민 끝에 전문가의 조직컨설팅을 받기로 했다.

2002년 1년 내내, 여성의전화 전체의 조직체계를 점검하고 본부의 역량
을 강화하기 위한 컨설팅이 진행되었다. 컨설턴트는 본부와 지부의 주요
임원들과 활동가들을 인터뷰하고, 각종 내부 자료를 검토하는 한편, 주요
여성단체와 시민단체들을 비교 분석한 결과를 두 번에 걸쳐 보고했다.

이 컨설팅은 시민사회단체의 많은 관심을 받았다. 문민정부 이후 운동
과제가 제도화되고 시민사회단체들의 역할이 줄어들면서 새로운 운동방
향을 모색하고 그에 따른 조직개편이 필요했기 때문이다.

컨설팅 결과를 놓고 리더들 간의, 또 지부들 간의 활발한 논의가 전개되었고 이러한 과정을 통해 공동대표를 3인으로 하고 지역대표 겸직은 금지하며 공동대표 3인이 각 센터를 책임진다는 등의 조직개편안을 도출해내었다.

이런 컨설팅 결과를 참조하여 2003년 제17차 총회에서 새 지도부가 선출되고 새로운 운동방향이 제시되었다. 사무처 활동가도 보강되었다. 특히 본부의 역할을 잘하기 위한 방법으로 제시되었던, 지부 활동가 중에서 본부 활동가를 충원하면 좋겠다는 오랜 숙원이 해결되어 4~5년 이상 지역에서 활동한 중견 활동가들로 사무처가 보강되었다. 그런 상태에서 지도부와 활동가들이 하나가 되어 오랜 조직논의와 컨설팅에서 도출된 아이디어와 과제를 치밀하게 현실화하는 작업이 진행되었다. 하루에도 서너 차례의 부서별 회의가 진행되기 일쑤였다. 이런 과정을 통하여 팀워크와 동료애가 생겨났고 사무처가 안정되어갔다.*

본부 사무처의 안정과 함께 본부의 역할이 분명해졌다. 본부는 운동방향 제시, 대정부 정책개발 및 방향제시, 활동가교육, 지부지원 및 네트워킹, 국내외 연대 등의 역할을 하는 것으로 결정되었다. 또한 2006년부터 전문가가 참여할 수 있는 과제 중심의 운동본부 체계 ― 가정폭력추방운동

___

* 2003년에 열린 '창립 20주년기념 전국대회'는 조직적 어려움을 극복하고 새롭게 도약하고자 하는 열망을 집약하여 보여주는 자리가 되었다. 전국에서 700여 명의 회원들이 버스를 대절하여 올라와서 그동안 성장한 역량들을 아낌없이 보여주었다. 창립 20주년을 기념하여 『성폭력을 다시 쓴다: 객관성, 여성운동, 인권』도 출판되었다.

본부, 평등가족 평화마을 운동본부, 지역여성 미디어 '네잎찬' 운동본부, 부부공동재산제 운동본부—가 가동되면서 조직의 외연과 사회적 영향력이 확대되었다.

## 4. 여성인권운동의 확장

### 제도화의 덫을 극복하다

2001년 여성부가 신설되고 가정폭력, 성폭력 관련 업무는 보건복지부에서 여성부로 이관되면서 전담정책부서가 만들어졌다. 법제정 후 우리를 비롯하여 상담활동을 하던 여성연합 소속단체들은 성폭력, 가정폭력 상담소를 새로 만들어 허가를 받거나 신고해야 했다. 또 한국가정법률상담소와 같은 법률구조단체가 대대적으로 가정폭력상담소를 부설체로 설립하고, 페미니즘 전통과 철학을 공유하고 있지 않은 종교나 복지기관에서도 적극적으로 상담소를 운영하게 되었다. 여성폭력에 대한 상담이 제도화되면서 상담사업이 그 방향을 잃게 되었다.

나아가 2002년 여성부는 가정폭력, 성폭력상담소를 관리할 목적으로 '가정폭력·성폭력상담소 및 보호시설의 기능 및 역할 강화방안'을 발표하여 여성운동단체의 상담사업에 대한 통제를 강화하기 시작했다. 그 내용은 가정폭력·성폭력의 원인은 가정에 있다고 전제하면서, 여성단체가 운영하는 상담소들이 사회복지 서비스 관점보다는 여성주의, 여성운동 관점에 의하여 운영되기 때문에 전문성과 시설 수준이 현저히 떨어진다는 것이었다. 따라서 시설 기준, 상담원 기준 등을 상향 조정하고, 정부가 상담소를 평가하여 예산을 차등 지원하는 방식을 통하여 전문성을 높이겠다고 했다.

이에 우리는 한국성폭력상담소 및 한국여성민우회와 공동으로 긴급 토론회 '여성부의 여성폭력 추방정책 이대로 좋은가?'를 개최하여 정부 정책을 비판했다. 즉 가정폭력·성폭력 피해자 지원과 상담소 운영은 여성폭력추방운동의 과정에서 발전한 것으로 여성주의적 접근을 무시한 채 복지 서비스의 문제로만 접근해서는 안 된다고 강력히 반박했다.

이러한 도전은 우리의 정체성과 운동방향을 다시 성찰하게 하는 계기가 되었다. 우리는 현재와 같은 수준과 속도로 제도화가 진행될 경우 앞으로 2~3년 내에 상담소에 대한 정부의 통제가 더욱 강력해질 것으로 예측하고 상담소를 분리할 수밖에 없다는 결론에 도달했다. 예를 들어 상담소는 정부의 지원금을 받기 때문에 정기적으로 감사를 받는다. 그런데 상담소가 여성의전화의 부설기관이지만 조직적으로는 구분이 되어 있지 않았기 때문에 자칫 여성의전화에 대한 감사가 될 우려가 있었다. 여성의전화 조직을 잘 모르는 정부 입장에서 볼 때 상담소에 준 지원금을 여성의전화가 유용하는 것으로 보일 수도 있었다. 그동안 정부의 지원금을 받아 상담소를 운영하면서 운동성이 약화되었다는 데도 동의했다. 열심히 회원을 모집하고 조직사업을 하기보다는 지원금에 안주하여 편안히 지내온 측면이 있다는 것을 인정하고 여성인권운동단체로 거듭나자는 의견이 지배적이었다.

이러한 문제의식하에 상담사업을 조직적으로 재배치하는 작업을 시작하여 2006년까지 3년 동안 단계적 절차를 거쳐 혼재되어 있는 인력과 재정을 구분하는 작업을 진행했다. 이를 '명실상부한 부설기관화' 작업이라고 불렀다.

부설기관화 작업으로 약해진 물적·인적 토대를 보강하기 위해 '회원확대운동' 및 지역여성운동을 적극 전개하기로 했다. 3년간 1만 명 회원확보를 목표로 삼고 회원들이 주체가 될 수 있도록 참여구조를 만들고, 모범적인 회원조직 사례를 소개하고, 회원증가율을 모범지부상 선정의 주요 기준으로 삼는 등 다양한 활동을 전개했다. 목표는 달성하지 못했으나 회원확대의 중요성을 재확인하는 계기가 되었다.

## 다시 가정폭력추방운동으로

우리는 제도화의 한계를 극복하고 새롭게 가정폭력추방운동을 힘차게 추진하기 위해 근본적인 고민을 다시 시작했다. 우리가 20년이 넘도록 가정폭력추방운동을 해왔으나 가정폭력은 줄어들지 않은 채 여전히 가정 안에서 일어나는 사적인 문제로 남아 있으며 가정폭력은 가장 오래된 여성어젠다인 동시에 가장 해결이 안 된 어젠다로 지체되어 있다는 것이 우리의 판단이었다. 새로운 운동방식이 필요했다. 피해자 보호와 가정유지에 초점을 맞춘 가정폭력추방운동에서 그동안 부진했던 예방운동에 초점을 맞추기로 했다. 이를 실천하기 위해 2006년 가정폭력추방 운동본부를 발족하고 가정폭력추방정책 평가 및 여성운동으로서의 가정폭력추방운동의 전망 모색, 그리고 구체적인 가정폭력 이슈 점검 등을 위한 다양한 형태의 토론회와 포럼을 수차에 걸쳐 진행했다.

「가정폭력방지법」이 실행된 지 5년이 지났지만 법현실은 가정폭력의 근절과 피해자 보호라는 법제정 당시의 취지를 제대로 구현하지 못하고 있었다. 이에 우리는 피해자의 인권보호를 최우선 목표로 하여, 피해자를 적극적으로 보호·지원하며, 가정폭력 행위자를 적정하게 처벌하고 적극

적으로 예방정책을 펼 수 있는 시스템으로 전환할 수 있도록 「가정폭력
방지법」 개정을 추진했다.*

우리는 개정안에 부부강간 조항을 삽입하여 아내폭력 후 흔히 일어나
는 아내강간을 법으로 다스릴 것을 주장했다. 우리는 토론회를 통해 폭력
후나 이혼 혹은 별거 중에 여성의 의사에 반하여 시도되는 성적 행위를
'아내강간'으로 규정하고 이를 범죄행위로 처벌할 수 있도록 「가정폭력
방지법」 개정안에 반영하고자 했다. 그러나 아내강간이란 있을 수 없다
고 생각하는 입법자들의 반대로 애석하게도 뜻을 이루지 못했다.

그러나 개정안에 학교에서의 가정폭력예방교육을 의무화한 것은 큰
성과라고 할 수 있다. 현재 우리는 가정폭력예방교육이 학교에서 제대로
이루어지도록 다양한 방식으로 촉구하고 또 감시하고 있다.

### 여성의 재산권확보운동

1999년 이시형, 김창자 두 할머니가 이혼을 청구한 '사건'이 벌어졌다.
소위 '황혼이혼사건'이었다.

재판부는 이혼소송을 청구한 두 여성에게 경제적 학대와 가부장적인
억압이 있었던 점은 인정하지만 모두 고령인데다 오랫동안 혼인생활이
유지되었고, 남편의 건강이 나쁜 점을 이유로 들어 이혼을 기각했다.
그러자 할머니들은 "단 하루라도 인간답게 살고 싶다"고 절규했다. 이에
우리는 '여성노인의 이혼청구와 인권'이란 긴급 공청회를 열어 사각지대
에 있는 노인여성들의 인권문제를 제기하며 이들이 이혼판결을 얻어내
도록 적극 지원했다. 마침내 두 할머니는 이혼에 성공하여 여생을 '인간

———

* 이 과정에 대해서는 이 책 정춘숙의 글 참조.

답게' 살고 있다.

이후 우리는 여성의 재산권에 대해 적극적으로 고민하기 시작했다. 황혼이혼사건의 원인도 경제적 학대에 있었다. 가정폭력을 당하면서도 여성이 남편을 떠날 수 없는 중요한 이유 가운데 하나는 여성이 가정을 떠나서는 경제적 자립이 어렵기 때문이다. 폭력피해여성은 신체적 폭력만이 아니라 생활비나 병원비조차 받지 못하는 경우가 많아 가해 남편에게 의존할 수밖에 없다. 따라서 여성의 경제권이 확보된다면 피해를 당하더라도 그리 어렵지 않게 폭력에서 벗어날 수 있을 것으로 확신하며 우리는 가정폭력 피해여성의 재산권에 관심을 갖기 시작했던 것이다.

2000년부터 주택 명의를 부부의 이름으로 함께 등록하자는 부부재산 공동명의운동을 시작했다. 2004년에는 부부재산 분할 시 취득세, 등록세 감면을 골자로 하는 지방세법 개정안을 발의했으며 2006년에는 부부별산제로 되어 있는 법정 재산제를 부부공동재산제로 개정하는 운동으로 확대했다. 본부에 '부부공동재산제 운동본부'를 설치하고 민법 개정안 작업에 들어갔다. 우리가 만든 개정안의 골자는 결혼생활 중 취득한 재산은 부부 공동의 재산으로 인정하고, 혼인 시에 재산제도를 선택할 수 있으며, 혼인 중에도 재산분할을 할 수 있도록 하는 것이었다.

법안 설명회에서 한 토론자는 부부공동재산제는 가부장제에 대한 최대의 공격이므로 호주제 폐지보다 더 어려울 것이라고 했다. 물론 어려울 것이라고 우리는 생각했다. 그러나 이러한 생각을 떨치고 전국의 지부들은 부부공동재산제를 홍보하고 교육했으며, 법개정을 지지하는 서명운동을 전개했다.

법무부는 별산제를 기본으로 하되 공동재산의 정신을 가미한 수정별산제를 내놓았다. 그러나 결국 모두 개정안에 반영되지 못했고 17대 국회가 끝나면서 자동 폐기되었다.* 아쉬웠다. 그러나 처음부터 쉽지 않은 일임을 예상했기 때문에 이 문제를 지속적으로 운동의 의제로 발전시킬 계획이다.

### 여성에게 이혼할 권리를

2000년대 들어 이혼율이 급격히 증가하여 한국의 이혼율이 세계 1위를 차지하게 되었다. 그러자 2005년 서울가정법원은 이혼율이 급증하는 이유의 하나로 이혼 절차가 쉽고 경솔하게 이혼을 선택하기 때문이라고 보고 이혼을 신청한 후 일정 기간 동안 의무적으로 이혼을 숙려하게 하는 이혼숙려제 도입을 골자로 하여 이혼절차법을 개정하고자 했다.

이에 우리는 "쉬운 이혼은 없다"고 주장하며 이혼숙려제 도입을 반대했다. 즉, 가정폭력 피해여성 등 대개의 여성들은 이혼하기 전 수년간 혹은 평생 고민하고 고통받다가 이혼을 결정하게 되는데 강제적으로 숙려기간을 두고 유료상담을 받게 하는 것은 정부의 과도한 사생활 개입이며 여성인권을 침해할 소지가 있었다. 결국 우리의 주장이 일부 반영되어 강제적인 유료상담 등이 제외된 개정안이 통과되었다.

이 논쟁을 계기로 우리는 이혼에 대한 편견을 깨고 이혼당사자 여성들의 경험을 드러내기 위해 당사자운동방식을 실험했다. 2006년 만들어진 이혼여성 당사자모임 '당나귀'(당당한 나의 목소리에 귀 기울이는 모임)는

---

* 좀 더 자세한 운동 과정은 이 책 박명숙·고미경의 글 참조.

처음에는 우리 조직 내부의 이혼한 활동가들이 중심이 되어 진행되었으나 지금은 소식을 듣고 찾아온 자발적인 참가자들이 늘고 있으며 지역에도 자발적인 모임들이 형성되고 있다.*

### 성평등 지역여성 미디어운동**

≪베틀≫지를 보면 우리가 TV드라마나 광고, 신문 등의 언론에 나타난 폭력조장문화, 성상품화 등을 꾸준히 모니터하고 문제제기를 해왔고 다양한 비디오 교육자료, 영화 등 미디어를 활용한 자료들을 만들었음을 알 수 있다. 2003년 여성폭력에 대한 의식과 문화를 바꾸기 위해서 미디어에 나타난 폭력조장문화를 없애고 나아가 미디어를 적극 활용하기 위해 문화·미디어 운동본부를 조직했다.***

우리의 활동이 타 언론단체의 활동과 차별성을 가지게 하기 위해 지역여성들이 쉽게 모니터링할 수 있는 '지역방송 모니터링'이란 방식을 개발했다. 즉 현실성, 창의성, 공익성, 지역성이란 좋은 방송프로그램 기준을 만들어 '수다로 찾는 좋은 방송프로그램'을 선정, 발표하는 것이었다. 지역방송으로 시선을 돌린 것은 전국에서 지역여성운동을 하고 있는 여성의전화만이 할 수 있는 활동이며 회원들의 욕구를 충족시킨다는 점에서 긍정적으로 평가되었다.

다양한 모니터링도 시도했다. 2006년 지방선거를 맞아 지역방송에서

---

* 좀 더 자세한 운동 과정은 이 책 김홍미리의 글 참조.
** 좀 더 자세한 운동 과정은 이 책 지향의 글 참조.
*** 이는 우리의 운동을 보다 선명하게 드러내기 위하여 2006년 지역여성 미디어 '네잎찬' 운동본부로 개편했다.

의 여성후보 보도태도를 모니터한다거나, 2007년 케이블방송의 성상품
화 실태를 모니터하기도 했다. 또한 드라마 속 닮고 싶은 캐릭터를 선정
하기도 했다. 미디어 활동을 하고 있는 회원들의 역량을 강화하기 위해
2년에 걸쳐 '미디어 리더교육'도 진행했다.

### 지역으로, 생활 현장으로

지역여성운동은 여성의전화가 전국조직화될 때부터 여성폭력추방운
동의 대중화를 지향하며 이미 시작되었다고 해도 과언이 아니다. 그러나
1990년대에는 지역여성운동이 '지역에서 하는 여성운동'이라는 의미가
강했다. 그러다가 법이 만들어졌음에도 가정폭력의 현실은 여전하고,
실제 지역여성들의 삶과 지역사회는 변화시키지 못했다는 반성이 직접
적인 계기가 되어 새로운 방식의 지역운동에 대한 필요성이 제기되었다.
즉, 가정폭력추방운동이 피해자 지원으로 그치지 않고 실제 구체적인
개인의 생각과 가치, 생활, 행동을 바꾸는 데까지 이르게 하기 위해서
'지역으로 들어가는' 지역여성운동이 필요했던 것이다.

1999년 10월, 비슷한 문제의식을 가지고 있던 강서양천, 인천 강화,
시흥 등 수도권지역의 활동가들이 모여 고민을 공유하기 시작했다. 이를
바탕으로 2000년 2월 지역여성운동센터가 설치되었고, 지역여성운동을
여성주의적 가치를 가지고(의식화), 지역의 여성들이 주체가 되어(조직화),
여성문제와 지역의 문제를 지역에 맞게 풀어내는(세력화) 운동이라 개념
정의하며 전국적으로 추진해나갔다.

우선 우리는 '생활상담'의 이름으로 가정폭력추방운동의 역사 속에서
축적된 역량인 상담사업을 지역운동화하고 상담회원들을 그 리더십(지

역여성운동가)으로 세워 지역 차원의 여성인권운동을 실현할 수 있는 기반을 만들어나갔다.

또한 지역여성정책 모니터링이라는 구체적인 과제를 실천했다. 이를 위해 한국여성민우회와 공동으로 회원들과 활동가들을 대상으로 성인지적 예산교육을 실시하고 2003년에는 서울, 광주, 울산, 청주, 광명, 강릉, 강화 등 7개 지역에서, 또 2004년에는 16개 지역에서, 중장기 여성발전계획, 단체장 공약, 공무원 젠더교육 현황, 지자체 홈페이지, 여성주간 행사, 가정폭력·성폭력 예방교육과 홍보내용 등의 정책과 예산을 분석했다. 분석 결과를 가지고 지부는 지역에서 지자체와 간담회를 개최했으며, 본부는 이를 종합하여 '지역살림, 여성의 눈으로 들여다보다'라는 제목으로 종합토론회를 개최했다.

2년간 실시된 여성정책 분석사업은 성평등한 지역사회를 만들기 위한 다양한 실천활동으로 이어졌다. 강릉여성의전화는 주민자치위원 리더십 교육과 교류활동을, 영광여성의전화는 농촌여성축제 및 농촌여성공부방 운영을, 서울여성의전화는 동작구 평화마지축제를, 울산여성의전화는 엄마이름 불러주기 운동을 하는 등 전국적으로 다양한 사업이 추진되었다. 2006년부터는 '풀뿌리 지역여성과 함께하는 민들레 지역여성운동상'을 제정하여 지역여성운동의 활성화를 독려하고 있다.*

### 아시아여성들과 손잡다

2000년대 들어 우리는 아시아 여러 지역에서 우리나라로 일자리를

---

* 지역운동의 구체적인 사례는 이 책 박신연숙, 이태옥, 최유란의 글 참조.

찾아오거나 한국 남성과 결혼하여 이주하는 여성들이 가정폭력이나 성폭력을 당하거나 매매되는 현실에 관심을 갖게 되었다. 2003년부터 결혼이주여성 인권사업을 새로운 과제로 채택하고 많은 지부에서 상담과 쉼터 운영, 한국어교육, 문화교류, 자조공동체운영, 이주여성 실태조사 등을 진행하고 있다.

특히 '이주여성과 가족들의 친정나들이 <날자>'프로젝트는 한국의 결혼이주여성사업에서 기념비가 될 만한 사업이라고 할 수 있다. <날자> 프로젝트는 결혼이주여성들이 결혼 후 비용과 거리, 남편의 이해 부족 등으로 친정 방문을 거의 하지 못한다는 점에 착안하여 한 기업의 후원을 받아 총 33가족, 129명을 친정 방문(필리핀, 베트남)할 수 있게 한 사업이었다. 2007년 우리는 이 사업을 주관하여 성공적인 모델을 만들었다.

여성폭력 추방을 위한 아시아여성들의 네트워크 구축을 추진했다. 네트워킹에 있어 우리는 기존의 명망가 중심의 국제연대방식을 넘어서 지역의 현장 활동가들이 직접 준비하고 교류하는 방식을 추구했다.

2003년에는 반이라크전쟁운동에 적극 동참하면서 이라크 여성 수하드를 초청하여 운동정신과 활동을 공유했다. 2004년 6월에는 『한국여성인권운동사』의 일어판 출판을 기념하는 '한일여성인권심포지엄'을 동경과 오사카에서 개최하고 20여 명의 활동가가 참가했다. 이를 계기로 지금까지 한일 여성인권운동가들의 활발한 교류가 이루어지고 있다.

2005년 한국에서 열린 세계여성학대회에 몽골, 중국, 일본, 필리핀의 여성활동가들을 초청해 '아시아지역의 가정폭력추방운동: 지역네트워

크와 전략마련을 위해' 심포지엄을 열
고 네트워크 방안을 논의했다. 그 결
과 매년 세계 여성폭력 추방주간에 아
시아의 여성폭력을 추방하기 위한 공
동행동을 하기로 하고 2005년 11월
25일 아시아 5개국에서 동시에 첫 공
동행사를 진행했다. 2007년 11월 일

본 쉘터넷 창립 10주년을 기념하는 국제심포지엄이 도쿄에서 개최되어
중국, 홍콩, 몽골, 한국의 네트워크에서 참가하여 각국의 「가정폭력방지
법」과 피해자 지원 실태를 보고했다. 우리는 개정된 법의 내용을 소개하
고, 예방교육 교재를 소개했다.*

## 5. 활동가가 희망이다

이제 창립 25주년을 맞이한 여성의전화는 새로운 25년을 바라보며
활동가에게서 비전을 찾았다.

2006년부터 활동가교육을 제1과제로 삼고 지속가능한 여성의전화 활
동가를 양성하기 위한 'ELF(Empowerment, Leadership, Feminism)교육 과
정'이라는 프로그램을 개발했다. 지속가능한 활동가란 '주도적으로 자신
의 삶을 계획하고 자기정체성을 확립하는 활동가, 여성운동과 여성의전

---

* 좀 더 자세한 운동 과정은 이 책 김은경의 글 두 편 참조.

화운동의 정체성을 확립해나가는 활동가, 자기 비전과 여성운동 비전을 세워나가는 활동가, 변화를 꿈꾸며 자기개발을 위해 노력하는 활동가'를 말한다. 또한 우리가 지향하는 여성주의 교육철학은 사람은 누구나 자신 안에 성장할 힘을 가지고 있으며, 여성으로서의 경험을 소중히 여기고 이를 자신의 목소리로 드러내고 나누며, 이를 통해 서로 힘을 주고받으며, 여성주의 가치로 사회를 변화시키고, 교육을 준비하는 사람과 받는 사람이 평등하고 서로 돕는 협력관계임을 이해하는 것이다.

교육이 정착되어 2007년 12월 말 현재, 연인원 172명을 교육했다. 이렇게 훈련받은 활동가들이 여성의전화의 주축이 되어 여성의전화의 미래를 이끌어갈 것이다.

## 후기

이제 이 땅에서 여성폭력이 범죄이며 인권의 문제라는 것은 상식이 되었다. 이렇게 되기까지 여성의전화의 역할은 겨자씨 하나가 자라나 온 땅을 뒤덮게 한 것과 같다. 가정폭력문제에서 시작하여 여성인권 전반에 걸쳐, 서울에서뿐만 아니라 전국으로, 나아가 아시아지역에까지.

개인적으로 뒤로 물러설 곳이 없다는 배수진을 치고 시작한 여성의전화의 활동은 나를 본질적으로 성장하게 했을 뿐만 아니라 여성의전화의 발전에도 큰 역할을 하게 했다. 그 15년의 짧지 않은 역사를 이렇게 쓰고 보니 자부심과 함께 책임감에 두려움도 생긴다.

여성의전화는 이제 자타가 공인하는 중요한 여성운동단체가 되었다. 앞으로도 막대한 책임과 역할을 하기 위해서는 이 시대의 요청이 무엇인 가를 알기 위해 더욱 깨어 있어야 하고 민감하게 반응해야 한다고 생각한다. 그리고 본질적으로 변화(Deep Change)해야 한다고 생각한다.

나는 여성의전화, 조직과 활동가들의 생명력을 믿는다. 그리고 나를 믿는다. 항상 위기를 기회로 만들어온 우리 역사가 그것을 말해주고 있지 않은가!

나는 올해로 상임대표의 임기를 모두 마친다. 그리고 많은 선배들이 그러했듯이 자랑스럽게 여성의전화 평회원으로 돌아갈 것이다. 후배 활동가들이 나를 징검다리 삼아 발전할 수 있도록 돕는 것이 이제부터 내가 할 역할이라 믿으며 영원히 여성운동가로 살아갈 것이다.

🍎 박인혜

인천여성의전화 사무국장, 부회장, 회장, 한국여성의전화 조직위원장, 한국여성의전화연합 부회장, 지역여성운동센터장을 역임했다. 현재는 상임대표로 활동하고 있다. 결혼하면서 여성운동을 해야 할 필요성을 온몸으로 느끼며 절규하다, 15년 전 인천여성의전화를 창립하면서 공중에서 암중모색하던 독수리가 쏜살같이 내려와 먹이를 낚아채듯 여성운동을 시작했다. 현재의 박인혜는 여성의전화가 빚어낸 도자기라고 생각한다. 이제 상임대표의 임기를 마치면서 또 다른 변신을 모색 중이다. 더 멋진 여성주의자, 운동가로 살아가기 위해.

## 4부 회고와 전망 25년 이야기를 마치며

원고를 마치고 집필자들이 한자리에 모였다. 물론 다는 아니다. 그러나 멀리 진해와 대구에서까지 올 만큼 필자들은 열의가 있었다. 1차는 2008년 6월 23일(월) 13명이, 2차는 7월 2일(수)에 9명이 참석했다. 1차에서는 여성의전화 25주년을 회고하며 반성과 성찰, 그리고 대안에 대한 생각을 폭넓게 교환했고, 2차에서는 좀 더 구체적인 사안에 대해 심도 있게 토론을 했다. 좌담회는 자유로운 분위기에서 진지하게 이루어졌으며 편집위원장인 민경자가 사회를 보며 토론의 방향을 잡아나갔다. 이 글은 두 번의 좌담회를 편집한 것이다. 두 번 모두 덕성여자대학교 총동창회실에서 진행되었고 참석자는 다음과 같다.

**민경자**(편집위원장, 전 청주여성의전화 회장) | **박명숙**(전 안양여성의전화 회장) | **박인혜**(상임대표) | **이두옥**(공동대표) | **한우섭**(전 공동대표) | **신혜수**(이사, 전 상임대표) | **정춘숙**(서울여성의전화 회장) | **배임숙일**(인천여성의전화 회장) | **강은숙**(전 광명여성의전화 회장) | **박신연숙**(서울여성의전화 지역조직국장) | **신재남**(부천여성의전화 이사, 상담회원) | **최정희**(진해여성의전화 부회장) | **최박미란**(인천여성의전화 사무처장) | **고미경**(사무처장) | **허난영**(담당활동가, 기록)

# 회고와 전망
25년 이야기를 마치며

민경자

　민경자 : 지역에서 여성운동 하시면서 고생들 많이 하셨고 또 원고 쓰시느라 수고 많으셨습니다. 원고 쓰시면서 지나간 시간들이 주마등처럼 스쳐가며 남다른 감회를 느끼셨을 겁니다. 또 25년의 운동을 되돌아보면서 나름대로 아쉬움과 섭섭함 등을 많이들 느끼셨을 것으로 생각합니다. 특히 지난 5월부터 우리 역사의 한 페이지를 장식할 '촛불집회'를 보시면서, 또 이런 새로운 운동방식 앞에서 시민운동의 위기라는 말들이 많은 요즘, 여성의전화운동은 앞으로 어떻게 진화해야 하는지 생각들이 많으실 것으로 생각합니다.

　시대가 빠르게 바뀌고 있는 상황에서 운동의 발 빠른 대응이 필요하고 전국적으로 지역에서 대중적 풀뿌리운동을 하고자 하는 시점에서 어떤 혁신이 필요한지, 앞으로 여성의전화운동이 어떻게 변화해야 하는지 말씀을 나누어보도록 하지요. 우선 여성의전화운동 전반에 대한 의견을 말씀해주시지요.

# 피해자 중심 운동에서 벗어나야

신혜수 : 90년대 회장할 때, '지겹다'는 생각을 하곤 했어요. '네거티브 (negative) 운동은 하기 싫다'는 생각이 들었죠. 맨날 피해여성들에 대해 어필하고, '~해야 한다'고 하면서 정부, 검사 등을 압박하고, 여성들의 피해만 대변하는 것 같은 생각이 들 때는 스트레스를 많이 받았어요. 긍정적인 운동, 여성을 발전시키는 힘을 만들어내는 운동을 하고 싶었어요. 계속 시비 걸고 문제제기하는 것에 대한 지겨움이 있었다고나 할까.

민경자 : 그러셨군요. 우리 여성의전화가 구타당한 여성의 문제를 상담을 통해 문제제기하는 방식으로 여성인권운동을 하는 단체이기 때문에 피해여성에 대해 어필하고 여성들의 피해의식을 대변하는 일은 단체 본연의 역할이고 또 우리 사회가 가부장 사회이기 때문에 운동단체로서 시비를 거는 것 역시 본연의 역할인데 여성인권침해를 근본적으로 막을 수 있는 힘 증진 사업이 상대적으로 적은 점을 말씀하시는 것으로 이해가 되는데요.

신혜수 : 맞아요. 제가 문제로 여기는 것은 여성의전화운동에서 활동가와 운동의 대상이 분리되어 있다는 것이에요. 물론 회원활동하는 사람들 가운데는 자기 자신도 폭력에 대한 경험이 있는 사람들도 있어요. 그러나 여성의전화에서 활동하는 대부분의 사람들은 자기는 폭력에 대한 피해자가 아니지만 단지 폭력을 당한 피해자들을 위해서 상담을 해주고 있어요. 물론 그러면서 보람을 찾고 또 그 과정에서 자기 자신도 새로운 자아를 찾아가고 그래서 변화되기는 하지만 활동의 대상이나 활동의

내용들이 회원들 자신의 삶과는 유리되는 부분들이 생긴다는 것이죠. 그래서 좀 더 다양하게 여성들에게 접근할 수 있는 방법이 없을까 하는 생각을 하게 되었던 거지요. 예를 들면, 여성의전화의 회원이 되면 '딸들의 캠프' 같은 프로그램을 통해서 자기 딸들의 자존감을 높인다든지, 성폭력에 대처하는 방법도 배운다든지. 또 20대 미혼 여성들의 경우에는 내가 과연 남자와 결혼을 해야 할 것인가 말 것인가 등 여러 가지 고민이 있을 수 있겠지요. 우리 딸은 이제 막 결혼해서 폭력에 대해서 얘기하면 안 먹히겠지만. 오히려 지하철에서의 성추행 그런 거는 더 민감해요. 30대가 되어서 애를 키우는 사람은 우리 동네에 보육시설이 제대로 있나 살펴보면서 보육시설에 대한 요구를 하게 하는 식으로 다양해진 요구들이 보다 더 수렴될 수 있도록 할 수 있어야 한다고 생각해요. 내가 하고 싶은 게 뭘까 생각해보면 어디 놀러 가는 거, 조금 더 여유 있게, 또는 고부간의 갈등이 있을 때 며느리들이 어떻게 대처해야 된다든지 하는 등의 다양한 욕구에 대해서 조금 더 눈높이를 맞춰서 그것을 관통하는, 여성으로서 당당하게 살아가고 차별과 폭력을 거부하고 자기를 실현해 가면서 사는 방향으로 나가야 한다는 거죠. 그래서 10대부터 70대까지 연령대별로 다양하게 접근할 수 있는 방법이 필요하다고 생각해요.

**민경자** : 우리의 운동이 좀 더 회원의 요구와 욕구를 충족시키는 방향으로, 즉 너무 피해자들에게만 초점을 맞추지 말고 회원들의 피부에 와 닿은 사업, 회원들의 일상적인 문제를 해결하는 사업에도 관심을 갖고 접근해야 한다는 말씀인데요. 중요한 지적이십니다. 그런데 여성의전화 운동의 대상이 운동하는 자와 유리되어 있다는 견해에 대해서는 좀 더 의견을 나누어보아야 할 것 같네요. 잘 살고 있는 여성들이 폭력피해여성

들을 위해 일하고 있다는 견해에 대해서도 다른 의견이 있을 것 같군요.

## 여성의전화운동의 주체와 대상?

**최정희** : 나 같은 경우에는 가정폭력을 당하고 여성의전화에 가서 활동을 하다가 활동가가 되었어요. 진해여성의전화에서 활동하는 내 삶이 너무 좋고 그래서 이혼한 것도 당당하게 얘기할 수 있어요. 정말 열심히 활동하고 있거든요. 후원회원도 1등으로 모집하러 다니고 그랬어요. 정말 애착이 많았어요. 「가정폭력방지법」 만들 때도 피켓 들고 나가서 정말 열심히 했지요. 일과 병행을 해야 되는 부분이 진짜 힘들긴 하지만, 저같이 몸소 체험한 사람이 직접 와서 활동하는 것이 정말 좋고 효과적이고 의미도 있어요. 아까 신혜수 선생님이 여성의전화운동을 하는 사람들은 폭력의 경험이 거의 없고 운동의 대상들과는 조금 다른 사람들이라고 하셨는데, 정말 나처럼 이렇게 활동을 하는 사람은 드문 것 같네요.

**박신연숙** : 작년에 서울여성의전화에서 쉼터 20주년 심포지엄을 할 때 어떤 단체가 와서 발표를 했는데 그 내용이 쉼터를 이용한 사람들 모임에 대한 것이었어요. 그때 저는 '그게 바로 당사자운동이다, 우리가 그런 부분에 집중해야 된다'는 생각을 했었어요. 요즘에 운동의 주체문제를 고민하다 보니까, 우리도 베틀모임이 있는데, 폭력을 당한 여성들이 활동력을 가질 수 있도록 조직이 지원해야 된다는 생각이 많이 들어요. 그분들의 역량을 키워서 활동을 원활히 할 수 있게 촉진시키고 동기부여

하고 자꾸 연결시키고 이런 거 말예요. 당나귀라든지 지역모임이라든지……

강은숙 : '일상의 성정치'라는 말을 우리가 자주 하는데, '피해자와 함께'라고 하지만 그것은 엄밀하게는 '피해자를 위해서' 하는 것이라고 봐요. 특히 가정폭력 등 사례를 모아서 법률을 만드는 것은 그 과정에서 피해자가 빠지고 우리가 대행해주는 형태의 활동으로 되고 있잖아요. 이렇게 우리가 대신 대응해주기를 바라는 회원들이 많아요. 파편화된 개인들은 더욱 그렇지요. 그러면 우리가 언제까지 대행 활동으로 우리의 조직이 운영될 수 있는가. 대변운동의 한계가 존재합니다. 그래서 당사자 운동이 중요하다고 생각해요. 이혼당사자모임이 중요한 것처럼 피해당사자모임 같은 거. 물론 어렵겠지만 이것이 진정한 임파워먼트라고 생각해요.

이두옥 : 전국 지부에서 운영하는 '쉼터' 같은 경우는 '당사자운동'의 좋은 연결고리 역할을 하고 있다고 봐요. 가정폭력 피해여성들이 쉼터에서 의식화 교육과 여러 프로그램을 통해 임파워링되어서 퇴소 후 후원회원도 하면서 자체 모임을 꾸려서 자신들의 자조모임을 하고 있고, 여성의전화는 조직적 도우미 역할만 하고 있죠.

정춘숙 : 우리가 한 운동이 정말 대행운동이었을까요? 여러 측면에서 얘기될 수 있지 않을까요?

허난영 : 저는 우리가 민감성을 더 갖춰야 할 거 같아요. 아주 사소하게

스쳐 지나갈 수 있는 말 하나에도 좀 더 민감해야 한다는 생각이 들어요. 제가 간혹 불편하게 느끼는 것은, 피해자 얘기하면서 '피해경험이 없어서……', '상담원과 피해자가 분리되어 있다……', '대행운동이다' 이런 말들이에요. 저는 우리 운동가들이 피해자와 분리되어 있지 않다고 생각해요. 과연 우리가 대변운동으로만 하고 있는지, 우리 사회에서 과연 피해 경험이 없는 사람이 얼마나 있을 수 있는지 정말 자기 자신의 내면에 있는 피해부분에 대해서 더 직면하고 성찰해야 하지 않을까요? 피해 경험에 대해 직면할 수 있게 하고 그것을 드러낼 수 있게 하는 것이 더 중요하다고 봐요. 그런 의미에서 '당사자운동'이란 말도 조금 더 섬세하게 생각해야 하지 않을까요? 당사자운동을 할 때도 나를 포함하는 운동을 하려면 타자화하지 않고 배려하는 운동방식이 되어야 한다고 생각합니다.

신재남 : 맞아야지만 폭력이 아니고 폭력도 정도 차이이지 누구나 겪고 사는 거 아니에요? 솔직하게 자기를 드러내지 않을 뿐이지……. 그래서 드러내기가 중요한데, 그것은 자기가 드러낼 수 있는 만큼만, 그 선에서 서로 시작하면 이해와 공감의 폭도 넓어질 거라고 생각해요.

강은숙 : '당사자운동', '대행' ……, 이런 말을 쓴 이유는, 활동하는 데 있어서 직접 경험한 사람이 세밀하게 들어가면 더 풍부하게 할 수 있는 차이가 있기 때문이에요. 각자에게는 자기 피부에 더 와 닿는 것이 있고 더 맞는 쪽에서 깊이 있게 활동하는 것이 더 바람직하겠다. 그런 식으로 접근한 말이에요.

배임숙일 : 18년 전에 남편의 알콜릭으로 단주가족모임을 1년 하면서 느낀 것인데, 당사자나 그 가족이 아닌 사람들의 경우는 인식의 출발부터가 달라요. 남편이 알콜릭인 경우 사람들은 '여자가 제대로 했으면……' 이런 얘기들을 많이 해요. 그리고 알콜릭 환자에 대해서는 그 사람이 의지가 부족하거나 노력하지 않는 것으로 봐요. 알콜릭을 병으로 보지 않아요. 우리나라에서는 사회적으로 병을 키울 수밖에 없는 문화를 가지고 있는데 그 문화에 대한 인정을 하지 않고 무조건 개인의 문제로 보는 것이죠.

정춘숙 : '당사자운동' 얘기를 하는데 실제로 우리 조직 내에도 당사자들이 많이 있어요. 조직 내에도 당사자가 존재하는데 꼭 내가 당사자다 하고 드러내고 해야 당사자운동이라고 할 수 있나요? 피해자로 상담받으러 왔다가 쉼터 거쳐서 상담원교육 받고 하다가 여성운동 하는 여성도 있는데. 당사자운동이라고 해서 따로 조직해야지만 되는 건가요? 그러면 '가정폭력 피해 당사자모임' 이런 것을 만들어야 되는 건지는 모르겠는데, 이미 우리 조직 내에는 그렇게 구분하지 않고도 운동이 충분히 가능하다고 봅니다.

민경자 : 폭력피해여성들이 운동의 대상이 아니라 주체가 되는 것이 중요하고 실제로 당사자들이 운동가로 많이 활동하고 있다는 데는 모두 공감하는 것 같습니다. 그러나 과연 우리가 하는 일이 피해자만을 위해 일하고(대행하고) 있는 것인가, 회원, 운동가들이 피해여성과 유리된 존재인가에 대해서는 인식의 차이가 있는 듯합니다. 회원, 운동가들을 '우리'라고 하고 폭력피해여성들을 '그들'이라고 할 수 있는지……, 이 인식의

차이는 가부장적 폭력을 어느 수준에서 인식하는가와 연결되는 것 같습니다. 이 문제는 여성의전화만의 문제가 아니라 여성운동 하는 모든 단체들이 함께 생각해야 할 문제라고 봅니다. 피해자 중심에서 벗어나야 한다는 의견에 대해 다른 의견이 있으시면 말씀하시지요.

## 여성의전화운동과 상담, 그리고 제도화의 문제

박명숙 : '피해 중심에서 긍정적으로 바뀌어야 한다', 이런 의견들이 너무 당연하게 이야기되는데, 이 점을 좀 더 짚고 가야 한다고 봅니다. 한국 여성운동사의 맥락에서 볼 때 여성의전화가 이 시대의 피해여성과 함께 가겠다고 했고, 이것이 핵심이었고, 그것이 상담이었어요. 이 핵심을 어떻게 우리의 운동방식으로 풀어갈 것인가? 이것이 우리의 핵심과제라고 생각해요. 한쪽에서는 피해여성과 함께 가야 하고, 한쪽에서는 그런 피해가 다시 일어나지 않도록 하는 예방교육, 이 두 가지가 같이 가야 하는 것이죠. '피해자를 부각시킨 것이 부정적이니 긍정적인 것을 해야 한다'고 하는데 이것은 아니라고 봐요. 우리의 정체성을 보았을 때. 마지막 순간에 우리가 이 둘 중에 무엇을 선택해야 하는가 하는 질문이 온다면, 피해자와 함께해야 하는 편을 선택해야 한다고 봅니다. '상담을 줄여보자', '여성의전화라는 이름을 바꿔보자' 이런 의견들이 있었지만 그것보다 피해자와 같이 가는 것, 이것이 흔들릴 수 없는 큰 맥이라고 봅니다.

민경자 : 네, 이야기가 자연스럽게 상담의 문제로 옮아갔군요. 상담에

집중하다 보니 여성의전화의 운동성이 떨어진다는 오래된 논쟁이 살아나는 것 같습니다.

**정춘숙** : 상담이나 혹은 피해자와 함께하는 일들을 절대 하지 말자 이런 것은 아니에요. 그러나 어떻게 보이게 할 것인가 하는 문제는 계속 고민해야 해요. 활동 모습이 어떻게 사회적으로 표출되게 할 것인가 하는 것이 더 고민되어야 하는 지점이에요. 우리가 깊이 있게 고민해오지 못했다는 것을 얘기하는 거구요.

**박명숙** : '상담에 매몰되기 때문에 운동성이 약화된다, 그러니 운동성을 강화해야 한다'고 하는 것도 이해되지만, 우리에게 운동과 상담이 분리될 수 있는 건가요? 만약 분리된다면 그것은 더 이상 여성의전화가 아니라고 봐요. 우리의 정체성에 대해서 다시 한 번 정확하게 짚고 가고 싶어요. 안 그러면 이런 얘기는 계속 나올 수밖에 없을 거 같아요.

**정춘숙** : 권역별 간담회에서 들은 건데, 상담을 담당하는 활동가들이 홀대당한다는 얘기가 나왔어요. 주류는 아니지만 전에도 그런 경우가 많이 있었어요. '상담이냐 운동이냐' 이런 구분, '상담소를 떼어낸다' '상담 때문에 운동 못 한다' 등 이런 목소리들이 나오는 것들이 그런 느낌을 받게 하는 것 같아요. 그러나 양자택일적으로 간다면 문제를 해결할 수는 없다고 봐요. 다만 인적자원 등 자원의 충분치 못함을 고려해보았을 때 우선순위에서 얘기되기도 하는 것이죠. 여성주의 상담소라는 것의 정체성을 확실히 하고, 운동의 의미 등을 포함하는 논의와 얘기가 늘 되어야 합니다. 상담소는 상담소대로 여성주의 상담을 잘하고, 운동을

하는 사람들도 상담이 가지고 있는 효율성과 효용성, 그것의 조직 내에서의 의미 등에 대해서도 서로 생각해야 합니다.

박인혜 : 약간 오해가 있는 것 같아요. 상담 안에서 운동성을 갖기 어려울 때 어떻게 해야 할 것인가, 이런 고민은 있었지만 '상담하면 운동이 잘 안 된다' 이런 식의 얘기는 없었어요. 실제로 우리가 가진 자원은 부족한데 자원이 상담 쪽으로 더 많이 가니까 표면적으로 운동 부분은 부족한 것으로 보이는 부분이 있기도 했고, 자원이 상담 쪽으로 더 쏠린 것에 비해 운동으로 표출되는 것이 적다고 보니까 어떻게 하면 운동성을 살릴 것인가라는 고민이 있었던 것이죠. 지역에서 나름대로 새로운 방식으로 운동하고자 해도 자원이 부족하니까 지원이 안 되기도 하고, 자원이 적은 지부에서는 상담만 하려고 하는 경향이 있기도 하고 그런 거죠. 상담과 조직활동이 전체적으로 조화를 이뤄야 하지만 조직 내에서 누가 그것을 하느냐의 문제도 있어요. 한 사람이 모든 활동을 다 할 수 없으니 상담 위주로 가는 경향이 있었어요. 이것도 하고 저것도 하기는 어려우므로 여성의전화 활동을 분화할 필요는 있지 않을까 하는 생각도 해봤어요. 상담도 매우 중요한 활동이고 피해자 지원하는 것도 기본인데 그것만 가지고는 폭력이 없어지지 않기 때문에 어떻게 하면 더 힘이 먹히는 것을 할 수 있을까 하는 생각에서 나온 것들이에요.

고미경 : 나는 제도화와 여성운동의 자율성의 문제라고 생각해요. 예를 들면 여성의전화 활동가로 들어왔는데 상담소에 소속되다 보니까 제도화와 관련한 업무가 너무 많다는 거잖아요. 그러다 보니 실제 현장에서 고민이 많았던 것 같아요.

**최박미란** : 그러다 보니까 상담을 안 하겠다는 것이 아니라 상담소를 안해야 된다는 얘기가 나오는 거죠. 상담소 운영을 하다 보니 보고를 올려야 하는 등 너무나 행정업무가 많아요. 상담소를 하지 않아도 이미 지역에서는 '여성의전화' 하면 모든 여성들이 믿고 맡기고 어려움을 호소하고 이것을 해결해줄 것이라는 기대감을 갖는 기관이 되었어요. 그런데 여기에 제도화라는 형태가 씌워졌을 때 고민이 있는 거죠.

**박명숙** : 최근 제도화 10년, 12년 정도가 우리의 가능성을 확장시켜준 것은 사실이죠. 그러나 다른 한편으로는 우리를 얽매고 해체시키고 있어요. 우리를 얽매는 틀 밖으로 나올 것인지, 틀을 바꿀 것인지 그것을 고민하는 것이에요. 우리가 가지고 있던 운동성으로 문제를 제기하고 그 틀을 바꿀 것인가, 이것이 우리가 가지고 있는 과제라고 생각해요.

**고미경** : '버릴 것이냐 가질 것이냐' 이런 식의 이분법보다는 어떻게, 하우(how)에 초점을 맞춰야 할 것 같아요. 대구 아동성폭력사건도 지역운동화해야 하는데, 그렇게 이슈가 되지 않고 있어요. 최근의 경향성을 보면, 제도화와 여성운동의 자율성, 그리고 활동가의 정체성(상담소를 복지기관으로만 알고 오는 현실), 이런 요인이 복합적으로 작용해서 상담이 축소된 것은 사실이에요. 그러나 상담을 분리하고 말고의 문제가 아니라 여성주의 상담을 어떻게 하고 여성인권의 문제를 제대로, 어떻게 풀어나갈 것인가를 고민해야 합니다.

**정춘숙** : 문제는 상담소를 하고 안 하고의 문제가 아니라 가정폭력, 성폭력상담을 하냐 안 하냐의 문제가 되었다는 거예요. 성폭력, 가정폭력

상담을 하면 반드시 현재의 행정적 규제를 받아야 해요. 만약 규제를 받지 않으려면, 무슨 '인생상담' 이런 식으로 바꾸든지, 위장을 하든지 해야 해요. 하지만 그런 부분들은 제도화 안에서 싸워나가는 것이 좋다고 봅니다. 상담소를 여성의전화가 지원해서 가져갈 수 있어야 한다고 봐요. 다 안 할 것이 아니라면.

박명숙 : 그러니까 이것이 인력의 문제점이자 조직의 문제점이 되는 거예요.

박인혜 : 그 인력의 문제라는 게 상담소가 제도화된 후 자격조건이 만들어져서 우리가 원하는 사람이 활동할 수 없고 제도에서 원하는 사람을 채용하게 되었잖아요. 자격조건에 맞는 사람을 찾다 보니까 우리한테 인력이 있어도 조건이 맞는 사람이 별로 없고, 그러다 보니까 운동성 얘기가 나오는 것이죠.

민경자 : 그렇게 되면 상담소를 안 하는 게 나을 거 같군요.

정춘숙 : 상담소를 안 하면 상담을 안 해야 된다는 얘기예요. 아까 말했듯이 상담소 등록을 하지 않거나 '가정폭력상담소'나 '성폭력상담소' 이름 내리고 다른 인생상담소…… 그런 이름을 걸거나 그래야 된다는 얘기가 된다니까요.

박명숙 : 그렇게 되면, 예를 들어서 법적 지원을 할 때, 피해 증언을 하는 데 있어서 여성의전화의 증언이나 상담일지는 인정을 해주지 않게

되는 거예요.

박인혜 : 역으로 여성의전화를 하지 말고 상담소만 하면 된다는 얘기도 돼요. 결국 이제는 다 끌어안고 가기에는 어려운 상황이 된 겁니다. 제도에서 원하는 완벽한 상담소를 꾸리면서도 여성의전화의 운동성을 동시에 다 가져가기가 어렵다는 얘기입니다.

박명숙 : 우리가 제도를 바꿔서 여기까지 왔는데, 그럼 잘못된 제도를 또 바꾸면 되지 않겠어요?

박인혜 : 주도권이 우리 손을 떠났다는 얘기죠.

정춘숙 : 그럼 제도화되었고 우리 손을 떠났다고 해서 그냥 제도화된 대로 내버려둘 것인가요? 그건 아니죠. 제도화했더라도 제도화한 목적이 있잖아요? 목적에 맞게 계속해야 되는 거죠. 없는 것을 만들어내야 되는 거죠.

최박미란 : 우리가 군이 상담소를 바꿔가면서까지 뭔가 할 건 없지 않나요?

정춘숙 : 상담소를 바꾸다니?

최박미란 : 여성의전화가 상담소는 아니죠. 기본적으로 여성의전화이기 때문에 많은 여성들이 어려움을 호소하는 곳이라는 거예요.

고미경 : 예를 들어서 제도에서 과도하게 요구할 때 우리한테 힘이 있으면 강력하게 대항할 수 있지요. 그렇지만 지부 간 편차가 크고 많아요. 안 해도 될 것도 지원 끊길까 봐 무서워서 정부에서 하라는 대로 할 수밖에 없는 지부도 있어요.

최박미란 : 그럼 당연히 싸워야죠. 우리도 정부에 맞춰가자는 건 아니잖아요? 여성의전화니까 찾아오는 여성들이고 어려움을 호소하는 거예요. 폭력과 차별의 피해를 겪은 여성들로서는 올 수밖에 없고 우리도 언제나 피해자가 될 수 있는 거고 그래서 함께 가는 거죠. 이 피해를 없애기 위해서 예방 차원의 운동을 하자는 얘기도 아까 했지만 생각이 다른 것 같네요.


## 여성의전화운동, 진화해야

민경자 : 우리가 만든 제도화로 인해 여성의전화운동의 정신이 훼손되는 아이러니를 경험하고 있습니다. 이 문제를 해결하는 것이 우리의 과제로 등장하고 있구요. 이 문제와 더불어 최근에 달라진 대중의 운동을 보면서 우리는 물론 운동권 전체가 긴장을 하는 듯합니다. 대중은 달라지고 있는데 우리는 제자리에 있는 것 같은 위기감도 느낍니다.

박신연숙 : 요새는 운동의 주체도 굉장히 다양해졌고 대상이 매우 다양해졌어요. 현재, 같은 여성문제라고 하더라도 사람들의 관심사나 이슈가 진짜 다양하고 여성들 개인 간의 차이도 많아요. 운동의 방식도 과거에는

조직운동을 했다면 이제는 게릴라식 운동이어야 하고 공간도 사이버상의 운동, 생활상의 운동 등 다양해야 한다고 생각해요. 다양해진 많은 여성들의 그런 힘들을 어떤 방식으로 결집해서 영향력을 확대해나갈 것인지, 여성의전화가 과거와 같은 위상과 역할들을 가지고 여성의전화의 틀로 할 수 있을 것인지 또 그것이 옳은 것인지 잘 모르겠어요.

간간이 '여성의전화 이름을 바꿔야 한다'는 말이 나오고 있는데, '여성의전화'라는 이름은 대중으로 하여금 폭력 또는 상담을 쉽게 떠올리게 해요. 그 이외의 사람들에게 관심을 갖게 하거나 혹은 우리가 더 대중적으로 운동하기 위해서 생활에서 접근했을 때 여성의전화가 그들의 욕구를 정말 다 수렴할 수 있을까 그런 생각을 하게 돼요.

우리가 여성의전화 안에서 활동하지만 여성의전화 조직은 어떻게 발전해야 되나, 더 나아가서 한국의 여성운동은 어떠한 방향으로 발전해가야 하나, 거기서 선배조직으로서의 여성의전화는 어떤 자기 전망을 가지고 여성운동을 어떻게 전망할 수 있을까 등의 고민이 생겨요.


박인혜 : 일반 사람들은 의미가 아무리 좋아도 자기와 직접 관련이 없으면 관심이 없는 것 같아요. 일반 대중, 촛불집회에 나오는 많은 여성들 중에는 우리가 그동안 운동을 해오면서 좀 거리감 느끼던, 내지는 우리를 싫어하던 여성들도 많이 있었어요. 문제는 우리가 이들과 만날 수 있는 지점이 없다는 거예요. 여성운동이 지속되려면 이들과 만나야 하는데 어떻게 만나야 하며, 만나기 위해서 우리는 어떤 실험을 해야 하나, 하는 고민을 하고 있어요.

현재 여성의전화는 당사자들 운동을 고민하고 있고 그들의 얘기를 들어보려고 하고 있어요. 당사자들을 어떻게 결합시킬 것이며 그들이 무엇에 관심을 가지고 있고 무엇을 고민하고 있는지 관심을 많이 가지고 있어요. 실제로 그냥 당사자들의 목소리를 들어보는 거 정도가 아니라, 한두 명이라도 스스로 자기의 목소리가 나올 수 있게 하는 노력을 하고 있어요.

그러나 어쨌든 지금까지의 조직은 지나간 시대의 조직방식인 것이 사실이에요. 요즘은 이런 조직방식을 가진 조직에 들어오려 하지 않는 사람들이 너무 많아요. 이 문제에 대한 고민과 대안이 필요하고 이런 관점에서 앞으로의 조직방향이 모색되어야 하지 않을까 생각해요.

**박신연숙** : 맞아요. 인터넷상에서 '빠리(82)컴 요리컴?' 살림이나 요리를 빨리 잘하는 이런 사이트를 가보면 수많은 여성들이 요리와 살림에 관한 이야기들을 하고 있어요 그런데 자세히 들여다 보면 거기에서 정말 여성의전화 못지않은 진보적이고 페미니즘에 입각한 담론들이 굉장히 많이 토론이 되고 서로 알리기도 하고 불매운동 같은 것을 하기도 하고 그래요. 그런데 그런 여성들은 우리 여성의전화 같은 조직에 속하려고 하지 않아요. 그게 2000년대의 현실이라는 생각이 들어요. 그렇다고 우리 운동 고유의 것을 대체하자는 것은 아니에요.

과거에는 운동의 주체가 딱 정해져 있었고 집회 같은 데도 모이라고 하면 모였고 문제나 이슈들도 단일했었는데, 지금은 너무나 다양해지는 상황들이어서 그에 맞게 바꿔나가야만 하는 게 현실이라는 걸 말하고 싶어요.

**한우섭** : 운동을 하는 형식이라든가 전략과 전술, 방식이 같이 가야 한다고 생각해요. 전술이나 형식에 따라 달라질 수 있듯이, 우리가 이왕

에 운동을 하기 어려운 시기에 운동을 한다고 할 때 내용이 효과성, 효율성이 높아져야 되는 거죠. 그런데 우리가 과거에 조직운동하던 방식, 민주화운동하던 방식에 대한 향수에 빠지기가 쉬워요. 이렇게 되면 결국 우리끼리 하는 것으로만 되는 게 아닌가 싶어요. 놓을 수 없는 핵심 가치, 페미니즘이라든가 하는 것을 놓지 않으면서 변화된 공간에서 변화된 사람들과 할 수 있는 것이 어떤 것인가 하는 것이죠. 대중을 어떻게 만나느냐 하는 부분은 더 고민해야 할 거예요.

박인혜 : 예전엔 무엇을 운동하는가가 중요했다면 지금은 누가 운동하느냐가 중요하게 된 것 같아요. 누구와 인권의 패러다임을 어떻게 접목시킬 것이냐가 문제죠. 예전에는 피해자 중심의 운동이었다면 지금은 나를 위한 운동을 중요하게 생각하는 시대가 되었는데 그럼 나를 위한 인권운동을 할 거냐 하는 것이죠. 과거 우리의 활동으로 여러 가지 것들이 제도화되었고, 제도화 이후에는 제도화의 문제를 극복하기 위해 지역운동을 했어요. 이제 지역운동 이후 어떤 방식으로 누구와 할 것인가를 찾아야 합니다. 운동의 주체가 중요해요. 인터넷상에서 많은 여성들이 만나고 있고 여성들이 주로 주도하고 있기도 하지만, 사실 그런 방식으로 소통하지 못하는 여성들도 많아요. 여전히 이런 특권을 누리지 못하는 사람들도 많이 있다는 얘기죠. 그렇다면 이런 여성들은 또 어떻게 만날 것인가, 운동의 주체를 누구로 할 것인지가 문제가 됩니다.

민경자 : 이야기를 하다 보니 우리는 지금 운동방식에서의 혁신을 말하고 있습니다. 지금 세상이 이렇게 빠르게 변하고 있는데 우리는 진보라고 자부하면서 보수적 방식으로 운동을 하고 있다는 데 공감대가 형성

되는 것 같습니다.

**배임숙일** : 동감이에요. 예전에는 여성의전화운동이 급진보였는데, 지금은 대중한테 접근하는 방법이 너무나 보수적이에요.

**한우섭** : 말하자면 우리끼리만 하고 있는 것이죠. 요새 애들이 볼 때는 우리가 진보진영의 '꼴통'같이 보인다니까요.

**배임숙일** : 그러니까 우리가 무슨 말을 해도 안 듣는 거예요. 우리는 뭔가 주제를 던져주고 오라고 하지요. 지식채널의 경우에는 말도 별로 없이 그냥 행동을 보여줌으로써 보는 사람이 해석을 하게끔 해서 누구나 다 자기의 생각을 가질 수 있게 해주는데, 우리는 그 사람의 생각을 무시해버리고 우리의 주장을 강요하는 것이죠.

**한우섭** : 정답을 강요하고 있다고도 할 수 있죠. 또 큰 틀에서 사회적인 혁신, 문제제기 등은 시민운동에서 하지만, 우리 내부 자체에 대한 문제제기는 안 되는 것이 아닌가 하는 생각이 들어요. 사회적 변화와 괴리가 있어요.

요즘 인터넷상에서 '사회/여성' 클릭하면 우리가 나오지 않아요. 우리의 활동이 인터넷과 연결이 안 되는 것이죠. 우리는 사회적 변화에 맞는 방식과 언어를 사용하지 못하고 있어요. 굉장히 빠르고 다양한 디지털시대에 우리 코드에 맞추라고 하는 독불장군이 아닌가 합니다.

역설적으로 우리 운동의 25년 역사를 부정함으로써 우리 운동을 발전시킬 수도 있다고 생각해요. 이미 시대가 바뀌어서 다른 트렌드로 가고 있는데도 계속 옛날, 옛것을 움켜쥐고 있는 부분들이 있다고 봐요. 조직 개편을 비롯하여 시대에 맞게 운동을 해야 한다고 생각해요. 따라서 내부 혁신이 필요하죠. 조직 내부는 그대로 두고 혁신만 얘기하니까 해결이 되지 않는다고 봅니다.

민경자 : 좀 늦은 감이 있지만 그동안 우리가 해왔던 운동방식을 점검 해야 할 것 같네요. 이제는 여성들의 다양성 속에서 이들과 함께하는 여성운동이 어떻게 변화되어야 하는지, 무엇을 어떻게 바꾸어야 하는지 이야기해보지요. 우선 젊은 세대라고 할 수 있는 박신연숙 씨부터.

## 주체의 다양화, 수평화

박신연숙 : 우선 우리 운동의 주체가 너무 사무국 중심이어서 협소하다 는 걸 말하고 싶어요. 운동의 주체를 확장시키고 다양해져야 한다고 생각 해요. 도전받는 조직의 혁신에 중요한 부분이죠. 그러려면 주체가 정말 다양해져야 되고 언제든지 여성의전화에 와서 자유롭게 놀 수 있어야 돼요. 문턱이나 벽이 높으면 안 돼요. 이런 것들이 우리 조직이 직면한 혁신과제인 거 같아요. 더 민주화되고 수평적 관계가 되어야 하고 당사자 운동이 되어야 해요. 그런데 그걸 누가 대신해주는 게 아니죠. 상담은 상담원과 상담을 받는 피해자와의 상담관계만으로는 수평관계를 갖기가 어려워요. 아무리 우리가 여성주의 상담을 한다고 하지만, 실제로 상담 현상에서는 폭력피해여성과 지원하는 상담원 선생님의 관계, 제공하는 자와 제공받는 자의 관계가 됩니다. 활동가와 당사자의 역량을 어떻게

더 강화해나가고 집중할 것인가가 앞으로 중요한 부분이라고 생각해요.

　　신재남 : 다양한 여성들의 요구와 욕구를 파악하고 그들이 참여할 수 있는 방안을 모색해야 합니다. 예를 들면 회원들의 자녀들도 있을 것이고, 20대 여성들의 경우에는 축제들이 많은데, 이런 것들을 통해서 20대들의 기호나 흐름도 파악하고 벤치마킹할 필요가 있지 않나 싶어요. 아니면 우리가 지역에서 캠페인을 할 때 UCC를 재밌게 만들어서 각 지부별로 올리고 홈페이지에도 올리고 하는 방법, 또는 홈페이지에서 한 번 클릭만으로도 쉽게 새로운 정보를 알 수 있는 아주 짧은 동영상을 띄워놓는다든지 해서 입소문을 통해 많은 사람들이 참여할 수 있게 활용했으면 좋겠어요. 그리고 그것을 배우길 원하는 사람이 있으면 전문적으로 배우게 해서 사무실 상근활동가들 대신 자원활동 할 수 있게 했으면 좋겠어요. 자료도 재밌게 볼 수 있는 새로운 방법으로 계속 업데이트하구요.
　　지금은 너무 바쁜 시대라서 짧은 시간에 바로 클릭해서 많은 정보를 얻을 수 있어야 해요. 예를 들면 EBS의 지식채널같이 짧은 시간에 쉽게 접근할 수 있게 하고 대중과 직접 연결될 수 있도록 해야 해요. 젊은이들과 함께할 수 있는 운동방법과 방식이 필요해요. 연령별, 세대별로 다양한 사람들 누구나가 재미있게 접근해서 아주 내용을 쉽게 파악하고 널리 알릴 수 있게 해야 합니다.

　　민경자 : 여성운동 안에서도 세대 차이를 느끼고 있어요. 나이가 들면서 이 시대를 따라가는 것이 너무 힘들어요. 현실인식에 있어서의 세대차이가 많이 나는 것 같습니다. 세상과 세대가 바뀌었기 때문에 접근방식과 내용이 달라져야 하고 이를 위해서는 주요 정책을 논의할 때 20~30대가 함께

하는 것이 필요합니다. 상근활동가들도 이런 얘기를 많이 하지 않나요?

최박미란 : 우리(인천여성의전화)는 개인이 각각의 센터예요. 각각이 중심이 되어 활동하고 있어요. 혼자 일하지만 계속 논의하면서 일하고 책임은 공동으로 지는 체계죠. 이런 체계는 자율성과 일에 대한 확신, 계속 논의하는 과정, 동등한 입장에서 치열한 논의가 가능할 때 비로소 나올 수 있었어요. 결국 자기 꼬라지를 보이면서, 여성의 섬세함을 살리면서 신나고 편하게 일하자는 거죠.

평소에 얘기하고 싶었던 것들을 얘기할 수 있는 이런 자리가 좋습니다. 지부의 비전도 틀 없이 자유롭게 듣는 방식이 필요해요. 각자 어떤 꼴로 무엇을 더 하고 싶은지 지부별로 자유롭게 논의해보는 것도 좋겠어요.

## 활동가에게 무엇을 기대하며 무엇을 줄 것인가

정춘숙 : 아까 상담소문제를 이야기했는데 나는 상담소 때문에 운동을 못하는 것이 아니라, 운동을 제대로 못해서 상담소문제가 생기는 거라고 생각해요. 조직활동 경험이 없거나 적은 상담소 활동가들이 많은 요즘의 현실 문제를 고민해야 합니다.

배임숙일 : 오래 활동한 활동가와 새로 상담소에 들어오는 활동가 간의 차이가 너무 커요. 사회복지사들과의 괴리도 있구요.

정춘숙 : 갓 들어온 사람은 확실히 달라요. 새로운 세대의 활동가가

우리에게서 '운동성'이 느껴지지 않는대요. 아직 경력이 짧아서일 수도 있고. 개인차일 수도 있겠지만. 세대 차이를 느꼈어요. 생각하는 방식이나 풀어가는 방식에 있어서 차이가 있어요. 여성의전화 3년차 이상의 사람들과는 다른데, 새로 온 실무자가 느끼기엔 여성의전화에서 운동성이 잘 안 느껴진다고 해요. 아직 얼마 안 돼서 그렇기도 하고 맡은 업무에서의 차이일 수도 있지만 20대 활동가들은 다르긴 한 거 같아요. 개인차도 물론 있구요.

그 다름에도 불구하고 여성의전화에 여성운동 하려고 온 이유가 있을 텐데, 이들과 무엇을 가지고 이야기할 것인가 고민이 돼요. 기대치가 달라요. 학교에서 배운 것도 구세대와 신진 활동가들 간에 다를 거예요. 예전에 공부했던 것들이 아직도 우리를 많이 지배하는데 그것이 맞을까, 우리가 지난 10년간 나태하지는 않았나, 그전 10년과 비교했을 때 고민의 치열함이 덜하지 않았나 등 이런저런 우려와 의문이 들어요.

시대와 문제에 대한 고민의 치열함도 요즘 젊은 사람들은 참 달라요. 그래서 그들과 어떻게 만날 것인가가 고민돼요. 80년대 학교 다녔던 사람은 같이 공감하는 부분이 있거든요 요즘 세대와는 확실히 다른 지점이 있고 코드가 안 맞는 지점도 있어요.

또 한 가지 고민되는 것은 활동가 개인의 행복이 중요한 건 맞지만 자기가 행복할 때만 운동하는 것은 아니라는 거예요. 대의가 있으니 운동을 하는 것이잖아요, 대의만 있어 문제가 되기도 했지만. 대의 없이 나만 행복한 것이 운동일까 하는 생각이 들어요. 그것이 조직과 배치될 수도 있다는 거예요. 예를 들면 나의 성장을 위해서는 여기를 떠나야 되는데 조직에서는 떠나면 안 되는 상황이라든지 하는 거 말예요. 활동가들의 개인적 행복과 성장이 조직의 대의와 상충할 때 개인이 어떻게 맞춰야 하고 맞추라고 할 것인지 어려워요.

박인혜 : 이분법으로 생각해서는 안 될 것 같아요. 80년대에는 대의에 희생하고 고통을 받아들이는 것이 행복이었죠. 그래서 어떻게 보면 조직에 의한 횡포도 존재했어요. 지금 개인의 행복을 생각해야 한다고 하는 것은 개인의 행복만 생각하라는 것이 아니라, 조직이 개인의 행복을 생각해줄 필요가 있다는 거예요. 조직과 개인이 같이 가는 지점을 얘기하는 것이에요. 조직의 성장을 통해 개인이 성장, 행복하고, 동시에 개인의 행복을 통해 조직이 성장하는, 이런 것을 경험하게 되는 것이 이상적이겠죠.

정춘숙 : 요즘은 개인의 역량강화, 자신의 행복 이런 게 강조되다 보니까 조직의 조화와 책임성은 후순위로 밀려나고 개인이 필요한 것을 먼저 취하는 방식으로 변화되고 있는 것 같아요.

박인혜 : 그것은 그 조직이나 문화의 탓도 있는 것으로 보여요. 조직이 개인의 행복을 배려해주지 않는 부분이 있을 수도 있지요. 조직은 결국 구성원들이 모여서 만들어가는 것이잖아요. 조직적으로 활동할 수 있는 것은 무엇이고, 아닌 것은 무엇인가 하는 것을 논의하면서 조직의 문화가 만들어지고 개인이 일정 수준 양보할 수 있게 되는 것이 아닐까요? 이분법적으로 나누어 개인의 행복을 강조하려는 것이 아니라, 지금까지 조직에 편향되어 있던 것을 개인으로 좀 가져오자는 측면의 이야기라고 생각해요.

박명숙 : 얘기가 너무 추상적으로 들리네요. 구체적인 예를 들어 얘기

해보죠. 우리는 활동가에게 월급을 다른 데보다 많이 줄 수도 없고 어찌 보면 많이 주고자 하지도 않는 것 같아요 그래서 저임금체제에 머무르고 있고, 또 그럴 수밖에 없는 체제에서 오히려 기부해야 하는 상황에서 조직에 남으라고 할 수 있을까요?

박인혜 : 옛날에는 자기 돈 써가면서 활동했지만 이제 시대가 변하고 있다는 것은 분명하죠. 여성의전화는 임금체계도 같이 논의하잖아요. 우리가 확보할 수 있는 자원을 어떻게 만들어서 어떻게 분배할까 이런 논의도 함께하는데, 정말 싫으면 어쩔 수 없지요. 너무 공익 우선 하면서 개인의 행복을 무시할 수는 없으니까요. 개인의 만족과 행복도 고려하면서 조직을 운영해야겠지요. 그러려면 그 사람의 관심사와 관심 주제로 만나야겠지요. 이는 소통방식의 문제인 것 같아요. 활동가뿐만 아니라 대중을 만날 때도 마찬가지라고 생각해요. 일방적으로 그들을 대상으로 활동하는 것이 아니라 우리가 가진 것을 그들의 관심과 욕구에 어떻게 접목할 것인가의 문제죠.

고미경 : 활동가 입장에서 보면, 여성의전화가 금전적으로 열악한 것은 다 알고 와요 오히려 운동이나 관계로 인한 갈등이 더 많아요 활동하는 데 있어서의 가장 중요한 요인은 내가 변한다고 느끼고 변화를 체험하는 거죠. 내 안의 가부장성과 계속 싸우고 점차 내가 변해나가는 과정에서 행복을 느끼고, 사회를 뒤집어서 보게 되고 갈등을 느끼고 해결되고 ……. 그렇게 되는 것이 행복의 조건이나 내용이 아닐까 싶어요.

최박미란 : 나는 피해여성을 돌보거나 지원하는 것은 한 부분으로 생각

해요. 아까도 개인의 행복을 얘기했는데 내게는 개인의 행복이 더 중요하고 관심 가는 부분이에요. 나 같은 30대는 대의명분이나 사회문제 때문에 운동하게 된 것은 아니었어요. 개인의 섹슈얼리티나 인생 논의 등을 더 중요하게 생각하고 관심 갖고 있어요. 우리 또래 30대들을 만나 보면 대개 그래요. 개인주의인지 몰라도 내 주변의 사람들도 다 그래요.

박인혜 : 누가 운동할 것이냐의 문제와 연결되는 부분이라고 생각해요. 예전에는 활동가들이 남을 위해서 했다면 이제는 자기를 위해서 운동하는 거죠. 활동가의 성장과 만족이 중요해지고 있어요. 여성의전화는 그동안에 이런 부분들에 있어서 논의하고 교육도 했지만, 대개 시민사회운동단체들은 훈련된 사람들이 들어와서 다 쓰면 나가버리는 그런 양상이었죠. 주체를 키우는 것에 주력해야 한다고 생각해요. 대중운동이라 할지라도 활동가를 먼저 키워내야 한다고 봅니다.

박명숙 : 나는 활동가문제를 얘기하고 싶어요. 우리는 그동안 주로 전업주부를 자원상담가로 키워냈잖아요. 하지만 이제는 전업주부가 줄어들고 있어요. 무급을 전제로 한 인력들이 사라지고 있는 실정이에요. 또한 교육 후에 그 자격으로 무엇을 할 수 있을 거란 기대로 많이 오잖아요. 엄밀히 말하면 우리의 상담회원들은 무급노동자라고 생각해요. 이제는 무급으로 노동을 제공할 사람은 없어 보여요. 현재까지 조직을 끌어온 인력의 사이클을 더 이상 유지할 수가 없다는 거죠. 세상과 비슷한 보상을 해주지 않으면 노동을 해줄 수 있는 사람을 구할 수 없어요. 최근 전문상담가가 월급을 받으며 활동하는 상담소가 늘고 있어요. 우리는 그것을 변질되었다고 비판하고 자원상담가로 메워왔지만 이런 방식은

개인적으로 봤을 때 한계가 있다고 생각해요. 우리 조직의 인력을 어떻게 채울 것인가가 상당한 고민이 되는 부분이에요.

강은숙 : 자원상담가들은 여성의전화를 거쳐가는 곳으로 생각하는 경우가 늘고 있어요. 예전에는 활동 자체가 좋아서 했다면, 요즘은 자신의 커리어를 쌓기 위한 하나의 단계로 생각한다는 거죠. 따라서 지속적인 운동가가 생기기는 어려워요. 여성주의라고 얘기할 때 여성주의의 임파워먼트인데 개인의 임파워먼트로 끝나므로 문제가 있다고 봅니다. 사회의 임파워먼트로 함께 가는 것에는 어떤 과정, 고리가 필요한지 고민이 필요해요.

정춘숙 : 박명숙 선생님도 말씀하셨듯이 상담을 하거나 지역에서 여성운동을 하는 많은 사람들은 대부분 전업주부예요. 이들은 계속 취업하기를 원해요. 그리고 지역에 있는 많은 단체들 회원의 90%는 여성인데, 그 대표는 90%가 여성이 아니죠. 실제로 지역운동에서 전업주부여성들과 함께했던 일들을 어떻게 할 건가, 여러 가지 딜레마가 있어요. 이렇게 여성의 무보수노동을 조장해야 하는지…….. 갈등이 있어요.

신재남 : 어차피 세대별로 다를 수밖에 없다고 봐요. 살아온 경험들도 다 달라요. 다양한 사람이 통로가 되어서 다양한 이야기를 많이 듣고 다양성이 확보되어야 할 것 같아요. 상담 자원활동하시는 분들 중에 오래하시는 분들이 많지 않아요. 자기만족이나 개발도 있지만, 무언가 또 다른 것들을 원하는데 자원상담 가지고는 제도적으로 혜택을 받을 수 없고 앞으로의 계획을 세울 수 없기 때문에 떠나게 됩니다. 상담자원활동가들

이 부족하게 되면 상근실무자들이 상담을 받아야 하는데 그들은 언제나 정신없이 바쁘고 상담 관련 학습보다는 실무 중심으로 일을 하는 사람들이어서 상담자원활동가들과 갭이 있지요. 상담 능력에 맞게 역할을 다양하게 주고 목표를 갖고 상담할 수 있게 해주고 인정해주어야 해요.

**최박미란** : 우리 여성의전화가 징검다리가 되어 여성들이 계속 거쳐 갈 수 있게 했으면 좋겠어요. 우리 인천만 해도 지금 엄청나게 거쳐 갔어요. 6개월~1년 정도 하다가 자신의 커리어를 쌓아서 취업하거나 자기의 길을 찾아 떠나요. 처음엔 이해가 안 가고 배신감도 느끼고 했던 게 사실이에요. 예전에 박인혜 회장님이 맨날 회원들에게 여성의전화를 징검다리 삼아서 가라고 했었는데 이제는 정말 옳은 말이라고 생각해요. 우리를 거쳐간 많은 사람들이 요소요소에서 우리의 가치를 퍼뜨리고 있거든요.

**민경자** : 앞서 여성들이 다양해지고 있는 현실을 이야기하면서 여성운동을 하는 우리가 이 다양한 여성들을 어떻게 만날 것인가 고민했습니다. 그런데 그 다양성이 바로 우리 내부에서도 발견되고 이제는 그 다양성을 해결해야 하는 시점에 이른 것 같습니다. 운동의 대의, 조직의 발전과 개인의 성장과 헌신문제 등 잠재된 문제들을 이제는 직면해야 할 때가 된 것 같습니다. 우리가 만나는 여성들이 다양화되면서 궁극적인 문제는 이들을 어떻게 운동의 단위로 묶을 것인가인데, 이 문제로 넘어가 보지요.

## 여전히 남는 조직화의 문제

정춘숙 : 우리는 맨날 '전 생애적으로 대상을 다양화해야 된다'는 얘기를 합니다. 그래서 우리는 대학생들을 만나요. 여러 가지 측면에서 같이 하는 게 중요하니까 만나는데 현재와는 다른 방식의 접근이 필요하다는 얘기를 많이 합니다. 그래서 인터넷, UCC, 영화제 등 새로운 방식을 도입하는데, 거기에는 조직화의 문제가 남아요. 가령 '여성인권영화제'에 자원봉사자가 많이 오지만 조직화에는 어려움이 있어요. 대상을 다양화하는 것은 좋지만 조직화의 관점이 없다면 별 의미가 없다고 생각해요. 단지 방식을 바꾸는 수준이라 생각해요. 대상을 다양화해서 그들을 조직화하고자 한다면 거기에는 더 깊은 토론이 필요해요. 대상을 바꾸려면 그 대상들에 대한 분석도 돼야 하고, 가능성들과 문제점 등을 충분히 내다 보면서 얘기해야 돼요.

영화제를 통해서 수많은 젊은이들을 만나지만 조직화가 상당히 어려워요. 이후로도 이들과 어떤 일상적 이슈로 어떻게 함께할 것인가가 고민이에요. 2,000~3,000명의 사람들이 여성폭력에 대해서 알게 되었다는 정도로도 성과라고 할 수 있겠고 위안도 되겠지만 결국에는 조직화라는 성과를 거둬야 된다고 생각해요.

박인혜 : 그 성과의 기준은 무엇인가요?

민경자 : 조직화를 꼭 성과의 기준으로 삼아야 하는지에 대한 질문이 있을 수도 있겠네요.

**정춘숙** : 운동단체는 조직운동을 하는 것이고 운동단체의 태생부터가 조직화가 핵심이라고 봐요. 활동가들도 조직화에 대한 인식을 하면서 활동하는 것이 중요하다고 생각해요. 여성의전화라는 조직운동단체에서 조직화가 평가의 핵심 포인트가 되지 않는다면 활동성과를 무엇으로 볼 것인가도 의문입니다.

**박인혜** : 어떤 걸 조직화라고 하는지요?

**정춘숙** : 우리가 바라는 것은, 가령 영화제를 한다고 할 때 120여 명의 자원활동가들이 여성인권을 주제로 자기들 모임을 계속하고 네트워크하고 세력이 되어서 여성인권의 문제를 전파하는 주체가 되기를 바라는 거죠. 여성의전화와 연계를 갖고. 회원은 안 돼도 그런 역할을 같이할 수 있는 정도를 말합니다.

**허난영** : 전에도 이런 얘기들이 많이 나왔었어요. 자신이 임파워링되고 자기가 속해 있는 곳에서 힘을 가지면서 사회변혁을 이룰 수 있는 세력을 키워가는 것이 조직화라는 얘기가 많이 나왔어요. 82쿡이라든지 여러 다양한 모임들에 대한 얘기도 있었구요. 그래서 누구를 어떻게 만날 것인가가 핵심이라는 거였죠. 평소에는 말이 잘 통하지 않던 옆집 아줌마와 계속 관계를 가져나가면서 뭔가를 찾아내고 하자는 거였어요. 자꾸 통한다고 생각하는 우리끼리만 만나서 서로 맞는다고 하면서 좋아할 것이 아니라, 보다 다양한 사람들을 다양한 방식으로 만나야 한다는 측면에서 보수라는 얘기도 나왔던 것이에요.

박인혜 : '조직화'의 의미에 대해서 얘기를 많이 해봐야 할 거 같아요. 옛날에는 좁은 의미의 조직화를 생각했는데 현재는 굉장히 느슨해진 조직화까지 왔어요. 우리 가치에 동조하면 된다는 정도까지. 조직에서 조직화의 의미를 무엇으로 볼 것인가가 중요합니다.

정춘숙 : 회원이 운영하는 소모임까지를 우리는 조직화라고 봅니다. 또 하나의 문제는 정체성을 어디까지 이야기할 것인가 하는 거죠. 회원리더십을 세우면서 정체성을 무엇으로 봐야 하는가 하는 문제가 생겨요. 지역사업을 할 때 우리 단체의 정체성과 배치될 때는 어떻게 할 것인가. 특히 회원리더의 정체성이 우리와 배치될 때는 여성운동의 대중성과 여성의전화의 정체성을 가지고 줄타기를 할 수도 없는 거고, 참 고민되는 지점이에요.

## 마무리, 정말 중요한 말들

민경자 : 여러 가지 이야기를 나누었습니다. 여성의전화운동에 대해 회고하고 앞으로의 방향을 허심탄회하게 이야기할 수 있어 매우 뜻깊은 시간이라고 생각됩니다. 25년이 길다면 길지만 앞으로 나아가야 할 시간이 더 많기 때문이기도 합니다. 여성의전화가 당면한 시대적 과제를 토론했는데 합의된 부분도 있고 생각의 차이를 좁히지 못한 부분도 있습니다. 그 차이에 대해서는 앞으로 계속해서 토론해가기로 하고 이제 토론회를 마무리하면서 못 다한 말씀이나 여성의전화가 꼭 해결해야 할 문제라고 생각되는 것들을 말씀해주시죠.

박인혜 : 여성인권이라고 했을 때 범위를 어디까지 할 것인가에 대한 논의가 필요하다고 생각합니다. 항상 고민이 많이 되는 부분이에요. 여성 인권이라고 하면서 실제로는 폭력에 관련된 것만 하고 있고, 예방도 필요한데…….

박명숙 : 우리 내부에서 분열을 조장하는 발언들이 있어 안타까워요. '너는 운동성이 있어, 없어' 이런 말들을 하면서 운동성 논란을 불러일으키고 조직적으로 갈등을 조장하고 있어요. 정말 운동성이 있다면 다양한 사람들을 모두 포용하고 갈 수 있어야 하잖아요. 분열이 있는 곳이 많은 것 같아요.

또 하나 꼭 얘기하고 싶었던 것은 여성의전화의 정치세력화입니다. 우리에게는 정계나 공직으로의 진출에 대한 규정이 있지요. 그 규정을 만들 때는 배경이 다 있었지만 이제는 조금 상황이 달라졌다고 생각해요. 여성의전화의 영향력을 꼭 여성의전화가 배출한 정치인 숫자로만 판단할 수 있는 것은 아니지만 그렇다고 아주 무시할 수는 없다고 봐요. 이제 좀 더 적극적으로 우리도 정치인을 배출해야 하지 않을까요?

민경자 : NGO와 정치와의 관계, 참 중요한 부분이죠.

박명숙 : 이미 구체적으로 만들어내고 있는 여성단체도 있잖아요. 장단점이 있겠지만. 대중운동을 할 때 대중적으로 영향력 있는 사람을 만들어내는 것도 중요한 방법론이라고 생각해요. 특히 지역운동에서 그렇지 않을까요?

고미경 : 규정에는 조직적 합의라는 단서가 있어요. 정계진출을 무조건 규제하고 있지 않아요. 조직적 합의가 있다면 얼마든지 가능합니다. 지난 지방선거 때 진해여성의전화의 사례도 있어요. 지부들이 어떤 방식으로라도 모두 지원했어요.

강은숙 : 지역여성운동의 연장선상에서 정계에 진출할 수 있게 하는 것은 중요한 부분이긴 합니다. 조직적 합의가 가장 중요하지만, 지금보다는 좀 더 관심을 가질 필요는 있겠다 싶어요.

신재남 : 상담활동가나 자원활동가, 회원들 중에서 정치에 꿈이 있는 사람들한테는 큰 비전을 가질 수 있게 할 수는 있겠지요.

박인혜 : 조직에서 논의하는 과정이 꼭 필요합니다. 그러나 공교롭게도 우리에게는 좋은 모델이 없었어요. 여성운동 리더십들의 진로에 대한 다양한 모델이 필요해요. 단체에서 활동이 끝나고 나면 바로 정계로, 국회로 갑니다. 회원들이나 지역인사들이 '여성의전화에 가면 정계에 진출할 수 있다' 이런 생각을 가지게 되는 것은 문제가 있다고 봐요.

정춘숙 : 실제로 우리 회원 중에서도 그런 사람이 있었어요. 우리는 우리를 발판 삼아 뭔가를 하려는, 특히 정치를 하려는 사람을 싫어합니다. 필요한 부분도 있지만 그것을 강화시키는 것은 아니어야 한다고 봅니다. 그래서 다양한 모델이 있어야 한다는 것에 동의합니다. 때가 되면 새로운 모델로 해야 되지만 거기에 방점을 찍으면 사람들이 쉽게 그렇게만 생각을 하게 되니까요.

박인혜 : 특히 현직에서 바로 진출하는 것은 아무리 의도가 좋아도 지양해야 할 것으로 봅니다.

민경자 : 또 다른 의견이 있으신가요?

신재남 : 생활 속의 교육이 필요해요. 자신이 생활 속에서 체화한 것을 많은 사람들에게 알릴 수 있는 내용이나 나와 실제로 연결이 될 수 있는 것들을 스스로 깨달아갈 수 있게 조목조목 짚어줄 수 있는 개념들을 취합해서 책자 등을 만들어 알리면 좋겠어요.

박인혜 : 공감합니다. 예를 들면 '욕하지 않기'가 있어요. 욕은 폭력의 전형이라고 생각해요. 요즘 초·중·고 학생들에게 욕이 생활화되어 있고 심지어 친밀감의 표시라고까지 해요. 이것은 폭력이 일상화되어 있는 전형이에요. 부모와의 관계도 폭력적으로 되고. 그래서 이런 것을 생활 속에서 실천할 수 있도록 하는 것도 좋겠어요.

최박미란 : 어떻게 보면 당위인데, 다 알고는 있지만 안 되는 여성들의 열악한 심리나 처한 환경, 이런 것들이 고민이에요.

이두옥 : 공감이에요. 저는 여성들의 열악한 심리나 처한 환경이 바로 '나' 자신의 문제라고 생각되어 늘 고민하고 있어요. 그럴수록 우리 스스로 조직적으로라도 몸과 마음을 보살펴서 지속가능한 여성운동이 되도록 노력해야 할 것 같아요. 또 여성의전화 내의 인간관계망이 계속 이어지는 '관계의 돌봄'이 지속되는 조직이 되었으면 좋겠어요.

박인혜 : '미친소' 아이콘이 여러 사람들의 마음과 처지를 관통해서 불을 지르게 했던 용어였던 것처럼 생활 속에서 사람을 움직이게 할 것을 찾아내야 하는 것이 운동가들이 할 일일 거예요. 그러려면 계속 사람들을 만나면서 대화를 나누고 자극받고 영감을 얻어야 하지요. 그래서 사람들을 계속 만나야 해요.

강은숙 : 예민성을 강조하지만 참 캐치하기 어려워요. 만나봐도 캐치할 수 있는 게 별로 없어요. 결국은 일상에서, 사람들을 만나는 관계 속에서 예민성도 찾아낼 수밖에 없다고 생각해요.

민경자 : 네, 장시간 수고들 하셨습니다. 짧은 시간에 여성의전화 25년간의 이야기를 나누고 더불어 앞으로의 방향과 과제까지 모색하려니 숨이 찹니다. 오늘 많은 반성과 성찰, 그리고 제안이 있었는데 앞으로 이를 하나하나 체계적으로 토론해내고 조직적 합의를 이루어내는 일이 남은 것 같습니다. 25살이면 사람의 나이로 치면 한창 젊은이입니다. 다시 뜻과 힘을 모아 많은 여성들이 재미있게 성장하며 더불어 사회도 바꾸어나갈 수 있는 그런 여성의전화로 거듭나기를 기대해봅니다. 이상으로 25주년 회고와 전망 토론회를 마치겠습니다. 모두 행복하시기 바랍니다.

## 한국여성의전화연합·엮은이 소개

한국여성의전화연합은,
여성인권운동단체로서 1983년에 창립한 이후 전국 26개 지역에 분포되어
있다. 여성폭력근절을 위해 가정폭력, 성폭력 등 인권사업을 주요 과제로
설정하고 이를 위해 여성인권 지원활동과 상담사업을 펼치고 있다. 그리
고 이주여성사업, 평화마을 만들기 사업, 여성경제권사업 등 다양한 활동
을 통해 성평등한 지역사회 확산에 노력하고 있다.


엮은이 민경자는,
1990년대 초 미국 유학을 마치고 귀국하여 여성문제에 눈을 떠 종교를
가톨릭에서 페미니즘으로 전향한 뒤 현재까지 여성운동가로 살고 있다.
대학에서 여성학 강의를 했고, 청주여성의전화를 창립하여 지역여성운동
을 했으며, 지방정부출연 연구기관에서 지역여성정책을 연구하고, 여성정
책관으로 지방여성정책을 집행하기도 했다. 운동하는 마음으로 공무를
집행하며 공무원의 일하는 방식을 바꿔보려 했으나 짧은 시간에 하기
어렵다는 것을 깨달았다. 지난 10년간의 성과를 계승하여 차별 없는 평등
세상을 앞당기기 위해 지금은 정치에 관심을 갖고 있다.

## 여자, 길을 내다
### 여성의전화 25년 여성인권운동 이야기

ⓒ 한국여성의전화연합, 2009

기획 • 한국여성의전화연합
엮은이 • 민경자
본문삽화디자인 • 디자인애드
펴낸이 • 김종수
펴낸곳 • 도서출판 한울
편집책임 • 김경아
편집 • 염정원

초판 1쇄 인쇄 • 2009년 1월 19일
초판 1쇄 발행 • 2009년 1월 29일

주소(본사) • 413-832 파주시 교하읍 문발리 507-2
주소(서울사무소) • 121-801 서울시 마포구 공덕동 105-90 서울빌딩 3층
전화 • 영업 02-326-0095, 편집 02-336-6183
팩스 • 02-333-7543
홈페이지 • www.hanulbooks.co.kr
등록 • 1980년 3월 13일, 제406-2003-051호

Printed in Korea.
ISBN 978-89-460-3996-4 03330

\* 책값은 겉표지에 표시되어 있습니다.